고품격 관광서비스 실무론

김 영 호 저

남두도서

남두(南斗) : 남두육성(南斗六星)

은하의 중심인 사수자리에 있는 국자모양의 여섯 개의 별로서, 인간의 탄생을 결정하는 별로 알려져 있다.

머리말

과거에는 인간의 기본적 욕구인 생리적 욕구(physiological needs)를 충족시키기 위해 노동력을 제공하고 협업에 의한 조직의 울타리 내에서 나름대로의 행복을 추구해 왔다. 이 시기에는 생활하는 데 있어서 기본적인 매너와 절차가 매우 단순하였기 때문에 그만큼 행복을 추구하는 과정도 단순하였을 것이다. 그러나 현대사회는 철저하게 자유주의를 표방하면서 물질적으로 풍요로운 사회 가운데 개인 지향적인 삶을 영위하고자 노력하는 경향이 있기 때문에 인간의 욕구체계가 점점 복잡해져 가고 있다. 즉 우리라는 개념보다는 나를 먼저 생각하는 사회로 전환되어 개인의 인격과 개성이 중요하게 취급되고 있는 실정이다. 이러한 개인의 프라이버시(privacy)를 중요시하는 시대에는 개인을 존중하는 규범과 절차 그리고 다양한 관습이 개인주의를 보호하고 있다. 개인이나 단체의 존재가 보호받기 위해서는 남을 존중해야 하는 사회가 되어 버린 것이다.

더욱이 급속하게 변화하는 환경 속에서 다양한 문화가 창출되고, 세계가 지구촌의 개념으로까지 발전하여 지금까지 원거리로만 느껴졌던 국가들이 이웃이 되고 있다. 또한 양극화되었던 이데올로기의 붕괴로 인하여 세계는 하나의 조직으로 변화하고 있다.

이와 같이 변화되고 있는 환경 가운데 개인의 존엄성이 존중되기 위해서는 그에 상응하는 보편화되어 있는 규범을 바탕으로 다양한 서비스가 제공되어야만 한다. 그렇기 때문에 개인의 만족을 충족시켜 줄 수 있는 다양한 서비스에 대한 관심이 고조되고 있다. 따라서 개인주의에 입각한 무질서 가운데 질서를 유지하는 사회에서 개인을 만족시키기 위한 각종 서비스를 제공하는 전문조직이 탄생되어 왔다.

또한 개인의 실질소득이 증가하고 노동시간의 단축으로 인하여 개인의 취미활동이나 휴식으로 자기계발을 추구할 수 있어 장소와 공간의 개념을 탈피하여 많은 경험과 시야를 넓힐 수 있는 시대가 도래하고 있다. 이와 같은 추세로 인하여 많은 사람들이 최근에는 관광이나 업무를 목적으로 장소의 이동이 활발해지고 있다.

이 책에서는 이러한 변화를 추종하고 개인의 만족을 우선할 수 있는 다양한 서비스를 관광 영역에 한정시켜 분야별로 구체적인 서비스 형태와 방법을 제시하기 위해 각종 서비스 기법을 소개하고 있다. 관광 분야에서 종사하는 사람이나 대학의 관광관련 전공자들이 쉽게 이해할 수 있도록 서비스 형태를 보다 보수적이고 고객 지향적인 측면에서 접근하여 구체적으로 설명하기 위해 노력하였다.

특히 이 책은 산업체 관련인사들과 지속적인 협의와 회의를 거쳐 산업체의 요구사항을 적극 반영하고자 최선을 다했으며, 현장에서 실무를 담당하고 있는 분들의 고견을 수집하고 정리하여 이 책에 참조하였음을 밝힌다.

끝으로 이 책의 구성을 위해 많은 자료를 제공하고, 조언을 해주신 선후배들에게 진심으로 감사드리고 이 책의 출간을 위해 노력해 주신 남두도서의 남승우 사장님과 관계자 여러분들에게도 깊은 진심으로 감사드린다.

저자 씀

차례

■ 표 차 례 ■

■ 그림차례 ■

Chapter 1

서비스

제 1 절

서비스의 개념

1. 서비스의 어원

서비스(service)의 어원은 라틴어의 노예를 의미하는 'servus'로 전해지고 있다. 즉 서비스는 제공하는 측의 입장과 제공받는 입장의 측면으로 볼 때 주종의 관계가 성립이 되어야만 가능하다.

일반적으로 서비스는 상품의 생산과 유통을 촉진하고 삶에 무형의 가치를 부가하는 것으로 정의되고, 가시적인 서비스 결과보다는 서비스 제공과정이 더욱 중요한 경우가 대부분이며, 고객의 기대 수준과 주관적인 인지에 의해 품질평가가 크게 영향을 받게 된다.

서비스 산업에서 자주 언급되고 있는 "고객은 왕이다(guest is king)"라는 내용에는 이와 같은 주종관계가 강하게 암시되어 있다. 따라서 환대산업(hospitality industry)에 있어서 서비스는 일시적 계약에 의한 주종관계가 성립이 되어 각각의 역할을 수행하게 되는 것이다. 그러나 이러한 주종관계는 영원한 것이 아니고 서비스 제공자도 또 다른 계약관계에서는 고객이 될 수 있기 때문에 종속적 역할은 일시적일 뿐이다. 또한 서비스는 상품의 본질이 무형적인 동시에 서비스 창출 및 제공과정과 고객의 서비스 인지에서 인적 요인이 강하게 작용한다. 즉 제공하는 사람과 제공받는 사람의 성격과 개성에 따라 품질의 평가가 매우 주관적일 수 있다.

2. 서비스의 본질

일반적으로 서비스라는 의미를 공짜나 덤(무료)으로 주는 것으로 생각하기 쉬우나, 단순히 공짜나 덤으로 주는 것으로 의미하지는 않는다. 종종 서비스를 무형이나 유형의 상품을 구매하는 데 있어서 서로 약정된 것 이상의 것을 얻는데 주로 덤 혹은 정에 호소해 이익을 얻는 것을 포함하기도 한다.

그러나 서비스의 진정한 의미는 무형이든 유형이든 고객이 편리함을 제공받는 대가로 금액을 지불하는 것이다. 따라서 서비스라는 의미는 〈표 1-1〉과 같이 광범위하게 사용되고 있다. 이 책에서는 단순히 일상적인 의미로 사용되는 것이 아니고 보다 넓은 의미로 접근하였다.

<표 1-1> 일반적인 서비스의 의미

의 미	사 용 예
덤으로 제공함.	이 가방을 구매하면 소형 지갑을 서비스로 드립니다.
타인을 위해 봉사함.	나는 어제 아이들에게 서비스하였다.
애프터서비스	당사에서는 이 차를 구입할 경우 2년간 무료 서비스해 드립니다.
고객대응의 자세나 태도	그 호텔의 종업원은 서비스가 매우 좋다.
탁구의 서비스	이번 시합은 나의 서비스로부터 시작한다.
21C의 서비스	돈을 주고 돈을 받는 서비스로부터 시작한다.

<표 1-2> 서비스 분류[1]

구 분	내 용
자급적 서비스	소비자가 자신의 욕구충족을 위해 자기 스스로 생산하고 소비하는 서비스(가정주부의 가사노동이나 운동 등)
공공적 서비스	소비자가 명시적으로 그 서비스의 소비를 요청하지 않았음에도 불구하고 보편적으로 제공되는 것으로 교환의 단위나 가격 등이 확인 불가능한 공공 목적의 서비스(치안, 소방 등)
불법적 서비스	소비자의 명시적 요청이나 교환의 단위나 가격 등은 일반적으로 확인 가능하지만 정상적인 시장거래가 금지된 서비스(범죄대행, 매춘 등)
대고객 서비스	다른 제품이나 서비스의 판매와 관련하여 경쟁의 수단으로 제공되는 독립된 교환의 단위로서 확인 가능한 마케팅 변수로서의 서비스(할인판매)
사업적 서비스	다른 소비자의 욕구충족을 위해 명시적 요청에 따라 시장에서 교환되는 독립된 단위로서 확인 가능한 마케팅 대상으로서의 서비스

1) 김준호, 한국 서비스 마케팅 시스템의 발전모형에 관한 연구, 인하대학교 대학원, 박사학위논문, 1987, p. 16

(1) 서비스의 범위

일반적으로 광의의 서비스는 〈표 1-2〉에서와 같이 다섯 가지로 분류할 수 있다. 이 중에서 서비스 마케팅 측면에서 관심의 대상이 되는 것은 대고객 서비스와 상업적 서비스이다[2].

그런데 대부분의 서비스 마케팅 연구는 대고객 서비스가 경쟁의 수단으로서 판매계획의 핵심이 아니라는 이유로 연구대상에서 제외시켜 왔다. 그러나 기존 제품의 마케팅 수단이 되는 보조적 서비스의 질 문제도 주요한 경쟁의 수단이 되고 있다. 따라서 이러한 보조적 서비스, 즉 대고객 서비스의 질 문제도 서비스의 질 연구를 통해 마케팅의 중요한 수단이 될 수 있는 영역이라 할 수 있다.

(2) 서비스의 정의

서비스의 개념 및 본질의 파악은 서비스 마케팅상 기본적 과제로 되고 있지만 서비스의 개념을 정의하기란 서비스의 특성상 쉬운 일이 아니다. 그렇기 때문에 현실적으로도 서비스에 대한 통일된 정의를 내리지 못하고 있는 실정이다. 여러 학자들이 제시한 서비스에 대한 정의는 다음과 같다.

1) 미국 마케팅협회의 정의

마케팅 연구의 대표적인 공식기관인 미국 마케팅협회(AMA : American Marketing Association)는 1948년에 "서비스란 판매를 위하여, 또는 유형재의 판매에 관련하여 제공하는 활동이나 기대되는 만족이다"라고 정의하였고, 1960년에는 "서비스란 판매를 위하여 제공되는, 또는 상품의 판매와의 관계에서 준비되는 제활동, 편익, 만족"이라고 정의[3]하였으며, 그 예로는 오락, 호텔 서비스, 전력, 통신, 수송, 이발, 미용, 수리, 보수, 신용평가업 등을 들고 있다.

한편, 서비스 연구의 출발점에서 보면 우선 서비스라는 용어의 용법에 있어서 적어도 두 가지의 경우를 구별하지 않으면 안 된다. 그중 하나는 일반적인

---

2) Christian Grönroos, Service-Oriented Approach to Marketing of Service, European Journal of Marketing, Vol. 12, No. 8, 1978, p. 589.

3) AMA, Marketing Definitions, A Glossary of Marketing Terms, Committee on Definition of AMA, 1960

유형의 재화와 동등하며 독립해서 판매, 거래의 객체가 되는 무형재로서의 서비스이고, 다른 하나는 유형재의 판매에 부수해서 구매자에게 제공되는 편익(benefits) 또는 만족의 의미에서의 서비스 등 두 가지가 있는데, 이와 같이 서비스는 기본적 제공물로서의 '핵심 서비스(core service)'와 부가적 제공물로서의 '부가적 서비스(fringe service)'를 구별하지 않으면 안 된다.

이상의 관점에서 보면 전술한 AMA의 정의의 계보는 약간의 결점을 지니고 있다고 말할 수 있다. 그것을 간단히 지적하면 먼저 AMA의 정의는 '활동'의 개념을 서비스에 사용하면서도 편익 및 만족과 병기되어 있고, 또한 그 활동이 인간의 활동인가 유형재의 물적 활동인가를 명확히 하고 있지 않다. 활동은 과정(process) 가운데 행하여지는 것이고 편익이나 만족은 활동의 결과로서 그 차원이 동일하지 않다[4].

2) 스탠톤의 정의

스탠톤(W. J. Stanton)은 "서비스란 욕구충족의 대상이 되며 본질적으로 확인 가능하고 무형적인 행위이며, 그것은 제품이나 다른 서비스의 판매와 반드시 결합될 필요가 없으며, 서비스를 생산하는 것은 유형재(제품)의 사용을 반드시 요구하지 않으며, 그러한 사용이 요구될지라도 이들 유형재의 소유권의 이전은 없다"라고 정의[5]하고 있다.

스탠톤의 정의는 비교적 포괄적인 것으로 무형적 행위, 소유권 이전 불가능의 기준에 의해 정의를 했으며 독립적으로 확인 가능한 개념으로 대고객 서비스(customer service)와 구별하였다.

스탠톤의 정의에서는 서비스가 활동으로 파악됨으로써 상기의 AMA의 정의에서 살펴본 바와 같이 과정과 결과와의 혼동, 바꾸어 말하면 활동과 편익 및 만족이 나열되는 문제점이 해소된다. 그러나 그의 저서에서 활동이 인간의 노동으로서 명확히 인식되어 전개된 흔적은 찾아볼 수 없다. 더욱이 그의 정의에서는 보험, 오락, 항공여행, 은행업무 등의 서비스는 포함되어 있으나, 유형재나 그 밖의 서비스의 판매와 관련해서만 존재하는 신용(credit) 및 납품 등의 서비스는 배제되어 있다.

---

4) D. F. Dixon and M. F. Smith, Theoretical Foundation for Services Marketing Strategy, In Emerging Perspectives on Service Marketing, L. L. Berry, et al., eds., AMA, 1983, pp. 77-82.

5) W. J. Stanton, Fundamentals of Marketing, 7th ed., McGraw-Hill, 1984, p. 494.

3) 블로이스의 정의

AMA의 정의를 근거로 하여 블로이스(K. J. Blois)는 “서비스란 제품의 형태에 물질적 변화를 초래하지 않으면서 효용과 만족을 산출하는 판매의 대상인 행위”[6]라고 정의하고 있다. 여기에서는 행위를 효용과 만족을 가져오는 과정으로 파악하고 있어 AMA의 정의에서의 문제점이 개선된 내용임을 알 알 수 있다. 그러나 “물질적 변화를 일으키지 않는다”라는 한정에는 몇 가지의 문제가 내포되어 있다.

그러나 블로이스의 정의는 제품의 형태에 물질적 변화를 초래하는 식당업, 정비 수리업 등을 제외하여 서비스 내의 이질성을 축소시켜서 연구의 정밀성을 기할 수 있는 장점이 있다. 서비스의 내부 이질성이 무척 크기 때문에 몇 개의 큰 그룹으로 나누어 정의하는 것도 한 방법이라 하겠다.

4) 코틀러의 정의

코틀러(P. Kotler)는 서비스를 “한 대상에서 다른 대상에게 제공할 수 있는 것으로서 본질적으로 무형적이고 소유권에 결합되지 않는 행위나 효용”이라고 정의[7]하였다. 코틀러는 무형성, 행위, 효용, 소유권, 이전불가 등을 기준으로 서비스를 정의하였으며 자급자족 서비스를 제외하였다.

위와 같이 많은 학자들이 서비스에 대한 정의를 하였으나 만약 이 같은 정의가 시장에서 판매되는 실체를 정확하게 기술하지 못한다면 어떤 새로운 구조적 정의가 필요할 것이다.

서비스를 정확히 정의하기 위해서는 서비스 요소에 대한 지식이 필요하나, 많은 정의들이 서비스의 핵심적 요소에 대한 언급이 적고, 소비자 입장에서 본 것이 아니라 제조업자나 판매업자의 입장에서 본 것이다. 따라서 서비스의 정의는 서비스가 발생하는 과정에서 출발해야 하는바 투입요소로서의 행위 측면과 산출요소로서의 편익과 만족이 동시에 고려되어야 한다. 여기서 투입과 자원은 구별되어야 하는데 서비스에서 투입은 고객 자신이 되기 때문이다.

이를 종합해 보면 서비스란 “고객 자신의 편익(benefit)과 만족(satisfaction)을

---

6) K. J. Blois, The Marketing of Service : An Approach, European Journal of Marketing, Vol. 8, N0. 2, 1974, p. 137.

7) P. Kotler, Principles of marketing, 2nd ed., Prentice-Hall, Inc, 1983, p. 592.

위해 자신 혹은 제3자의 자원(장비, 시설, 물품, 노동, 지식, 기술, 아이디어 등)을 이용하여 기능을 다하는 작용이기 때문에 그 과정, 노력 혹은 행위의 수행"이라고 볼 수 있다.

3. 서비스의 상품

(1) 유형재와 서비스

유형재와 서비스는 각각이 독립된 상태에서 소비자에게 제공되는 경우도 있지만 조합되어 제공되는 경우도 있다. 〈표 1-3〉은 제품의 주체 및 지원적 역할을 중심으로 유형재와 서비스를 구별한 것이다.

<표 1-3> 제품의 유형[8]

제 품 주 체

지 원 역 할	제 품 서비스	유 형 재	서 비 스
		순 수 제 품	설비집약 서비스
		제품관련 서비스	순 수 서 비 스

〈표 1-3〉의 좌측에는 제품주체가 유형재로서 서비스의 지원을 포함하고 있는 제품이며, 컴퓨터 및 신문과 같은 순수제품(pure products)이라고 한다. 그리고 제품주체는 유형재이지만 수리, 배송 등의 지원 서비스가 필요한 제품관련 서비스(product-related service)가 있다. 이러한 제품은 자동차, 컴퓨터 등 값이 비싼 내구소비재 및 생산재에 해당된다.

그리고 〈표 1-3〉의 우측에는 제품주체가 무형의 서비스이고, 이 중에서 특히 지원적 역할을 하는 서비스를 순수 서비스(pure service)라고 할 수 있으며 교육, 의료, 법률상담 등이 대표적이고 일반적으로 노동집약적 서비스(labor intensive service)이다. 또한 상품주체가 서비스지만 유형재에 의해 지원되는 시설집약적 서비스(equipment intensive service)가 있다. 비행기의 여행 서비스 제공과 전화의 통신 서비스 등의 제공은 여기에 해당된다[9].

---

8) Henry Assael, Marketing Management, Strategy and Action, Kent, 1985, p. 696.
9) 田中由多加, 新마케팅 總論, 創成社, 1990, pp. 175-176.

쇼스택(G. Lynn Shostack)은 교육 및 상담과 같은 무형성이 지배적인(intangible dominant) 제품과 식염 및 청량음료와 같이 유형성이 지배적인(tangible dominant) 제품을 연속선상에 위치를 부여하여 제품을 [그림 1-1]과 같이 구별하고 있다.

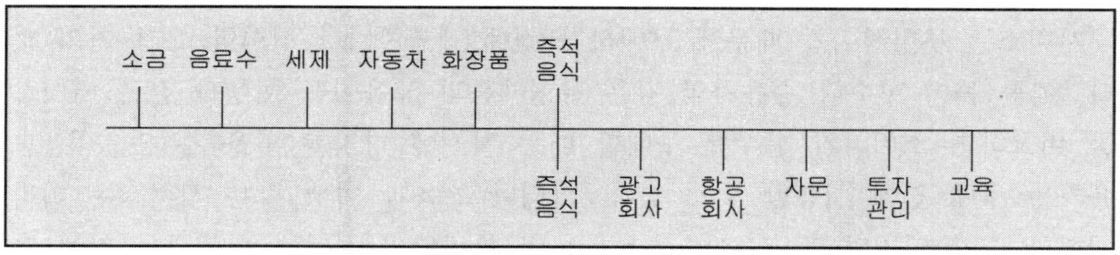

[그림 1-1] 무형성과 유형성에 의한 제품구별[10)]

(2) 무형재와 서비스

우선 "서비스는 무형재이다"라는 정의는 유형과 무형의 성격을 기준으로 서비스와 유형재를 구별하는 방법으로 많은 경제학자들이 주장해 온 정의이다.

이 정의를 주장하는 대표적인 마케팅 연구자로서 라스멜(J. M. Rathmell)은 서비스를 '시장에서 판매되는 무형의 제품'으로 정의하고, 무형과 유형의 구분을 손으로 만질 수 있는가의 여부에 따라 구별하려 하였다[11)]. 그의 정의에서 무형적인 점이 서비스 본질에 근접한다는 견해는 서비스의 성격상 어느 정도 논리가 있다.

서비스를 무형재로 규정하는 정의에 대하여 쇼스택은 "서비스는 무형재가 아니며 무형재로서 판매되지도 않는다"고 반론하면서 서비스를 무형재라고 한다면, 그 무형성은 하나의 상태에 불과하다고 무형성에 대한 불만을 표명하고 있다[12)]. 즉, 서비스를 무형재라고 한다면, 서비스의 무형성을 제외한 서비스는 유형재와 동일한 것으로 규정하는 것과 마찬가지의 결과가 되므로 그렇게 하는 것은 잘못된 것이라고 하였다.

---

10) G. Lynn Shostack, "Breaking Free from Product Marketing," Journal of Marketing, Vol. 41, No. 2, 1977, p. 77.

11) J. M. Rathmell, What is Meant by Services?, Journal of Marketing, Oct., 1966, pp. 32~33.

12) S. L. Shostack, Breaking Free from Product Marketing, Journal of Marketing, April, 1977, pp. 73~80.

또한 서비스의 무형성은 광고 및 촉진의 활동이 용이하지 않고 유형제품과 같이 제품 개념을 소비자에게 전달하기가 곤란하다. 따라서 서비스의 유형성을 높임으로써 서비스의 시장성을 높일 수 있는 전략이 필요한 것이다. 따라서, 어떠한 서비스를 제공하고 있는 것보다는 누가 서비스를 제공하고 있는가, 즉, 사람에 초점을 두어야 한다.

서비스는 무형성이기 때문에 구매하기 전에 체험하거나 시험할 수가 거의 없다. 예를 들어 향수나 승용차와 같은 유형제품과 교육이나 여행과 같은 서비스를 비교하면 소비자가 향수를 구매할 때는 사전에 향기를 맡을 수 있으며, 승용차는 구매 전에 시승할 수가 있다. 그러나 교육과 여행 같은 서비스는 미리 체험할 수가 없지만 브로슈어(brochure) 및 안내원의 설명에 의해서 사전에 교육과정이나 여행의 목적지를 알 수가 있다. 다만 실제 교육을 받거나 여행에 참가함으로써 제공되는 서비스 내용과 질을 평가할 수가 있는 것이다.

4. 서비스의 중요성

환대산업의 생명은 고객이 원하는 바를 인지하여 만족할 수 있는 수준으로 제공해야 하는 서비스이다.

앞에서 살펴본 바와 같이 서비스는 순수한 서비스 자체만 제공되는 경우도 존재하나 대부분 유형의 상품과 함께 제공되는 경우가 많아 고객의 접점에서 서비스를 제공하는 종업원의 역할은 대단히 중요하다고 할 수 있다. 특히 호텔의 식음료 서비스는 인간의 제 1차적인 요구를 충족시키면서 개인의 체면을 고려한 사회적인 욕구를 동시에 충족시키는 것이기 때문에 정확한 서비스의 표준이 없으며 제공되는 서비스의 유형이 매우 다양하다고 할 수 있다.

이러한 관점에 볼 때 고객이 판단하는 식음료 가치는 식음료 자체의 원가보다 식음료에 부가적으로 제공되는 서비스에 더 많은 비중을 두고 있다는 것이다. 즉 대부분의 고객은 부가되는 서비스의 질과 수준에 따라 대가의 지불을 원하고 있다.

따라서 호텔의 식음료 부서에서는 식자재의 원가보다 조리된 요리나 음료를 제공하는 데 있어서 철저한 고객의 분석을 토대로 부가적으로 제공되는 서비스의 질적인 향상과 끊임없는 연구개발을 통하여 독특하고 고객을 감동시킬 수 있는 서비스를 제공하도록 노력해야 한다.

5. 서비스의 특성

서비스는 유형의 상품과 대비되는 특성을 갖고 있기 때문에 고객에 따라 제공되는 형태가 다르다. 즉 서비스를 취하는 고객과 제공하는 고객에 의해서 서비스의 가치가 결정되는 특징이 있다. 가장 대표적인 특성으로는 무형성을 들 수 있고 서비스는 가시적이거나 특정한 형태를 가지지 않는다. 또한 서비스는 유형재와는 달리 생산과 소비의 동시성이라는 특징이 있는데 이것은 서비스의 소멸성을 내포하고 있다. 그리고 서비스는 이질성의 특성을 가지고 있다.

(1) 무형성(intangibility)

1) 상대적 무형성

서비스가 가시적이 아니며 인지가 용이하지 않다는 의미를 내포하고 있으나 이는 완전히 무형적인 것이 아니라 상대적으로 유형적 부분에 비해 무형적인 특성이 강하다는 것을 의미한다. 예를 들면 호텔의 식당에서 제공하는 식음료는 고객이 지불하는 가치의 일부분에 불과하고 유형적 상품인 식음료 이외의 고정고객을 위한 우선예약 서비스, 고급스런 식당분위기, 종업원의 우아한 유니폼(uniform)과 친절 서비스, 식당 밖의 전경, 분위기에 어울리는 생음악(live music) 등의 부가 서비스(value added service)가 제공하는 무형의 요인이 더 크기 때문에 서비스로 분류된다.

2) 무형적 소유

고객이 상품을 구매하는 활동은 소유를 전제로 하는 재화인 반면 서비스는 경험을 일시적으로 향유하게 된다. 따라서 서비스는 유형이 아닌 일련의 활동이므로 경험이나 성과로밖에 그 상품을 인지할 수 없다. 이와 같이 서비스는 소유보다는 이전효과(spill effect)를 의미하는 것으로 소유보다는 일시적 경험의 성격이 강한 서비스는 상품처럼 소유대상이 아닌 것이다. 예를 들면 호텔 휘트니스 센터(fitness center)가 회원제(membership)로 운영될 경우 회원은 휘트니스 센터 자체를 소유하는 것이 아니고 휘트니스 센터에서 제공되는 서비스를 소유하는 것이며, 항공사의 우대고객 회원은 항공사 자체가 아니고 항공사에서 우대회원을 위해 제공되는 서비스를 소유하는 것이다.

3) 일시적 효용

서비스는 순간적 효용(utilities)이 제공되는 것으로 그 효용은 투입(input)이 산출(output)로 전환되는 부가된 부분이라고 할 수 있다. 호텔 식당에서 식음료를 판매할 경우 유형재인 식음료를 판매하더라도 그 자체는 바뀌지 않고 식음료에 부가된 것은 장소의 이동에 의한 편의제공이라는 장소적 효용이다. 서비스가 제공되는 효용의 종류로는 장소적 효용, 시간적 효용, 심리적 효용, 정보적 효용, 교환적 효용이 있다.

(2) 생산과 소비의 동시성

환대산업인 호텔 서비스는 고객이 서비스에 대한 주문을 하고 난 후 생산이 이루어지고, 또한 생산됨과 동시에 소비가 이루어지는 특성이 있기 때문에 호텔 종업원은 항상 고객의 주문상황에 따라 적절하게 서비스를 제공할 수 있는 일종의 연기자 역할을 해야 한다.

호텔 서비스는 고객이 원할 때에 언제, 어떤 장소에서나 서비스를 제공받을 수 있어야 하며, 이러한 특성으로 인하여 고객을 위해 24시간 동안 항상 대기해야 하고 어떤 조직에서도 항상 감독관이 있듯이 호텔 기업에서도 지배인을 중심으로 해서 항상 대기상태의 서비스를 제공해야 한다.

서비스는 일반적으로 동일한 시간대에 생산되고 소비된다. 일반적으로 제조업의 제품은 생산, 저장, 판매, 소비의 과정을 거치나 서비스의 경우에는 먼저 판매되고 그 후 생산과 소비가 동시에 이루어지게 된다.[13] 서비스는 호텔 종업원이 고객의 주문에 대해 생산과 동시에 고객에 의해 소비되기 때문에 제품의 일부로서 역할을 하게 되며, 고객은 서비스의 구매에 있어서 그들의 요구를 전달하고 종업원과 적극적으로 커뮤니케이션(communication)하게 된다.

대부분의 서비스 혜익(benefits)은 단면적이므로 한 번 이용되지 않은 호텔 서비스는 영원히 소멸되어 버리는 특성이 있다. 즉 판매되지 않은 객실이나 식음료, 부대시설 등은 그 시간이 지나면 판매가 불가능하다.

---

13) Leonard L. Berry, "Service Marketing is Different," Harvard Business Magazine, May~June, 1980, p. 30.

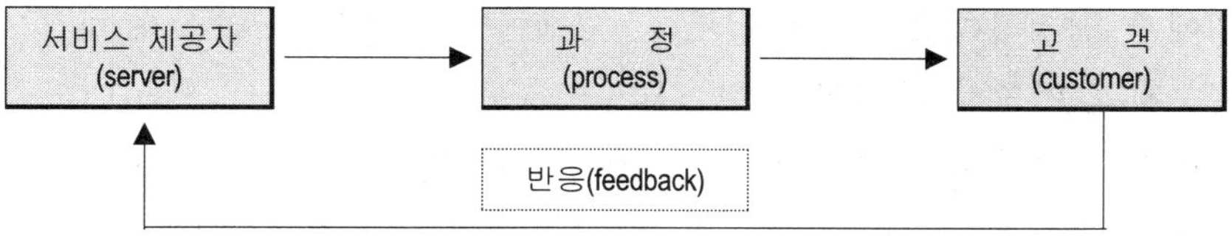

[그림 1-2] 서비스의 흐름과정

이처럼 관광상품의 수명은 제로(0)이기 때문에 재고관리를 할 수 없고, 생산과 동시에 판매가 이루어지게 되므로 제한된 시간 내에 많은 상품을 고객들에게 제공하기 위해서는 시간관리가 매우 중요하다.

호텔고객들은 프런트 데스크(front desk)에서 줄서고 엘리베이터(elevator)를 기다리며 룸서비스(room service)를 기다리고 식당에서 아침식사나 와인을 곁들인 저녁식사가 제공되기를 기다린다. 따라서 고객들의 기다리는 시간에 대한 새로운 인식과 관리가 경영전략의 주요 과제라고 할 수 있는데, 생산적·기술적인 측면에서 고객의 기대에 부합되는 서비스의 신속한 제공과 더불어 인적 서비스 측면에서 효율적인 배달 시스템(delivery system)과 대고객 커뮤니케이션 관리를 병행 실시함으로써 고객들의 심리적 시간을 단축시켜 줄 수 있을 것이다.

호텔 서비스는 고객이 호텔을 이용하는 행위와 동시에 상품판매가 이루어지며, 그 생산과 소비가 서비스 요원, 서비스 시설 그리고 고객이 동시에 참여할 수 있으며, 동일한 장소에서 이루어지기 때문에 생산의 결과를 저장하거나 전송할 수 없을 뿐만 아니라 잘못 전달된 서비스는 반품할 수 없으며 수리할 수도 없다.

이와 같이 호텔 서비스는 일반적인 서비스 개념이 무형적인 것과는 달리 유형과 무형의 복합적 기능을 가진 것으로 호텔의 입지조건, 제반시설과 식음료, 도구, 소모품 등의 물리적 서비스와 체계화된 업무조정과 조직적인 협동 등의 운영적 서비스, 그리고 종업원과 고객 간의 접촉관계에서 나타나는 인적 서비스의 종합적 서비스이다.

(3) 이질성(heterogeneity)

서비스 기업에서 고객에게 제공하는 서비스를 생산하고 인도하는 과정에는 여러 가지의 가변적인 요인이 많기 때문에 서비스 상품의 수준은 어느 정도의 범위 내에서 일정하다고 할 수 있으나, 고객이 제공받는 서비스가 다른 고객이 제공받은 것과 반드시 동일할 수는 없다.

즉 서비스를 제공하는 제공자의 개성이나 제공받는 고객 사정에 따라 서비스를 인지하는 수준은 천차만별이기 때문이다. 동일한 서비스 기업의 서비스일지라도 서비스를 제공하는 종업원에 따라서 또는 제공하는 시간대에 따라서 서비스 질이 달라질 수 있다.

서비스의 이질성은 문제와 기회를 동시에 제공한다. 서비스의 이질성으로 인하여 서비스 질의 균일화가 어렵기 때문에 서비스 상품을 취급하는 관련기업에서는 일정한 수준 이상의 서비스 품질 유지 또는 표준화가 관건이 된다. 반면에 서비스의 이질성은 고객에 따른 개별화(customization)로 인한 흥미의 기회를 제공하기도 한다. 이러한 서비스의 이질성은 개별고객의 특성에 알맞은 서비스를 제공할 수 있기 때문에 고객에게 독특한 서비스를 제공한다. 주로 서비스의 효용은 소비자의 주관으로 평가하는 경우가 많기 때문에 제공되는 서비스의 개성화를 통해 다양한 고객욕구에 대응할 수 있다.

(4) 소멸성(perishability)

판매되지 않은 유형상품은 일정 기간 동안 저장하여 판매시기를 조절한 후 시장 수요상황에 따라 공급의 균형을 유지할 수 있으나, 서비스 상품은 재고로 보관을 할 수 없기 때문에 판매되지 않은 서비스는 사라진다. 이처럼 서비스의 생산은 재고관리를 위한 저장이 불가능하기 때문에 재고조절이 곤란하다.

또한 구매된 서비스라 할지라도 한 번의 사용으로 소멸되며 그와 동시에 서비스의 편익(benefits)도 사라진다. 반면에 유형상품은 구입된 다음에 그 상품의 물리적인 형태가 존재하여 정상적인 기능을 수행하는 한 반복하여 사용할 수 있다.

예를 들면 판매되지 않은 항공기의 좌석과 당일 판매되지 않은 호텔의 객실은 저장이 불가능하여 상품의 가치는 소멸된다. 이와 같은 서비스의 특성으로 인하여 과잉생산으로 이익기회가 상실되는 경우도 발생한다. 따라서 이러한 문제를 해결하기 위해서는 수요와 공급 간의 균형을 이룰 수 있는 전략이 요구된다.

일반적으로 서비스 산업에서는 상품의 소멸성으로 인한 손실을 최소화하고 이익의 기회를 극대화하기 위해 다양한 형태의 수익률관리 프로그램(yield management program)을 도입하여 운영하고 있다.

<표 1-4> 서비스와 유형재

구 분	서 비 스	유 형 재
형 태	무형적(intangible)이다.	유형적(tangible)이다.
소유권	소유권이전이 불가능하다.	구매를 통해 소유권이 이전된다.
저 장	저장이 불가능하다.	저장이 가능하다.
판 매	생산과 판매는 기능적으로 분리가 곤란하다.	판매와 생산이 분리된 기능에 의해서 이루어진다.
재판매	재판매가 이루어지지 않는다.	상품의 재판매가 가능하다.
상 품	구매 전에는 상품이 존재하지 않는다.	상품의 구매 전에도 설명이 가능하다.
소 비	생산과 소비가 동시에 이루어진다.	생산이 소비 전에 이루어진다.
이 동	상품의 이동이 불가능하다.	상품의 이동이 가능하다.
구매자	생산과정에 참여하고 생산과정의 일부분을 담당한다.	제조업자가 생산을 담당한다.
장 소	생산과 소비가 동일한 장소에서 이루어진다.	생산과 소비의 장소적 분리가 가능하다.

(5) 고객의 참여(participation of customer)

1) 공동생산자

유형상품은 상품을 생산하는 시스템과 직접적으로 접촉할 기회가 거의 없으나 서비스는 고객이 생산과정에 참여하는 경우가 많다. 즉 서비스를 제공받기 위해서는 물리적인 접촉이 요구되거나 의사소통이 필요한 경우에 고객이 서비스 창출과 제공 과정에 참여하고 '공동생산자'가 된다. 따라서 고객은 생산자원의 일부로서 서비스 창출의 일부 기능을 수행하는 것이다.

2) 종업원의 접촉

서비스는 종업원과의 상호작용 및 접촉이 중요한 역할을 수행하며, 품질의 수준을 결정하는 데 결정적인 역할을 한다. 즉 고객은 서비스 자체가 무형이기 대문에 서비스를 제공하는 종업원의 친절도, 태도 등의 인적인 요소를 결부시켜 품질의 수준을 평가하는 경향이 있기 때문에 상품의 인지 측면에서는 물적 요소보다 인지적 요소가 더 중요하다고 할 수 있다.

3) 서비스 제공환경

상술한 바와 같이 서비스는 고객이 생산과정에 참여하는 경우가 대부분이기 때문에 제조업과는 달리 서비스 시설과 주위환경을 통해서 서비스를 체험한다. 따라서 서비스를 제공하는 장소의 시설이나 실내장식은 고객의 서비스 인지(service recognition)에 많은 영향을 미치기 때문에 고객의 입장에서 설계되고 구성되어야 한다. 이와 같은 이유로 인하여 고객의 서비스 인지에 있어서 보다 긍정적인 효과를 극대화하기 위해 호텔이나 항공사, 병원 등과 같은 서비스 기업은 주변환경의 장식에 많은 노력을 기울이고 있다.

(6) 수요의 변동성(variation of demand)

서비스 상품의 수요는 제공되는 시점(성수기, 완충기, 비수기)과 환경에 따라 변동하는 경향이 있다. 예를 들면 항공사의 경우 고객의 수요가 시간대별(아침, 점심, 저녁), 주별(주중, 주말), 계절별(동계, 하계) 등의 시점에 따라 수요의 변동 폭이 크고, 또한 서비스 제공자가 통제할 수 없는 외부환경(정치적 환경, 경제적 환경, 사회적 환경 등)에 따라 수요량이 변동되는 특징이 있다. 따라서 이와 같은 수요량의 변동 폭을 줄이기 위한 대책으로 서비스 기업에서는 다음과 같은 대책으로 수요의 변동을 극소화하도록 해야 한다.

1) 수요관리 측면

- 가격차별화 : 비수기와 성수기의 가격차별화를 통한 효과적인 가격관리로 성수기의 수요를 비수기의 수요로 전환시킨다.
- 비수기 상품의 개발 : 고객의 욕구를 충족시킬 수 있는 서비스 상품을 다양하게 개발하여 비수기의 수요를 창출 및 활성화시킨다.
- 보완적 서비스의 개발 : 서비스 상품을 구매하는 고객의 욕구는 단순히 핵심 서비스뿐만 아니라 주변 서비스를 더 중요하게 여기는 경우도 있기 때문에 다양한 보조 서비스를 개발하여 비수기의 수요를 증대시킨다.

2) 공급관리 측면

- 접객원 : 효과적인 인력관리를 위해 성수기에는 임시직이나 실습생 등으로 공급능력을 확대한다.

• 효율적인 인력관리 : 성수기에는 본질적인 서비스 제공업무에 집중하고 비수기에는 유휴인력을 이용하여 성수기의 공급을 극대화하기 위한 시설의 점검 및 정비 또는 쾌적한 분위기 조성을 위한 환경정리 등으로 인력을 효율적으로 관리한다.

제 2 절

서비스의 분류 및 품질

1. 서비스의 분류

(1) 시점과 형태에 따른 분류

서비스는 우선 서비스가 제공되는 시점에 따라 판매 전에 제공되는 서비스(before service), 판매과정에서 제공되는 서비스(on service), 그리고 판매 후에 제공되는 서비스(after service)로 분류할 수 있으며 그 형태에 따라 유형적 서비스와 무형적 서비스로 분류할 수 있다.

판매 전에 제공되는 서비스는 고객이 상품을 구입하러 오기 이전에 고객에게 제공되는 각종 서비스로 고객의 잠재되어 있는 구매욕구를 자극하여 구매활동을 유도할 수 있는 서비스이며, 판매과정에서 제공되는 서비스는 고객이 상품을 구입하는 시점, 즉 판매사원(서비스 제공자)과 직접 만나는 시점에서 제공되는 서비스로 현재 가장 중요시되고 있는 서비스이며, 판매 후에 제공되는 서비스는 상품판매 후 상품의 수명기간 중 적절한 안전을 위해 제공되는 서비스를 의미한다.

유형적 서비스란 물질적 서비스로서 고객을 안락하게 해주는 시설이나 최고의 상품과 최상의 가격 등으로 인적 서비스의 보조적 역할을 하는 서비스이고, 무형적 서비스란 인적 서비스로서 사람에 의해서 상대방의 만족을 극대화시켜 주고, 마음의 준비만 있으면 즉각 효과를 기대할 수 있는 서비스를 의미한다.

<표 1-5> 일반적인 서비스의 분류

시 점 / 형 태	판매 전에 제공되는 서비스 (before service)	판매과정에서 제공되는 서비스 (on service)	판매 후에 제공되는 서비스 (after service)
유형적 서비스 (물질적 서비스)	전단(flyer), 직접우편 (direct mail) 등	최상의 상품, 가격, 편의시설 등	수선, 환불, 교환 등
무형적 서비스 (인적 서비스)	리콜 서비스 (recall service) 등	상품구매 시 판매원의 서비스 태도 등	약속이행, 리콜 서비스 등

(2) 비용개념에 따른 분류

일반적으로 서비스는 비용이 수반되지 않는 것으로 생각할 수 있으나 반드시 그런 것은 아니다. 즉 경우에 따라서 비용이 발생하는 서비스가 있고 그렇지 않은 경우도 있다. 이는 기능적 서비스와 도덕적 서비스로 구분할 수 있는데 기능적 서비스는 곧 경제적 서비스를 말하며 도덕적 서비스는 비경제적 서비스를 의미한다. 기능적 서비스는 또한 물적 서비스, 인적 서비스 그리고 금융 서비스로 분류할 수 있다.

여기에서 도덕적 서비스는 정신적 서비스와 태도적 서비스로 구분할 수 있는데 정신적 서비스란 자기의 이익을 생각하기 전에 고객이나 다른 사람에게 공헌하는 것을 중시하고 그 결과를 가지고 서비스 제공자가 이익 또는 보수를 획득할 수 있는 서비스로서 모든 서비스의 기본정신이다. 태도적 서비스란 고객에게 내보이는 우아하고 정중한 태도의 서비스를 말한다.

비용개념의 서비스 분류를 기능적 서비스와 도덕적 서비스로 구분하여 살펴보면 〈표 1-6〉과 같다.

<표 1-6> 비용개념의 서비스 분류

구 분	내 용
기능적 서비스 (경제적 서비스)	· 물적 서비스 : 사은품 등 덤으로 주는 서비스 · 금융 서비스 : 할인 · 인적 서비스 : 판매원의 친절 서비스 행사 등
도덕적 서비스 (비경제적 서비스)	· 정신적 서비스 : 상품의 개발과 같이 남을 위해 공헌하는 서비스 · 태도적 서비스 : 우아하고 정중한 외형적 행동 서비스

2. 서비스 품질

서비스 품질의 정의는 매우 다양한 입장에서 상반된 개념으로 접근하거나 유사개념으로써 접근하여 고객만족과 혼동을 유발시키기도 한다. 일반적으로 품질의 정의는 생산자와 소비자 양자의 관점이 주류를 이루고 있다. 따라서 서비스 품질에서는 고객이 인지하는 주관적 측면이 강하므로 고객과의 접점이 강조되고 있다.

(1) 일반적인 품질 개념

품질을 한마디로 설명하기란 곤란하기 때문에 철학적인 측면에서 살펴보면 양과 대비되는 개념으로 어떤 사물을 다른 사물과 구분하게 해주는 그 사물의 내적인 특성을 의미한다.

즉, 질은 사물이 가지는 내적인 성질이므로 품질이 변화하면 사물 자체가 변화하는 것이다. 양이 변화하면 사물이 줄어들거나 증가하여 수치로 나타낼 수 있지만 질은 본질적으로 수치화할 수 없다.

서비스 품질에 대해 가빈은 〈표 1-7〉과 같이 선험적 견해, 상품 중심 견해, 소비자 중심 견해, 생산자 중심 견해 및 가치 중심 견해로 요약하고 있다.

(2) 서비스 품질의 결정 요소

고객이 서비스 품질을 결정하는 요소들을 살펴보면 유형상품의 품질 결정에는 색상, 스타일, 가격, 견고함, 향기 등의 사전 탐색특성이 있고 상품을 사용해 본 후에 적합한지 그렇지 못한지에 따라서 품질을 결정하게 되는 경험특성이 있다.

한편 서비스 품질 결정에는 유형상품의 경우와 같이 탐색특성은 거의 없고 경험특성과 신용특성이 있다. 즉 서비스는 대부분 서비스를 제공받은 후에 품질의 수준을 주관적으로 평가할 수 있다.

〈표 1-8〉은 고객이 서비스의 수준을 결정하는 기준을 나타내고 있다.

<표 1-7> 서비스 품질에 대한 견해

견해	내용
선험적 견해	품질은 정확하게 정의하기 어렵고, 단순하지만 분석이 불가능한 특성이 있으며, 오직 경험을 통해서만 인식할 수 있다. 품질을 뚜렷한 기준과 높은 성취도를 나타내는 우월성과 동의어로 본다. 이는 예술공연 등의 경우에 적용되기도 한다. 인간은 계속적인 경험을 통해 품질을 인지할 수 있다는 것이다.
상품중심 견해	품질을 정확하고 측정 가능한 변수로 파악한다. 품질의 차이는 소유하는 속성이나 구성요소의 양적 격차를 반영한다. 객관적인 시각이므로 주관적인 취향, 니즈(needs), 선호도를 설명하지 못하는 단점이 있다.
소비자중심 견해	품질은 고객의 관점에 달려 있다고 보며, 고객만족과 동일시한다. 이러한 주관적이고 수요 지향적인 정의는 고객은 각기 다른 니즈와 욕구를 가진다는 것을 감안한다. 고객에게 제공하는 효용을 "주어진 고객 니즈를 만족시키기 위한 능력과 관계되는 제품이나 서비스의 특성 및 특징의 총합체"를 가리킨다. 상품은 고객의 다양한 니즈를 충족시키기 위해 품질에서의 의도적인 품질상의 차이를 반영한다. 이는 '설계품질(quality of design)'이며 품질특성이 상품에 설계되어 있는 정도를 나타낸다. 따라서 상품은 성능, 크기, 특징 등 여러 품질특성에서 차이를 가질 수 있으며 이러한 특성은 설계 시 반드시 고려되어야 한다.
생산자중심 견해	생산이나 엔지니어링 관행과 밀접하며 '요구사항에 일치성'을 중시한다. 품질의 우수함은 명세일치와 아울러 '처음부터 잘 만드는 것'과 상통하는 것으로 본다. 서비스업에서 일치성이란 정확성이나 정시성과 통한다.
가치중심 견해	가치와 가격의 2가지 차원에서 품질을 정의한다. 최근의 조사에 의하면 이 견해가 더욱 지지를 얻고 있으며 품질은 점차 가격에 대비해서 논의되고 있다.

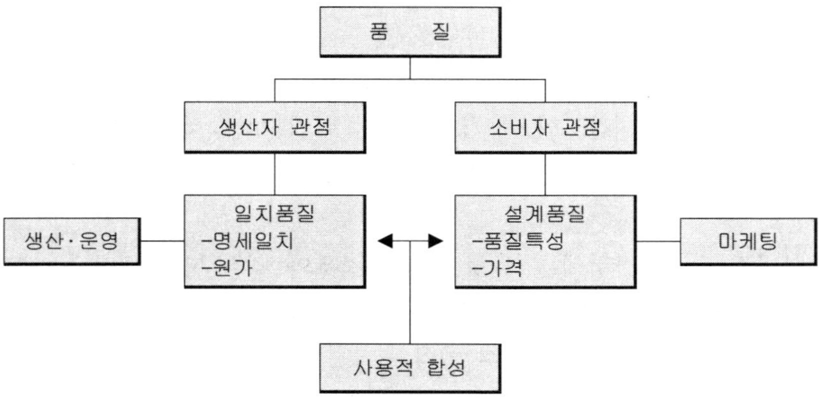

[그림 1-3] 일반적 품질의 개념[14)]

14) 원석희, 서비스 품질경영, 형설출판사, 1998, p. 58.

<표 1-8> 고객이 서비스 품질을 평가하는 10가지 기준

차 원	정 의
유형성(tangibles)	물적 시설, 장비, 사랑, 의사소통 도구의 외형
신뢰성(reliabilities)	약속된 서비스를 즉각적인 서비스로 제공하려는 의지
응답성(responsiveness)	고객을 돕고 즉각적인 서비스를 제공하려는 의지
능력(competence)	서비스를 수행하는 데 필요한 기술과 지식의 소유
예의(courtesy)	고객과 접촉하는 종업원의 친절과 배려, 공손함
신용도(credibility)	서비스 제공자의 진실성, 정직성
안정성(security)	위험, 의심으로부터 자유
접근 가능성(access)	접근 가능성과 쉬운 접촉
의사소통(communication)	고객의 말에 귀를 기울이고 고객에게 쉬운 말로 알림
고객이해 (understanding the customer)	고객과 그들의 욕구를 알려는 노력

(3) 서비스 품질의 범주

1) 성 능

상품의 주요 활동특성을 의미하는 것으로 환대산업인 호텔업에서는 고객의 안전과 안락함 및 친절이 바로 서비스의 성능을 나타낸다. 따라서 서비스 기업에서 성능은 서비스 품질을 구매하는 고객의 선호도에 의해서 좌우된다. 즉 고객의 욕구를 정확히 파악하는 것이 품질을 향상시키는 전제조건이다.

2) 부가 서비스

상품의 기본적인 기능을 지원하는 부가적인 특성을 나타내는데, 예를 들면, 호텔의 숙박객에게 제공되는 어메너티 서비스(amenity service)[15]가 있으며, 항공사에서는 승객을 위한 다양한 기내 서비스가 제공되고 있다. 성능과의 차이는 고객에게 얼마나 중요한가에 의해서 결정된다. 환대산업(hospitality industry)에 있어서 서비스의 특성상 서비스에 대한 핵심상품 이외의 사소한 부가적 서

15) 호텔에서 숙박객에게 제공하는 부가 서비스로서 객실 내에 비치되는 각종 소모품이나 호텔에서 무료로 지급하는 고객용 서비스를 의미한다.

비스(원가가 거의 발생하지 않는 무형적 서비스를 지칭한다)가 오히려 고객만족에 결정적인 역할을 하는 경우도 적지 않다.

3) 신뢰성

상품이 일정 기간 내에 정해진 기능을 다하지 못할 가능성으로 표시하며 고장률, 처음 고장까지의 시간, 평균고장시간으로 측정한다. 서비스업에서 신뢰성은 기업의 생명과도 같다고 할 수 있다. 특히 관광관련 기업의 신용은 서비스 품질의 수준을 결정하기도 한다.

예를 들면, 여행 패키지(travel package) 상품을 통하여 국외여행을 하는 경우 여행상품을 구매할 때에는 상품가격에 실현되지 않은 각종 여정, 볼거리 및 먹거리 등이 포함되어 있기 때문에 여행활동이 실현되는 과정에서 약속된 바대로 진행되는가의 여부가 품질의 수준을 결정하는 것이다. 만약 관광이 패키지 구입 당시의 약속과 다르거나 관광의 수준이 기대에 미치지 못하면 신뢰도가 떨어져 서비스 품질의 수준은 낮아질 것이다.

4) 일치성

사전에 정해진 기준에 얼마나 일치하는가를 나타내는 척도로서 일반적인 사고는 일치성을 명세에 맞추는 것으로 정하지만 목표로부터 변동의 폭으로 파악하기도 한다. 따라서 명세 내의 일치성을 측정하기 위해서는 보다 정확한 정보가 요구된다. 서비스업에서 일치성은 보통 정확성이나 정시성으로 나타내기 때문에 업무의 실수, 업무의 지연 등을 추적하는 경우가 많다.

5) 견고성

신뢰성과 관계가 있지만 이는 상품의 수명을 가리킨다. 여기서 수명은 사용 가능한 기간으로 나타내고 총사용량으로 표시할 수도 있으며 이는 경제적 또는 기술적 의미에서 파악한다. 고객의 욕구를 충족시키지 못하는 유행이 지난 상품은 상품의 물리적인 상태나 정상적인 기능과는 상관없이 상품의 가치를 잃게 된다.

6) 서비스 능력

고객의 요구에 대응하는 서비스의 신속한 속도, 편리함, 정중함 등을 나타내는 것으로 유형상품의 경우 판매 후에 얼마나 서비스가 용이하며 신속한가를 기준으로 파악한다. 문제의 해결시간, 시의성, 거래조건 그리고 약속준수 정도가 중요하다. 서비스 기업에서 제공하는 각종 서비스는 대부분 인적 서비스인 경우가 대부분이기 때문에 서비스 능력을 향상시키기 위해서는 지속적인 교육훈련을 실시하여 프로의식을 갖고 서비스 판매에 임해야 한다.

7) 심미성

상품에 대한 고객의 감성적 반응을 나타내며 고객의 주관적 판단과 개성 및 취향을 강하게 반영한다. 그러나 이러한 판단이 주관적이라 할지라도 일반적인 판단기준이 있는 경우도 많다. 로비의 웅장함, 종업원의 유니폼, 음식의 맛, 향, 신선도, 식욕을 자극하는 분위기는 바로 고객의 일반적 기준이다.

8) 인지한 품질

고객이 상품에 대한 정보를 완전하게 소유하기는 곤란하기 때문에 상품의 유형적, 무형적 측면에서 단서(cue)를 얻게 된다. 따라서 이와 같은 경우에 신호나 단서는 품질을 파악하는 데 중요한 역할을 한다. 예를 들면 기업의 이미지(corporate image), 브랜드(brand), 광고(advertising) 등은 품질의 실제가 아닌 인지된 품질(cognitive quality)이다. 또한 서비스 기업 혹은 서비스 품질 제공자의 평판도 인지한 품질의 하나로 간주한다.

[그림 1-4]는 서비스의 인지한 총체적 품질을 도식화한 것이다.

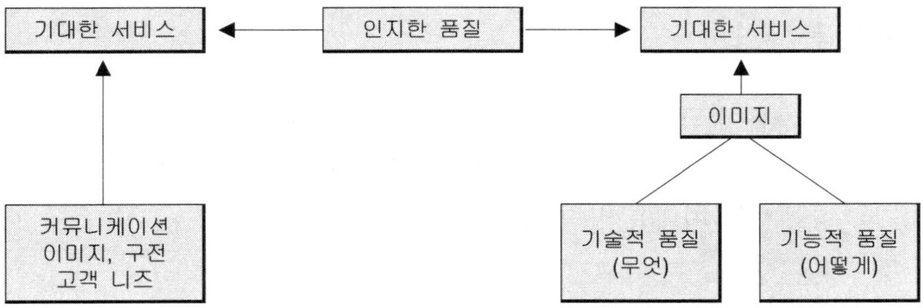

[그림 1-4] 인지한 총체적 품질[16)]

16) C. Gronroos, Service Management and Marketing : Managing the Moments of Truth in Service Competition, Lexington Books, 1990, p. 12.

3. 서비스 패키지

서비스를 인식하는 데 있어서는 부분적으로 서비스의 무형적인 특성 때문에 상품의 명확화가 매우 어렵다. 그러나 서비스는 전체적인 경험에 대하여 관심을 가지는 사람은 서비스 전달과정에 참여하는 고객인 것이다.

예를 들면 리조트 호텔(resort hotel)의 투숙객은 객실과 로비의 분위기도 중요하지만 객실에서 전망할 수 있는 외부의 경치가 매우 중요하다고 할 수 있다. 또한 항공기를 이용하는 고객에 대한 서비스의 수준은 신속한 카운터 업무의 처리, 기내 승무원의 친절성, 정시도착 및 출발 등에 의해서 결정될 수 있다.

서비스는 그 본질상 다양한 특성을 가지고 있기 때문에 서비스 경영에 대하여 명확한 정의를 내린다는 것은 곤란하지만 서비스 환경의 특성을 평가하는 것은 경영자들이 직면하고 있는 변화를 이해하는 데 중요한 역할을 한다.

서비스 패키지(service package)는 특정한 환경에서 제공되는 재화와 서비스의 조합이며 다음과 같은 요소로 구성된다.

(1) 기본시설

서비스가 상품으로서 고객에게 제공되기 이전에 반드시 갖추어야 할 물리적인 자원을 말하는 것으로 서비스 패키지의 중요한 단서의 역할을 한다. 예를 들면 호텔의 건물과 로비(lobby)의 실내장식, 식당의 테이블과 의자, 항공사의 항공기, 스키 리조트(ski resort)의 스키 리프트(ski lift) 등이다.

(2) 보조품

서비스 구매자들에 의해 소비되거나 구매되는 물품, 또는 고객에게 제공되는 물건들을 말한다. 예를 들면 호텔의 객실이나 연회장, 스키 리조트의 스키, 식당의 음식, 항공기의 기내음식, 자동차 면허증 등이다.

(3) 명시적 서비스

서비스를 구매하는 과정에서 감각에 의해 직접적으로 느낄 수 있는 서비스로서 서비스의 본질적이고 핵심적인 특색을 구성하는 것을 의미한다. 예를 들면 안락한 호텔객실에서 숙박한 후의 가벼운 마음, 불고기 메뉴로 저녁식사를 한 다음의 포만감, 두통약을 복용한 후의 통증 감소, 해변관광 후의 스트레스(stress) 해소, 컴퓨터 용량 업그레이드(upgrade) 후의 빠른 속도, 이동전화기를 이용한 공간적 한계의 해소 등이다.

(4) 묵시적 서비스

고객이 희미하게 느낄 수 있는 심리적인 혜택이나 서비스의 외관적인 특색을 의미하는 것으로 예를 들면 항공기의 특등석(first class seat)을 이용한 승객의 대우, 항공사의 마일리지 프로그램(mileage program)에 의한 우수회원의 공항 라운지(airport lounge) 무료이용 시 느낄 수 있는 귀빈대우, 박사학위를 받은 다음의 사회적 지위, 고급 자동차를 이용함으로써 느끼는 우월감, 명문대의 입학, 호텔 헬스클럽 회원의 신상보호 등이다.

<표 1-9> 칼 알브레히트(Karl Albrecht)의 서비스 특징 10가지 내용

번 호	내 용
1	서비스는 제공하는 순간에 생산된다. 미리 만들어 놓을 수도 없고 언제라도 제공할 수 있도록 저장해 둘 수도 없다.
2	서비스는 한곳에서 생산, 검사, 비축, 저장을 할 수 있는 것이 아니다. 서비스는 어디든지 고객이 있는 곳에서 경영자의 영향력 행사가 곤란한 일선 현장담당자에 의해 제공된다.
3	서비스는 미리 전시하거나 견본을 보여줄 수 없다. 제공자가 보여주는 여러 가지 견본은 다른 고객을 위한 것이며, 자기 자신을 위한 서비스는 아직 존재하지 않으며 체험하기 전에는 알 수가 없다.
4	서비스를 받은 사람은 만질 수 있는 것은 아무 것도 갖지 못한다. 서비스의 가치는 오로지 고객의 개인적인 경험에 의존한다.
5	그 개인적 경험을 제3자에게 팔거나 넘겨줄 수 있는 것이 아니다.
6	서비스는 만약 부적절하게 제공되더라도 취소할 수 없다. 보상이나 사과가 고객에게 할 수 있는 유일한 수단이다.
7	품질보증은 서비스 제공 전에 되어 있어야지 제공 후에 보증이란 없다. 이것은 상품생산의 경우에도 마찬가지이다.
8	서비스의 제공은 사람의 상호작용에 의해 이루어진다. 바이어와 판매자가 개인적으로 접촉함으로써 서비스가 생산된다.
9	고객의 사전기대에 의해 그 만족이 크게 좌우된다. 따라서 서비스의 품질은 매우 주관적이다.
10	고객에게 서비스가 제공되는 과정에서 관계하는 사람이 많으면 많을수록 고객의 만족 가능성은 낮아진다.

이와 같은 서비스의 특징들을 고려할 때 서비스는 고객이 경험하는 것이고, 서비스 인지의 기초가 되기 때문에 서비스 경영자들은 고객이 갈망하는 서비스 패키지에 일관되고 종합적인 경험을 제공하는 것이 매우 중요하다. 예를 들면 항공사의 경우 기본시설은 하늘의 공간에서 운항할 수 있는 최첨단 항공기와 내부 장식이다. 보조용품으로는 다양한 기내식, 화장실의 비누와 화장지 등으로 범위가 좁아진다.

명시적인 서비스로는 깨끗한 좌석과 개인용 통신시설 등이 있으며, 묵시적 서비스로는 기내에서 안내 서비스를 담당하는 승무원의 친절과 기체의 안전한 착륙 등이 있다.

제 3 절 서비스 산업의 출현과 배경

1. 전통적인 서비스

전통적인 서비스의 개념은 내향적 서비스(inside-out service)[17]로서 고객이 원하는 서비스가 아니라 서비스를 제공하는 사람의 의지에 따른 형태로 배달되었다. 즉 고객의 의견이 적극적으로 반영되지 못하고 단지 제공자가 처해 있는 상황에 따라 서비스의 배달 시스템이 구축되었다. 즉 경영자나 종업원의 편의주의에 입각하여 서비스가 제공되었다.

따라서 전통적인 서비스는 진정으로 고객을 위한 서비스라기보다 제공자 지향적인 개념을 바탕으로 형성된 것이기 때문에 고객의 욕구를 충족시키지 못했다. 또한 서비스가 획일적으로 제공되었기 때문에 다양한 고객의 욕구의 수준을 능가하지 못했다. 그 이유는 서비스 시장에서 서비스 상품의 수요가 매우 빈약하였기 때문에 서비스의 공급이 매우 단순하였다.

---

17) 내향적 서비스는 서비스를 제공하는 사람이나 조직의 입장에서 소비자를 대상으로 서비스를 제공하려는 사고방식을 일컫는 것으로서 외향적 서비스(outside-in service)와 대응되는 개념이다.

(1) 관공서/비영리 조직

서비스나 고객만족의 개념이 전혀 설정되지 않은 시대로서 경쟁이나 이윤을 추구하는 것이 아니라 관료주의를 바탕으로 일방적인 서비스를 제공하였다. 즉 당시의 관료적인 서비스는 고객에게 제공한다기보다는 고객을 통제하는 조직이라는 표현이 더 어울릴 것이다.

이와 같이 전통적인 서비스는 오히려 고객이 선심을 베풀어야만 원하는 서비스가 배달되었으며 특히 전통적인 서비스는 제공자나 서비스를 받는 자의 신분이나 지위에 따라 품질의 차이가 많았다고 할 수 있다.

(2) 기 업

기업은 관공서나 비영리 목적으로 운영하는 조직보다 경쟁의식을 바탕으로 서비스를 통한 고객만족의 기틀을 마련하고 배달 시스템이 이루어졌으나 내향적인 서비스의 경향이 짙었기 때문에 제공자 중심의 서비스라고 할 수 있다. 즉 고객제일주의가 아니라 기업의 내부 상황이나 제공자의 수준에 따라 서비스 수준이 결정되어 고객의 의견이나 피드백(feedback)이 무시되었다. 그러나 호텔, 항공사, 백화점 등과 같은 서비스 기업을 중심으로 진정한 서비스를 정착시키기 위한 발판을 마련하였다.

2. 현대적인 서비스

서비스 제공자 중심의 전통적인 서비스는 일방적으로 제공자 편의주의에 따라 서비스가 배달되었으나 현대적 서비스는 철저하게 고객의 의견이 반영되는 고객 지향적인 서비스(customer oriented service)로 전환되었다. 대량생산(mass production) 대량소비(mass consumption)시대의 평균적인 고객을 탈피하여 다양한 고객의 욕구를 충족시키기 위해 다품종 소량을 생산한 상품은 서비스를 추가하여 제공해야만 상품으로서의 가치를 인정해 주는 시대가 도래한 것이다. 즉 고객의 관점에서 서비스를 제공하려는 외향적인 서비스(outside-in service)가 제공되고 있다.

국가의 경쟁력을 살펴보아도 서비스가 강화된 국가일수록 경쟁력이 강하다는 것을 알 수 있다. 따라서 우리나라에서도 국내시장은 물론이거니와 세계시장을 대상으로 상거래를 전개하기 위해서는 고객을 우선하는 양질의 서비스를 제공할 수 있도록 최선의 노력을 다해야 하겠다.

(1) 서비스 혁신

호텔, 은행, 백화점, 항공사 등의 다국적 서비스 기업들이 중심이 되어 고객만족을 통한 기업의 목표를 실현시키기 위해 서비스를 경쟁의 무기로 하여 서비스 개선을 위해 열심히 노력하였다. 그 결과 이러한 서비스 기업들은 국제적인 서비스 감각을 갖고 세계 시장을 향해 발돋움하고 있다.

최근에는 서비스 기업에서 다양한 아이디어(ideas)를 통하여 고객의 마음을 사로잡고 있다. 서비스 실명제(real name system)를 통하여 서비스의 품질을 향상시키는 기업이 있는가 하면, 서비스 보증제(service assurance system)를 실시하여 고객이 제공받은 서비스가 마음에 들지 않으면 즉각적으로 환불을 해주거나 혹은 현금으로 보상해 주는 혁신적인 서비스 제도까지 등장하고 있다.

[그림 1-5]는 고객만족을 위한 제도로 고속도로 휴게소에서 실시하고 있는 서비스 보증제도의 내용을 소개하고 있다.

서비스 보증제도 안내

저희 휴게소를 찾아주신 여러분께 감사합니다.
저희 직원 일동은 정성을 다하여 고객을 섬기기 위한 경영일념으로
고객 서비스 보증제도를 시행하고 있습니다.
고객이 만족하는 서비스를 위하여 각 판매부서에서 종사원의 불친절
또는 불만족 사유가 있을 때에는 현금으로 보상하는 제도입니다.
이용 중에 불편한 점이 있으시면 말씀하여 주십시오.
저희 직원 일동은 최선을 다하여 즉시 시정하겠습니다.
목적지까지 편안하고 즐거운 여행되십시오.
감사합니다.
불친절, 불편, 불만족 전화
(053)852-8651
평사휴게소장

[그림 1-5] 고속도로 휴게소의 서비스 보증제도

(2) 외향적 서비스

외향적인 서비스는 제공자 중심의 일방적인 서비스(one-way service)가 아니라 고객을 중심으로 하는 서비스(outside-in service)로서 고객의 욕구충족을 위한 의견이 반영된 서비스를 일컫는다. 따라서 서비스 기업은 경쟁력을 확보하기 위해 저마다의 사명을 다하고 고객을 감동시킬 수 있는 다양한 아이디어를 추가한 서비스로 고정고객(loyal customer)을 확보할 수 있는 전략을 구축해야 한다.

(3) 예술적 가치의 서비스

'고객만족의 극대화'라는 대원칙에 부응함으로써 고객으로부터 사랑받거나 시장의 선두주자 지위를 확고히 할 수 있는 서비스를 의미하는 것으로 서비스가 일정한 경지에 도달하면 예술적 가치를 지닐 수 있다는 것이다. 즉 서비스는 곧 예술이라는 등식이 성립한다는 것이다.

서비스 내용을 보면 인간이 제공하고 인간이 제공받기 때문에 인간이 처한 순간의 상황이나 개성에 따라 다르게 측정될 것이며 품질도 인간에 따라 천차만별이고 일정한 격식이 없기 때문에 주의의 환경이나 고객의 개성에 따라 서비스 내용을 적절히 조합해야 하는 행위는 필경 예술이 아니고 무엇이겠는가. 따라서 서비스는 고객과의 접점에서 그 순간의 행위에 의해서 품질의 수준이 결정되기 때문에 진실의 순간(MOT : Moment Of Truth) 관리를 통한 가치를 창조해야 한다.

3. 서비스 산업의 전망

물질적인 풍요로움과 개성 및 자유를 추구하는 사회에서 삶을 영위하는 오늘날의 시대에 서비스는 신선한 충격을 주고 있다. 서비스는 인간의 편의를 도모한다는 긍정적인 측면에서 다양한 종류의 서비스가 탄생하고 있으나 부정적인 측면이 제기되기도 한다.

서비스가 어떠한 형태로 발전할 것인가에 대한 정확한 예측은 곤란하지만 인간이 살아가는 데 있어서 필연적으로 접해야 하는 시대가 도래하고 있다. 또한 인간이 삶을 영위하기 위한 기본적인 욕구가 충족된 후에는 삶에 대한 가치를 높이기 위해 부가적인 서비스를 요구하게 된다.

이러한 점을 고려할 때 미래사회와 경제 시스템의 방향설정을 하는 데 서비스가 주도권을 행사하게 될 것으로 전망된다. 즉 인생 그 자체가 서비스를 중심으로 형성된다고 해도 지나친 표현이 아닐 것이다.

(1) 세계화와 시장개방

1) 정치이념의 붕괴

과거 이질적인 정치와 경제의 이원화 체제의 시장구조에서 1980년대 후반 동구권의 붕괴로 이데올로기(ideology)의 해체는 시장경제를 눈부시게 확산시키고 있다. 이러한 현상은 국부의 증대와 국민생활의 질적 향상이라는 동일한 목표를 전제로 한 시장형성을 유도하였다. 즉 시장의 자유경쟁을 보장하고 서로 간의 경쟁을 통하여 시장효율성을 극대화할 수 있는 시장경제에 대한 믿음이 점차 확산되고 있는 것을 의미한다.

대부분의 공산권 국가들이 시장경제 시스템을 도입하여 세계를 단일시장으로 만들어 경제의 글로벌화(globalization)를 가속시키고 있다. 따라서 시장을 물리적인 통제에 의한 정부 주도의 시장은 비효율적이고 비합리적인 형태의 시장형성으로 말미암아 경쟁력을 잃을 것이 자명하다.

2) 세계화

세계화의 추진은 다자간 자유무역 협정의 타결로 가속화되고 있다. 호혜주의, 차별금지 및 정책의 투명성이라는 세 가지의 원칙을 바탕으로 1947년에 창설된 GATT(관세 및 무역에 관한 일반 협정 : General Agreement on Tariffs and Trade)은 자유무역을 촉진하기 위한 목적하에 자유무역을 저해하는 보호무역주의의 관행을 시정하는 데 많은 기여를 하였다. 그러나 GATT는 강제적 규제를 집행할 수 없는 약점 때문에 비관세 규제, 산업보조금, 그리고 공공부문의 국내조달 관행 등 모호한 형태의 보호무역 장벽에 대처하는 데 한계가 있었다.

이러한 GATT의 문제점을 보완하고 무역질서를 구축하고자 시도된 UR(우루과이 라운드 : Uruguay Round)를 거쳐 창설된 세계무역기구(WTO : World Trade Organization)는 제재권한을 부여받고 공식적인 국제적 무역조정기구로 출발하게 되었다.

여기에는 세계무역을 주도하고 있는 선진국의 압력으로 GATT에는 포함하지 않았던 농산물과 자본의 이동에서부터 서비스 무역에 이르기까지 무역의 영역이 확대되었다. 특히 서비스 분야의 개방은 국제 경쟁력을 격화시키고 산업구도가 개편될 것으로 예상되어 개발도상국들의 관심이 고조되고 있다.

3) 서비스 시장의 개방 압력

우리나라가 국제적으로 다방면에서 위상이 높아짐에 따라 각종 이익단체의 가입과 함께 지금까지 개발도상국으로서의 국제 간 거래가 아니라 서비스 상품을 포함한 모든 상품의 개방 압력이 거세지고 있다. 물론 세계화의 개념으로 볼 때 시장을 개방하여 자유경쟁 하에서 거래가 이루어져야 한다는 논리는 당연하지만 경제 강대국의 엄청난 자금력, 우수한 경영능력과 마케팅 능력, 탁월한 판매기술을 바탕으로 시장우위를 점하고 있는 일부의 품목에 대해서는 거센 반발에 부딪치고 있다.

우리나라 서비스 시장은 우루과이 라운드를 거쳐 OECD[18]에 가입을 함으로써 세계의 유수 기업들과 경쟁을 해야만 하는 처지에 있기 때문에 일부의 업계에 충격을 주고 있으나 장기적인 측면으로 볼 때 외부 시장과 당당하게 경쟁하여 자국 상품의 품질을 인정받아야 경쟁력을 향상시킬 수 있을 것이다.

이와 같이 우리나라도 가까운 미래에는 금융 · 통신 · 시청각 · 운송 · 건설 시장 등의 부문을 전면적으로 개방하여 선진국과 시장경제의 원리에 입각하여 경쟁해야 한다.

(2) 규제의 완화 및 민영화

대부분의 국가에서 공익사업으로서 철도, 가스, 수도, 전력산업 등은 정부의 규제하에 공기업형태로 운영되거나 경쟁을 제한하는 진입규제를 시행하여 가격을 통제하여 왔다.

그러나 공익사업의 경쟁력을 강화하고 서비스를 개선하기 위해 1980년대 이후 규제가 완화되거나 민영화를 추진하여 많은 변화가 있었다. 실질적으로 공공사업을 민영화하여 경영효율을 향상시키고 서비스 개선에 적지 않은 공헌을

18) Organization for Economic Coporation and Development의 약어로 제 2차대전 후 미국의 대유럽 원조기관으로 1961년에 발족하였으며, 프랑스 파리에 본부를 두고 있다.

했다는 것은 인식을 같이하고 있다. 따라서 선진국일수록 공공부문의 사업에 대해 점차적으로 민영화를 추진하여 시장의 자유화를 추구하고 있다.

(3) 업태의 창조

시장진입을 시도하기 위해서 상품에 대한 홍보와 광고를 통하여 고객들을 확보할 때에는 일정한 기간이 요구되는 것이 상례였으나 최근에는 기업의 다각화 전략과 현재 기업이 보유하고 있는 각종 고객정보를 이용하여 새로운 업종을 대상으로 시장을 확보하고 있다.

이와 같은 신업종이나 업태의 창조현상은 산업 간의 경계를 파괴시키고 있으며, 마케팅 비용(marketing expense)을 절감하고 영업효율을 향상시킬 수 있다. 예를 들면 항공사에서는 자사가 보유하고 있는 고객정보를 이용하여 여행사에서 제공하는 각종 서비스를 직접 제공하여 새로운 시장을 확보하고, 24시간 편의점에서는 은행의 폐점시간 이후에 공공요금의 수납 등과 같은 서비스를 제공하는 업종으로 전환되고 있다.

또한 대형백화점에서는 점포를 방문하는 고객들에게 전혀 색다른 서비스의 구매를 유도하기 위해 최첨단 장비와 시설을 갖춘 대형 영화관을 개관하여 다양한 종류의 영화를 상영하기도 하여 고객들의 내점빈도(frequency of store visiting)를 높여 상품구매를 유도하기 위해 쇼핑과 관련이 없는 각종 흥미로운 문화 프로그램을 개설하여 고객의 구매욕구를 자극하고 있다. 그리고 호텔산업은 인근의 지역주민이나 고객들을 대상으로 각종 서비스 교육 프로그램을 구성하고 실질적인 교육을 실시하여 지역밀착형 영업을 추구하기도 한다.

(4) 정보화의 충격

오늘날 기업은 컴퓨터 시스템(computer system)을 이용하지 않고는 기업 경영이 곤란한 환경으로 바뀌어 버렸다. 즉 컴퓨터 시스템을 이용한 각종 정보통신망(information network)은 지역적 및 시간적 한계를 극복하였으며, 또한 사무자동화를 통한 경영합리화를 실현시켰고 신속하게 업무를 처리할 수 있게 되었다.

따라서 서비스를 대상으로 하는 기업은 반드시 정보화 시스템(information system)을 구축하여 신속하고 정확한 서비스로 높은 생산성과 양질의 서비스를 제공할 수 있는 환경조성을 전제로 해야 한다.

4. 서비스의 대책과 과제

(1) 조직의 패러다임(paradigm) 변화

정보화로 인한 급격한 기업환경의 변화는 기업 조직문화의 변화로 연결되고 있다. 과거에는 기업의 물리적인 변화를 통하여 이미지를 정착시키기 위해 노력하였으나 이와 같은 형태는 고객의 욕구를 충족시키는 데 부족하기 때문에 고객에게 서비스를 제공하는 대고객 서비스에 있어서 고차원적 접근이 요구되고 있다. 따라서 기업의 조직은 시장정보에 즉각적으로 반응할 수 있는 조직으로 변화해야 하며, 사람들 간의 관계와 대인기술을 강조하는 조직으로 전환되어야 한다. 즉 다양한 정보수집과 활용으로 고객욕구를 분석하고 고객이 요구하는 서비스를 적기에 제공할 수 있는 조직이 요구되고 있다. 따라서 최근의 기업조직은 고객을 우선으로 하는 조직으로 탈바꿈해야 하며, 최고경영자와 중간관리자는 고객접점에서 서비스를 제공하는 종업원을 통제하는 개념이 아니라 보다 양질의 서비스를 제공할 수 있도록 지원하는 개념으로 전환되어야 한다.

(2) 생산성 향상

최종수요에 의존하는 서비스업(외식업, 소매점포, 숙박, 레저, 교육, 의원 등)은 급속하게 성장하고 있으나 기업수요에 의존하는 기업 서비스업(금융, 법률, 보험, 회계, 운수, 통신 등)은 미비한 상태이다.

이와 같은 추세는 서비스업의 합리적인 경영을 통한 생산성 향상을 약화시킬 수 있으므로 업종의 균형을 유지하면서 서비스업의 보다 체계적인 경영구조로 대규모화와 고도화를 통하여 생산성 향상을 추구해야 한다. 즉 체계적이고 과학적인 경영기법이 도입되어 저비용 고효율의 경영구조로 개선되어야 한다.

(3) 역할과 책임의 증가

1) 생명의 질

공업화의 추구는 대량생산을 초래하여 풍요롭게 살아갈 수 있어 삶의 질을 향상시킬 수 있으나 이러한 풍요로운 삶의 환경으로의 전환은 생태계를 파괴시켜 자연이 부여한 혜택을 즐길 수 없는 반대급부의 현상도 발생하고 있다.

따라서 이러한 공업화로 인한 역기능을 최소화하기 위해서는 '나'라는 개념에서 '우리'라는 개념적 틀 속에서 더불어 살아간다는 사고로 생태환경과 인간생명의 질에 대한 관심이 고조되어야 하겠다. 즉 무조건적인 성장에서 탈피하여 생태계가 보존되는 성장으로 균형을 유지하는 경제를 지향하는 기업의 풍토가 정착되어야 한다.

2) 서비스 비중의 증대

각국의 산업별 비중을 살펴보면 선진국일수록 삶의 가치를 부여하는 생활 가운데 서비스가 차지하는 비중이 높다는 것을 알 수 있다. 서비스는 부가가치를 높일 수 있는 주요한 요소로서 특히 제조업에서 고부가가치를 창조하여 보완적인 역할을 할 수 있는 수단이 될 것이다. 또한, 이러한 활동은 생산성 향상으로 이어져 저렴한 가격으로 소비자를 자극할 수가 있을 것이다.

그러나 우리나라의 현실을 감안하면 소비자가 필요로 하는 서비스를 저렴한 가격으로 대량 공급하기에는 아직 서비스 부문의 생산성과 기술력이 낙후되어 서비스 문화가 정착되기까지는 많은 시간이 요구된다. 따라서 상품의 부가가치를 높일 수 있는 서비스의 비중을 점차적으로 늘리기 위해 지속적인 노력으로 서비스 문화를 창출해야 하겠다.

3) 고 용

상술된 바와 같이 서비스와 관련된 산업의 비중이 증가함에 따라 서비스를 담당하는 인력의 수요가 급증할 것으로 예상된다. 그러나 정보화나 자동화 시스템 구축의 확대로 인하여 고용창출에 악영향을 미칠 수 있지만 서비스 품질의 특성이 제공자의 능력에 따라 무한한 가치를 창출할 수 있는 잠재적 가치가 있다. 따라서 서비스를 결합한 업종에 대한 소비자의 욕구를 정확하게 파악하여 전문가가 서비스를 제공할 수 있는 환경을 조성하여 고용창출을 통한 사회적 반영을 책임져야 하겠다.

Chapter 2

서비스와 인간관계

제 1 절

고객의 욕구

1. 욕구계층모델

서비스 기업에서 고객의 욕구를 파악하는 데 있어서 가장 많이 이용되는 모델이 매슬로(Maslow)의 욕구계층모델(hierarchy of needs model)이다. 심리학자인 매슬로는 중요성의 순서대로 하부에서부터 생리적, 안전, 사회적, 존경 및 상부의 자아실현의 욕구의 다섯 가지 범주로 분류하고 있다. 따라서 매슬로의 욕구단계를 기준으로 고객의 욕구를 살펴보기로 한다.

(1) 생리적 욕구

이 욕구는 매슬로의 위계체제에서 가장 낮은 수준을 점유하고 있는 것으로 의식주의 욕구를 나타낸다. 인간은 다른 욕구에 앞서 생리적 욕구(physiological needs)를 만족시키려고 한다. 예를 들면 외부의 온도가 낮아 추위에 떨고 있는 사람의 기본적인 동기는 성취한 것을 인정받는 것보다 두꺼운 옷을 얻는 것이고, 배고픈 사람에게는 삶을 영위하기 위해 식음료를 섭취하는 것이 기본적인 욕구인 것이다.

(2) 안전의 욕구

안전의 욕구(safety needs)는 자신의 고통과 상대로부터의 위협, 질병 등이 없는 상태는 물론 개인의 안전과 사회적인 안정을 위한 욕구를 포함한다. 생리적 욕구와 함께 안전욕구에 대한 수단이 성취된 사람은 다음 단계의 욕구인 안전의 욕구를 성취하는 데 집착하게 된다. 기업에 종사하는 대부분의 종업원들은 의학적 혜택이 있고 실직 및 퇴직에 대한 혜택이 있는 안전한 직무에 대한 욕구로서 안전욕구를 추구한다. 즉 삶의 기본적인 욕구인 의식주가 해결된 후에는 자신과 가족의 안전을 추구하게 된다.

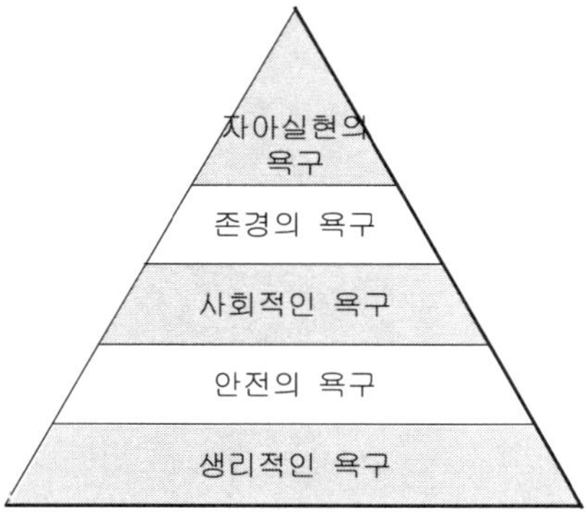

[그림 2-1] 매슬로의 5단계 욕구

(3) 사회적 욕구

사회적 욕구(social needs)는 애정(affection) 및 소속(belonging)에 대한 욕구로서 매슬로의 욕구계층에서 이 수준은 생리적 욕구와 안전욕구와는 차별되는 비교적 분명한 욕구이다. 상당한 지위의 사회적 욕구를 갖고 있는 종업원은 다른 사람과 긴밀한 협조 아래 일하는 것을 즐긴다. 반대로 낮은 사회적 욕구를 갖고 있는 종업원은 고독한 직무에서 일하는 것에 만족한다. 기업이나 조직이 개인의 사회적 욕구를 충족하지 못하면 종업원의 불만은 저생산성, 결근과 조퇴, 스트레스와 관련된 행동 및 정서적 장애와 같은 여러 형태의 행동으로 나타난다.

(4) 존경의 욕구

존경의 욕구(esteem needs)는 자기 자신의 존경, 개인적인 성취감 및 주위의 사람들로부터의 인정을 받는 욕구이다. 이 욕구를 충족시키기 위하여 사람들은 개인적인 능력과 가치를 위해 성취, 승진, 위신 및 지위에 대한 기회를 탐색한다. 종업원이 존경의 욕구에 의해 동기화된다고 지각한 관리자는 성공을 위해서 요구되는 근면한 노동과 정교한 기술을 강조할 필요가 있다.

(5) 자아실현의 욕구

자아실현의 욕구(self actualization)는 개인적인 성장 및 자신에 대한 가능성의 실현이다. 자아실현욕구는 자신의 욕구는 물론 타인의 욕구도 포함하고 있다.

일반적으로 나타나는 특성은 창의력, 자발성 및 문제해결능력이 포함된다. 종업원으로부터 이 수준의 동기를 인식한 경영자는 그들의 직무에 고유한 성장기회를 발견하도록 지원할 수 있는 제도적 틀을 마련하도록 해야 한다.

2. 적시 서비스

환대산업에서 고객을 대상으로 서비스를 제공할 경우 가장 중요시하게 여기는 항목은 아마도 고객이 특정한 서비스를 원하는 그 당시에 제공했을 때 비로소 서비스의 가치가 극대화될 것이다. 즉 고객이 원하는 순간으로부터 서비스의 제공시간이 늦어질수록 서비스 가치는 감소한다는 의미이다.

따라서 서비스 제공현장에서는 고객이 서비스를 제공받기 전에 즐거운 마음으로 기다릴 수 있도록 여러 가지의 즐거운 일에 몰두할 수 있는 방법을 강구하고 있다. 환언하면 고객이 서비스를 제공하면 어느 정도의 시간을 기다려야 한다는 사실을 기쁜 마음으로 인정하도록 하는 것이다. 그러나 고객이 기다려야 한다는 사실을 알면서도 기다리는 시간을 지루하게 느낄 경우가 많다. 이와 관련하여 데이비드 마이스터가 주장한 적시 서비스에 대한 명제를 중심으로 살펴보도록 한다.

<표 2-1> 서비스의 일반적인 특성(SERVICE)[19]

구 분	내 용
Sociable	사람을 대하는 태도는 성실하고 정직해야 하며, 고객들에게 실질적인 관심을 기울여야 한다.
Effervescent	자신의 생활, 자신이 가진 가능성, 만나는 사람, 그리고 자신이 하는 모든 일에 열정적이어야 한다.
Regard	만나는 모든 사람을 존중해야 한다. 그들이 원하고 있는 예의, 존경, 공손함 그리고 관심과 함께 그들을 대해야 한다.
Values	처음부터 끝까지 정직하고 신용을 지켜야 한다.
Involvement	고객들의 방식에 따르며, 그들을 돌보고 언제나 그들과 함께하는 자세로 일한다.
Creative	겉모습과 보이는 것만 믿지 않는다. 입으로만 말하는 것보다 무엇이 진정으로 필요한 것인지를 본다.
Energetic	모든 업무와 관계에 힘과 열정을 쏟는다.

19) 최풍운 · 변우진, 환대산업 서비스론, 2001, p.118. 내용을 재정리함.

- 아무런 일 없이 기다린다는 것은 오랜 시간을 기다리는 것같이 지루함을 느낀다(Unoccupied time seems longer than occupied time).
- 고객이 주문한 시점을 기준으로 주문을 하기도 전에 기다리는 시간은 주문 후 준비하는 과정에서 기다리는 시간보다 더욱 지루하게 느껴진다(Preprocess waits seem longer than in-process waits, but post-process waits seem the longest of all).
- 불안한 마음은 대기시간을 더욱 길게 느껴지게 한다(Anxiety makes the wait seem longer).
- 불명확한 기다림의 시간은 확정된 대기시간보다 동일한 시간임에도 불구하고 더욱 지루하게 느껴진다(Waits of uncertain seems longer than those of known length).
- 이유를 알고 기다리는 시간보다 아무런 이유도 모르는 상태에서 기다리는 대기시간이 더욱 지루하게 느껴진다(Unexplained waits seem longer than explained waits).
- 이유가 정당한 대기시간보다 불공정한 대기시간이 더욱 지루하게 느껴진다(Unfair waits seem longer than equitable waits).
- 기대하고 있는 서비스 수준이 보다 가치 있고 중요한 수준일수록 기꺼이 기다린다(The more valuable the service, the longer customer is willing to wait).
- 혼자 기다릴 때 더욱 지루하게 느껴진다(A solo waits longest of all).

제 2 절 고객과 서비스

오늘날 고객은 서비스 상품의 구매과정에서 많은 정보와 다양해진 욕구를 중심으로 현명하게 대처한다. 즉 과거의 생산자 주도 시장(seller's market)에서는 서비스 상품의 생산자가 시장을 좌지우지하였으나, 현대의 소비자 주도 시장(buyer's market) 시대에는 기업의 성패가 고객에 달려 있다고 해도 지나친 표현이 아닐 정도로 시장에서 고객이 차지하는 비중은 점차 증대하고 있는 실정이다.

<표 2-2> 고객 서비스의 구성

서비스 종류	의 미
언어적 서비스	서비스 제공환경에 따른 의사소통을 의미하는 것으로 고객에 대한 서비스가 언어적으로 표현되어 제공된다. 언어적 서비스는 상호간의 즉흥적인 행위에 의해서 영향을 미치고 반응하며 접촉한다. 따라서 접객원은 서비스 제공환경과 고객이 요구하는 상황을 정확하게 파악하여 표준말과 함께 분위기에 알맞고 정성이 깃든 언어를 사용하면서 서비스를 제공해야 한다.
청각적 서비스	고객에게 서비스를 제공하는 상황에서는 고객에게 신뢰감을 주기 위해 고객의 이야기를 경청하면서 상대와 공감대를 형성하고 있다는 자세를 보여주어야 한다. 또한 고객을 존중하고 있다는 표현으로 조심스러운 서비스 동작 매너로 서비스를 제공하면서 발생할 수 있는 소음을 최소화해야 한다.
시각적 서비스	고객은 생리적인 욕구를 충족시키기 위해 서비스를 구매하지만 그 서비스 상품 수준은 분위기와 서비스 제공자의 복장이나 용모 등의 수준도 서비스 상품의 가치에 포함시키기 때문에 가시적인 서비스도 중요한 서비스 구성요소이다.

바꾸어 말하면, 서비스 기업에 종사하는 종업원의 급료는 해당 기업의 최고경영자가 아니라 궁극적으로 고객이 주는 것이다. 따라서 서비스 기업은 경영목표를 고객만족경영을 바탕으로 고객이 요구하는 서비스를 제공하여 만족의 수준으로 유지해야 한다. 이와 같은 이유로 인하여 서비스 상품을 제공하는 조직의 경우 고객의 중요성을 인식하고 고객을 위한 차별화된 서비스를 제공하기 위해 여러 가지의 수단을 도입하여 고객우선경영을 전개하고 있다.

고객은 상품의 유형적인 서비스보다는 상품의 혜익(benefits)을 더 중요시하여 상품의 가치를 판단하는 경향이 있기 때문에 상품의 주변 서비스(peripheral service)는 고객을 만족시키는 핵심요소인 것이다.

1. 고객의 개념

(1) 국어사전의 의미

국어사전에 의하면 '고객'이란 간단히 '단골손님 또는 영업상의 손님'으로 정의하고 있다. 따라서 일반적인 의미의 손님보다는 상품이나 서비스의 이용빈도가 높은 손님으로 보다 소중하게 여겨야 할 손님이라는 의미를 함축하고 있다.

또한 한자로는 '顧客(돌아볼 고, 손님 객)'으로서 '고객'이란 '사람을 상객(上客)으로 모시고 단골손님으로 전환하여 항상 돌보고, 보살펴야 하는 존재'로 풀이할 수 있다.

(2) 웹스터 사전의 의미

1) Guest

'Host'의 반대 개념으로 사용되는 'Guest'는 고객을 일컫는 것으로 수준 높은 서비스를 제공하는 서비스 기업에서 주로 사용하는 용어로 초대받은 손님, 귀하게 여겨야 할 손님 또는 환대받을 손님을 의미한다. 최근에는 고수준의 서비스를 제공하는 기업조직뿐만 아니라 일반 서비스조직에서도 사용되고 있다.

2) Customer

옥스퍼드 사전에 의하면 'Customer'란 '특정한 기간에 상품의 반복구매와 상호작용을 통해 형성된 사람'을 일컫는다. 즉 'Customer'는 서비스 기업에서 상품을 판매하기 위해 구매자를 유인한다는 의미보다는 고객을 개발하고 효율적인 관리가 요구된다는 측면에서 단골고객의 의미를 내포하고 있다.

3) Client

'Client'는 상술된 'Customer'와 동일한 의미로 사용되고 있으나 경우에 따라서는 단골고객이면서 보다 소중하게 취급되어야 할 고객을 지칭하기도 한다.

4) Consumer

현대의 서비스 기업에서 '고객'의 의미로는 사용되지 않는 용어로서 상품을 소비하는 대상자를 지칭한다. 즉 중간상이 구매하는 경우가 아닌 최종소비자(end user)를 일컫는다.

2. 고객의 의미

부모 없는 자식이 존재할 수 없듯이 고객 없는 서비스의 제공자는 절대로 존재할 수 없다. 즉 고객이 존재하기 때문에 상품과 서비스를 생산하여 판매할 수 있다는 개념적 논리를 고려하여 볼 때 고객의 중요성은 아무리 강조해도 지나치지 않을 것이다. 따라서 상품과 서비스를 판매하는 기업은 고객을 유인하기 위해 경쟁이 점차 심화되고 있으며, 더욱이 고도의 정보화 사회에 접어들면서 기업 간 차별화 전략의 요구에 따라 고정고객(충성고객) 확보에 생명을 걸고 있다.

'고객은 항상 옳다(Guest is always alright)'는 전제 아래 모든 경영 시스템이 고객을 중심으로 구성되어 있지 않으면 경쟁력을 잃어 도태된다는 엄연한 현실 가운데 기업은 고객을 모시기 위한 각종 아이디어 개발과 판촉, 홍보 및 광고 전략을 구사하고 있다. 즉 기업이 아무리 마케팅 능력이 뛰어나고 상품의 성능이나 품질, 서비스가 우수하다 할지라도 고객이 방문하여 구매하지 않으면 아무런 의미가 없는 것이다.

사람다운 삶을 추구하기 위한 서비스 비중이 높아지고 서비스의 질이 존중되는 사회에서 오늘날의 고객은 선택의 자유를 만끽할 수 있는 절대적인 존재가 되어 버렸다. 따라서 고객은 기업을 구성하는 주요 요소가 되어 기업의 운명을 좌우하는 결정적인 역할을 하는 구성요소이다.

서비스 기업이 고객을 보는 관점에 따라 여러 가지의 의미를 함축하고 있으나, 일반적으로 고객은 다음과 같은 의미를 내포하고 있다.

(1) 자산(asset)

기업의 자산은 분명히 부동산, 상품, 종업원, 기술 등이라고 생각할 수 있으나, 이러한 요소들은 단지 고객을 유인하기 위한 하나의 수단에 불과하다. 서비스 기업이 생산하는 상품을 구매하는 고객이 기업의 이익을 실현시켜 준다는 측면을 고려해 볼 때 가장 중요한 자산은 실질적으로 고객이다. 따라서 기업의 주인은 최고경영자나 종업원이 아니라 궁극적으로 고객이며, 고객을 관리하는 것은 곧 자산을 관리하는 것이다.

또한 기업의 자산관리 측면에서 보면 해당 기업의 브랜드(brand)는 분명히 기업의 소유이지만 마케팅 측면에서는 브랜드는 고객의 소유인 것이다. 그러므로 기업이 고객을 잃는다는 의미는 모든 자산을 잃는 것과 같기 때문에 가장 소중하게 취급되어야 한다.

이러한 이유 때문에 기업들은 첨단 정보 시스템을 이용하여 충성고객(loyal customer)을 확보하기 위한 고객의 데이터베이스(database)를 구축하고 고객의 기호나 개성에 따라 맞춤 서비스(customized service)를 제공하고 있다.

(2) 의사결정권자(decision maker)

기업의 최고경영자는 상품의 품질을 변형시키거나 새로운 상품을 개발하여 출시할 경우에는 반드시 고객의 동의가 있어야 한다. 환언하면 기업의 상품에 대한 의사결정은 경영자나 마케팅 담당자가 수행하는 것이 아니고 사실은 고객이 상품과 서비스에 대한 의사결정을 해야 한다.

만약 해당 시장의 고객 의사를 무시하고 단지 경영자나 관리자들의 의견만을 반영하여 상품의 품질 수준을 결정하거나 신상품을 출시하였다면 그 상품은 고객의 관심을 유도하지 못하여 판매가 부진하게 된다는 것이다. 따라서 상품에 대한 어떠한 결정이라도 고객의 의견을 반영하기 위해서 시장조사를 통해 고객을 철저히 분석한 후 그 분석 결과에 따라 의사결정을 하도록 해야 한다.

최근에는 이와 같은 의사결정을 지원하는 분석 프로그램이 개발되어 고객의 의견을 충분히 반영하고 있다.

(3) 다계층(multi-level)

과거에는 고객을 평균적으로 취급하여 상품을 소품종 다량으로 생산하여 판매해도 큰 무리가 없었으나 오늘날과 같은 풍요로운 시대를 살아가는 고객은 개성과 자유를 최대한으로 누리면서 개인적인 삶을 영위하고자 하는 욕구가 점점 높아지고 있기 때문에 고객의 계층이 다양하고 세분화되어 있다. 특히 X세대, Y세대, N세대, 리모콘 세대, 386세대[20] 등과 같이 시대의 변화에 따라 선호

---

20) - X세대 : 대략 30대 미만의 젊은이를 X세대라고 부른다. 'X세대'는 '수학에서의 미지수와 같이 알 수 없는 세대'라는 의미이다. 더글러스가 이들을 소재로 'Generation X'라는 소설을 펴냄으로써 'X세대'라는 용어가 사용되기 시작하였다. 'X세대'라는 말은 명확히 구분 짓기 어려운 미지의 세대라는 의미에서 신세대(baby buster)를 칭하는 다른 말로 볼 수 있다.

- Y세대 : 메아리 세대의 또 다른 칭호로 베이비 붐 세대의 자녀로서 지금 5살에서 20살 사이(1979~1994년생)를 가리킨다.
- N세대 : 메아리 세대는 우리 사회의 모든 면을 변화시키고 있는 디지털 혁명과 때를 같이하면서 N세대로 규정된다. 이들은 가정이나 학교 혹은 직장에서 컴퓨터와 쉽게 접할 수 있으며 카메라 비디오 게임, CD롬과 같은 디지털 기술이 일상생활에 파고들어 아이들은 컴퓨터 정보에 파묻혀 지낸다.

하는 스타일(style)이 다르기 때문에 다양한 고객의 층에 맞추어 기업도 소품종 다량체제에서 다품종 소량생산 방식으로 전략을 수정해야 한다.

또한 최근의 고객은 주어진 환경과 개인의 욕구 수준에 따라 수시로 감정이 바뀌고 언제 그리고 어떻게 변화할지 모르기 때문에 럭비공에 비유하기도 한다. 따라서 기업은 상품이나 서비스에 대한 여러 가지의 마케팅 전략계획을 수립할 때에는 고객의 개성과 선호도를 구체적으로 분석하여 그에 알맞은 상품이나 서비스를 제공해야 할 것이다.

예를 들면 여행사에서는 관광객의 욕구가 다양해지는 경향이 있기 때문에 틀에 박힌 관광여정을 지양하고 고객이 원하는 관광일정과 여정을 고려하여 패키지(package) 상품을 설계하고 관광을 실시하기도 하고, 신사용 넥타이(men's tie) 생산공장에서는 다양한 고객이 추구하는 기호와 선호도를 고려하여 선택의 폭을 확대하기 위해 동일한 디자인의 타이를 5개 이상 만들지 않는다고 한다.

3. 고객의 기대와 태도

고객의 요구에 의해서 제공되는 기본적인 서비스와 부가적인 서비스의 합인 총서비스(total service)는 서비스의 구매행위가 종결되면 반드시 서비스에 대한 평가를 하게 된다. 이때 고객이 지각된 서비스는 기대된 서비스와 비교하여 그 결과의 수준이 나타나게 되는데 지각된 서비스와 기대된 서비스를 비교해 볼 때 그 수준이 동일하거나 그 이상의 수준이었다면 만족의 서비스라고 느낄 것이고 반대로 지각된 서비스가 기대된 서비스보다 낮은 수준이었다면 불만의 원인이 될 것이다.

이와 같이 서비스를 구매하는 사람은 구매 전에 서비스에 대한 기대가 있기 마련이다. 서비스에 대한 기대는 고객의 개인적인 성향이나 경험, 연령, 국적, 성별, 상황 등에 따라 많은 차이가 있겠지만 서비스 제공자는 이러한 상황을 즉각적이면서 지혜롭게 판단하고 분위기에 알맞은 서비스를 고객이 기대하고 있는 수준 이상으로 제공해야 한다.

- 리모콘 세대 : 리모콘이 나옴으로써 프로그램이 좋으면 계속 보고, 싫으면 가차 없이 다른 곳으로 화면을 바꾸어 버리는 데서 파생되었다. 신세대들은 감성적이고 감각적이고 즉흥적이다. 기성세대가 미래의 득실을 따져가며 옳고 그름, 또는 나음과 못함으로 사물을 판단하려는 데 비해 신세대는 당장 좋고 싫음으로 판단하려고 하는 경향이 있다.
- 386세대 : 30대 연령층으로 1980년대 대학에 입학한 1960년대 출생자를 의미한다.

<표 2-3> 고객에 대한 우리의 다짐[21]

순 서	내 용
1	고객은 우리 사업에 가장 중요한 사람이다.
2	고객이 우리에게 의지하는 것이 아니라 우리가 고객에게 의지한다.
3	고객은 우리 사업의 목적이지 방해꾼이 아니다.
4	고객은 우리에게 항상 은혜를 베푸는 존재이다.
5	고객은 냉정하지 않고 따뜻한 사람이다.
6	고객은 논쟁의 대상도 속임수의 대상도 아니다.
7	고객은 우리로부터 존경받을 권리가 있다.
8	고객은 우리의 연봉을 지급하는 사람이다.

이와 관련하여 미국의 경영 컨설턴트(consultant)였던 칼 알브레히트는 “고객의 기대는 진화한다(Customer expectation's are progressive)”고 말하였다. 즉 [그림 2-2]처럼 고객의 빠른 기대감에 대응하여 서비스 개선이 뒤따르지 못하면 만족이 불만족으로 변하고 시간이 경과할수록 불만족이 점점 커진다는 것이다.

또한 서비스를 구매하는 고객은 상품을 자세히 살펴보면서 제공되는 서비스를 구체적으로 파악한다. 이와 같이 고객의 기대를 결정하는 요소인 구매행동에 관한 것을 G. 스톤은 네 가지로 분류하고 있다.[22]

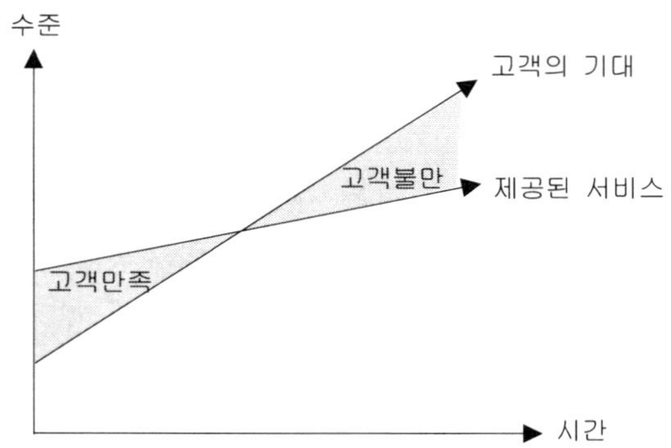

[그림 2-2] 시간에 따른 고객기대의 변화

21) 롯데백화점 서비스 매뉴얼, 서비스 알고 합시다, p. 30.
22) 서비스 경영 연구회, 서비스 경영, 도서출판 석정, 1999, pp. 242～243 재구성.

(1) 고객의 형태

1) 절약형 고객

고객은 일반적으로 자기 자신이 소비하는 시간, 노력 그리고 금전으로부터 획득할 수 있는 가치를 극대화하고자 노력한다. 절약형 고객(economizing customer)은 시장에서 여러 서비스 기업의 가치를 구체적으로 조사하고 경쟁적 장점을 테스트(test)하기 때문에 요구가 많아지고 변덕스러운 고객이 된다. 그러나 이러한 형태의 고객 요구에 적절하게 대응하지 못하면 구매의욕이 상실되어 경쟁적 위험에 처할 수 있기 때문에 고객분석을 철저히 하여 고객의 진정한 욕구를 파악해야 한다.

2) 도덕적 고객

도덕적 고객(ethical customer)은 사회적으로 신뢰할 수 있는 기업의 단골고객(고정고객)이 되는 것을 도덕적 책무라고 인식하는 경우의 고객이다. 사회적으르 명망이나 지위를 획득한 서비스 기업은 충성심에 기반을 둔 고객을 창출할 수 있다. 예를 들어 기업의 이익을 사회에 환원시키기 위한 목적의 소년소녀 가장을 위한 특별 프로그램은 고객으로 하여금 그 기업이 사회적 책무를 수행하그 있다는 이미지를 형성하는 데 도움이 될 수 있으며, 장애인을 위한 특별지원 시스템으로 지속적인 후원을 한다면 고정고객 확보에 많은 영향을 미칠 것이다.

3) 인격적 고객

인격적 고객(personalizing customer)은 서비스를 제공받는 과정에서 인사나 대화 같은 긍정적인 측면의 대인관계에서 나타나는 결과로 얻어지는 만족을 취하는 고객을 일컫는다. 예를 들면 고객의 이름을 불러 인사하는 것은 환대산업에서 고객과 더욱 친밀하게 하는 수단이 되는 것과 마찬가지로 타 서비스 산업에서도 고객과의 접점(front line)에서 근무하는 종업원이 고객의 신상을 보관하고 있는 컴퓨터의 고객 파일을 이용하여 유사한 형태의 인격적 경험을 고객에게 제공할 수 있다. 실제로 이러한 서비스의 일환으로 서비스 기업에서는 통합마케팅 커뮤니케이션 기법(IMAC : Integrated Marketing And Communication)을 이용하여 고객 개인의 인격을 존중함으로써 경쟁사로의 전환을 최소화하고 있다.

4) 편의고객

편의고객(convenience customer)은 상품을 구매하는 과정에서 편의 서비스를 보다 중요시여기는 고객을 의미한다. 따라서 편의고객을 유인하기 위해서는 상품 그 자체보다 서비스에 가치를 두어 특별한 편의 서비스를 제공해야 할 것이다. 즉 편의고객은 개인을 위한 차별화된 서비스를 제공했을 경우 추가로 그에 상응하는 금전을 기꺼이 지불할 용의가 있는 고객이기 때문에 핵심 서비스(core service)보다 추가되는 주변 서비스(peripheral service)에 더 관심이 많은 고객의 유형이다.

예를 들면 세탁소에서 고객을 방문하여 세탁물을 수거하고 세탁 후 고객이 원하는 시간에 배달해 주는 편의를 제공하면 가정주부들에게 많은 매력을 줄 것이다. 또한 편의 지향적인 고객이 호텔에 투숙한 경우 고객의 안전하고 안락한 서비스를 위해 객실 내에 각종 서비스에 대한 정보를 제공하거나 필요한 어메너티를 충분히 제공한다면 고객을 만족시킬 수 있는 수준의 서비스가 될 것이다.

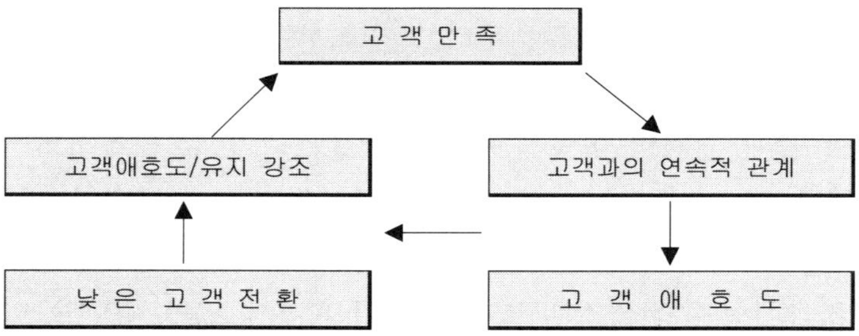

[그림 2-3] 우수한 서비스의 사이클[23)]

(2) 고객기대의 형성

마치 친구의 사무실이나 가정을 방문할 경우에는 사전에 방문에 대한 허락을 얻어야 한다는 것이 당연한 것으로 여겨지는 것처럼 고객의 기대는 습관적으로 형성된다. 이와 같은 이유로 인하여 고객은 서비스 기업에서 제공되는 서비스 수준이나 종류가 다양하기 때문에 그에 대응되는 다양한 종류와 형태의 기대를 갖게 될 것이다.

---

23) Leonard A. Schlesingera and James L. Heskett, "Breaking the Cycle of Failure in Services," Sloan Management Review, Spring, 1991, p.19.

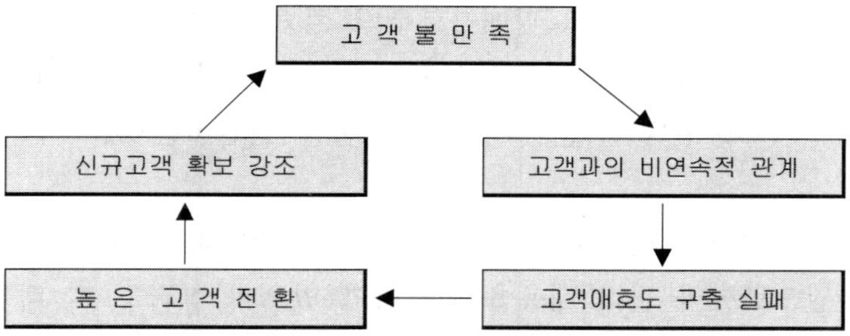

[그림 2-4] 열악한 서비스의 사이클[24]

예를 들면 국제선 항공사를 이용하는 고객은 출발 2시간 전에 공항에 도착하여 수속의 절차를 밟아야 하는 것을 당연한 것으로 생각하게 된다. 그러나 공항이라도 국내선인 경우에는 탑승수속절차가 복잡하지 않기 때문에 출발 직전에 공항에 도착해서 탑승수속을 할지라도 문제가 없다는 것을 알고 있다.

서비스에 대한 고객의 기대는 성별, 나이, 문화, 지역, 성격 등 여러 가지 요소에 따른 인식적 형태로 나타나기 때문에 일단 특정한 기업의 서비스에 대한 기대가 형성되면 그 기대를 다시 바꾸기가 어려워진다. 또한 특정 서비스에 대해 고객의 기대가 이미 형성되었다면 기대 그 자체를 인지하지 못하는 경우도 있다.

따라서 서비스 기업은 고객의 습관화된 기대를 무시하고 기대한 바대로 서비스가 제공되지 않으면 기대의 파괴가 발생하기 때문에 기대를 파악할 때 반드시 습관화된 기대를 파악하여 서비스의 범주에 포함시켜야 한다. 또한 고객은 기대파괴에 매우 민감하게 반응한다는 사실을 간과해서는 안 된다. 그 이유는 고객의 기대가 긍정적으로 파괴되었을 경우에는 고객에게 감동을 줄 수 있으나, 부정적으로 파괴되었을 경우에는 고객불만의 원인이 될 수 있기 때문이다.

4. 고객의 권리

고객만족경영에 있어서 가장 중요한 사항은 고객의 권리에 대한 올바른 인식이다. 고객은 우리가 판매하는 상품과 서비스를 일상생활을 통하여 소비하고 있다. 따라서 사람에게는 기본권이 주어져 있는 것과 마찬가지로 고객으로서의

24) Ibid., p. 18.

권리가 있어야 하며 이는 특히 판매자로부터 존중되어야 한다. 만약 고객이 상품을 구매하는 데 있어서 상품 내용을 충분히 파악하지 않고 구매한 상품이 신뢰성이 없는 것으로 판명될 경우에는 그 상품을 반납하는 제도적 장치가 마련되어야 한다.

고객의 권리에 대해서는 일반적으로 미국의 케네디(J. F. Kennedy) 대통령이 주창한 생활인으로서의 권리 내용을 인용하고 있으며 아직도 이 내용이 소비자보호(consumerism)의 기본이 되고 있다. 〈표 2-4〉는 상품구매에 대하여 고객의 권리와 그 내용을 구체적으로 소개하고 있다.

<표 2-4> 고객의 권리 내용

권 리	내 용
선택의 권리	여러 제품과 서비스 중에 자신이 생각하여 선택할 권리
정보를 얻을 권리	자유로운 선택을 하기 위하여 정확한 정보를 얻을 권리
안전의 권리	판매업자로부터 건강과 안정을 보호받을 권리
표명의 권리	구입한 제품과 서비스가 침해되거나 손상되었을 때 불만족을 표명하여 고충을 신청할 권리
교육받을 권리	상품과 서비스를 구입한 대가로 최고의 만족을 얻게 되는 것이 고객의 권리임을 알 권리

5. 종업원의 서비스

서비스를 제공하는 종업원은 타고난 기질을 갖고 있어야 한다는 사실을 부인할 수 없으나, 후천적으로 교육과 훈련을 통하여 서비스 마인드(service mind)를 주입시켜 훌륭한 서비스 제공자가 될 수 있다. 즉 타고난 기질이라는 의미는 고객에게 친절을 바탕으로 서비스를 제공해야 한다는 것을 일컫는다. 그러나 무엇보다 고객접점에서 서비스를 제공하는 사람은 마음에서 우러나오는 진정한 서비스의 제공으로 고객을 유인할 수 있는 매력이 요구된다.

따라서 서비스 기업은 종업원의 서비스가 그 기업의 수준을 결정하는 데 절대적으로 영향을 미치기 때문에 종업원에 대한 많은 연구가 이루어지고 있다. 특히 최근의 호텔기업은 서비스 품질의 향상을 위한 방안으로 종업원만족이 선행되어야 한다는 전제하에 종업원을 대상으로 하는 내부 마케팅(internal marketing)을 활성화시켜 보다 향상된 수준의 서비스를 제공하기 위해 경영자의 사고와 관심이 변화하기 시작하여 종업원에게 많은 노력과 시간을 투자하고 있다.

이러한 노력의 결과로 종업원에게 과거에는 거의 주어지지 않았던 재량권(empowerment)[25]이 고객 지향적이고 향상된 서비스를 제공하기 위하여 고객의 접점에 있는 종업원에게 주어지고 있다. 이와 같은 측면에서 고객을 만족시키기 위해서는 [그림 2-5]와 같이 종업원 만족이 전제되어야 한다. 즉, 종업원 만족은 서비스를 향상시킬 수 있으며, 그 향상된 서비스는 고객만족으로 연결된다는 이론이다.

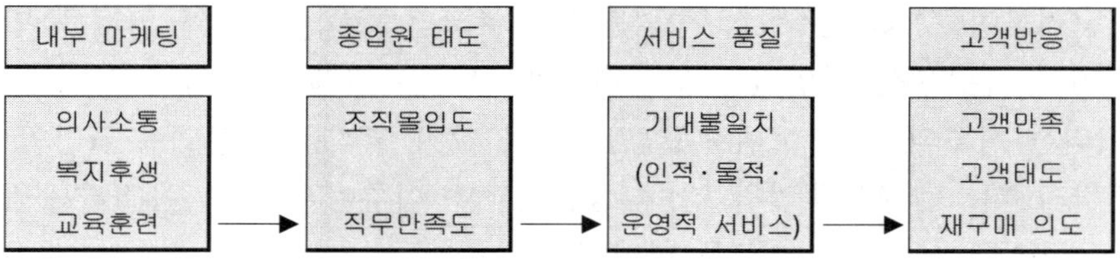

[그림 2-5] 종업원 만족과 고객반응의 관계[26]

이러한 입장에서 서비스를 담당하는 종업원은 다음과 같은 기본적인 요건을 고려해야 하겠다.

(1) 접객원의 중요성

서비스업계에서 접객요원의 역할은 아무리 강조해도 지나치지 않을 만큼 중요한 요소이다. 접객요원의 서비스에 대한 기지와 기술은 고객의 마음을 사로잡을 수 있고 실제로 많은 고객이 종업원의 접객태도에 매력을 느껴 지속적인 서비스 상품의 반복구매활동으로 이어지고 있다.

---

25) 재량권(empowerment)이란 고객에게 서비스를 제공하는 종업원이 상황에 따라서 책임자나 경영자의 재가 없이 스스로 판단하여 가능한 한 고객의 편의를 우선으로 하여 서비스를 제공하기 위한 권한이다. 예를 들면 투숙객이 체크아웃(check-out) 시에 객실이나 식음료 서비스에 대한 불평을 토로할 경우 불평하는 고객을 위하여 팀장의 허락 없이 상황에 따라 객실가격을 할인해 주거나 미니-바(mini-bar)의 불평에 대하여 일부 품목의 서비스를 무료로 제공할 수 있는 권한 등이다. 호텔종업원은 이러한 재량권이 대고객 서비스에서 대단히 중요하지만 가끔 남용되는 경우가 있기 때문에 조직에 재량권을 부여하기 위해서는 신중한 검토가 요구된다.

26) 이희천, 호텔기업의 내부마케팅이 종업원태도와 서비스 품질 및 고객반응에 미치는 영향에 관한 실증연구-박사학위논문, 1997, p.70.

호텔 판촉부에서 근무하는 종업원(sales representative)이 잠재고객을 설득하여 호텔상품을 구매하도록 유인했다 할지라도, 실제로 종업원이 제공한 서비스가 고객의 기대에 미치지 못하였다면 그 잠재고객을 고정고객으로 전환시키기 위해 투자한 노력과 시간이 낭비되는 결과를 초래할 것이다. 따라서 서비스는 경영자가 추구하고 있는 철학을 바탕으로 시스템을 형성하여 어느 상황에서도 고객을 만족시킬 수 있는 매력적인 서비스를 제공할 수 있는 능력을 평소에 연마해야 한다.

서비스 접객요원은 고객을 대상으로 기업의 이미지에 알맞은 서비스를 제공하고 있기 때문에 모두가 기업을 대표하여 서비스를 제공하는 것이다. 이러한 점을 고려하여 경영자는 항상 종업원을 내부고객으로 간주하여 고객을 만족시키기 위해서는 우선 종업원을 만족시켜야 한다는 자세로 종업원을 대해야 한다. 이러한 사고의 틀을 토대로 [그림 2-6]과 같이 고객을 중심으로 기업의 서비스 전략과 시스템 및 종업원 간에 삼위일체를 이루어 동일한 목소리를 낼 수 있는 노력으로 서비스의 수준을 향상시켜야 한다.

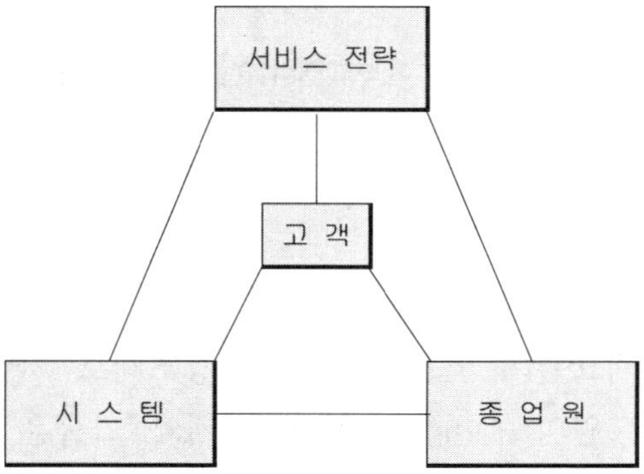

[그림 2-6] 서비스의 삼각 모델

(2) 전사적 서비스

고객은 서비스 기업에서 제공하는 서비스를 경험하고 그 경험한 서비스의 평가를 기준으로 서비스 수준을 판단하려는 습관이 있기 때문에 서비스를 평가한다는 것은 매우 주관적이지만 제공하는 서비스는 다양하고 여러 사람이 담당하고 있으므로 가능하면 서비스 내용과 범위 등을 동질화하도록 노력해야 한다.

어느 한 고객이 기업 내 여러 부문의 서비스를 경험하였을 경우 나름대로 독특한 서비스의 색깔과 냄새를 느낄 수 있는 분위기를 조성해야 한다는 것이다. 즉 서비스를 제공하는 부문마다 이미지가 상이하거나 서비스 색깔이 다르다면 전사적인 서비스를 제공하고 있다고 할 수 없을 것이다.

서비스 품질에서 풍기는 분위기는 그 기업의 서비스 수준을 결정하는 데 중요한 역할을 하기 때문이다. 따라서 전사적인 서비스 창출을 위해서는 경영자가 우선적으로 서비스 지향적 사고(service oriented thinking)를 갖고 있어야 하고 종업원은 마음에서 우러나오는 전사적인 서비스를 위해 지속적인 교육훈련과 서비스 개발을 바탕으로 서비스에 대한 모든 정보를 공유해야 한다.

(3) 서비스의 결정적 순간 관리

서비스를 제공하는 종업원이나 판촉활동을 하는 종업원이 고객이 원하는 서비스를 제공하거나 상담을 할 경우 그 과정에는 결정적인 순간(MOT : Moment Of Truth)이 존재한다. 즉 고객에게 서비스를 제공하는 순간은 서비스 수준을 결정하는 요소이므로 고객을 대상으로 서비스를 제공하는 종업원은 고객을 접촉하는 순간을 효과적으로 관리함으로 해서 진정한 서비스를 제공하고 있다는 느낌을 주어 고객과 화음을 이룰 수 있어야 한다. 이와 같은 서비스는 고객감동으로 이어지는 전제조건이기도 하다.

(4) 고객 지향적 서비스[27)]

고객 지향적 서비스(customer oriented service)를 언급할 때마다 필자는 일본인들이 제공하고 있는 서비스 형태를 떠올리곤 한다. 서비스 제공자의 편의주의나 기업 중심의 제도적인 틀을 중심으로 고객에게 서비스를 제공하다 보면 고객 측면에서 볼 때 비능률적이고 기업 우선주의라고 생각이 들기 마련이다.

이러한 관점에서 볼 때 아무리 우리 민족이 우월하고 일등국민이라고 하지만, 과거의 지배자였던 일본일지라도 그들의 문화가 우수한 점이 있다면 필요한 경우에는 받아들여야 한다고 필자는 생각한다. 예를 들면 일본에서 신간센 기차(Shikansen Train)를 타고 여행할 때 검표요원이 검표를 하는 동안에 승객

27) 이희천, 호텔상품의 판촉과 마케팅, 두남출판사, 1999, p.67～68.

한 사람 한 사람에게 진정으로 방해가 되어서 죄송하다는 말과 검표에 응해 주셔서 감사하다는 말을 빼놓지 않는 것을 발견할 수 있다.

그리고 오사카의 ○○호텔 커피숍에서 커피를 주문했을 때 예쁜 웨이트리스(waitress)가 커피 한 잔을 서비스하기 위해 테이블 옆에 다가와 무릎을 꿇고 진정 어린 마음으로 커피를 제공하는 모습을 떠올릴 때마다 서비스를 생명으로 간주하고 있는 우리나라 환대산업은 아직도 고객 지향적인 서비스로 고객을 감동시키는 서비스가 제공되지 못하고 있다는 점에서 자책감이 느껴진다.

커피 한 잔을 마시는 것과 기차를 타는 그 자체는 기본적인 서비스이나 제공자의 선택이라고 할 수 있는 부가적인 서비스를 마음에서 우러나오는 진지한 표정과 함께 제공받을 경우 고객의 입장에서는 만족 이상의 서비스를 제공받았다고 느낄 것이다. 또한 이러한 서비스는 고객의 마음을 변화시켜 유사한 서비스를 구매해야 할 기회가 있을 때마다 제공받았던 서비스가 포함된 조직을 항상 염두에 둘 것이다.

일본에서 감동의 서비스를 제공받았던 것과는 반대로 우리나라에서 경험했던 비고객 지향적인 서비스 제공자의 편의주의 발상으로 제공되었던 서비스를 소개하면 ○○호텔의 경우 헬스클럽(fitness center)에 입장할 때마다 고객이 두 장의 메모지에 고객의 이름을 적어 하나는 리셉션(reception)에 다른 하나는 헬스클럽에 제출하도록 하여 고객들의 불평을 유발시킨 경우가 있었다.

이와 같은 서비스는 고객편의가 아닌 전형적인 기업 위주의 서비스 제공인 것이다. 따라서 서비스 상품을 판매하는 서비스 산업의 관련기업에서는 기업 위주의 행정이나 서비스가 아니라 고객의 측면에서 서비스가 제공될 수 있도록 제도적인 개선이 필요하다.

1) 미 소

"웃는 얼굴에 침 뱉지 못한다"라는 속담이 있듯이 환하게 미소 짓는 얼굴은 상대의 마음을 선하게 유도하여 서비스의 윤활유 역할을 한다. 미소는 세계공통어인 동시에 언어의 장벽을 뛰어넘는 커뮤니케이션(communication) 수단이다.

따라서 서비스를 제공하는 사람이 미소를 잃는다는 것은 생명을 잃는다는 것을 의미한다. 그러나 미소는 겉과 속이 달라서는 안 되며 마음에서 진정으로 우러나온다는 느낌을 주어야 한다. 투입과 산출의 측면에서 볼 때 미소는 원가를 들이지 않고도 가장 부가가치가 높은 서비스를 생산한다.

특히 서비스 기업에서는 미소를 기본적인 자세로 취급하고 있으나 미소에도 격이 있고 품위가 있다. 동료에 대한 감사, 상사에 대한 고마움, 고객에 대한 감사 등의 원천은 미소에서 출발한다는 사실을 기억해야 한다.

우리나라 사람들은 전통적으로 유교 사상에 깊이 젖어 있기 때문에 속마음은 따뜻할지라도 미소에 대한 배려가 아주 인색하다. 심지어는 빈번한 미소는 위신을 떨어뜨리는 행위로 간주하기도 하였으나, 이러한 잘못된 인식으로부터 발상의 전환이 절실히 요구된다.

예를 들면 식당에서 식음료를 제공하는 과정에 동질의 서비스를 제공하는 상황에서도 미소를 곁들인 서비스 제공은 훨씬 분위기를 부드럽게 할 수 있으나 미소가 없는 서비스의 제공은 무미건조한 분위기가 조성되어 고객의 마음을 변화시키지 못할 것이다.

미소는 다음과 같이 상황에 따라 여러 가지의 의미를 내포하고 있다.

- 미소는 상대의 마음을 선하게 만든다.
- 미소는 소극적인 감정을 없애준다.
- 미소는 타인의 반감을 용해시키는 역할을 한다.
- 미소는 원가가 없다.
- 미소는 인종과 피부색깔을 구분하지 않는다.
- 미소는 무한한 부가가치를 창출한다.
- 미소는 환영의 의미를 함축한다.
- 미소는 긍정적인 매력을 지니고 있다.
- 미소는 세계공통어이다.
- 미소는 화를 가로막는다.

2) 진실의 순간

'진실의 순간'이란 용어는 스웨덴의 마케팅학자인 리처드 놀만(R. Norman)이 주장한 개념으로 고객 서비스 마케팅에서 실제 응용하고 전파한 사람은 스웨덴 항공사의 사장인 얀 칼슨(Jan Carlson)으로서 서비스 분야에 매우 중요한 개념으로 받아들여지고 있다.

진실의 순간은 고객이 기업의 종업원 또는 특정자원과 접촉하는 접점에서 제공되는 서비스 품질의 인식에 영향을 주는 상황으로 정의되고 있다. 고객이 호텔에 등록을 하는 순간, 고객이 식당에 들어서는 순간, 판촉담당자가 고객을 만나는 순간 등은 모두 중요한 접점인 것이다.

예를 들면, 고객이 호텔을 방문하여 등록을 할 경우 따뜻한 인사와 함께 맞이하면 그 순간은 고객과 종업원 간의 진실이 교감하는 순간일 것이고 판촉부 담당자가 고객을 방문하여 상담을 하면서 실례를 범하지 않고 예의 바른 언어 구사와 함께 상담을 진행하면서 서비스 순간을 관리하면 매우 부드러운 분위기 가운데에서 판촉활동을 할 수 있을 것이다.

<표 2-5> 호텔 서비스의 진실의 순간들

* 예약을 하는 순간
* 고객이 호텔에 들어서는 순간
* 고객이 체크인(check-in)을 하기 위해 기다리는 순간
* 체크인을 하는 순간
* 벨맨(bellman)이 고객의 가방을 운반하는 순간
* 엘리베이터(elevator)를 타는 순간
* 객실에 들어가는 순간
* 모닝콜(morning call)을 의뢰하는 순간
* 룸서비스(room service)를 주문하는 순간
* 청구서를 받는 순간
* 계산을 하는 순간
* 리무진(limousine)을 기다리는 순간
* 기타

그러나 고객이 호텔의 프런트 데스크(front desk)에 도착하였을 때 무뚝뚝한 표정과 함께 고객의 문의에 사무적으로 대답한다면 고객은 그 순간의 서비스로 전체를 부정적으로 평가하게 될 것이다. 따라서 고객을 접하는 종업원은 서비스를 제공하는 순간을 관리함으로써 진실의 순간이 되어 고객의 마음속에 깊이 파고 들 수 있도록 해야 한다.

3) 고객은 급료의 지급자

서비스를 제공하는 종업원에게 급료를 주는 사람은 경영진이라고 생각할 수 있으나 고객의 입장에서 보면 종업원의 급료는 실질적으로 고객이 지불하고 있는 것이다. 즉 고객은 판매의 대상이 아니라 기업이 책임을 지고 만족시켜야

하는 대상인 것이다. 따라서 고객이 없으면 서비스를 제공하는 나 자신도 없다는 신념을 가져야 한다.

수요가 공급을 초과하던 판매자 주도 시장에서는 고객이 판매의 대상이었기 때문에 고객의 기호나 취향 및 구매태도 등의 고객 속성을 무시하고 상품을 판대하여 고객의 마음을 움직일 수 있었다. 그러나 공급이 수요를 초과하고 있으며, 정보화 시대인 오늘날에는 반대의 입장으로 고객의 개성과 취향이 다양해지고 있고 현명해지고 있기 때문에 고객의 마음을 기업 마음대로 변화시킬 수 없다. 즉 고객이 기업의 운명을 좌우하는 시대가 도래한 것이다.

4) 고객불평의 존중

서비스를 제공하는 사람과 고객은 서로가 개성이 다르고 취향과 기호가 다르기 때문에 아무리 완벽한 서비스 제공 시스템을 갖추고 있을지라도 고객의 불평이 발생하기 마련이다. 다만 서비스에 대한 불평을 최소화하기 위한 노력이 요구되고 있다. 불평에 대하여 최근에 연구된 결과에 의하면 서비스 기업에서 불만족하면 그 한 사람의 고객이 10명 이상의 다른 주위 사람에게 기업이나 기업의 상품에 대해 부(－)의 영향을 미쳐 이미지를 손상시킨다고 한다. 그리고 불만을 갖고 있으면서 그 내용을 언급하지 않는 고객은 서비스 상품에 대한 재구매(re-purchase) 확률이 현저히 감소한다.

한편, 고객의 불만을 만족 수준에 가깝게 처리하였다면 그 고객은 향후 기업에 더욱 밀접한 관계를 유지할 수 있는 단골고객(loyal customer)으로 전환된다는 사실도 인식해야 한다. 그러므로 고객의 불평처리에 관해서 서비스 기업의 판촉사원이나 간부사원은 고객들의 불만을 부정적으로 간주하여 회피하지 말고 적극적인 자세로 처리하고 고객과 지속적인 관계를 유지하기 위해 최선의 노력을 해야 한다.

고객으로부터 불만이 접수되면 우선 불만에 대한 원인을 정확히 파악해야 하며 정숙한 상태로 해결의 실마리를 찾아야 한다. 다음은 고객의 불평에 대한 효과적인 처리방법을 단계별로 살펴보았다.

a. 고객불평사항의 경청(listening)

고객이 화가 난 상태에서는 종업원에게 분풀이를 할 수밖에 없기 때문에 종업원은 고객이 화가 가라앉을 때까지 불평에 대한 이야기를 들어주고 필요하면 메모를 한다. 고객의 불평을 경청한다는 의미는 고객의 불만을 이해하고 있다는 것을 나타내므로 불평사항을 구체적으로 이야기하도록 유도해야 한다. 상대의 이야기를 진지하게 경청하는 태도는 고객불평의 정도를 줄일 수 있는 방법이기도 하다. 만약, 고객이 이야기하고 있는 도중에 방해를 하면 고객이 이야기를 다하지 않고 중간에 중단할 수도 있기 때문이다.

b. 정중한 사과(heartful apology)

불만고객은 제공받은 서비스의 불만족이나 시설미비 등으로 인하여 고객의 기대 수준을 충족시키지 못했기 때문에 관련 종업원이나 최고경영자들에게 불만을 토로할 것이다. 따라서 고객의 불만에 대해서는 저자세로 고객의 불평사항에 대해서 동의하고 있다는 느낌을 줄 수 있도록 마음에서 우러나오는 사과를 해야 한다. 그러나 너무 지나친 사과는 금물이다. 왜냐하면 고객에게 여러 사람이 여러 번 반복하여 사과를 하면 그에 대한 보상을 필요 이상으로 요구할 수 있기 때문이다. 고객이 불만족한 사항에 대해서 사과의 반복보다는 정중하게 사과한다는 느낌을 줄 수 있도록 하는 것이 더 중요하다.

c. 관심(interest)

화가 난 상태의 고객은 정상적인 사고로 대화하기가 곤란하기 때문에 고객에게 "내가 그러한 경우에 처했더라도 화가 났을 것이다"라는 동정과 함께 문제에 대한 관심을 표명하여 마음을 달래주도록 해야 한다. 만약 고객의 불평내용이 고객의 잘못된 판단이나 오해가 있을지라도 직접적인 반대의견을 표명하는 것보다 간접적인 방법으로 고객을 이해시키면서 문제의 핵심에 대한 해결책을 제시하면서 적극적인 관심을 보이도록 해야 한다.

d. 불평에 대한 감사의 뜻 전달(special thanks)

고객이 제공받은 서비스에 대해서 화를 내며 불평에 대한 이야기를 했기 때문에 향후에는 고객으로부터 동일한 형태의 불만이 발생하지 않도록 서비스를 개선하기 위한 기회제공이라는 차원에서 깊은 감사의 뜻을 전하면서 화를 누그러뜨리도록 한다. 즉 고객이 지적한 불만이나 의견이 오히려 서비스의 품질을 향상시킬 수 있는 기회제공임을 진심으로 감사드린다.

<표 2-6> 대한항공의 불만고객 응대요령[28]

항목	응대의 기본요령
1	최초의 응대가 가장 중요하다. 먼저 고객의 불만에 대하여 "죄송합니다"라는 사과의 뜻을 표시한다.
2	고객의 이야기를 끝까지 잘 들어야 하며, 도중에서 말을 가로막는다든지 변명의 말을 하지 않도록 하며, 고객의 문제와 걱정하는 점에 대하여 성실한 태도로서 관심을 표시해야 한다.
3	고객이 원하는 바가 무엇인지를 정확히 파악해야 한다(부분환불인지, 특별한 제도적 조처를 요구하는 것인지 등).
4	고객과 말다툼이 될 소지가 있거나 이미 화가 나 있는 고객의 경우에는 우선 조용한 곳(예 : 사무실 내 소파)으로 안내하며 대화 시 가능한 한 톤을 낮추어서 상대방의 감정이 가라앉도록 한다(상사로 하여금 응대토록 부탁하는 것도 한 방법이다).
5	군중심리 내지 선동적인 언사를 사용할 기미가 보이는 승객은 다른 승객과 분리시키는 것이 중요하다.
6	끝까지 거절해야 할 경우에는 직접적인 표현을 삼가고 우회적인 말을 사용하여 감정의 대립을 완화한다. 즉 "안 됩니다" 대신 "죄송합니다. 그렇게 하기가 어렵습니다"로 바꾸어 표현하고 가능한 대안을 제시한다. 항상 고객의견에 대하여 감사하다는 인사를 잊지 말아야 한다.
7	고객불만의 원인이 타부서의 실수에 기인하더라도 책임을 전가하지 말고 적극적으로 문제해결의 노력을 보여주어야 한다. 책임의 주체가 회사인지 고객인지 판별키 어려운 경우 고객의 입장에서 문제해결을 위해 최대한 노력한다.
8	될 수 있다면 소송을 피하라. 이기든 지든 소송은 회사의 이미지에 손상을 끼친다.

e. 제3의 장소로 안내(movement)

고객이 불평을 계속하면 이미 화가 난 감정을 통제하지 못하여 언성이 높아질 수 있기 때문에 주위에 있는 고객에게 부정적인 영향을 미칠 수 있다. 따라서 가능하면 사무실이나 조용한 제3의 장소로 안내하여 대화할 수 있도록 한다. 제3의 장소로 고객을 안내하는 과정에서는 고객의 불평에 대해서 적극적인 자세로 해결하겠다는 의지를 보여주어야 한다.

28) 대한항공, 서비스 매뉴얼, 1992, p.23.

f. 조치(follow-up)

고객불만에 대한 사항을 사실에 입각하여 처리하고, 특별히 귀빈대우를 하면서 필요할 경우에는 관련되는 서비스를 무료로 제공한다. 고객의 불만이 원만하게 처리될 경우에는 기업의 서비스에 대한 충성도(loyalty)를 높일 수 있는 기회가 된다는 사실을 항상 기억해야 한다.

학자들의 연구 결과에 따르면 서비스의 불만족에 대해 문제 제기를 하지 않는 고객은 경쟁사의 서비스를 이용하고, 불만을 토로하는 고객은 대부분 지속적으로 서비스를 재구매(반복구매)하는 것으로 나타났다. 따라서 불만을 토로하는 고객을 합리적으로 관리할 수 있는 시스템이 마련되어야 고정고객의 확보를 증대시킬 수 있다.

고객불만 최고경영자가 해결

유명 백화점 최고경영자가 고객불만을 직접 해결하겠다고 나서 눈길을 끌고 있다. 주인공은 뉴코아백화점 법정관리인인 장하림 회장이다. 장 회장은 최근 뉴코아백화점과 할인점 킴스클럽 각 점포에 고객의견을 취합하는 여론조사함을 설치하고 '관리인이 알리는 글'이라는 안내문을 내걸었다.

여론조사함을 통해 접수한 고객건의와 요구사항은 다른 직원들에게 전혀 알리지 않고 장 회장이 직접 읽어 본 뒤 적절한 조치를 취한다. 고객이 의견을 적는 여론지에는 관리인 직통전화와 팩스번호, 전자우편 주소(jhla@newcore.to)가 적혀 있어 고객이 장 회장에게 직접 의견이나 요구사항을 전달할 수 있다.

장 회장은 "고객이 적극 참여하도록 유도하기 위해 의견을 제보한 고객을 위해 작은 선물을 마련했다"며 "불친절하다고 지적받은 사원에 대해서는 제교육을 실시하고 친절한 사원으로 칭찬받으면 각종 보상을 할 방침"이라고 밝혔다. 뉴코아백화점 관계자는 "최고경영자가 직접 고객불만 해결사를 자청한 만큼 앞으로 고객 서비스가 크게 개선되고 대외신뢰도 역시 향상될 것으로 기대한다"고 말했다. 한편 지난해 12월 뉴코아백화점 법정관리인으로 임명된 장 회장은 매출증대와 수익행사 등 회사정상화를 위해 적극적인 활동을 벌이고 있다.

— 매일경제신문, 2000년 2월 8일자 —

제 3 절

고객만족 서비스

수요가 공급을 초과하던 과거의 시장구조에서는 고객만족이라는 개념이 정립되지 않았으며, 상품이나 서비스를 공급만 하면 판매활동이라는 소기의 목적이 달성되었기 때문에 고객을 만족시키기보다는 공급을 늘려 수요를 충족시키는 데 그 목적을 두고 있었다. 그러나 최근의 시장상황은 반대 현상으로 공급이 수요를 훨씬 초과하고 있기 때문에 상품의 차별화 또는 주변 서비스를 강화할 수 있는 전략이 수립되지 않은 상태에서는 시장에서 생존할 수 없는 시대가 도래하고 있다.

이러한 상황에서 특히 서비스 상품을 취급하는 기업이나 개인은 매출을 목표로 하지 않고 고객만족을 통하여 기업의 목표를 달성하고자 노력하고 있다. 따라서 고객만족을 위한 경영이 일반화되어 모든 경영체계를 고객만족에 집중시켜 자사의 이미지를 향상시키고 시장을 개선시키는 데 주력하고 있다.

1. 고객만족의 개념

고객만족(CS : Customer Satisfaction)이란 '고객이 상품 또는 서비스에 대해 원하는 것을 기대 이상으로 충족시켜 감동시킴으로써 고객의 재구매율을 높이고, 그 상품 또는 서비스에 대한 선호도가 지속되도록 하는 상태'를 말한다. 만족의 어원을 살펴보면 만족(satisfaction)은 라틴어 'satis(충분)'와 'facere(한다 혹은 만든다)'에 근거한다. 비슷한 단어로는 'satiation'으로 포만 혹은 넘치게 충분하다는 의미를 갖는다. 이는 만족이 일정한 수준 혹은 기대의 충족과 관계가 있고 고객의 충족반응이라는 것을 암시한다.

과거의 마케팅 활동 평가기준은 대부분 상품이나 서비스의 매출액에 따라 성공 여부를 결정하였으나 최근의 점점 격심해지는 경영환경에서는 판매의 결과치인 매출액보다는 고객만족을 통해 마케팅 결과를 평가하는 시대로 전환되었다. 또한 기업 우선의 경영에서 고객 우선의 경영시대로 바뀌어 가고 있으며 고객의 권리가 한층 강화되고 있는 상황으로 기업환경이 변하고 있다.

따라서 고객만족도를 높이는 것은 고정고객층의 이탈 방지를 통해 안정적인 기업이익을 확보하는 발판이기 때문에 기업은 고객 제일주의 경영방식으로 경영조직을 개편하고 이에 알맞은 기업문화의 풍토가 정착되어야 하겠다. 이러한 기업문화의 변화를 바탕으로 고객을 만족시키기 위한 경영활동으로서 고객만족경영(CSM : Customer Satisfaction Management)이 활발하게 진행되고 있다.

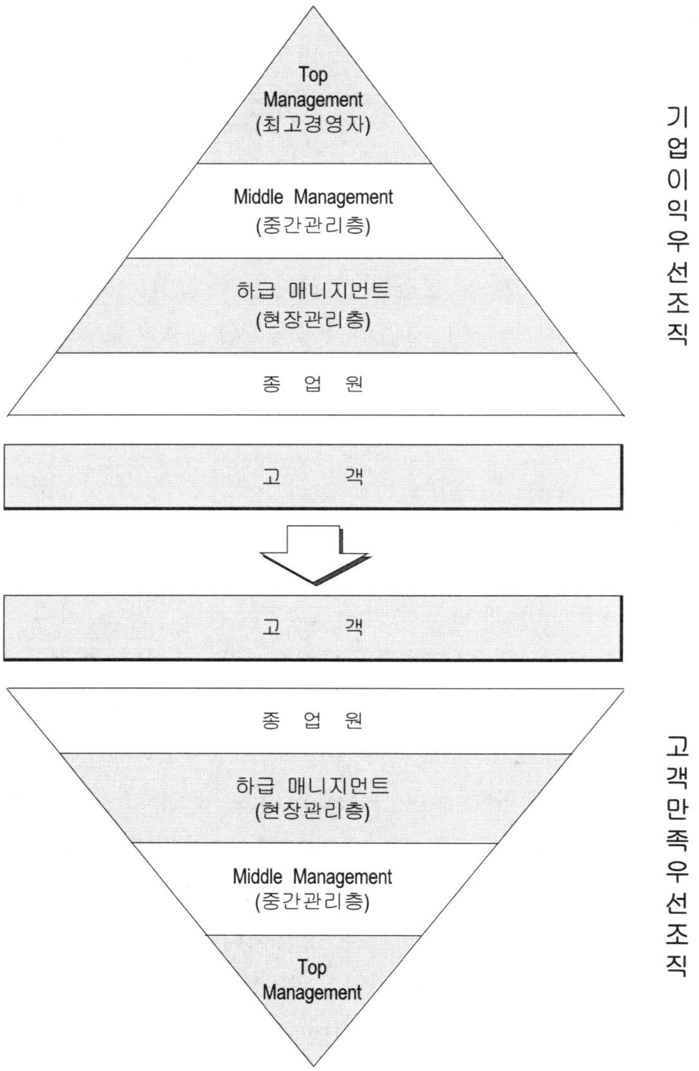

[그림 2-7] 기업조직의 변화

고객만족경영이란 기업이 제공하는 상품, 기업 이미지 등에 대하여 고객의 만족을 얻기 위해 정기적이고 지속적으로 만족도를 조사하고 그 결과에 기초해서 불만족스런 점을 신속히 개선하여 고객만족을 제공하는 활동이다.

따라서 고객만족의 의미는 경영을 위한 장황한 수단이 아니고 한마디로 경영 구축의 목적이라고 할 수 있다. 즉 고객만족은 경영기법의 측면보다 경영의 진리로 파악해야 할 것이다. 현재와 같이 시장이 성숙되고 기업 간의 경쟁이 심화되면서 고객만족이 단지 구호만으로 끝나는 것이 아니라 현실적으로 실천하지 않으면 고객의 신뢰와 지지를 얻을 수 없게 되었다.

기업은 누가 뭐라 해도 영속적으로 경영을 하는 데 있어서 적절한 이익의 확보가 제일의 목표가 되어야 하지만 그 이익의 확보는 경영에서 출발하는 것이 아니라 고객만족에서 출발하여 그 결과로써 이익을 확보한다는 사고이다.

기업의 이익을 우선으로 하는 과거의 경영조직은 최고경영자가 정점에 오르는 피라미드형(pyramid type)이지만 고객만족을 우선으로 하는 경영조직은 과거와 반대로 역피라미드로 형성된다. 여기에서 중요한 사항은 고객의 만족이기 때문에 고객이 먼저이고, 다음으로 중요한 것은 고객만족을 실현시키기 위해 고객의 접점에서 근무하는 일선 종업원이다.

이와 같이 고객을 접하는 종업원을 지원하는 층이 바로 중간관리자 또는 현장관리자층, 최고경영자층인 것이다. 즉, 중간관리자나 최고경영자층이 종업원 위에 군림하는 것이 아니라 고객의 접점에서 서비스를 제공하는 종업원을 지원한다는 개념이다.

이러한 조직의 변화는 [그림 2-7]에 나타낸 바와 같다.

2. 고객만족의 주요 요소

고객만족을 결정하는 주요 요소는 직접적인 요소로서의 서비스와 간접적인 요소로서의 기업 이미지의 총화이다. 즉 시장상황이 수요가 공급을 초과하던 시절에는 상품의 유형적 가치관으로서의 품질, 기능, 가격 등의 비중이 크고, 상품의 품질이 좋고 가격이 저렴하면 그것으로 고객은 만족한다.

그러나 풍요롭고 개성이 존중되는 시대에는 고객이 품질과 가격만으로는 만족하지 않고 상품의 소프트적 가치(soft value)로서의 디자인(design)과 사용감, 종업원의 태도 등을 중시하는 경향이 있다. 또한 고객은 감성을 중시하는 시대의 진전으로 상품 그 자체뿐만 아니라 구매 시 영업장 또는 점포의 분위기와 종업원의 접객태도에도 많은 관심을 갖게 됨으로써 점차 서비스가 차지하는 비중이 높아져 가고 있다. 고객만족의 주요 요소를 직접적인 요소와 간접적인 요소로 구분하여 도시화하면 [그림 2-8]과 같이 나타낼 수 있다.

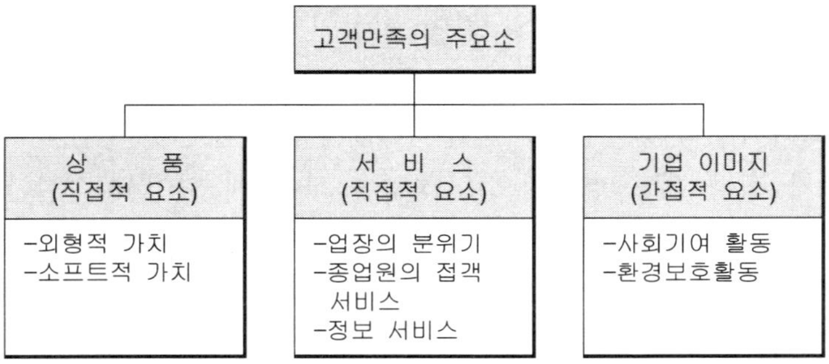

[그림 2-8] 고객만족의 주요 요소

(1) 상 품

1) 상품의 하드적 가치

상품의 품질, 기능, 성능, 효용, 가격 등의 직접적인 요소를 일컫는 것으로 가시적 실체상품(tangible products)을 의미한다. 즉 상품의 가치를 평가하는 데 직접적인 영향을 미치는 요인으로 가치를 측정하는 데 있어서 비교적 객관성을 가질 수 있다.

생산자 지향적인 시장(producer oriented market)의 경우 상품의 가치평가는 하드적 가치가 절대우위를 차지하였다. 또한 상품의 하드적 가치는 고객을 유인하는 데 있어서 고객이 우선적으로 고려하는 가시적인 요인으로서 상품의 일차적인 가치를 나타낸다.

2) 상품의 소프트적 가치

상품의 디자인(design), 컬러(color), 네이밍(naming), 향기(incense), 소리, 편리성, 사용설명서 등을 일컫는 것으로 상품의 기능이나 효용 및 성능 이외의 고객이 취할 수 있는 상품의 가치를 의미한다. 고객의 성격이나 개성에 따라서 하드적 가치보다 소프트적 가치를 더 중요하게 취급하여 상품의 가치를 평가하는 경우도 있다. 즉 고객 욕구의 다양화로 인하여 상품의 하드적 가치에 소프트적 가치를 추가하여 상품의 가치를 평가하는 경향이 있기 때문에 그 중요성이 강조되고 있다.

(2) 서비스

1) 영업장의 분위기

상품을 구매하는 데 있어서 호감을 가질 수 있는 영업장과 쾌적한 분위기 등을 의미하는 것으로 동일한 상품이지만 상품을 판매하는 영업장이나 점포의 분위기에 따라서 고객의 마음을 자극시킬 수 있다. 즉 상품의 진열상태, 영업장이나 점포의 인테리어(interior) 또는 위생상태 등에 따라 상품의 품질 수준이 평가되어 고객만족 여부가 결정되기도 한다. 따라서 최근의 서비스 기업은 고객의 구매욕구를 자극하고 적극적인 고객 유인수단으로 영업장의 분위기를 고급화하고 있으며 최첨단 시설과 시스템 등으로 실내분위기를 독특하게 꾸미기도 한다.

2) 접객원의 서비스

종업원이 착용하고 있는 유니폼(uniform), 언행, 인사, 친절한 안내, 상품지식, 미소, 신속한 대응 등은 상품을 구매하려는 고객의 마음을 편안하게 할 수 있으며 안정시킬 수 있다. 또한 고객은 서비스를 구매하는 데 있어서 종업원의 서비스에 많은 가치를 부여하고 있다. 따라서 최근의 서비스 기업에서는 고객을 대상으로 서비스를 제공하는 접객원의 서비스에 가장 많은 비중을 두고 고객의 응대에 대한 서비스의 교육훈련을 강화하고 있다.

3) 애프터서비스

상품의 애프터서비스(after service), 라이프스타일(life style)의 제안, 정보제공서비스 등으로 상품을 구매한 후 판매자와 구매자 간의 신뢰를 유지하여 고객과의 관계를 지속시키는 행위를 의미한다.

애프터서비스는 고객만족을 유도하는 데 매우 중요한 역할을 하는 것으로 상품의 판매자는 이용자가 상품을 이용하는 과정을 파악하여 지속적인 관심을 갖도록 해야 한다. 따라서 고객과의 지속적인 관계를 유지하기 위해 고객의 개인 정보를 데이터베이스(database)화하여 상품에 대한 정보를 제공하고 고객의 다양한 편의를 도모하기도 한다.

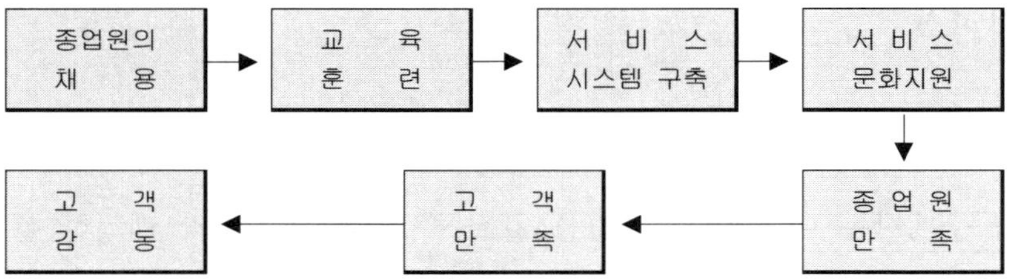

[그림 2-9] 서비스의 프로세스

(3) 기업 이미지

1) 사회공헌활동

사회공헌활동으로는 문화・스포츠 활동에 대한 지원, 지역주민에 대한 시설개방, 복지활동 등으로 최근 많은 기업들이 이와 같은 활동으로 기업 이미지를 향상시켜 소비자들에게 접근하려는 경향이 있다. 이 같은 사회활동은 고객으로 하여금 기업을 신뢰하도록 하고, 보다 친밀감을 느낄 수 있도록 한다. 예를 들면 기업 이미지 개선을 위해 무위탁 노인을 위해 노력을 제공하거나, 특별한 단체(공공도서관, 무료진료서비스 센터, 스포츠단체 등)를 비영리로 운영하기도 한다.

2) 환경보호활동

리사이클링 활동(recycling activities), 환경보호캠페인 등도 환경친화적인 활동을 전개함으로써 기업의 이미지를 높여 주어 고객들의 관심을 끌 수 있다.

3. 고객만족경영의 원칙

고객만족경영의 본질은 단순한 고객만족 그 자체가 아니고 종업원과 고객 그리고 기업이라는 3개의 축을 모두 다 만족시키는 개념이다. 왜냐하면 서비스 제공 현장에의 최일선(front line)에서 근무하며 직접 고객과 마주치는 종업원이 상품과 서비스로 고객을 만족시키면 고객은 기업에 정보와 이익을 가져다주게 되고 회사는 종업원에게 좀 더 많은 급여와 개인의 성장을 위한 각종 혜택을 제공하기 때문이다. 즉, 서비스 기업 내에서 서비스를 제공하는 종업원이나 경영진의 보수나 복지 수준은 기업의 최고경영자에 달려 있는 것이 아니라 절대적으로 고객에게 달려 있다는 것이다.

그러므로 상술된 3가지 요소를 효율적으로 관리하고 적정한 수준으로 조합하는 과정에서 나타나는 긍정적인 결과가 바로 고객만족경영의 출발점이다. 따라서 고객만족경영을 실현시킬 수 있는 필수적인 세 가지 원칙을 살펴보기로 한다.

<표 2-7> 고객만족 서비스 인프라 시스템[29)]

구 분	내 용
종업원 만족	* 직장분위기 개선 * 다양한 복지후생 제도 * 권한위임 및 책임경영
고객만족 교육제도	* 고객만족 마인드 구축 * 사내 고객만족 교육제도 구축 * 고객만족경영 이념 구축
서비스 품질 개선	* 서비스 품질향상을 위한 분석 * 고객접점 종업원의 인센티브제 활용 * 서비스의 표준화
고객의 니즈 파악	* 고객의 사전기대 파악 * 고객 지향 상품 서비스 개발 * 신속한 고객만족 시스템 도입
고객만족 기업문화 추구	* 고객제안제도 도입 * 고객만족 전담부서 및 위원회 운영
고객의 소리 시스템 구축	* 고객의 불만사례 접수 * 고객상담실 운영 * 고객의 데이터베이스 시스템 구축
고객의 접점 개선	* 신속한 서비스 시스템 구축 * 표준어 사용 * 신속한 경영 시스템 구축
고객만족 평가 시스템 구축	* 고객만족도 조사 * 고객만족 제도개선을 위한 데이터 수집 * 고객 데이터베이스를 통한 서비스 마케팅 지원

29) 임붕영, 서비스 쿠데타, 형설출판사, 1999, p. 93~94 재정리

(1) 고객접점(contact point)

'서비스 기업에서 생산하는 서비스를 고객은 어디에서 누구로부터 제공받아야 하는가.' 그리고 '어디에서 누구에게 자기의 욕구와 의견을 표출할 수 있을까.'와 같은 질문에 대해서 물론 여러 가지의 대답이 있을 수 있으나 대부분은 최일선에서 근무하면서 고객과 가장 접촉이 빈번한 종업원을 만났을 때 그들로부터 서비스를 제공받게 되고 바로 그들에게 자기의 의견을 이야기하게 될 것이다. 이와 같은 이론이 성립된다면 서비스 기업에서 고객을 만족시키기 위한 대책은 간단하다.

기업의 조직이나 프로세스를 최일선에서 근무하는 종업원을 지원할 수 있는 체제로 전환함은 물론 그들이 고객을 접하였을 때 고객에게 최상의 서비스를 제공하고 고객으로부터 수집한 소중한 정보들을 곧바로 관리자에게 피드백(feedback)할 수 있는 제도가 정착되어야 할 것이다.

(2) 고객만족도 측정

자사의 서비스를 포함하여 고객만족에 관한 모든 요소들을 숫자적으로 파악하여 정기적으로 조사를 실시하고 그 내용을 분석·비교할 수 있는 시스템을 갖추어야 한다.

이때 특히 주의해야 할 점은 고객이 중요하게 여기는 부분에 대한 조사는 빠뜨려서는 안 된다는 것이다. 즉, 고객이 제공받은 서비스 결과를 정확하게 분석하여 고객에 대한 만족도를 가능하면 객관적으로 측정하기 위한 노력이 요구된다.

따라서 서비스 기업은 정기적이고 지속적으로 고객만족도를 조사하여 마케팅 전략에 적극적으로 반영할 수 있는 제도가 마련되어야 한다.

최근의 조사에 의하면 국가 고객만족도(NCSI : National Customer Satisfaction Index)[30]는 아직까지 미국의 지수를 비교할 때 많은 차이를 보이고 있는 것으로 나타나고 있다.

〈표 2-8〉은 2008년도 우리나라 기업의 국가고객만족도 순위를 나타내고 있다.

---

30) 국가고객만족지수(National Customer Satisfaction Index : NSCI)는 국내외에서 생산, 국내 최종소비자에게 판매되고 있는 제품 및 서비스 품질에 대해 해당 제품을 직접 사용해 보고 이 제품과 관련된 서비스를 받아 본 고객이 직접 평가한 만족 수준의 정도를 모델링에 근거하여 측정, 계량화한 지표를 의미한다.

<표 2-8> 20008년도 기업별 NCSI 순위 및 점수

순위	회 사	점수	순위	회 사	점수
1	레디슨 서울 프라자	89	31	강남성모병원	70
2	리츠칼튼호텔	82	32	푸르덴셜	70
3	신라호텔	82	33	월풀(세탁기)	70
4	BMW	81	34	싱가포르항공	70
5	인터컨티넨탈호텔	81	35	씨티뱅크	70
6	웨스틴조선호텔	80	36	서울우유(우유-발효유)	70
7	힐튼호텔서울	79	37	삼성전자(세탁기)	70
8	삼성서울병원	78	38	대우전자(세탁기)	69
9	월풀(냉장고)	77	39	롯데칠성	69
10	서울중앙병원	77	40	한국통신(시외전화)	69
11	SONY(TV/VCR)	75	41	아남전자(TV/VCR)	69
12	하얏트호텔서울	73	42	하이트맥주	69
13	삼성전자(냉장고)	73	43	LG패션(남성정장)	69
14	전력서비스	73	44	신세계백화점	69
15	GE코리아(냉장고)	72	45	태평양(화장품)	69
16	LG전자(냉장고)	72	46	진로쿠어스	69
17	삼성전자(에어컨)	72	47	나이키(스포츠화)	69
18	LG전자(에어컨)	72	48	한국통신(시내전화)	68
19	LG전자(세탁기)	72	49	코오롱모드(남성정장)	68
20	샤넬	72	50	코카콜라	68
21	삼성전자(TV/VCR)	71	51	OB맥주	68
22	만도위니아(에어컨)	71	52	피자헛	68
23	현대백화점	71	53	빙그레	68
24	제일모직(남성정장)	71	54	대우전자(냉장고)	68
25	LG전자(TV/VCR)	71	55	캠브리지(남성정장)	68
26	진로(소주)	71	56	롯데백화점	68
27	대우캐리어(에어컨)	71	57	하나은행	68
28	한국야쿠르트(우유/발효유)	71	58	제일제당(음료)	68
29	삼성물산(아파트)	71	59	신한은행	68
30	한국P&G(샴푸)	70	60	동아오츠카(음료)	68

<표 2-9> 고객평가의 예[31]

본 평가표는 고객의 의견을 들어봄으로써 보다 나은 서비스를 제공하기 위한 것입니다. 방문하는 고객에게 본 시설에 대한 만족도를 조사해 보십시오. 여러분 업소의 문화지수를 향상시키는 데에 도움이 될 것입니다.

〈관광위락시설용 고객만족 평가표〉

아래 문항을 읽고, 오른쪽의 해당란에 V표 하시오.		거 의 그렇다	가 끔 그렇다	거의 안 그렇다
1	이 업소에서는 정찰제를 실시한다.	□	□	□
2	이 업소에서는 부당요금을 징수하지 않는다.	□	□	□
3	이 업소에서는 관광객의 질문에 성의 있게 대답해 준다.	□	□	□
4	이 업소에서는 어린이와 장애인이 불편을 느끼지 않도록 최대한 배려한다.	□	□	□
5	이 업소에서는 안내표지판이 있다.	□	□	□
6	이 업소에서는 관광객과 시비가 발생하더라도 정중한 태도로 대한다.	□	□	□
7	이 업소에서는 심한 호객행위로 관광객에게 불편을 끼치지 않는다.	□	□	□
8	이 업소에서는 공공쓰레기통을 항상 청결하게 청소한다.	□	□	□
9	이 업소에서는 안전이나 미관을 해칠 수 있는 물품을 판매하지 않는다.	□	□	□
10	이 업소에서는 손님이 시설의 불편사항을 신고할 때에 즉시 시정한다.	□	□	□

총점계산방법

귀하가 받은 총점 = '거의 그렇다'에 표시한 개수×10 + '가끔 그렇다'에 표시한 개수×5 + '거의 안 그렇다'에 표시한 개수×0

(3) 경영자의 적극적인 참여

모든 경영전략을 수립할 때에도 마찬가지이겠지만 특히 고객만족경영을 추구하는 기업에서는 경영자의 적극적인 관심과 의지가 없으면 고객만족경영의 목표를 달성하기 어렵다.

31) 이혁재, 글로벌에티켓교본, 조선일보사, 1999, p.69.

고객만족을 위한 경영에 투자한 만큼 회사의 성장과 발전이 이루어질 수 있다는 확고한 신념으로 경영자가 부하직원들을 리드(lead)해 나가는 한편 정기적인 고객만족도 조사 결과를 직접 검토하여 만족도가 낮은 부분의 개선과 개혁을 주도해 나가지 않으면 고객만족경영이 좋은 결실을 맺을 수 없다.

따라서 대부분 서비스 기업의 최고경영자는 고객과의 접점에서 서비스를 제공하는 종업원을 지원하는 체제로 전환해야 할 것이다.

제 4 절 고객감동 서비스

1. 고객감동의 요소

(1) 최고경영자의 서비스 마인드 변화

서비스 기업에서 고객 중심 마케팅(customer oriented marketing) 전략계획을 수립하고 서비스를 제공하는 데 있어서 최고경영자의 적극적인 지원은 고객만족경영을 실현시킬 수 있는 서비스 제공 환경을 조성하기 때문에 서비스 기업에서는 최고경영자의 지원이 전제되어야 한다. 즉 고객을 대상으로 서비스를 제공하는 부서의 종업원(contact personnel)이 편안한 마음으로 오로지 고객을 대상으로 서비스를 제공하기 위해서는 최고경영자와 지원부서의 전폭적인 지원이 요구되고 있기 때문이다.

특히 최고경영자가 고객과의 접점에서 서비스를 제공하는 종업원을 지원하는 상향식의 개념이 아니고 그 반대의 하향식 경영을 추구하고 있다면 고객이 기대하고 있는 수준의 서비스를 제공할 수 없다. 따라서 기업의 서비스 수준은 최고경영자의 긍정적이고 적극적인 마인드 변화에서부터 출발되어야 하기 때문에 최고경영진은 서비스에 대한 철저한 이해와 함께 고객이 기업의 중심에 존재하고 있다는 사실을 염두에 두고 종업원의 마음을 변화시키기에 앞서 최고경영자들의 마인드 변화가 전제되어야 한다.

1) 고객중심주의

서비스 기업은 고객이 요구하고 있는 내용을 정확하게 파악하지 않고 임의로 상품을 생산·판매하는 방법으로는 고객을 만족시킬 수 없기 때문에 고객의 욕구를 철저히 파악하고 분석하여 그 욕구를 충족시키기 위한 서비스 상품을 생산·제공해야 한다. 즉 고객이 원하는 서비스 상품을 제공하지 못하면 고객만족이라는 개념을 정립시킬 수 없으므로 기업은 더 이상 시장에서 우위를 점할 수 없는 시대가 도래하였다. 따라서 기업은 고객제일 주의에 입각하여 서비스 상품을 생산 및 판매하기 전에 고객욕구와 필요를 충분히 파악하고 고객이 원하는 상품을 생산하여 판매할 수 있는 시스템으로 전환하여 고객이 기업조직의 중심이 되는 제도적 틀을 구축해야 한다.

2) 지원자로서의 역할

고객은 분명히 기업을 대표하는 최고경영자보다 상위에 위치하고 있기 때문에 고객의 접점에서 서비스를 제공하는 종업원을 적극적으로 지원하여 고객만족경영의 시스템을 구축해야 한다. 즉 경영자는 종업원 위에서 명령계통을 통해 군림하는 것이 아니라 고객의 욕구를 충족시킬 수 있는 분위기를 조성할 수 있도록 고객에게 서비스를 제공하는 접점의 종업원을 적극적으로 지원하는 시스템의 구축과 함께 조직이 혼연일체가 되어 고객 지향적인 형태를 유지할 수 있도록 중추적인 역할을 해야 한다. 왜냐하면 고객을 대상으로 기업을 대표하여 서비스를 직접 제공하는 데 있어서 가장 효과적이고 합리적인 서비스 제공 행위를 수행하기 위해서는 제도적인 지원체제가 요구되기 때문이다.

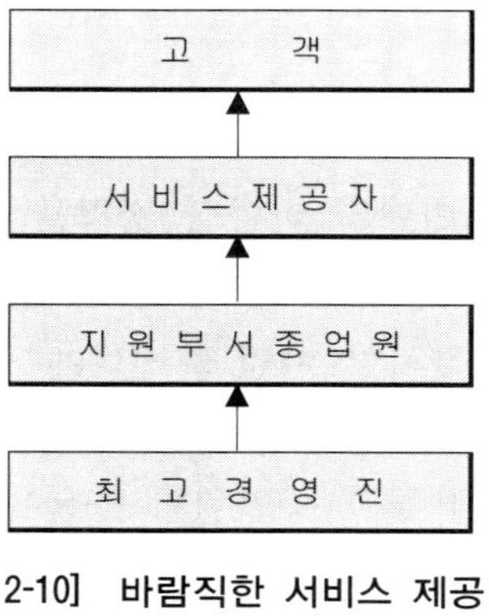

[그림 2-10] 바람직한 서비스 제공 형태

(2) 서비스 제공자의 진실

고객의 마음을 움직이기 위한 가장 중요한 요소는 고객 대상으로 서비스를 제공하는 사람의 마음이다. 즉 서비스를 고객에게 제공하기 위해서는 무엇보다 진실된 마음에서 우러나오는 진정한 서비스를 제공해야 한다. 따라서 서비스가 단순히 고객이 지불하는 대가로 그에 상응하는 서비스를 제공한다는 사고는 고객의 기대 수준을 능가할 수 없으며 진실된 서비스가 될 수 없기 때문에 서비스를 제공하는 시점에서 고객의 마음을 헤아려 진실이 배달된다면 고객이 기대하고 있는 수준 이상의 서비스가 되어 고객감동으로 이어질 것이다.

만약 고객이 서비스를 제공받는 데 있어서 형식적인 느낌을 받았다면 보통 수준의 서비스로 평가하여 서비스 만족과는 거리감이 있을 것이다. 따라서 무엇보다 고객접점에서 서비스를 제공하는 종업원의 진실된 마음이 고객만족의 초석이 될 것으로 사료된다.

종업원 만족 없이 고객만족 없다.

미래산업의 정문술 사장은 기업을 경영하는 데 있어 무엇보다 종업원 만족을 강조한다. 종업원들이 회사에 불만이 있다면 어떻게 좋은 기술을 개발하고, 어떻게 좋은 제품을 만들고, 어떻게 고객을 만족시킬 수 있느냐는 이유에서다.

"직장은 행복을 추구하는 장이 돼야 합니다. 생계수단으로 전락해서는 결코 안 됩니다. 하루에 가장 많은 시간을 직장에서 보내게 되는데 직장이 피곤하고 스트레스만 받는 장소라면 되겠습니까? 그런 상황에서 좋은 아이디어가 나오고, 좋은 성과가 나올 수 있겠습니까? 저는 미래가족들이 직장을 통해 행복을 추구할 수 있고 자기 인생에서 승리자가 되도록 그렇게 회사를 경영하고자 합니다."

정 사장은 직원들에게 의사결정 재량권을 100% 준다. 현장에 관한 일은 현장직원이 가장 잘 안다는 이유에서다. 미래산업 결재서류에는 아예 사장결재란이 없다. 사장이 수치까지 꼬박꼬박 챙기다 보면 섣불리 간섭하게 되고, 그렇게 되면 일하는 사람들이 의욕을 잃는다는 판단에서다. 보고는 업무속도를 지연시킨다.

식당도, 화장실도 일류호텔 이상이다. 이 모든 것이 종업원 만족을 위한 정 사장 철학에서 비롯되었다.

— 매일경제신문, 2000년 2월 3일자 —

(3) 고객관리 시스템 구축

요즘 충성고객은 서비스 상품을 구매하는 데 있어서 상품을 구매하는 목적을 달성하는 욕구도 중요하게 여기지만 서비스 제공 과정에서 자신을 기억해 주고 알아주는 데 감동한다고 한다. 즉 서비스의 유형적인 가치에 주변 서비스를 추가하여 총체적인 서비스(total service)로서의 가치를 상품의 품질 수준으로 평가하는 경향이 있기 때문에 고객관리 시스템을 통해 고객을 보다 효율적으로 관리하여 지속적인 관계를 유지해야 한다.

예를 들면 항공사에서 특정항공사의 이용빈도가 높은 고정고객의 경우 좌석 배정 시 항공사의 고객관리 시스템에 입력되어 있는 해당 고객의 정보(database)를 이용하여 고객이 선호하는 좌석을 고객에게 문의하기 전에 배정하였다면 사소한 서비스지만 고객은 만족할 것이다. 또한 호텔에서 고객이 투숙하고 있는 객실에 선호하는 신문이나 어메너티(amenities)를 비치하였다면 차별화된 서비스에 감동을 받을 것이다.

그러나 이와 같은 고객관리를 통한 서비스가 특정고객에게 제공되기 위해서는 특정고객의 개인신상을 종업원이 모두 기억할 수 없기 때문에 객관적이고 어떤 종업원이 접점에 있을 경우라도 동일한 서비스가 제공될 수 있도록 고객에 관한 정확하고 구체적인 정보 시스템을 통하여 관리되어야 한다. 따라서 서비스 기업이 고객을 감동시키는 서비스를 제공하기 위해서는 반드시 고객의 개인신상을 관리할 수 있는 컴퓨터 시스템 지원 체제를 구축해야 한다.

그러나 컴퓨터 시스템을 이용하여 고객관리를 하는 기업은 반드시 고객신상의 변동상황을 최신화(up to date)하여 항상 살아 있는 정보가 유지되도록 해야 하며, 고객 개인신상에 대한 보안을 철저히 유지시켜야 한다.

또한 고객은 개인적인 신상명세를 이용한 서비스에 매우 민감하기 때문에 고객을 철저히 관리하기 위해서는 입체적인 서비스 전략이 필요하다. 궁극적으로 고객이 추구하는 삶의 질을 향상시키는 것이 고객감동경영의 핵심사항이므로 체계적인 고객관리 시스템이 구축되어야 한다.

1) 애프터서비스 구축

애프터서비스(after service)는 고객관리의 가장 기본적인 시스템으로서 고객의 재구매 비율을 높일 수 있는 사후관리 시스템을 개발해야 한다. 애프터서비스 시스템이 체계적으로 이루어지는 서비스 기업일수록 서비스에 대한 품질개선이 잘 이루어져 고객으로부터 신뢰를 얻고 있다. 따라서 체계적인 사후 서비스는 그객만족으로 이어져 충성고객을 확보할 수 있으며 기업의 서비스 환경을 향상시킬 수 있다.

2) 사전 서비스 체계의 구축

사전 서비스(before service)는 고객을 유인하기 위한 수단으로서 고객에 대한 충분한 사전정보를 가지고 있어야 한다. 즉 고객의 욕구와 필요에 대한 정보를 구축해야 한다. 따라서 사전 서비스의 핵심은 고객정보를 효과적으로 이용하는 데 있다. 또한 서비스에 대한 정보를 고객에게 널리 인식시켜 제공되고 있는 서비스의 관심을 유도할 수 있는 시스템을 구축해야 한다.

3) 정보 서비스 체계의 구축

기업이 고객에게 단순히 상품만을 판매하는 것이 아니라 기업 간의 경쟁이 치열해지고 고객의 욕구가 다양해지면서 고객의 삶의 질을 향상시킬 수 있는 상품정보, 가격정보, 소비자정보, 일상생활에 대한 다양한 정보 서비스(communication service)를 제공할 수 있는 시스템을 구축해야 한다.

4) 감동 서비스 체계의 구축

결과적으로 서비스 수준의 향상은 고객을 감동시키는 활동과정이기 때문에 고객감동경영(customer delight management)의 시발점이다. 고객의 기대 수준을 초월하여 고객이 예상하지 못했던 독특한 서비스의 제공으로 고객의 욕구를 충족시켰다면 고객은 만족의 수준을 지나 감동할 것이다. 따라서 고객감동 서비스를 제공하기 위해서는 각종 서비스 환경을 개선하고 고객의 요구와 욕구를 파악한 후에 고객 개인만을 위한 서비스가 제공될 수 있는 서비스 제공체계를 구축해야 하겠다. 그리고 서비스 기업에서 고객을 감동시키기 위한 조건은 신뢰감, 안정감, 만족감, 친근감을 주기 위한 노력이다.

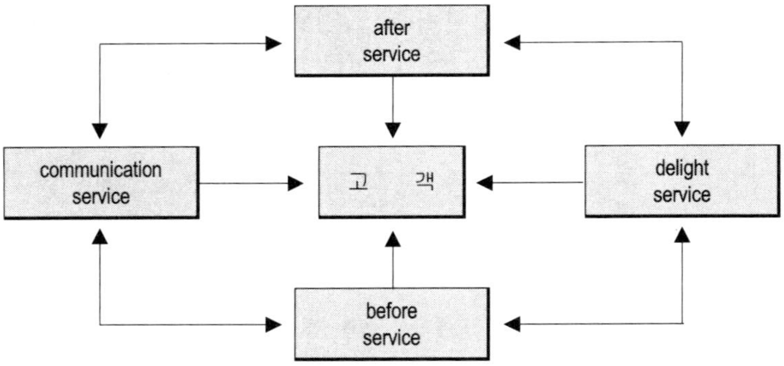

[그림 2-11] ABCD 서비스 시스템[32)]

(4) 권한위임

권한위임(empowerment)은 서비스 기업에서 고객에게 서비스를 직접 제공하는 종업원에게 반드시 필요한 것으로 고객감동의 필수적인 요소이다. 고객이 제공받은 서비스 내용이 원하지 않는 것이었다면 상황에 따라 즉각적으로 조치하여 고객으로 하여금 불평을 방지하고 오히려 고객을 감동시킬 수 있는 기회로 전환하기 위해서는 반드시 종업원이 권한위임을 받아 일정한 수준의 권한을 행사하여 고객에게 혜익(benefits)을 줄 수 있어야만 한다.

이러한 개념으로 호텔기업에서는 프런트 데스크(front desk)에서 근무하는 종업원에게 고객을 응대하는 데 있어서 불평을 유발할 수 있는 상황에서는 종업원이 판단하여 즉각적으로 처리하기 위해 일정한 권한을 위임하기도 한다.

예를 들면 종업원의 실수로 인하여 고객에게 청구한 계산서 내용이 잘못 기재되어 고객으로 하여금 불평을 접수하였다면 담당종업원이 상황을 판단하여 고객에게 정중한 사과와 함께 할인 서비스를 제공하든지 혹은 식사를 무료로 제공하여 때로는 고객을 감동시킬 수 있는 기회가 되기도 한다. 또한 항공사에서 예약고객의 이름이 잘못 기재되어 고객의 불평을 유발하였다면 고객의 접점에 있는 종업원이 판단하여 신속하게 좌석을 업그레이드(upgrade)시켜 준다면 고객의 불만을 최소화할 수 있고 경우에 따라서는 고정 고객화시킬 수 있는 기회가 될 수도 있을 것이다.

32) 임봉영, 서비스 쿠데타, 형설출판사, 1999, p. 147.

2. 고객을 감동시키는 서비스

(1) 시장세분화

시장세분화(market segmentation)는 대량생산체계(mass production system)에 의한 대중 마케팅(mass marketing)은 소비자 전체가 공유하고 있는 최소공배수로서의 대표로 욕구를 충족시켜 주는 것이 아니라 각 소집단이 독특하게 가지고 있는 고유한 욕구를 만족시키기 위해 전체 시장을 고객의 공통적인 욕구를 바탕으로 소집단으로 분류하는 것으로 상품을 사용하는 계층을 구분하기 위한 것이다.

환언하면 현대사회의 시장을 획일적으로 관리하면 고객의 다양한 욕구를 충족시킬 수 없을 뿐만 아니라 고객감동의 전제조건이 되는 고객만족을 달성할 수 없기 때문에 전체 시장을 동일한 욕구의 고객집단으로 세분하고 그 세분시장으로 체계적이고 효율적으로 관리하여 고객의 욕구충족을 극대화하기 위한 마케팅 활동이다.

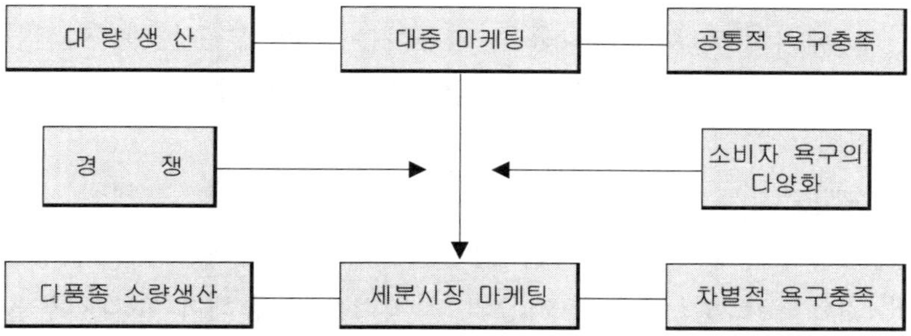

[그림 2-12] 시장세분화의 개념

(2) 상품/서비스 차별화(product differentiation)

상품의 차별화는 경쟁사의 상품과 차이점을 강조하여 시장에서의 우위를 확보하기 위한 마케팅 전략(marketing strategy)이다. 현대의 고객은 전체의 평균이 아니고 고객 각자의 개성을 중요시하는 시대로 변화하고 있기 때문에 상품을 차별화함으로써 고객의 욕구를 충족시켜 감동으로 연결하는 수단이 되고 있다.

최근 서비스 기업에서는 기업마다의 독특한 색깔을 풍길 수 있는 상품을 개발하여 소비자들을 감동시키고 있다. 예를 들면 호텔기업에서는 고정고객(loyal customer)인 경우 고객의 개인적인 취향에 따라 서비스를 제공하기 위해 고객관리 시스템을 구축하고 고객이 선호하는 객실의 배정 및 어메너티 비치, 기타 선호하는 식음료 등의 제공으로 고객을 감동시키고 있다.

(3) 맞춤 서비스(customized service)

서비스와 관련되어 있는 기업이 고객을 감동시키기 위해서는 반드시 고객이 원하는 서비스를 제공하는 것이 아니고 고객이 원하는 수준 이상의 서비스를 제공하는 것이라고 할 수 있다. 이와 같이 고객이 기대하고 있는 이상의 서비스를 제공하기 위해서는 반드시 고객에게 알맞은 서비스를 제공해야 한다는 것이다.

서비스 기업에서 제공하고 있는 평균적인 서비스 상품은 대중적인 상품이지만 고객을 만족시키기 위한 서비스는 고객이 원하고 있는 상품만을 선택하여 제공해야 한다. 예를 들면 최근에 해외여행 형태를 살펴보면 시간과 비용을 절약하기 위해 패키지(package) 상품을 이용하는 경우가 있는데, 이러한 상품은 고객이 원하지 않는 여행 코스도 포함되어 있을 수 있기 때문에 고객을 감동시킬 수가 없다.

따라서 고객을 감동시킬 수 있는 상품이 되기 위해서는 고객이 선호하는 여행 형태를 참고하여 고객이 원하는 관광 코스(tour course)만을 일정에 포함시켜 고객이 기대하고 있는 수준 이상의 서비스를 제공해야 고객감동을 유도할 수 있다.

3. 고객감동이 주는 이익

고객이 고객만족을 경유하여 고객감동이 이루어졌을 경우에는 기업의 매출이 급등하여 영업의 활성화를 추구할 수 있으며, 기업 이미지를 향상시킬 수 있어 충성고객이 증가할 것이다. 이와 같이 해당 기업의 서비스 상품에 대한 충성고객의 증가는 곧 기업의 수익을 증가시킨다. 구체적으로 고객감동이 주는 기업의 혜익은 다음과 같다.

(1) 충성고객의 확보

기업의 서비스에 대한 감동을 경험한 고객은 경쟁사 서비스의 구매를 고려하지 않을 뿐만 아니라 감동받은 서비스를 반복하여 구매하려고 할 것이다. 즉 자사의 서비스 상품을 재구매함으로써 충성고객(고정고객)으로 전환되는 것이다. 일반적으로 충성고객은 재구매를 통해서 확인될 수 있는데, 재구매 의도는 보통 초기 구매의 경우 많은 정보를 수집하여 엄격하게 적용함으로써 최적안을 선택하게 되며 재구매 시 초기구매가 불만족한 경우에는 반복적 문제해결 상황에 직면하게 되고, 만족한 경우에는 상표충성도나 구매관성을 기준으로 재구매가 이루어지게 된다. 따라서 충성고객을 많이 확보하기 위해서는 고객감동이 필수적인 요소가 되는 것이다.

실제로 많은 서비스 관련기업이 이러한 개념으로 고객을 확보하고 있다. 예를 들면 부산 파라다이스 비치호텔(Paradise Beach Hotel)에서 고객감동 프로그램의 하나로 "우리의 목표는 귀하의 감동입니다"라는 메시지(message)는 고객의 소중함을 나타내는 표현이다. 파레토의 연구에 의하면 20%의 충성고객이 기업 전체 매출의 80%를 차지한다는 연구에서도 잘 나타내고 있는 바와 같이 기업에서는 고객감동 경영을 통한 충성고객의 확보가 우선되어야 하겠다.

(2) 경쟁력 강화

고객감동경영은 충성고객의 확보로 재구매 고객을 위한 마케팅 전략을 수립할 수 있기 때문에 경쟁사에 비하여 서비스 상품에 대한 경쟁력을 향상시킬 수 있다. 왜냐하면 신규고객을 확보하기 위해 투입되는 마케팅 비용보다 고정고객을 유지하는 데 투입되는 비용이 훨씬 적게 들기 때문이다. 또한 고정고객을 중심으로 시장의 안정성을 유지할 수 있기 때문에 경쟁사보다 유리한 마케팅 전략을 전개할 수 있다.

따라서 대부분의 서비스 기업에서는 충성고객을 확보하기 위한 마케팅 전략으로 고정고객의 프로그램을 실시하기 위한 수단인 회원제(membership system)를 도입하고 있다. 예를 들면 웨스틴 호텔의 프리미어 클럽(Premier Club), 하얏트호텔의 골드 패스포트(Gold Passport), 대한항공의 모닝캄 클럽(Morning Calm Club) 등이 고정고객을 위한 회원제도이다.

(3) 매출의 증대

충성고객의 확보는 곧 안정된 재구매 활동으로 기업의 매출을 증가시켜 이익률을 높여준다. 또한 고객과의 쌍방향 커뮤니케이션(two-way communication)을 통한 고객의 의견 수렴으로 서비스 상품을 개선할 수 있기 때문에 이러한 활동은 기업의 매출 향상으로 이어지는 것이다. 더욱이 고정고객확보는 그만큼의 신규고객 유치를 위한 비용이 절감되기 때문에 수익률이 증대될 것이다.

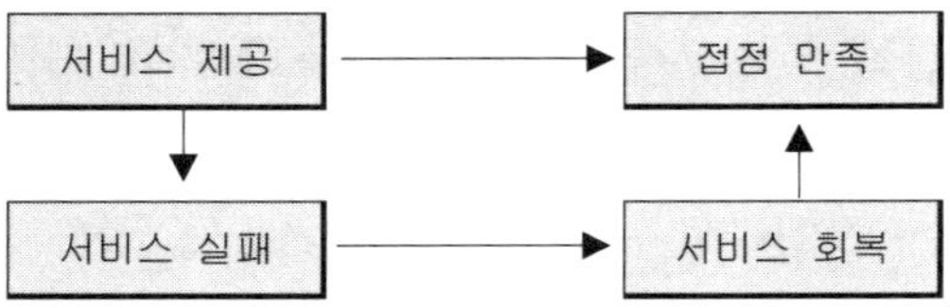

[그림 2-13] 거래에 초점을 둔 서비스 회복[33)]

(4) 기업의 신뢰도 향상

상품에 대한 불만이 있는 고객은 일반적으로 주위의 친지나 동료들에게 그 상품에 대하여 부정적으로 이야기를 하지만 상품에 만족을 경험한 고객은 반대로 여러 사람에게 긍정적으로 추천하기 때문에 기업의 신뢰도가 향상되어 이미지를 개선시킨다. 즉 기업의 충성고객은 객관적이고 신뢰성을 바탕으로 기업의 홍보역할을 담당하게 된다.

4. 고객만족 결과에 따른 과제[34)]

고객이 기대하고 있는 서비스 수준과 실제로 제공받은 서비스의 차이 정도에 의해서 고객의 만족과 불만족의 정도가 결정된다. 다만, 만족과 불만족의 정도는 소비자의 개인적인 성격이나 수준에 따라서 다양한 유형의 반응을 나타낼 수 있다. 따라서 고객의 반응에 따른 만족의 여부를 구체적으로 살펴보면 다음과 같다.

---

33) Brown S. W., Cowles D. L. and Tuten T. L., "Service Recovery : Its Value and Limitations as a Retail Strategy," International Journal of Service Industry Management, 7(5), 1996, p. 33.
34) 최동열, 관광서비스론, 기문사, 1999, p. 64~65.

(1) 고객기대 〈 고객결과의 경우

서비스 품질관리가 아주 잘된 경우에 해당한다. 또한 서비스 기업이 기대하고 있는 목표달성이 잘 수행되고 있는 최상의 상태이다. 고객은 그 서비스 상품을 반복적으로 구매하게 되며 이용을 고정화한다. 이러한 고객의 기업에 대한 선호도를 유지하기 위해서는 계속적으로 고객욕구를 파악하여 고객만족을 지속시키거나 높여 나가야 한다.

(2) 고객기대 = 고객결과의 경우

고객이 기대했던 서비스의 수준과 실제 서비스가 동일한 경우에는 다음과 같이 두 가지의 경우가 나타난다.

1) 경쟁사의 상품/서비스가 없는 경우

동일 서비스 상품이 다른 서비스 기업에서 생산 및 제공되지 않는 경우로서 고객이 처음에는 불안정한 심리상태를 보이다가 기존의 상품이나 서비스 대신 대체상품으로 이용하게 되는 이탈화 현상을 보이거나 또는 마땅한 대체상품이 없는 경우 할 수 없이 반복구매를 하게 된다. 그러나 이러한 경우 대체상품이나 새로운 경쟁상품이 등장하면 이것이 고객의 욕구를 자극하게 되고 결국 대부분의 고객을 빼앗기게 될 것이다.

2) 경쟁사 상품/서비스가 존재하는 경우

경쟁기업의 상품이나 서비스에 관심을 고조시킬 것이며, 결국은 경쟁사의 상품이나 서비스를 구매할 것이다. 대부분의 시장상황은 다수의 경쟁사가 존재하기 때문에 이러한 현상이 발생하지 않도록 특별한 조치가 요구된다.

(3) 고객의 기대 〉 고객결과의 경우

제공받은 서비스가 기대했던 서비스 수준에 미치지 못한 경우를 나타내는 것으로 이러한 경우 고객은 불쾌하고 실망하게 되는 경우가 될 것이다. 경쟁 서비스업체의 상품이나 대체상품으로 옮겨간다. 이렇게 되면 기업은 더 이상의 발전은커녕 존재까지도 흔들리게 될 것이다. 따라서 어떤 대책이나 경영상의 혁신 없이는 경쟁에서 밀리게 되며 결국 서비스 상품 시장에서 영원히 도태당하게 될 것이다.

제공한 서비스 상품에 불평을 갖는다면 고객은 묵묵히 이탈하거나 클레임(claim)을 제기하게 된다. 고객이 클레임을 제기할 경우 서비스 기업의 대응에 따라 두 가지의 행동변화를 나타낸다.

첫째, 고객이 불평을 제기할 경우 신속하게 고객불만을 해소시켜 주면, 고객은 서비스 기업에 대한 신뢰감을 회복함과 아울러 오히려 선호도가 높아진다.

둘째, 서비스 기업의 대응이 나쁘면 고객은 상품 그 자체뿐만 아니라 모든 것에 대한 불만과 불신을 갖게 되고, 이러한 감정은 다른 고객들에게까지 영향을 미쳐 서비스 기업은 그 생존까지 위협받게 된다.

Chapter 3

서비스 품질관리

제 1 절

서비스 품질관리의 필요성

서비스 기업이 제공하는 서비스 품질은 고객의 만족 및 불만족과 직접적인 관련성이 있기 때문에 기업의 경쟁력 대응이나 시장점유율 및 경영전략 등의 변수에 많은 영향을 미쳐 중요한 전략적 요소로 인식되고 있다. 또한 서비스 상품의 중요한 요소인 인적·물적·운영적 시스템 중 인적 서비스는 고객의 만족과 불만족에 결정적인 역할을 하기 때문에 인적 서비스를 통한 서비스의 품질관리가 체계적으로 이루어져야 하겠다.

1. 서비스 품질관리의 중요성

호텔기업의 경우 대부분의 고객들은 호텔 내 식당의 식사 가격을 고가로 인식하고 있어 숙박객일지라도 호텔에서 식사를 하지 않고 호텔 인근의 식당에서 식사를 하는 경우가 많다. 따라서 호텔의 식음료 경영자들은 이러한 잠재고객(potential guests)을 호텔 내의 식당으로 유인할 수 있는 공격적이고 적극적인 마케팅 전략을 구사하여 식음료 매출 증대에 많은 노력을 기울여야 한다.

이와 같이 숙박객을 호텔 내의 식당으로 유인하기 위해서는 무엇보다 고객이 인식하고 있는 요리의 가격대를 대중이 이용할 수 있도록 현실화해야 하고 호텔의 색깔에 적합하고 독특한 서비스로 식사분위기를 창출해야 하기 때문에 경영진의 사고전환(paradigm shift)이 전제되어야 한다.

이것은 상품이나 서비스 자체가 본질적인 의미를 갖고 있는 것이 아니라 고객이 자신들의 욕구를 충족시킬 것으로 지각할 때에 비로소 의미를 부여하게 되기 때문이다.

모든 마케팅 활동의 목적은 장기간에 걸쳐서 소비자에게 그 욕구충족을 제공함으로써 수익적인 판매를 증대하는 것인데[35] 호텔 내부에서의 접객종업원에

35) 송용섭, 현대마아케팅론, 1981, p. 181.

의한 인적 판매(personal selling)는 그러한 목적을 달성하는 데에 이용되는 중요한 촉진적 방법인 것이다.

인적 판매는 정보를 제공하고 고객의 설득으로 수요를 확산시켜 구매활동을 유도하기 위한 중요한 역할을 수행하기 때문에 인적 판매가 실패할 경우 기타 활동을 적절히 실시한다고 해도 판매촉진활동이 곤란하므로 호텔 내부에서의 인적 판매에 대한 노력은 소홀히 다루어질 수 없는 것이다. 실제로 내부 판매(internal selling)에서는 판촉부가 활동하는 그 어느 영역에서 보다 큰 효과를 기대할 수가 있다.

이에 대한 중요한 이유는 주위에 고객이 존재한다는 사실과 판매하기 위한 접근(contact)방법 중 가장 좋은 기회 중의 하나가 이미 마련되어 있기 때문이다. 즉, 판매하기 위해서 접객종업원이 고객을 찾아가는 것이 아니라 고객이 구매할 의사를 가지고 접근해 온다는 것이다. 광고매체(advertising media)는 고객이 의사결정을 내리는 시기와 장소에 가까이 접근하는 것이어야 효과가 극대화될 수 있기 때문이다.

여기에서 적극적인 서비스란 판매촉진활동과 사려 깊은 접대의 의미를 내포한다. 식욕에 대한 생리적 욕구(physical needs)와 고급스런 분위기가 맛에 대한 잠재적인 요구가 종업원의 판매종결에 의해 자극되어 주문을 통해 구매행동으로 구체화되고 다각적인 접대에 대한 대가로써 실제적인 행동으로 활성화되었을 때 고객은 친절한 서비스와 맛있는 음식에 의해 욕구를 충족시키게 되고 서비스 기업은 매출증대와 판촉비용의 절감으로 인한 이윤증대가, 그리고 종업원에게는 업무를 성실히 수행한 보람과 부수입 증대의 효과를 기대할 수 있다.

기업 측면에서의 적극적인 서비스에 대한 효과를 요약해 보면 다음과 같다.

(1) 판촉비 절감

앞에서 설명한 바와 같이 식당경영의 활성화를 위한 수단으로 개관 초기에는 많은 판매촉진 비용을 투입해야 하지만, 고정고객의 확보, 독특한 서비스의 개발 등을 통하여 고객을 유인할 수 있기 때문에 판매촉진 비용을 절감할 수 있다.

이와 같은 결과는 궁극적으로 판매촉진에 투입되는 비용이나 광고비용 등의 절감은 식음료의 원가를 줄일 수 있는 기회를 제공한다.

(2) 판매증대

고객의 기대를 능가하는 수준의 서비스 제공은 고객을 만족시킬 수 있고, 고객만족은 곧 서비스 상품의 추가구매 또는 재구매 확률을 높일 수 있기 때문에 판매량을 증가시킨다. 따라서 매출을 증대시키기 위한 다각적이고 적극적인 노력으로 고객만족을 통한 구매량 증대를 실현시키는 데 최선을 다해야 하겠다.

(3) 고객유인 요소

아무리 훌륭한 서비스를 제공하고 고객을 유치하기 위한 마케팅 전략을 수립하였다 할지라도 고객을 유인할 수 있는 단서(cue)를 제공하지 못하면 실패의 확률이 높기 때문에 상황에 알맞은 고객을 유인하기 위한 요인에 초점을 맞추지 않으면 안 된다.

동일한 수준의 서비스 상품 또는 서비스를 제공하는 기업이나 영업장일 경우 대부분의 고객은 적극적이고 고객 지향적인 서비스를 제공하는 곳을 선택할 것이다. 따라서 서비스 상품에 대한 품질을 관리할 수 있는 합리적인 시스템 구축은 고객에게 지속적인 구매활동을 유인할 수 있는 역할을 할 수 있기 때문에 서비스 품질의 향상은 고객의 유인력과 비례한다.

(4) 이윤증대

서비스 기업의 궁극적인 목표는 고객만족을 통한 기업이익의 실현에 있기 때문에 이익을 극대화시킬 수 있는 전략으로 서비스 품질의 개선은 이윤을 증대시킬 수 있는 전제조건이다. 즉 서비스 품질을 최상으로 유지하는 것은 이윤을 극대화할 수 있다는 것과 동일한 의미인 것이다.

(5) 구전광고효과

고정고객은 언제나 잠재고객을 유치할 수 있는 기회를 제공하므로 잠재고객을 대상으로 한 구전효과가 있음을 간과해서는 안 된다. 즉 서비스 품질의 긍정적인 경험은 주위의 다른 고객에게 정(+)의 영향을 미치므로 광고효과가 있으며, 많은 잠재고객을 유인할 수 있는 기회가 될 수 있다. 따라서 서비스 품질 수준의 향상으로 고정고객을 확보하고 그 고정고객의 구전을 통한 판촉활동으로 새로운 고객을 유치할 수 있는 시스템을 마련해야 한다.

(6) 사회적 업무 수행

아무리 서비스 기업의 목표가 영리추구일지라도 사회 전체적인 이익에 반하는 경영이 진행되어서는 안 된다. 즉 기업이 처해 있는 외부환경을 고려하여 보다 합리적인 방법으로 기업을 경영해야 한다. 따라서 서비스 기업의 경영은 외부환경과 사회의 흐름을 고려하여 대고객 서비스가 이루어져야 한다. 따라서 서비스 기업의 상품이나 서비스 품질에 대한 긍정적인 반응은 곧 지역사회의 발전에 영향을 미칠 수 있다.

결론적으로 적극적인 서비스는 고객은 물론 기업과 종업원 모두에게 각자의 목표인 욕구충족, 영리추구, 수입증대에 도달할 수 있는 수단이 되는 것이다. 따라서 서비스 산업에서 인적 서비스는 단순한 존재로 취급하기보다 반드시 목표의식이 있는 적극적인 개념으로서 관리되어야 한다.

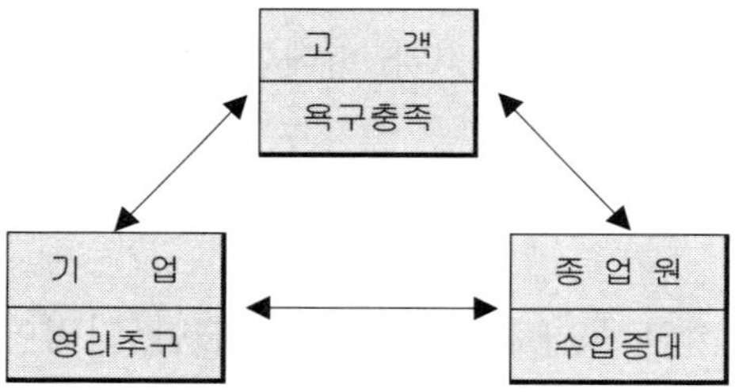

[그림 3-1] 서비스 목표의 삼각관계

2. 서비스 품질관리의 특성

(1) 서비스 품질의 특성

1) 평가의 어려움

고객이 유형상품을 구입할 때는 품질을 평가할 수 있는 많은 유형적 단서

(cue)인 스타일(style), 견고성, 색상, 포장 등을 인지하게 되나, 서비스를 구매하는 경우에는 서비스의 품질을 평가할 수 있는 유형적 단서가 거의 없으므로 구매하는 소비자들은 유형적 단서가 아닌 다른 것들에 의존해야만 하기 때문에 유형상품의 품질보다 평가가 어렵고, 평가 자체가 매우 주관적이다.

서비스는 대부분 무형적이고, 수행(performance)에 의해서 이루어지므로 품질을 표준화할 수 있는 구체적인 명세서 작성이 거의 불가능하며, 시험하거나 저장 및 측정할 수가 없다. 따라서 서비스의 이러한 특성 때문에 서비스 관리자는 서비스 품질에 대해서 고객이 인식하고 평가하고 있는 정도를 이해하기 곤란하다.

2) 서비스 제공과정의 중요성

서비스 품질은 서비스 자체의 결과와 관련된 품질과 서비스가 전달되는 과정으로 구분할 수 있는데 서비스의 직접적인 수행자에 대해 대상자가 느끼는 차이의 발생 이전에 관리적 측면에서 발생하는 전달체계의 인식차이 등이 서비스 품질에 대한 고객의 지각에 영향을 미친다. 따라서 서비스 품질의 평가는 단지 서비스의 산출 결과만으로 이루어진 것이 아니라 서비스의 전달과정(process of service delivery)에 대한 평가와도 연관되어 있다.

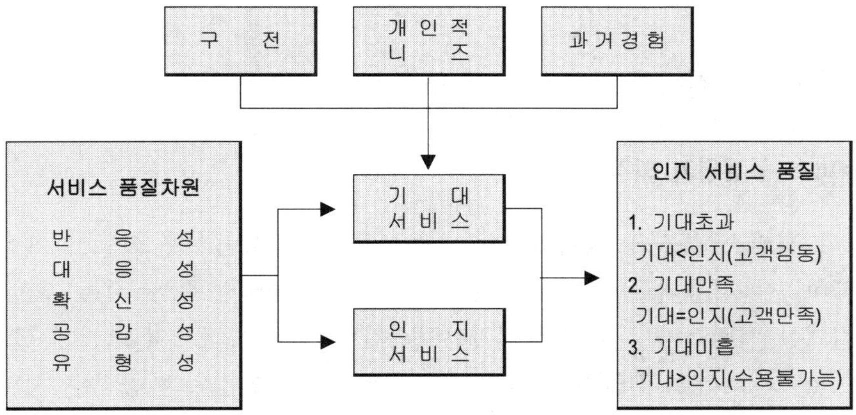

[그림 3-2] 인지 서비스 품질[36]

36) A. Parasuraman, V. A. Zeithml, and L. L. Berry, "A Conceptual Model of Service Quality and Its Implications for Future Reaearch," *Journal of Marketing*, vol. 49, Fall 1985, p. 48.

3) 서비스 품질의 수준

서비스 품질은 제공과정에서 전달되는 서비스 수준은 고객의 기대와 얼마나 일치하는지에 대한 평가·측정치가 된다. 즉 지각된 서비스 품질 수준은 고객의 기대와 실제 서비스 수행과의 비교를 통해서 얻어질 수 있다. 만약 지각된 서비스 품질이 기대한 서비스보다 높다면 만족 수준의 품질이 될 것이고, 그렇지 않으면 불만족한 서비스이다.

4) 부가 서비스의 중요성

서비스의 수행 결과 대상 고객에게 전달되는 핵심 서비스(core service)가 경쟁기업과 비슷한 수준일 경우, 전달되는 서비스 기능인 부가 서비스(value added service)가 품질의 만족 또는 불만족에 더욱 중요하게 영향을 미치게 된다. 즉 서비스 기업이 제공하는 다양한 서비스 품질은 부가 서비스에 의해서 고객의 선호도를 좌우한다.

예를 들면 항공사에서 승객의 편의를 위해 도심 교통수단이 되는 리무진 서비스(limousine service)를 제공하거나 항공사에서 무료로 호텔 예약을 대행해 주는 것은 고객이 구매하는 상품 중 핵심 서비스 이외의 부가 서비스라고 할 수 있다. 또한 호텔에서도 다음 목적지 호텔이나 항공기의 예약상황을 고객을 대신하여 예약을 대행해 주거나 재확인의 서비스를 부가하여 제공하고 있다.

(2) 서비스 품질평가

1) 서비스 품질평가 과정

고객이 서비스 품질을 평가할 때, 그들이 기대한 서비스와 그들이 제공받고 있는 서비스를 나름대로의 서비스 속성을 통해 비교한다. 즉, 서비스 품질은 고객이 기대한 서비스와 실제 수행된 서비스 간의 불일치 정도의 크기에 달려 있는 것이다. 따라서 고객들이 대상 서비스 기업에서 실제로 제공받는 서비스에 대해 주관적으로 느끼는 정도가 서비스를 제공받기 전에 기대했던 정도에 미치지 못한다면 고객에게 서비스의 품질은 낮게 인식되어 수준이 낮은 것으로 평가될 것이다.

2) 서비스 품질평가의 구성요소[37)]

서비스 품질이 가지고 있는 특성으로 인하여 서비스에 대한 품질관리가 용이하지 않으며, 서비스 품질의 평가 또한 복잡하게 이루어진다. 평가의 구성요소를 정의하는 것은 물론 더욱 어렵다. 파라슈라만 연구팀(Parasuraman, 1988)은 서비스 상품에 대한 서비스 품질은 우선 기대된 서비스의 지각된 서비스의 차이와 비교를 통해 결정된다는 개념 아래, 서비스 품질을 구성하는 최종 5가지 요소를 다음과 같다고 하였다.

- 실체성(tangibles) : 물적 시설, 장비, 서비스요원의 외모, 커뮤니케이션 매체 등
- 신뢰성(reliability) : 믿을 수 있고 정확하게 약속된 서비스를 수행할 수 있는 능력
- 반응성(responsiveness) : 기꺼이 고객을 돕고 신속한 서비스를 제공하는 것
- 확신성(assurance) : 서비스요원들 지식과 예절, 신뢰와 믿음을 줄 수 있는 능력
- 공감대(empathy) : 고객에게 개인적으로 신경을 써주며 고객의 문제에 관심을 갖는 것

서비스 기업의 기본적인 개념은 일반적으로 기업 경영방침에 부응할 수 있는 고객만족(customer satisfaction)과 목표이익(target profit)의 실현이라고 할 수 있다. 고객만족과 목표이익의 실현을 위한 수단으로는 서비스 상품에 대한 양질의 물적 상품 제공을 비롯한 양질의 서비스 상품을 고객에게 전달하는 과정에서 훌륭한 서비스를 그 매체로 삼아야 한다.

예를 들면 호텔식당에서 진정한 의미의 서비스란 단순히 고객에게 서비스 상품을 전달하는 과정보다는 친절한 미소와 조용한 실내음악, 다양한 실내장식 등이 잘 조화된 전체적인 환경과 분위기를 포함하는 서비스를 의미한다.

또한, 종업원을 통한 인적 서비스는 식당업무의 생명으로서 환대산업의 중요한 영역을 차지하여 고객에게 제공되는 물적 서비스와 진심 어린 마음으로 고객에게 부담을 주지 않는 인간미가 수반된 서비스를 의미한다. 이와 같은 의미는 식음료 서비스가 식음료 경영에 얼마만큼의 중요성을 갖는지 잘 나타내 주고 있다.

---

37) 최동열, 관광서비스론, 기문사, 1998, p. 96.

일반적으로 식음료 서비스는 고객에 대한 식음료의 판매와 그에 수반되는 물적 · 인적 · 운영적 서비스를 제공하는 환대행위라고 할 수 있으며, 오늘날 산업의 발달로 인하여 모든 산업은 기계화, 자동화되어 그로 인해 만들어진 상품들은 가치 기준에 따라 기호와 취향, 필요욕구가 달라지므로 산업혁명에 부응할 수 없는 특수성을 내포하고 있다고 볼 수 있다.

따라서, 식당 서비스는 가치판단에 한정할 수 없는 무한한 것이므로 고객에게 항상 새롭게 부각될 수 있는 요인을 찾아 지속적인 개발 및 개선이 이루어져야 하며, 수요 창출의 극대화에 주력하고 고객의 욕구충족을 위한 최상의 상품을 제공해야 한다.

제 2 절 서비스 품질측정

서비스의 품질평가는 궁극적으로 서비스가 갖고 있는 가치를 지니는 것이 아니라 개선을 유도하는 출발점으로 인식해야 한다. 서비스를 측정하고 평가한다는 자체가 기준과 평가하는 사람에 따라 매우 주관적인 결과를 초래할 수 있기 때문이다. 따라서 조직 내에서 품질의 중요성을 인식하여 서비스 품질 실패의 결과로 인한 잠재적 대가를 파악하는 것은 측정에 의해 기대되는 효과라 할 수 있다.

1. 서비스 품질측정의 의의

서비스 품질을 측정하는 주된 목적은 품질에 대한 개선의 기회를 제공하고 목표의 달성을 확인하는 수단과 성과기준을 제공하며 품질의 개선을 위한 정보를 제공하는 데 있다.

서비스 품질을 측정하는 행위는 곧 수행한다는 의미이기 때문에 측정의 기준이 보편타당성과 객관성을 가지고 있어야 한다. 만약 품질측정에 있어서 편협된 정보나 추상적인 잣대로 측정된다면 단편적이고 제한된 측면의 성과측정,

고객의견 무시 등의 문제로 인하여 전략의 실행이 왜곡되거나 전략적 목표달성을 어렵게 할 수 있다.

일반적으로 서비스 품질을 측정하기 위해서는 다음과 같은 단계로 실시된다.

(1) 계 획

품질의 측정을 위한 전제조건은 내부 및 외부 고객의 입장을 충분히 반영할 수 있는 제도적인 시스템을 바탕으로 측정방법을 선택해야 하며, 새로운 측정기법이 적용될 경우에는 반드시 사전에 측정방법에 대한 내용을 파악할 수 있도록 하여 측정의 오차를 극소화해야 한다. 그리고 측정의 계획을 수립하기 위해서는 측정의 방향과 목적을 분명히 해야 하는데 그 구체적인 목적은 다음과 같다.

1) 보 고

서비스 품질에 대한 평가를 객관적으로 실시하여 상품을 비교하고 일정한 기준으로 한 측정량을 파악하기 위한 목적을 위해 측정되는 것이다. 따라서 해당 서비스 상품의 객관적이고 정확한 측정치를 보고하여 중간관리자나 경영자가 의사결정을 할 수 있는 정보를 제공해야 한다.

2) 통 제

기업의 목표는 최소의 자본과 비용으로 최대의 성과를 달성하기 위한 경영활동이기 때문에 그와 같은 경영활동은 고객에게 제공하는 서비스 품질에 대한 효율적인 통제를 통하여 이루어진다. 따라서 통제의 수단은 품질의 측정목적의 중요한 요소이다.

3) 개 선

고객을 중심으로 경영활동이 이루어지기 위해서는 고객의 욕구를 충족시키고 고객의 기대 수준을 능가할 수 있는 서비스를 제공해야 하기 때문에 내부고객인 종업원의 의견과 외부고객의 의견을 충분히 수렴하여 서비스 품질을 지속적으로 개선해야 한다. 이러한 측면에서 서비스 품질의 측정은 품질의 수준향상을 위한 개선의 목적을 포함하고 있다.

(2) 실 행

실행단계에서는 적극적인 참여로 혜익, 비용, 효과 등의 분석을 실시하고 가장 유리한 측정방법을 선택한 다음 모든 조직이 동일한 측정 시스템을 적용할 수 있도록 교육·훈련을 실시하여 측정의 오차범위를 최소화해야 한다. 만약 서비스의 특성상 계량화가 곤란하면 측정을 대체할 수 있는 적당한 방법을 강구해야 할 것이다.

2. 서비스 품질측정의 시스템

서비스 품질의 측정 시스템은 고객의 욕구로부터 출발하여 고객의 욕구로 마무리되어야 한다. 즉 정확한 대상을 측정하고 과정의 성과도 고객의 니즈(customer needs)와 결부되어야 한다. 따라서 기업의 경영조직은 서비스 상품에 대한 품질의 측정 시스템을 구축하여 경영을 위한 의사결정에 이용해야 한다. 품질측정의 기초가 되는 빈도는 〈표 3-1〉에서 나타낸 바와 같이 정해질 수 있다.

〈표 3-1〉 다양한 서비스 품질측정방법[38)]

방 법	측정빈도	측 정 목 적
고객불만조사	지속적	서비스 회복을 위해 불만족 조사, 수정조치를 위해 가장 보편적인 서비스 실수 범주를 발견
판매 후 설문	지속적	서비스 경험이 잊혀지기 전에 고객 피드백 획득, 부정적 패턴이 밝혀지면 신속히 대처
고객 초점집단 인터뷰	매 월	고객에게 서비스 개선 아이디어 제안창구 제공, 서비스 문제에 신속한 피드백 제공
미스터리 쇼핑	분기별	직원 개인의 서비스 행동을 측정하여 지도, 훈련, 성과평가, 인정·보상에 이용, 고객접촉 서비스에서 시스템의 강·약점 발견
직원설문조사	분기별	내부 서비스 품질측정, 직원이 인지하는 서비스 장애를 발견, 직원사기와 태도를 추적
서비스 벤치마킹	연 3회	자사의 서비스 성과를 경쟁사와 비교, 서비스 개선 우선순위를 발견, 서비스 개선을 기간별로 추적

38) 원석희, 서비스 품질경영, 형설출판사, 1998, p. 417.

제 3 절

경쟁적 서비스의 전략

서비스는 그 특성상 유형재와 비교하여 구매의 과정이나 구입 후의 효과가 현저히 차이가 있다. 이러한 서비스의 특성을 고려하여 다양한 서비스를 제공하면서 최소의 비용으로 최대의 효과를 거둘 수 있는 전략을 강구해야만 시장의 선도자 역할을 할 수 있다.

따라서 경쟁적 서비스 전략은 기술혁신과 서비스 배달 시스템의 합리화로 원가를 줄이고, 고객의 다양한 욕구를 충족시킬 수 있는 서비스로 차별화해야 하며, 집중화 전략으로 경쟁력을 구축해야 하겠다.

1. 원가주도형 전략

원가주도형 전략은 효율적인 서비스 배달 시스템(service delivery system)의 구축과 적당한 규모의 시설, 철저한 서비스 상품의 원가와 간접비용의 관리가 요구된다. 즉 고비용 저효율의 구조적 문제점을 해결하지 않으면 서비스의 경정력을 상실하게 된다는 것이다.

그러나 인적 자원의 의존도가 높은 서비스 산업은 인건비가 차지하는 비율이 높기 때문에 저비용 전략이 쉬운 일은 결코 아니다. 따라서 고비용 저효율의 문제점을 해결하기 위한 전략을 구사하기 위해서는 최첨단 시설에 대한 투자와 공격적인 가격정책이 요구되고, 시장점유율을 확보하기 위해서는 초기 손실이 필연적이다.

대규모 소매점으로 출발한 신세계의 이마트(E-mart)나 농협에서 운영하고 있는 하나로 마트 등은 규모의 경제를 실현하면서 원가주도 전략을 구축한 대부분의 회사들이 소매점 산업의 시장구조를 변화시키고 있다.

서비스 회사의 원가절감을 통한 가격경쟁력을 주도하기 위해서는 여러 가지 접근방법이 있다.

(1) 저가격 고객의 확보

고객에게 서비스를 배달하는 데 있어서 일반적으로 투입되는 비용보다 절약할 수 있는 방법을 모색하여 경쟁력의 발판을 구축하는 것이다. 예를 들면 개인을 상대로 자동차를 수리하는 회사에서는 개인고객을 상대하는 데 고비용이 투입되지만 전국적으로 지점망이 개설되어 있는 공기업이 소유하고 있는 모든 차량을 수리하기로 계약을 하였다면 개인을 대상으로 영업을 하는 것보다 비용이 훨씬 적게 들 것이다. 즉 규모의 경제를 실현하여 수익률을 극대화하는 것이다.

또한 호텔에 투숙하는 개인고객을 위한 마케팅 비용보다 세계적인 영업망을 소유하고 있으면서 종업원들의 업무를 위한 항공여행이 잦은 세계적인 항공기 제작회사인 보잉(Boeing)이나 아이비엠(IBM) 등과 같은 회사에서 재직하고 있는 종업원들의 숙박을 위한 투숙계약을 체결하는 마케팅이 훨씬 비용이 절감될 것이다.

(2) 고객 서비스의 표준화

전문적인 서비스를 일반화하여 낮은 비용으로 일상생활을 하면서 요구되는 표준화된 서비스로 전환시키는 것이다. 물론 고객의 욕구에 따라서 서비스의 형태도 달라져야 하겠으나, 고객과의 지속적인 관계를 유지하기 위해서는 고객이 기대하고 있는 수준의 서비스 품질을 객관적인 차원에서 표준화하기 위한 노력이 필요하다. 즉 제공되는 서비스 품목의 범주를 동일하게 정하는 것이다. 예를 들면 가족 건강관리 센터나 부동산 관리 서비스 등은 낮은 비용으로 일상적인 전문 서비스를 수행한다.

(3) 서비스 배달 시스템의 간소화

서비스의 특성상 기계화가 어려워 배달과정의 비용을 줄인다는 것은 어렵지만 원가를 주도하기 위한 전략으로는 첨단시설을 이용하여 배달 시스템 과정에서 몇 단계의 과정을 줄일 수 있다. 예를 들면 호텔에서 커피를 종업원이 서비스하지 않고 고객이 직접 기계에서 원하는 내용물을 추출하여 마신다든지 혹은 은행에서 현금자동인출기의 설치로 고객이 비교적 쉽게 접근할 수 있도록 하여 거래비용을 줄일 수 있다.

그러나 때로는 서비스의 배달 시스템을 간소화하기 위한 전략으로 첨단시설을 이용하였을 경우에는 인간미가 떨어져 서비스의 본질이 퇴색될 수 있으므로 신중하게 검토되어야 할 과제이다.

(4) 네트워크의 비용감소

시장의 확대로 인하여 본사가 각 지역의 고객과 직접 거래하는 데 있어서 많은 비용이 발생할 경우 지점을 운영하여 각 지역과 본점 간의 업무를 위해 제반 운영 시스템을 이용하는 것보다는 지점망을 이용한 지역의 업무처리 비용이 절감될 수 있다. 최근에 소규모의 여행사에서는 소수의 단체를 관광 안내하기에는 비용이 많이 발생하기 때문에 동일한 형태의 타 여행사와 계약을 체결한 다음 자사에서 모객한 소수의 여행객들을 위한 관광활동을 위탁하는 경우도 있는데, 이와 같이 간접적인 네트워크(indirect network)의 구축으로 비용을 감소시킬 수도 있다.

2. 차별화형 전략

차별화형 전략(differentiation strategies)은 서비스의 독특함을 고객에게 인식시켜주는 활동으로서 특별한 서비스를 창조하는 데 있다. 실제로 차별화가 고객에게 적중되어 널리 인식되면 고객 서비스의 가치에 대한 비용을 기꺼이 지불하려는 경향이 있기 때문에 경쟁력을 증대시킬 수 있다.

차별화형 전략에는 서비스 기업이 보유하고 있는 기술, 애프터서비스(after service), 지점망을 활용한 판매 네트워크(sales network) 등으로 상품을 제공하는 제환경에 따라 여러 가지의 방법이 등장하고 있다.

(1) 무형적 요소의 유형화

앞에서 살펴본 바와 같이 서비스는 무형재이기 때문에 고객의 마음속에 물리적인 형상이 자리 잡지 못한다. 이러한 이유로 인하여 대부분의 호텔이나 항공사에서는 자사 고유의 로고(logo)가 선명하게 새겨진 기념품이나 판촉물 등을 제공하여 자사의 서비스에 대한 기억이 오래 간직되도록 하고 있다. 법률사무소에서는 일반기업체의 법률 서비스를 전담할 수 있도록 특별한 계약을 체결하여 법률적인 자문은 물론 사건이나 사고에 대한 법률 서비스를 제공하기도 한다.

(2) 인지된 위험의 감소

대부분의 고객들은 서비스를 구매할 경우 서비스에 대한 정보나 경험이 부족할 경우 서비스 상품에 대한 위험을 느낄 수 있다. 이와 같은 위험을 감소시켜 주기 위한 차별화는 고객이 안심하고 서비스 상품을 구매할 수 있는 계기가 될 것이다.

서비스 상품은 경험품질의 성격이 강하지만 품질에 대한 차별화가 구전되면 많은 고객을 확보할 수 있을 것이다. 예를 들면 시중에 여러 가지의 자동차 보험이 판매되고 있으나 자동차 사고를 당한 후에 처리되는 서비스에 대한 불안감으로 많은 고객이 구매행동에 있어서 망설일 것이다.

이러한 인지된 위험을 감소시키기 위해 자동차회사에서는 주행 중에 자동차의 이상으로 운행이 불가능할 경우 가까운 지점에 연락만 하면 추가 서비스를 제공하기도 하여 소비자들이 가질 수 있는 인지위험을 감소시키고 있다.

(3) 표준상품의 고객화

서비스 기업은 고객의 다양한 개별적인 욕구를 인지하여 그 욕구를 충족시키기 위한 시스템으로부터 충성도를 높이고 있다. 예를 들면 호텔의 객실 재구매 고객에게 PMS(property management system)에 입력되어 있는 정보를 이용하여 선호하는 객실의 형태나 선호하는 객실용품을 미리 제공함으로써 고객으로부터의 호감을 얻을 수 있으며, 이·미용실에서는 고객이 선호하는 헤어스타일(hair style), 선호하는 음악 등을 추가하여 서비스를 차별화하고 있다. 또한 항공사에서는 목적지까지 여행을 하는 데 있어서 항공기를 갈아타야 하는 경우 한 번의 수속절차로 고객의 수하물을 도착지에서 찾을 수 있는 서비스를 제공하고 있다.[39]

---

39) 항공기를 국내선에서 국제선으로 갈아타거나 국제선을 중간기착지점에서 갈아타는 경우 한 번의 수속으로 수하물을 목적지에서 찾을 수 있는 서비스를 말하는 것으로 스루 체크인(through check-in)이라 한다.

(4) 품질통제

서비스는 특성상 많은 노동력을 동반하기 때문에 일관성 있는 서비스를 여러 곳에서 제공한다는 것은 고도의 기술이 요구된다. 고객은 동일한 브랜드의 상품일 경우 일관성 있는 서비스를 제공받기 원한다.

따라서 여러 지점을 확보하고 있는 서비스 기업은 해당 서비스를 다른 지역에서도 동일하게 제공할 수 있는 환경을 조성하고 브랜드 이미지(brand image)를 차별화하기 위해 서비스에 대한 절차와 범위 및 기술 등의 서비스를 제공하는 종업원을 대상으로 철저히 교육시키고 있으며, 시설이나 분위기를 동일하게 하여 어느 곳에서나 동일한 서비스가 제공되도록 노력하고 있다.

예를 들면, 패스트푸드(fast foods)로 세계적으로 유명해진 맥도날드(Mcdonald Company)사는 서비스의 일관성을 유지하기 위해 신규점포를 개점하기 위해서는 미국 본사에서 정한 기준에 따라 소정의 교육을 반드시 거쳐야 하며, 기존의 종업원 또한 정기적인 교육을 실시하여 서비스의 범위와 절차 등을 동일한 수준으로 유지하여 맥도날드 지점이면 어느 곳이든 동일한 서비스를 받을 수 있다는 느낌을 받을 수 있도록 하고 있다.

또한 체인호텔(chain hotel)의 경우 전 세계 자매호텔(sister hotel)의 서비스 스준을 제공하기 위한 노력은 물론이거니와 심지어는 브랜드의 일관성을 위해 건축양식이나 인테리어(interior)의 형태도 비슷하게 유지하여 고객으로 하여금 등일한 느낌을 줄 수 있도록 운영되고 있다.

3. 집중화형 전략

집중화형 전략은 서비스 기업이 전체 시장을 목표로 하는 서비스 전략이 아니라 일부 시장을 선택하여 그 세분시장을 집중적으로 공략하여 고객의 특별한 요구를 충족시켜 주는 데 필요한 서비스 구축 전략이다.

일부의 백화점에서는 마케팅 목표를 부유층으로 하여 서비스를 제공함으로써 영업을 활성화시키고 있다. 예를 들면 고소득층만을 위한 과소비로 사회적 비난을 받기도 하였으나 ○○화장품회사에서는 중류층 이상을 대상으로 하여 영업을 하는 것보다는 부유층만을 위한 마케팅 전략으로 고가전략을 구사하여 매출을 두 배로 늘리고 있다. 그리고 일부 호텔에서는 고가전략으로 상류층의 고객만을 유치하여 호텔의 격을 높이고 있으며, 격조 높은 서비스와 함께 수익률을 향상시키고 있다.

제 4 절

서비스 경영 전략

1. 서비스 기업의 성장 및 확장 전략

서비스의 혁신은 다양화되고 고도화된 고객의 욕구와 요구에 대한 인식으로부터 시작된다. 서비스 기업의 목표를 성공적으로 달성하기 위해서는 시장잠재력의 발굴과 경쟁자의 경쟁력을 합리적으로 극복할 수 있는 기업만이 제공할 수 있는 차별화된 서비스를 지속적으로 발전시켜야 할 것이다. 즉 경쟁사의 서비스를 모방하여 고객을 유인하려는 수단이 아니고 고객의 욕구를 충족시킬 수 있는 적극적이고 긍정적이면서 독특한 서비스를 개발하여 고객의 기대 이상의 서비스를 제공해야 한다. 이러한 측면에서 서비스 기업이 지속적으로 성장하기 위한 전략에 대해서 논의하고자 한다.

(1) 집중 서비스

서비스 기업은 일반적으로 독특한 서비스에 초점을 두어 수립된 사업목표를 중심으로 이루어진다. 서비스업의 성공은 수요를 파생시켜 시설의 확장 및 인력의 충원으로 이루어지며, 이와 같은 과정에서 서비스는 모방하기가 용이하다는 특징 때문에 반드시 경쟁기업의 출현이 동반된다.

따라서 시장에서 선두자라를 유지하기 위해서는 현재 제공되고 있는 서비스를 개선하여 품질을 향상시키거나 서비스의 부가가치를 높일 수 있는 방안이 절대적으로 요구된다. 특히 집중적 서비스(focused service)는 기업을 관리하고 통제하는 것이 다른 기업이 추구하고 있는 다양한 성장전략보다 훨씬 간편하다는 장점이 있다.

예를 들면 일본의 호텔업계에서는 비즈니스를 위해 여행하는 고객에게 불필요한 복잡한 서비스를 제공하는 호텔을 탈피하여 필요한 서비스만을 집중적으로 제공하는 염가호텔(budget hotel)을 운영하면서 수요를 증가시키고 있다. 또한 일부 특급호텔의 헬스클럽(fitness center)에서는 수상경력이 있는 유명한 운동선수 출신을 고용하여 건강관리를 위한 집중적인 서비스를 제공하여 서비스의 경쟁력을 향상시키기도 한다.

(2) 집중 네트워크

집중적 네트워크(focused network) 전략은 고객에게 정형화된 서비스를 다수의 입지를 통하여 확장시키는 전략으로서 예를 들면, 패스트푸드(fast food) 음식점인 롯데리아에서는 다수의 점포에서 균등한 서비스를 제공함으로써 네트워크를 구성하고 규모의 경제(scale of economy)를 실현시키고 있다. 특히 통신업체나 운송업체는 고객에게 신속한 서비스를 제공하기 위해서는 이와 같은 집중 네트워크 전략이 필수적이다. 이러한 서비스 기업은 경쟁업체의 모방을 최대한으로 지연시키기 위해서 여러 지역에 최상의 입지를 확보하기도 한다.

그러나 집중적 네트워크 서비스 전략을 추구하는 기업은 경쟁사가 전략의 모방이 용이하므로 서비스 품질과 비용의 엄격한 통제가 전제되어야 하기 때문에 무리한 네트워크의 확장 전략으로 인하여 통제력을 상실할 경우를 대비하여 특별한 주의를 기울여야 한다.

(3) 군집 서비스(clustered service)

보통 서비스를 대량으로 생산할 수 있는 기업은 서비스를 다양화하여 성장을 추구하기도 하는데, 이러한 전략은 단일 서비스를 제공하지 않고 단일 입지에서 다수의 서비스를 제공하거나 다수의 입지에서 서비스를 제공하는 것이다. 아메리칸 익스프레스사(American Express Co.)는 고객의 신용거래 편의를 위해 출범하였으나 현재는 금융 서비스를 비롯하여 고객의 여행편의를 위한 서비스도 제공하여 서비스를 다양화하고 있다.

이러한 전략은 서비스의 다양화로 인하여 사업목표의 상실과 핵심 서비스(core service)의 수준을 저하시킬 수 있는 위험이 있다. 예를 들면 부산 해운대해수욕장에 위치한 특급관광호텔은 여름에 피서객들과 상용고객이나 회의고객을 동시에 유치할 수 있어 호텔은 각각의 고객군에 서비스를 동시에 제공해야 하므로 호텔이 추구하고 있는 핵심 서비스를 제공하지 못하고 서비스의 수준을 저하시킬 수도 있다. 이러한 경우에는 그 위험을 최소화하기 위해 핵심 서비스를 중심으로 시너지 효과(synergy effects)를 얻을 수 있는 서비스를 추가한 집중화된 다양화 전략(concentric diversification strategy)을 구사해야 한다.

(4) 다각화 네트워크(diversified network)

다수의 지역에서 다수의 서비스를 제공하기 위해 기업 간의 합병을 통하여 서비스의 네트워크를 형성하는 것을 의미한다. 이 전략은 자사 서비스의 시너지 효과를 위해 타 서비스에 진출하는 경우가 대부분인데 기대수익을 실현시키기 위해서는 신중한 관리가 전제되어야 한다.

최근에 웨스틴조선호텔(Westin Chosun Hotel)에서는 사업의 다각화를 위해 외식업을 활성화시키기 위한 전략으로 공항에 음식점과 커피숍을 직접 운영하고 있으며, 래디슨 프라자호텔(Radison Plaza Hotel)에서도 기차 내의 이동식당을 직영하고 있다. 또한 대한항공에서도 주력사업인 항공업무 이외의 기내식을 위한 외식산업에 진출하여 기업의 다각화 전략을 추구하고 있다.

2. 프랜차이징 전략

프랜차이징(franchising)은 경영주로부터 서비스에 관한 계약관계에 의해 독립적인 운영주체가 되는 투자가들을 유인하여 서비스 시장을 확장하는 전략이다. 즉 다수의 지역에서 표준화된 서비스를 제공하는 것을 목표로 하여 규모의 경제를 실현시키는 전략인 것이다. 이와 같이 프랜차이즈 시스템의 표준화된 서비스로는 동일한 디자인, 운영방식 및 가격 등이다. 따라서 고객은 언제 어디서나 동일한 브랜드(brand)의 서비스를 동일한 수준으로 제공받을 수 있기 때문에 서비스에 대한 신뢰성을 유지할 수 있으며, 프랜차이징에 의한 점포나 기업은 모기업(mother company)의 브랜드 파워(brand power)로 인하여 개별기업보다 지역에 관계없이 수익성을 높일 수 있다.

예를 들면 관광이나 여행을 하는 사람이 홀리데이 인(Holiday Inn) 호텔을 선호할 경우 유럽이나 아시아 또는 남미에서도 홀리데이 인의 표준화된 서비스를 제공받을 수 있다.

(1) 프랜차이징의 개념

프랜차이징은 프랜차이저(franchisor : 브랜드 소유기업)가 프랜차이지(franchisee : 제3의 기업이나 개인)에게 계약에 의하여 동일한 로고(loge)나 상표를 사용하면서 특정한 상품이나 서비스를 판매할 수 있는 권한을 부여하는 것이다. 프랜차이저와 프랜차이지 간의 계약 내용에 있어서는 일반적으로 프랜차이지는 프랜차이즈 수수료(franchise fee)와 본사광고비(umbrella advertising fee) 지급과 시설 및 도구의 구입에 의하여 사업을 소유할 수 있으며, 종업원의 고용, 지역광고 등으로 포함한 모든 일상적인 영업활동에 대한 의사결정과 책임을 진다.

프랜차이저는 계약상의 조건을 집행할 수 있는 권한이 부여되어 프랜차이지는 표준화된 운영절차를 준수해야 하며, 상품의 생산을 위한 자재는 프랜차이저가 지정한 공급자로부터 구매해야 하고 상품라인 이외의 일체의 상품을 판매해서는 안 된다. 또한 프랜차이저가 정기적으로 실시하는 교육훈련에 적극적으로 참여해야 하며, 일정한 로열티(royalty)를 지불해야 한다.

대부분 서비스 기업의 프랜차이지는 수요량의 분산으로 인한 경쟁력 상실과 상권보호 차원에서 동일 상권에서 단일 서비스 판매자의 권한을 부여받는다.

우리나라에도 래디슨 프라자 호텔이나 홀리데인 인 호텔 등과 같은 호텔업계나 맥도날드(Mcdonald)나 티지아이에프(TGIF) 등과 같은 외식업계에서 프랜차이즈 시스템을 도입하여 성공적으로 운영하고 있다.

(2) 프랜차이지의 장점

프랜차이즈 시스템에 의한 경영관리는 그룹의 회원사를 통해 표준화를 실시할 수 있기 때문에 사업주체는 높은 수익을 기대할 수 있으며, 경영주체마다 비교적 상당 수준의 독립성을 유지할 수 있다. 또한 사업주체는 프랜차이저의 확고한 브랜드 파워를 이용하여 영업을 진행할 수 있기 때문에 실패의 위험을 줄일 수 있다.

이러한 관점에서 프랜차이즈 시스템의 장점은 다음과 같다.

1) 관리자의 교육

영업 점포를 개장하기 전에 프랜차이지의 성공적인 사업과 프랜차이저가 개발한 표준화된 서비스를 각 사업체에서 동일한 수준으로 제공하기 위해 프랜차이저는 관리를 위한 교육 프로그램을 제공한다. 예를 들면 세계적인 패스트푸드 기업인 맥도날드는 점포를 개관하기 전에 반드시 사업체(프랜차이지)의 관리자가 미국의 시카고(Chicago)에 위치한 햄버거 대학(Hamburger University)에서 일정한 기간의 교육 프로그램을 이수하도록 하여 관리의 일원화를 추구하고 있다.

2) 광고비의 절약

프랜차이즈에 의한 경영방식은 다입지에 단일 서비스를 제공하는 경우가 대부분이기 때문에 계약된 단일 브랜드의 광고는 전 지역에 반영되어 효과를 극대화할 수 있다. 즉 프랜차이지가 지역광고를 제외한 브랜드 광고를 별도로 시행하지 않고 프랜차이즈 본사의 광고만으로도 영향을 미칠 수 있다. 따라서 일반적으로 프랜차이지는 프랜차이저에게 총매출액의 약 1% 정도를 광고비로 지불한다.

3) 브랜드의 명성

프랜차이지는 새로운 시장으로 개척하여 신규고객을 유치하는 것이 아니라 이미 시장에 명성이 알려져 프랜차이저의 브랜드로부터 많은 고정고객을 확보하고 있기 때문에 고객으로부터 즉각적인 반응을 기대할 수 있다. 따라서 프랜차이지는 신규사업을 추진하는 조직보다 단기간에 손익분기점(Break-even Point)에 도달할 수 있다.

4) 규모경제의 실현

단일 브랜드로 다입지에서 표준화된 서비스를 바탕으로 영업을 할 수 있는 네트워크를 형성하고 있기 때문에 프랜차이지는 집중화된 구매 시스템을 통한 자재 및 도구의 대량구입으로 비용을 절감할 수 있다. 실제로 패스트푸드 업체인 맥도날드사의 매출액은 세계적으로 유명한 항공기 제작업체인 보잉사를 능가하고 있다.

(3) 프랜차이징 계약

프랜차이징 계약을 이행하는 데 있어서 프랜차이지는 최소한의 자본으로 독립적인 사업을 추진할 수 있기 때문에 의욕적이고 적극적인 경영으로 기업을 신속하게 성장시켜야 할 의무가 있다. 따라서 프랜차이저는 점포의 서비스 관리자를 배출할 의무가 없으며, 이에 대한 관련비용을 지출할 필요가 없다. 이러한 측면에서 프랜차이저는 프랜차이지를 선정하는 데 있어서 서비스 기업의 경영 능력과 경영에 투입되는 최소한의 자본 부담 여부를 정확하게 평가해야 한다.

이외의 프랜차이지의 선정 시 고려해야 할 주요 사항은 다음과 같다.

1) 프랜차이즈 계약 내용

일반적으로 프랜차이즈 계약 내용은 프랜차이지의 준수사항은 명확하게 명시되어 있으나 프랜차이저의 의무사항은 불분명하여 프랜차이저에게 유리하게 일방적으로 규정되어 있다. 따라서 일방적인 계약 내용보다 브랜드의 이미지 향상과 함께 체인 전체의 경쟁력을 높이고 상호간에 협력적 관계가 유지될 수 있도록 법적 분쟁이나 경영상 예상되는 문제점을 최소화할 수 있는 내용을 포함하고 있어야 한다.

2) 계약의 이행

계약이 체결되면 프랜차이지는 계약에 명시된 내용을 엄격하게 준수하여 프랜차이저의 이미지를 손상시키거나 표준화된 서비스 수준을 제공하지 못하여 경쟁력을 약화시키지 않도록 제반 규정을 준수하도록 관리해야 한다. 이와 같은 문제점을 사전에 예방하기 위해 프랜차이저는 다음과 같은 세부사항에 대한 운영지침을 포함해야 한다.

- 점포의 입지 선정
- 시설디자인
- 점포의 운영절차
- 자재의 공급처
- 회계 시스템
- 서비스의 종류 및 수준

- 관리에 대한 감사
- 계약파기
- 지역광고의 수준
- 기타 운영관리 지침

3) 분쟁의 예방

프랜차이저와 프랜차이지 간의 분쟁을 최소화하기 위해 상술된 바와 같이 구체적이고 명확한 계약이 요구되지만 계약의 이행과정에서 경영상의 문제점이 발생할 수도 있다. 분쟁이 발생되면 상호간의 이미지를 실추시키고 경쟁력이 손상될 수 있으므로 사전에 관련 규칙과 절차를 명확화하는 것이 매우 중요하다. 프랜차이즈 경영에서 흔히 발생할 수 있는 쟁점들은 다음과 같다.

- 로열티(royalty)에 관한 의사결정과 이익의 배분방법
- 서비스 주체인 시설의 개・보수 및 비용 배분
- 마케팅 전략의 일방적인 강요
- 동일시장 내 프랜차이지의 추가
- 공동광고의 비용배분

3. 국제적 서비스 전략[40)]

주요 세계화 전략은 다국적 확장, 외국으로부터 고객의 유인, 고객동반 진출, 서비스의 분리 및 24시간 서비스 등의 다섯 가지 전략이 있는데, 이와 같은 전략은 독립적으로 적용될 수도 있으나 때에 따라서는 두 가지 이상의 전략을 조합하여 적용할 수 있다.

(1) 다국적 확장전략

다수입지로의 확장은 흔히 프랜차이징의 형태로 전개되어 왔으며 이러한 서비스 모방전략은 기업의 다국적 확장에 하나의 주요한 형태로 기능을 수행하여

40) Curtis P. McLaughin and James A. Fitzsimons, "Strategies for Globalizing Service Operations," International Journal Service Industry Management, vol. 7, no. 4, 1996, pp. 45~59. 재정리

왔다. 다수입지에 의한 확장전략은 고객이 서비스를 제공받기 위해 점포를 방문할 필요가 있을 경우 유용하다. 성공적인 서비스를 원상태로 타 국가에 수출하는 것은 이국적 경험을 제공한다는 점에서 하나의 강점이 될 수도 있다.

다국적 확장의 경우 고객과의 접점에 있어서는 현지 문화에 알맞은 서비스가 필요하기 때문에 최선의 방법은 다른 여러 나라들에서 성공적이었던 접근방법을 참조하여 현지인을 고용하고 훈련시키는 것이다.

(2) 외국인 고객의 유인

단일입지, 다수 서비스 전략이 국제적으로 성공하기 위해서는 고객이 장거리로 여행하여 상당 기간 동안 그 시설에 체류할 의지를 가지고 있거나 통신수단이 물리적 이동을 대체할 수 있어야 한다. 명문대학, 의료기관, 관광명소 등이 이러한 유형에 속하는 것으로 볼 수 있다.

외국의 고객들이 대해야 하는 이러한 서비스업체들은 고객과의 접점에 있는 종업원들의 외국어 능력이나 접견태도 등의 교육훈련에 관심을 기울여야 한다. 또한 기업들은 서비스의 차별화, 운송 서비스 그리고 방문객을 위한 숙박시설 등을 제공하는 일이 중요하다.

(3) 고객동반 진출

대부분의 서비스 기업들은 현지 시장 수요의 목표가 아니라 내국고객의 해외진출에 동반하여 함께 현지로 진출하고 있다. 일본의 부품업체들이 자국의 자동차 및 전자업체의 해외진출과 동반하여 함께 진출한 경우가 이러한 유형에 속한다.

이러한 유형의 기업들은 초기에는 모국으로부터 진출한 현지 업체를 주고객으로 하여 영업활동을 전개해 나가지만 시간이 지나면 현지의 다른 고객에도 서비스를 제공하는 등 사업규모를 확장시켜 나가는 경우가 많다.

(4) 24시간 서비스

이 전략은 시간대를 달리하는 세계의 여러 지역에 서비스 거점을 두어 내국의 영업시간 및 노동규칙에 구애됨이 없이 전 세계의 고객이 24시간 서비스를 받을 수 있도록 하는 장점이 있다. 이와 같은 서비스에는 예약 서비스, 텔레마케팅(tele-marketing) 등으로 생산성이 향상될 수 있다.

그러나 이 전략을 수행하는 데 있어서 주의해야 할 사항은 여러 국가에 산재한 지점들 간의 협조가 잘 이루어질 수 있도록 해야 하며, 종업원의 교육, 관리 시스템 및 통신 시스템에 대한 투자비용이 높기 때문에 신중한 타당성 검토가 이루어져야 한다.

Chapter 4

고품격 호텔 서비스

제 1 절

객실 및 관리 서비스

호텔 서비스는 항공사와 더불어 서비스가 가장 체계화되어 있으며 고객의 욕구에 가장 근접한 서비스를 제공하는 조직으로서 서비스의 표준이 되고 있다. 호텔은 인간의 기본적인 욕구인 의식주를 해결할 수 있는 생리적인 욕구를 충족시켜 주는 곳이며, 인적 자원에 대한 의존도가 높기 때문에 고객편의를 위한 서비스는 매우 다양하다고 할 수 있다. 호텔 서비스는 대개 객실 서비스(rooms service), 식사 및 음료 서비스(F&B service), 연회 서비스(banquet service), 부대서비스 등으로 구분할 수 있다. 따라서 호텔산업에서 갖추어야 할 여러 가지 서비스를 부문별로 살펴보면 다음과 같다.

1. 객실(현관) 서비스

(1) 전화 서비스

호텔에서의 교환업무는 외부와 호텔을 연결하는 기능을 갖고 있는 중요한 호텔조직의 일부이다. 통신수단으로서 정보나 자료를 전달하는 통신매개체(communication media)로서의 기능과 회사 내의 모든 정보, 특히 종업원의 성명이나 직책 등을 기억하고 제공할 수 있는 안내(guide)기능, 그리고 친절하고 훌륭한 서비스를 제공함으로써 고객들에게 좋은 이미지를 제공하는 홍보(publicity)기능까지도 포함하고 있다.[41] 특히 교환업무는 상대를 보지 않고 이야기를 해야 하므로 숙련된 전화예절이 요구되며 객실에서 휴식을 취하고 있는 고객에게 전화 연결을 할 경우에도 신중을 기해야 한다.

실제로 호텔에서 가끔 고객의 객실에 원하지 않는 전화를 연결하여 문제가 발생하기도 한다. 이러한 문제를 미연에 방지하기 위하여 교환실(PBX room)에 근무하는 종업원들에 대해서는 특별한 예절교육이 필요하다.

41) 최풍운, 호텔실무, 백산출판사, 1997, p. 114.

(2) 예약 서비스

예약 서비스는 고객과 호텔 사이에 최초로 거래가 시작되는 곳으로 고객이 요구하는 호텔예약이 예약직원(reservation clerk)에 의해서 접수되고, 객실형태, 객실요금, 이용시설 등이 예약단계에서 결정되므로 예약직원의 자질에 따라 호텔의 매출에 막대한 영향을 미친다.

예약은 보통 서신, 텔렉스(telex), 팩시밀리(facsimile), 전화 및 카운터 예약, 인터넷 예약 등이 있으나 최근에는 전화나 팩시밀리 또는 인터넷을 이용한 예약이 주류를 이루고 있다. 과거에는 주로 예약접수가 수작업으로 이루어졌으나, 최근에는 주로 컴퓨터 시스템의 지원으로 컴퓨터로 모든 예약을 처리하고 있다. 일반적으로 예약부서 업무의 내용은 다음과 같다.

- 예약의 접수 및 거절
- 선불예약의 취급
- 예약의 통제 및 조성
- 예약상황판 관리
- 예약슬립(reservation slip) 작성
- 초과예약(over booking)의 조정
- 예약확인서 발급
- 예약취소 및 변경
- 연회장 및 회의장 예약
- VIP 예약보고
- 예약 예측보고서 작성

1) 예약의 형태

a. 보장형 예약(guaranteed reservation)

고객이 예약할 때 호텔 측에 신용을 설정하고 반드시 예약을 이행한다는 의미의 예약으로서 도착 후 체크인(check-in)하여 체크아웃(check-out) 시간까지 고객이 예약한 객실을 보장하는 것이다. 신용설정의 내용은 고객이 지불하고자 하는 신용카드의 경우 번호 및 유효기간, 선불, 보증금 등이 있다. 이러한 경우 고객은 호텔의 취소절차에 따라 예약취소를 하지 않는 한 노쇼(no-show)의 경우를 포함하여 객실 사용 여부에 상관없이 객실료를 지불해야 한다. 요즘은 대부분의 휴양지 호텔에서는 워크-인(walk-in) 고객이 거의 없기 때문에 보장형 예약 제도를 채택하고 있다. 일반적으로 보장형 예약의 종류로 다음과 같은 형태가 있다.

- 선지불(prepaid) : 도착 전에 지불을 완료하는 것이다.
- 신용카드(credit card) : 신용카드는 회사가 예약된 객실의 지불을 보장하는 예약으로서 예약 취소시간 이내에 취소되지 않은 예약에 대해 카드 회사에 지불 청구를 하고 신용카드 회사에서는 카드 소지자에게 청구하는 것이다.
- 선금(deposit) : 도착 전에 일정액을 미리 호텔에 예치해 두는 것이다.
- 여행사 지불 형태(travel agent payment) : 여행사는 호텔과의 거래를 위해서는 일정액의 지급보증 계약절차에 의하여 노쇼(no-show) 발생 시 여행사로 대금을 청구하는 방법이다.
- 법인지불 형태(corporate payment) : 특정 회사법인과 호텔이 계약을 통해 노쇼를 포함한 모든 경우의 대금지불을 책임진다.

b. 비보장형 예약(non-guaranteed reservation)

고객이 예약 당시 호텔 측에 신용을 설정하지 않은 상태를 말하는 것으로서 그객이 도착일의 정해진 시간(보통 오후 6시) 내에 도착하지 않으면 호텔에서는 그 예약된 객실을 판매 가능 객실로 간주하여 일방적으로 다른 고객에게 판대하여도 기존의 예약된 고객은 항의를 할 수가 없는 형태의 예약이다.

2) 예약의 종류

a. 개인예약(single reservation)

개별적으로 예약하는 형태(FIT reservation)를 지칭하는 것으로 가장 빈번한 예약의 형태로서 통신수단을 이용하거나 직접방문 또는 동일 상표의 호텔 예약망(hotel computer reservation network)을 통한 개인의 숙박이나 동료 및 가족을 동반한 예약이다. 또한 앞에서 설명한 바와 같이 개인 컴퓨터를 통한 인터넷으로 개인예약을 할 수 있다. 객실요금은 대개 다른 예약형태의 예약보다 비싼 요금을 받는다. 도심지 호텔에서는 단체예약보다 업무를 위한 고객의 개인 예약형태가 대부분이다.

b. 단체예약(group/convention reservation)

단체예약은 다량의 객실을 제공해야 하는 것으로 일반적으로 숙박비를 지불하는 객실수가 5~10실 이상일 경우의 예약을 말하며, 순수 단체와 컨벤션 단체로 구분할 수 있다. 단체의 예약은 호텔의 영업상황에 따라 전체 예약에 대한 구성비가 차이가 있을 수 있으나, 주로 휴양지 호텔이나 컨벤션호텔의 경우 단체가 차지하는 비율이 높은 편이다.

c. 승무원 레이오버 예약(crew layover reservation)

승무원 예약은 컨벤션 예약과 단체예약을 혼합한 방식으로 예약을 처리하게 되는데, 이는 항공사마다 여러 편의 레이오버가 발생하고 각 편수마다 2인 이상의 승무원이 호텔에 투숙하기 때문에 예약형태는 단체예약의 형식이지만, 각 편수마다 호텔 체크인 시간이 다르기 때문에 컨벤션 예약의 형식을 띠고 있다. 공항 근처에 위치한 호텔에서는 항공사 승무원이 전체 투숙객의 50% 이상을 차지하는 경우도 있다.

(3) 현관 서비스

호텔의 현관은 고객을 가장 많이 접촉하는 곳으로서 고객이 호텔에 체재하는 동안 최상의 편의를 제공하기 위하여 호텔의 입구나 출입문 및 로비(lobby)에서 호텔을 방문하는 고객에게 영접과 환송 등의 서비스를 제공하는 종업원이 호텔에서 지정한 제복(uniform)을 착용하고 근무를 하기 때문에 유니폼 서비스(uniformed service)라고 한다.

호텔의 현관 서비스는 고객을 맨 처음 맞이하고 마지막으로 환송하는 부서이기 때문에 호텔의 이미지 창출에 매우 중요한 역할을 하는 부서이기도 하다.

1) 도어맨(doorman)의 서비스

a. 영접 서비스

호텔정문에서 근무하면서 고객이 도착하면 친절하게 영접하고, 고객이 휴대하고 있는 짐을 운반하고 호텔 안내를 위하여 로비에서 대기하고 있는 벨맨(bellman)에게 신호하여 안내를 맡도록 한다.

고객은 호텔 서비스를 직접 경험해 보기 전에는 항상 자기가 지불하고자 하는 대가 이상의 서비스를 기대하며 호텔 서비스에 대해서 망설이고 의심을 한다는 소비자 행동에 대한 연구가 있듯이 호텔에 도착하는 고객에게 편안하고 안정된 서비스를 제공하기 위하여 마음에서 우러나오는 친절한 서비스를 제공해야 호텔에 대한 첫인상을 좋게 할 수가 있다.

- 숙박객의 영접 : 차량이 호텔현관에 도착하면 차량을 안전하게 정차할 수 있도록 유도하고 하차하기에 편리하도록 고객 쪽의 문을 열고 정중히 맞이한다. 이때 고객이 노약자나 여자일 경우에는 세심한 주의를 기울여야 하고 고객이 하차하면 즉시 벨맨에게 신호하여 고객 수하물을 확인한 다음 로비로 운반한다.
- 일반 이용객 : 숙박객 이외의 고객으로서 커피숍이나 식당 및 연회행사에 참여하기 위해 고객 등이 방문할 경우는 주차장의 안내와 차량호출 서비스 등을 제공한다.
- 단체고객 : 단체고객을 태운 차량이 도착하면 차량의 규모에 따라 적당한 장소로 정차 안내를 하고 고객 수하물의 수량을 정확히 확인한 후 안전하게 로비로 옮겨 단체고객의 객실배정표를 기준으로 가방에 부착되어 있는 이름표를 확인하고 객실번호를 수하물표에 기입한 다음 체크인(check-in) 수속을 마친 고객의 수하물을 확인시킨 후 객실로 배달한다.

b. 환송업무

호텔의 퇴숙고객이나 그밖의 호텔방문자가 용무를 마치고 돌아갈 때 호텔의 서비스에 대해서 긍정적인 인상을 남기고 안전하게 돌아갈 수 있도록 휴대품 확인, 차량 안내 등의 서비스를 제공한다.

- 숙박객의 출발 : 고객이 택시를 이용할 경우 호텔 정문 앞에 주차하고 있는 택시를 불러 고객 짐의 수량을 확인한 후 차량에 실어 주고 고객의 행선지를 정확히 알려 주어 고객이 불안하지 않도록 한다. 특히 외국인 고객일 경우 운전기사에게 행선지에 대한 자세한 정보를 제공하여 착오가 없도록 한다. 그리고 고객이 탄 차량이 보이지 않을 때까지 가볍게 손을 흔들어 작별인사를 한다.
- 일반 이용객의 출발 : 호텔의 행사가 종료되면 돌아가는 고객들로 현관이

일시적으로 혼잡해지기 때문에 차량을 일사불란하게 통제하여 고객이 혼란스러움을 느끼지 않도록 질서를 유지한다.

c. 주차관리

현관 앞의 주차질서를 유지하고 고객의 배차관리를 담당하는 업무로 호텔 내에서 이루어지는 대형 행사나 단체관광객들이 체크인을 위해 자동차를 호텔주변에 주차하는 경우에는 주변의 혼잡을 피하기 위하여 주차관리 요원이 주차를 효율적으로 관리하여 고객에게 편의를 제공해야 한다.

요즘에는 호텔에 출입하는 고객은 거의 자동차를 이용하는 경우가 많아 주차공간이 협소하기 때문에 효율적인 관리가 필요하며, 특히 여성고객은 주차대행서비스(valet parking service)까지 겸하는 경우가 많으므로 안전하고 친절한 주차 서비스가 이루어져야 한다.

주차대행 서비스의 절차는 다음과 같다.

- 근무 시작 전에 당일행사, 귀빈(VIP)의 투숙정보, 기타 사항을 숙지하여 고객의 질문에 답하고 효율적으로 업무를 수행할 수 있도록 한다.
- 야간조로부터 고객에게 인도되지 않은 차량 열쇠를 인계받고 차량의 이상 유무를 확인한다.
- 주차대행 접수 시 주차대행 요금을 고객에게 설명한다.
- 주차 택(parking tag)을 발급하면서 차량의 이상 유무를 점검하고 이상이 발견되면 차주가 확인토록 한다.
- 안전한 장소에 차량을 주차시키고 잠금 장치를 확인한다.
- 관리대장에 기입하고 택과 차량열쇠를 정해진 장소에 보관한다.
- 차량을 고객에게 인도할 경우 고객으로부터 택을 보관 중인 것과 동일함을 확인한 후 안전하고 신속하게 차량을 인도한다.
- 운전석 위치는 본래의 상태로 복귀시켜야 한다.
- 차량문을 닫아주고 안전하게 떠날 수 있도록 통행로(drive way)를 안내한다.

d. 정보제공 및 안내

호텔에 대한 정보 및 주변의 교통상황, 관광지 등의 정보를 제공한다. 이러한 서비스를 제공하기 위해서는 도어에 근무하는 종업원은 호텔과 주변 관광지 등의 정확한 정보를 확보·숙지하고 있어야 한다. 고객과 접촉 과정에서 훌륭한 정보의 제공은 호텔에 대한 판촉활동의 일부분이므로 가능한 한 고객이 필요한 수준 이상의 정보를 제공하여 고객의 기대를 능가하는 수준으로 고객에게 만족을 주어야 한다.

e. 출입문관리

호텔을 출입하는 숙박객 및 방문객을 위하여 출입문을 통제, 관리하는 업무이다. 호텔은 냉·난방을 통하여 실내온도를 유지하기 때문에 에너지를 절약할 수 있는 방안을 강구하고 고객의 안전을 위해 특별한 관리가 필요하다. 특히 호텔은 불특정 다수가 출입하는 곳이므로 출입하는 고객의 동태를 주의 깊게 살펴야 한다.

2) 벨맨(bellman)의 업무

a. 입숙 서비스(check-in service)

고객을 정문에서 프런트 데스크(front desk)까지 안내하여 입숙절차가 끝나면 객실까지 안내하고 객실 키(room key)와 객실 사용법을 알려준다. 숙박 중인 고객의 심부름을 하는 등 고객과 직접 접촉하여 각종 서비스를 제공하는 것이 벨맨의 업무이다.

그 업무의 절차는 다음과 같다.

- 고객이 도착하면 현관 밖으로 나가 고객을 맞이한다.
- 차에서 고객의 짐을 내려 고객과 함께 짐의 수를 확인하고 차를 떠나보낸다. 이때 택시일 경우 만일에 대비하여 차량번호를 적어둔다.
- 가능한 한 고객의 이름을 사용하여 고객을 프런트 데스크로 안내한다.
- 고객이 숙박등록을 하는 동안 고객의 2~3보 뒤에 서서 기다리면서 고객의 수하물에 화물표를 부착한다.
- 고객이 VIP일 경우 객실 안내를 위해 고객 릴레이션 오피서(GRO : Guest Relations Officer)나 당직지배인에게 알린다.
- 고객과 같이 승강기를 타고 객실로 갈 경우 고객을 먼저 태우고 엘리베이터 내에서 호텔시설 안내 등 가벼운 대화를 나눈다.
- 객실 층에 도착하면 고객을 먼저 내리도록 하고 객실로 안내하는 동안 비상구와 비상계단을 설명한다.

• 객실 내 시설물 안내가 종료되면 신속히 벨 데스크(bell desk)로 돌아와 관리대장에 객실번호, 고객이름, 화물수량, 시간 등을 기록한다.

b. **객실변경**(room change)

고객이 객실변경을 원할 경우 또는 객실요금이 잘못 적용되었거나 객실의 고장 등 고객의 사정으로 인하여 객실을 변경하는 경우와 호텔 측의 사정으로 객실을 변경하는 경우가 있다. 객실을 변경할 경우에는 최단시간에 변경하여 고객에게 불편을 끼치지 않고, 객실판매에 지장을 주지 않아야 하며, 짐수레(baggage cart)를 이용하여 고객의 휴대품을 조심스럽게 빠뜨리지 않고 새로운 객실로 옮긴다.

• 고객이 객실에 있을 경우 : 벨맨은 새로운 객실 키를 프런트 데스크로부터 받아 짐수레와 함께 객실로 가서 고객의 지시에 따라 짐을 옮긴다. 그때 분실물이 발생하지 않도록 객실을 세심하게 살펴본다. 그리고 고객을 새로운 객실로 안내하고 짐을 인계하며, 새로운 객실 키를 건네주고 기존에 사용하였던 객실 키를 돌려받는다.
• 고객이 객실에 부재중일 경우 : 프런트 데스크에서 기존 객실의 키와 옮길 객실의 키를 받아 객실의 짐을 새로운 객실로 옮겨 놓고 짐의 내용을 벨 데스크에 기록한다. 이때 주의해야 할 사항은 고객이 사용하던 물품은 반드시 동일한 장소에 위치시키도록 해야 한다.

c. **퇴숙 서비스**(check-out service)

고객으로부터 직접 전화를 받거나 프런트 데스크의 종업원, 벨 캡틴(bell captain), 룸 클럭(room clerk), GRO 등의 지시에 의해 고객의 수하물을 프런트로 내려주고 퇴숙을 도와준다.

그 절차는 다음과 같다.

• 배기지 다운 서비스(baggage down service) 요청이 있을 때에는 신속히 관리대장에 시간과 객실번호 및 담당자 이름을 기입하고 객실로 가서 고객의 짐을 조심스럽게 운반한다.
• 고객과 함께 짐의 개수와 잊은 물건이 없는지 확인하고 수하물표를 고객에게 전달한다.

- 짐이 여러 개일 경우에는 끈으로 이어두거나 그물망(baggage net)으로 덮어 둔다.
- 고객이 짐을 찾으러 왔을 경우 고객 본인 여부를 확인하고 수하물을 전달한다.
- 단체객의 경우 출발 몇 시까지 짐을 내려 달라는 요청이 있으면 각 층을 돌아 복도에 나와 있는 짐을 내려 객실번호와 수하물의 수량을 확인하고 한곳에 집결시켜 망을 씌워 둔다.
- 인솔자와 벨 캡틴(bell captain)의 입회하에 짐의 수를 확인한다.
- 출발할 때 계산 지불 여부를 확인하고 짐을 전달한다.
- 짐을 차에 실어주고 만일의 경우를 위해 차량의 번호를 적어 둔다.
- 고객에게 인사를 한다.

d. 페이징 서비스(paging service)

로비에서 외부로부터 요구나 내부고객으로부터 요구에 의하여 고객을 찾아주는 서비스로 기존의 고객에게 불편을 끼치지 않도록 조용히 주위를 살피면서 찾는다.

호텔의 커피숍이나 식당에서 종을 흔들면서 피켓보드(picket board)를 들고 고객을 찾아주는 것을 흔히 볼 수 있으나 최근에는 컴퓨터 시스템에 의한 서비스로 고정된 디지털 화면에 요구하는 내용을 디스플레이 하는 방식으로 페이징 서비스를 하기도 한다.

e. 호텔 안내 서비스

호텔고객의 문의가 있으면 호텔상품에 대한 각종 서비스의 정보를 제공하는 것으로서 벨맨은 호텔상품에 대한 정확한 정보를 숙지하고 있어야 하며 필요할 때에는 호텔 내부의 컴퓨터 시스템에 정보를 입력하여 고객이 원하는 정보 서비스를 정확하고 신속하게 제공할 수 있도록 최선을 다해야 한다.

f. 로비의 질서유지

호텔로비(hotel lobby)는 공공장소로서 호텔을 출입하는 고객이 잠시 머물 수 있는 장소이며 만남의 장소이기 때문에 언제나 정숙한 분위기를 유지해야 하며, 옆에 있는 고객에게 피해가 되는 행동이나 큰소리를 내어 말을 해서는 안

되는 곳이다. 따라서 조용한 분위기를 유지하기 위한 서비스를 제공해야 한다.

g. 우편물전달 서비스

고객의 우편물을 실수 없이 전달하는 서비스로 팩스 및 전보, 등기물, 속달우편 등의 우편물이 외부로부터 도착하면 반드시 받은 시간을 기록하여 최단시간 내에 고객에게 전달할 수 있도록 한다. 고객에게 우편물을 전달하면 증거를 남기기 위해 반드시 고객의 서명을 받아야 한다. 호텔에서 종종 고객에게 긴급한 우편물이나 팩스를 받고도 늦게 전달하여 고객으로부터 항의를 받는 사례도 있다.

h. 기타 관광 안내

외국에서 온 관광객 중 특히 개인고객인 경우 호텔 주변의 관광지에 대한 정보를 자세히 알지 못하기 때문에 고객이 관광에 대한 문의가 있을 때 가장 효과적으로 관광을 할 수 있도록 안내를 한다. 벨 데스크에서 근무하는 종업원은 정기적으로 주변의 관광지에 대한 역사나 운영에 관한 사항, 교통편 등을 숙지하고 있어야 한다.

3) 포터(porter)의 업무

고객의 편의를 위하여 호텔에 도착한 고객 짐의 손상, 과부족 등을 확인하고, 고객의 짐을 프런트 데스크까지 운반하고 고객이 등록이 종료되면 룸 클럭(room clerk)의 지시에 따라 객실로 안내한다. 때로는 고객의 요청에 의하여 호텔에서 터미널 또는 공항이나 항구까지 운반하는 경우도 있다.

(4) 프런트 서비스

현관은 호텔의 얼굴이며, 고객을 대상으로 서비스와 회계에 관한 정보를 제공하는 고객 서비스의 중추적인 역할을 담당하는 곳이다. 현관은 호텔이 고객을 최초로 만나는 지점인 동시에 최후로 고객을 환송하는 장소이다. 또한 고객의 입숙(check-in)과 퇴숙(check-out)을 담당하는 곳으로 경우에 따라서는 고객의 불평(guest complaints)을 접수하고 해결해야만 하는 곳이기도 하다.

또한 호텔의 경영진과 고객의 연결, 관련되는 부서와의 유기적인 연락 등을 통해 고객 서비스를 조정하고 호텔로비에 있는 고객의 순환을 원활하게 소통되도록 하는 기능도 포함하고 있다. 그리고 고객의 요구에 대비하여 항상 정확하고 다양한 정보를 준비하고 신속·정확한 서비스를 제공해야 한다. 프런트의 기본업무는 다음과 같다.

- 객실예약
- 고객의 영접
- 객실의 판매
- 객실상황보고서의 작성
- 고객을 위한 현금출납
- 고객의 귀중품보관
- 각종정보 및 안내의 제공
- 고객의 불평불만취급과 해결
- 우편물, 전보 및 고객을 위한 메시지(message) 취급
- 기타 고객을 위한 서비스 제공

2. 객실관리 서비스

(1) 객실정비 서비스

호텔의 객실정비부서(housekeeping department)는 가장 수익성 있는 상품을 성산하고 유지 관리하는 부서이기 때문에 고객이 호텔의 이미지 지각에 많은 영향을 미친다고 할 수 있다.

호텔에 빈방(vacant room)이 있다고 해서 고객을 유치할 수 있는 것이 아니다. 왜냐하면 빈 객실을 고객이 원하는 수준으로 정비를 하여 상품화를 해야만 비로소 판매 가능한 객실(salable room)인 것이다. 그러므로 호텔객실은 항상 청결하고 아늑한 분위기를 줄 수 있도록 정비되어야 한다. 따라서 객실정비 부서의 중요업무를 다음과 같이 설명할 수 있다.

1) 호텔상품의 생산과 관리

호텔객실이 아무리 호화스럽고 고급스런 시설이라고 할지라도 청결을 유지하

지 못하면 고객에게 불쾌감을 주어 호텔의 이미지를 손상시킨다. 예를 들어 객실에 들어간 고객이 침대 위에서 머리카락을 발견했다면 그 고객은 기대된 서비스의 욕구충족은커녕 오히려 객실에 대한 이미지는 물론이고 호텔에 대한 신뢰가 손상될 것이다. 그러므로 객실은 언제나 구석구석을 점검하고 수리를 하여 안락한 분위기를 창출하도록 노력을 해야 한다.

2) 호텔수익의 영향

객실의 청결 및 정리정돈 상태는 고객의 재구매 의도에 영향을 미쳐 호텔수익에 절대적인 영향을 미친다는 것은 많은 학자들의 연구에서 증명되고 있다. 그러므로 호텔 경영진은 평소에 객실의 청결상태를 유지하는 데 심혈을 기울이고 있다. 실질적으로 객실가격과 객실에 투입되는 원가를 고려할 때 객실을 정비하고 비치되는 각종 인쇄물 및 부가 서비스(amenity) 등과 인건비가 주요 원가요소이므로 다른 영업부서보다 수익성이 높다.

3) 호텔의 재산관리

호텔기업의 고정자산비율은 70% 이상을 차지하기 때문에 세심한 관리가 필요하고 호텔건물과 객실 내의 각종 설비들은 호텔 특성상 다른 기업에 비교하여 수명이 짧다. 따라서 세심한 관찰과 주위를 기울임으로써 비용절감의 목표를 실현하고, 최상의 상태를 유지하여 고객에게 좋은 이미지를 주어야 한다.

(2) 객실관리

호텔의 주요 상품이 객실인 만큼 상술한 바와 같이 먼저 객실에 대한 좋은 이미지를 고객에게 심어주는 것이 중요하기 때문에 객실에 대한 가구의 배치 및 유지·보수를 철저히 하고 항상 깨끗이 관리해야만 한다.

객실의 투숙객은 국적을 불문하고 불특정 다수가 사용을 할 수 있으므로 국제감각이 가미된 분위기를 연출하여 투숙고객이 지루하지 않도록 공간을 마련해야 한다.

이와 같이 국제적인 감각의 분위기를 고려해 최근에는 객실에서 통신시설을 이용하여 세계 어느 곳이든 통화가 가능한 첨단시설이 설치되어 고객의 편의를 도모하고 또한 시각적인 편의를 제공하기 위해 컴퓨터 시스템을 이용한 비디오

시스템(video system)이 개발되어 세계 주요 뉴스를 시청할 수 있고 원하는 비주얼 서비스(visual service)를 선택하여 즐길 수 있도록 하고 있다.

(3) 객실정비

객실정비부서(housekeeping dept.)에서 근무하는 룸메이드(room maid)는 항상 단정한 유니폼을 착용하고 팀장으로부터 객실정비에 대한 업무지시와 작업을 배정받아 정비에 임한다.

룸메이드는 고객의 사생활이 이루어지는 객실 내의 청소를 담당하기 때문에 고객의 개인적인 문제에 대한 내용을 절대로 외부에 누설하지 않아야 하고 평가도 하지 말아야 한다. 또한 객실의 구석구석을 점검하고 청결을 유지해야 하며 언제나 고객의 프라이버시(privacy)를 지켜주기 위해 주의를 기울여야 한다.

만약 객실정비부서의 종업원이 고객의 사생활을 누설하거나 비평한다면 그 호텔의 서비스는 신뢰를 얻지 못할 것이다. 특히 귀빈이나 관료출신의 고객이 호텔에 숙박할 경우에는 공인으로서의 업무를 수행할 때가 대부분이기 때문에 개인적인 문제에 대한 비밀을 절대적으로 보장해야 한다.

그리고 룸메이드는 청소용 기계장비 사용방법을 숙지해야 하며 청소용구는 사용 후 깨끗하게 손질하여 일정한 장소에 보관한다.

1) 정비순서

퇴숙한 객실부터 신속히 판매할 수 있도록 정비하는 것이 바람직하며 숙박하고 있는 객실(occupied room), 빈 객실(vacant room)의 순서로 청소를 실시하나 고객이 요구하는 객실이 있을 경우, 우선적으로 청소를 한다. 빈 객실(vacant room)은 청소하지 않아도 되는 것으로 여기고 있으나 욕실이나 바닥 카펫(carpet) 등의 점검이 필요하다. 일반적으로 객실청소의 순서는 다음과 같다.

- 객실 정비용 카트에 청소도구와 새로운 리넨(linen) 및 소모품을 채운다.
- 객실에 들어간다.
- 객실을 환기시킨다.
- 침대보를 걷는다.
- 침대를 새로 정리한다.
- 먼지를 턴다.

- 욕실을 청소한다.
- 진공청소기로 바닥을 청소한다.
- 마지막 점검을 한다.
- 문을 잠근 후 확인을 한다.

2) 턴다운 서비스

턴다운 서비스(turn down service)는 투숙한 고객이 아늑하고 편리하게 잠자리에 들 수 있도록 개발된 아이디어로 침대의 담요를 접어놓는 서비스로서 주간에 완전히 객실정비가 완료되고 철저히 점검된 객실을 재점검하면서 고객의 숙면을 위한 부가적인 서비스를 제공하는 것이다. 요즘의 특급호텔에서는 고객의 편의를 위한 턴다운 서비스를 이용하여 침대 위에 초콜릿(chocolate), 호텔에서 특별히 제작한 조그마한 선물(give away), 아침식사 메뉴, 총지배인의 메시지 등을 침대 위에 올려놓아 판촉의 수단으로 이용하기도 한다.

(4) 세탁 서비스

세탁물 서비스(laundry service)는 호텔마다 경영합리화를 위해 세탁전문회사와 용역계약으로 운영하고 있는 추세이나 고객이 세탁물을 의뢰할 경우 서비스의 완급에 따라 단시간 내에 처리되어야 할 세탁물이 있으며, 세탁 시 신중히 다루어야 하기 때문에 고객세탁물은 가능하면 호텔 자체에서 처리하는 것이 바람직하다. 세탁물의 수거, 분류, 빌(bill)의 작성, 배달 등의 과정을 정확히 실시하여 실수를 하지 않도록 최선을 다해야 하며 고객으로부터 불평이 접수되면 즉시 처리할 수 있는 제도적인 관리 시스템을 구축해야 한다.

1) 고객의 세탁

호텔 내의 세탁 서비스는 투숙하고 있는 고객의 편의를 위해 투숙객의 주문에 의하여 의류를 수거하고 세탁소에서 세탁을 완료하여 즉, 상품화시켜 고객에게 배달하는 서비스로서 고객이 원하는 배달시간에 따라 보통 서비스와 특별 서비스로 구분되나 특별 서비스[42]는 요금이 추가된다.

---

42) special service는 1~2시간 내에 고객의 세탁물을 신속히 작업을 하여 배달해야 하는 서비스이다.

요즘에는 부가적인 수익창출을 위하여 호텔 내의 고객뿐만이 아니라 외부고객의 세탁물도 취급하는 경우도 있다. 모든 세탁물은 수거 후 주머니의 소지품 유무를 확인하여 현금이나 귀중품 및 기타 소지품을 발견하였을 경우는 지체없이 고객에게 전달하도록 해야 한다. 그리고 고객이 주문한 특별한 사항(예 : 수선, 다림질 시 주의사항, 세탁물의 색상 및 오점부분 등)을 확인하고 기록하여 착오가 발생하지 않도록 한다. 세탁방법의 종류는 일반적으로 다음과 같다.

- 세탁 서비스(laundry service)
- 드라이클리닝 서비스(dry cleaning service)
- 다림질 서비스(pressing service)

2) 유니폼 세탁업무

고객을 접촉하는 항공사나 호텔 종업원은 자체에서 특별히 디자인하고 제작한 유니폼을 착용하고 근무하는데, 유니폼은 영업장의 분위기와 함께 청결한 이미지와 세련미를 제공하기 때문에 종업원들의 유니폼을 가장 효율적으로 관리해야 한다.

보통 영업장의 종업원은 3벌의 유니폼으로 운영된다. 만약 종업원이 더럽거나 낡은(혹은 패션이 지난) 유니폼을 입고 서비스를 제공한다면 고객에게 좋은 이미지를 남기지 못할 것이다. 따라서 항공사나 호텔에서는 종업원의 유니폼을 통하여 이미지를 고취시키기 위하여 패션감각을 고려한 디자인으로 계절에 따라 색상과 형태가 다른 제복을 제공하고 있다.

a. 유니폼 관리

- 세탁을 요하는 유니폼 : 개인별 대장에 기록 후 수량 확인
- 수선을 요하는 유니폼 : 유니폼의 수선부분을 확인하고, 수선에 최선을 다한다.
- 퇴직한 종업원의 유니폼 : 체형이 비슷한 종업원의 제복으로 활용한다.

b. 유니폼 보관

한정된 공간을 효율적으로 운영하고 유니폼의 관리를 효과적으로 진행하기 위해 종류별로 구분하여 활용하기 편리하도록 옷걸이에 걸어 보관한다. 선입선

출의 기법을 이용하여 먼저 세탁된 옷은 먼저 착용하도록 하여 유니폼 상태의 균형을 유지한다.

3) 리넨(linen) 업무

리넨은 호텔에서 면(cotton)류나 화학섬유로 만들어진 타월(towel), 냅킨(napkin), 시트(sheet), 담요(blanket), 유니폼(uniform), 커튼(curtain), 식탁보(table cloth) 등을 의미하는데, 본래의 의미는 마직류를 일컫는다.

호텔은 특성상 식음료부서나 객실부서 등의 다양한 부서에서 많은 종류의 리넨이 필요하기 때문에 리넨으로부터 발생되는 비용을 최소화하기 위해서는 체계적이고 과학적인 관리가 요구된다. 즉 리넨은 소모품이므로 매일 또는 정기적으로 세탁하여 교체해야 하며 이를 보관하고 불출하는 장소와 관리과정이 중요하다.

(5) 분실물 및 습득물 서비스

고객이 개인적인 사정으로 인하여 소지품을 간수하지 못하고 잃어버리는 경우가 발생할 수 있다. 만약 호텔의 경우 투숙한 객실이나 식당 등 구내에서 비자발적, 비의도적으로 소지품, 수하물 및 귀중품 등을 분실했을 때, 또한 이와 관련해서 타인의 소구력에서 벗어난 물건을 구내에서 습득했을 때 이를 가장 합리적으로 처리하여 고객의 불편을 최소화하고자 하는 것이 근본적인 목적이다.

호텔의 'Lost & Found' 서비스의 의의는 다음과 같은 점에서 중요한 의미를 갖는다.[43]

첫째, 고객에게 호텔의 공신력과 신뢰성을 심어 줄 수 있다.

둘째, 호텔에 대한 고객의 이미지를 좋게 부각시킬 수 있고 감사한 마음으로 호텔의 이용도를 높일 수 있다.

셋째, 호텔 종사원의 양심과 정직성을 바탕으로 둔 대고객 서비스는 고객유인책이 될 수 있다.

넷째, 유실물에 대한 업무를 조직적으로 관리함으로써 사회적 공정성을 기할 수 있다.

---

43) 국제관광공사, 관광호텔 표준서비스지침, 1975년 3월, p 41.

다섯째, 습득물이 사소한 것이라도 고객에게는 중요한 물건일 수도 있으며 고객이 안심하고 다시 호텔을 이용하게 만들 수 있다. 분실한 물건을 찾았을 대 그 호텔에 애착과 감사한 마음으로 다시 그 호텔을 찾아 올 것이다.

1) 분실신고

호텔고객은 자신의 분실물에 대해서 호텔 측에 구체적인 내용과 함께 분실신고를 한다. 일반적으로 분실신고의 방법은 분실자가 호텔의 관련종업원이나 책임자에게 구두로 신고를 하면 일정한 절차에 따라 처리한다.

2) 습득신고

호텔의 객실, 식당, 레저시설 또는 모든 공공장소(public area)를 포함하는 구내에서 발견된 습득물은 사소한 물건이라 할지라도 유실물을 담당하는 부서인 객실정비부서에 신고하고 습득물을 인도해야 한다. 이때 어떠한 상황하에서도 습득물을 발견자가 보관하고 있어서는 안 된다. 모든 습득물은 유실물 담당 부서에 맡겨져 일정한 절차에 따라 처리하도록 해야 한다.

a. 객실에서 발견된 습득물

객실에서 발견된 습득물은 자동적으로 객실관리부로 전달되어 습득물 관리실에 보관한다. 습득물 발견 시 종업원은 로그북(logbook)의 기록을 위해서 객실관리부 사무실에 전화로 통보해야 하며 룸 어텐던트(room attendant)나 층 감독자가 사무실로 이동하여 보관절차에 따라 처리한다.

b. 식음료 업장에서 발견된 습득물

식음료 업장에서 습득물이 발견되었을 경우에는 업장 내 안전한 곳에 4시간 정도 보관하여 둠으로써 필요 없는 행정절차로 인한 시간낭비를 배제할 수 있다. 4시간이 지나도 찾아가지 않는 습득물은 일정한 절차에 따라 처리하기 위해 객실 관리부로 보내진다.

습득물은 레이블(label)을 부착하고, 일련번호를 기입하여 날짜순으로 보관하여야 하며, 귀중품은 당직지배인에 의해 안전금고에 보관될 수 있도록 봉투에 넣어져 봉인하여야 한다.

<표 4-1> 습득물 기록대장

Date	Item	Location	Found By	Handled By	Date of Return	Remarks

귀중품 보관에 대한 재고조사는 일반적으로 3개월마다 한 번씩 실시되어야 하고 만약 실제 재고와 기록대장의 기록과 일치하지 않으면 객실부장과 객실관리부장에게 보고되어 정확한 조사가 이루어져야 한다.

c. 추후 처리 절차

습득물을 접수했을 때 해당 고객이 호텔에 머물고 있는 경우에는 그 고객을 찾아내어 구체적인 상황을 통보할 수 있도록 최선을 다해야 한다. 만약, 고객이 호텔을 떠났을 경우에는 그 고객에게 연락의 여부를 신중히 고려해야 하며, 주어진 사정에 따라 경영진의 동의를 얻어야 하지만 고객을 당황하게 해서는 안 된다.

3) 접 수

보통 유실물은 객실정비부서에서 관리하는데, 유실물을 접수할 경우에는 일반적으로 다음과 같은 사항을 정확하게 기록해 두어야 한다.

- 분실물의 분실장소 및 시간
- 분실물의 내용
- 분실자의 성명 및 연락처
- 분실자가 외국인인 경우 우송해 주어야 할 행선지 주소 등
- 습득물의 발견 장소 및 시간
- 습득물의 내용(품명, 수량, 형태 등)
- 습득자의 성명

4) 보관 및 관리대장

습득물이 접수되면 대개의 경우 습득물 보관대장에 기재하고 보관창고, 금고에 보관하게 된다. 대개 습득물 관리대장에 기재하는 사항은 다음과 같다.

- 접수번호
- 습득일자
- 습득자
- 품명
- 습득장소
- 분실자 연락처(구체적으로)
- 분실자 성명
- 확인자
- 찾아간 사람의 인적사항
- 찾아간 사람의 연락처
- 찾아간 일자

5) 반환요청 및 반환

분실자가 분실물 신고를 했을 경우 그 분실물과 동일한 습득된 내용물이 유실물 보관소에 보관되어 있을 때에는 그 유실물 담당자는 분실자가 진술하는 분실물명, 분실장소, 분실일자 및 시간 등이 일치한다고 판명되었을 때 그 내용을 확인하고 분실자의 성명, 주소, 서명 등 대장에 기록하고 반환하게 된다.

6) 무주물 처리

무주물이란 습득물의 주인이 일정 기간이 경과해도 나타나지 않는 물건을 말하는 것으로 이러한 경우에는 일정한 관례와 호텔이 정하는 규정대로 처리하도록 한다.

보관기간으로는 호텔별 내규에 따라 차이가 있으나 대부분의 호텔이 ① 3개월 ② 6개월 ③ 1년이다. 처리방법으로는 호텔규정에 따라 보관기간이 경과 후 자동적으로 처리하는 경우, 내부 결재 후 처리하는 경우, 발견자에게 돌려주는 경우, 경찰관 입회하에 처리하는 경우, 자선단체에 기증하는 경우 등 다양하다.

제 2 절

휘트니스 센터 및 엔터테인먼트 서비스

1. 휘트니스 센터 서비스

휘트니스(fitness)라는 개념은 현대사회에서 필수사항으로 풍요로운 사회를 살아가면서 사람들은 자신의 건강한 몸을 유지하기 위해 많은 노력과 시간을 투자한다. 과거에는 부유층이나 귀족층만이 호텔의 휘트니스 시설을 이용할 수 있는 것으로 여겨왔으나, 건강에 관심을 갖는 사람이 증가함에 따라 호텔에서도 숙박객은 물론이고 외부의 고객을 대상으로 건강관리 시스템을 이용한 서비스를 제공하고 있다.

우리나라에서는 헬스클럽(health club)으로 개념이 정착되어 처음에는 고급호텔에서 출발되었지만 최근에는 전문적인 건강클리닉(health clinic)을 포함하여 다양한 건강 프로그램(health program)의 서비스를 제공하고 있다. 따라서 이 절에서는 이러한 건강증진을 위한 구체적인 서비스에 대한 사항을 헬스클럽, 수영장, 사우나 등을 중심으로 구체적으로 살펴보도록 한다.

(1) 휘트니스 센터 운영

헬스클럽은 사회활동을 하면서 쌓인 스트레스(stress)를 풀거나 부족한 운동을 보상하고 각종 질병을 예방하기 위한 수단으로 최근에는 대부분의 사람들이 많은 관심을 보이고 있는 분야이다.

과거에는 고급호텔을 중심으로 간단한 운동기구를 준비해 놓고 몸매운동을 하였으나, 요즘에는 전문강사가 고객의 신체를 진단하고 그에 알맞은 운동방법이나 운동량을 처방하여 최적의 상태에서 무리하지 않고 운동할 수 있는 운동 프로그램을 제공한다.

흔히들 헬스클럽에서는 근육이 발달한 건장한 청년이 그저 근육발달만을 위한 서비스를 제공하는 것으로 생각할 수 있으나, 헬스클럽은 전문가가 개인의 건강을 위한 프로그램을 설정하고 그에 알맞은 운동으로 신체를 단련하도록 지도하는 곳이다. 또한 전문헬스클럽에서는 회원제로 운영하여 회원들에게 적합한 건강 프로그램을 설계하여 지도하고 있는 곳이 점차 증가하고 있다.

호텔에서도 투숙객이나 기타 방문객을 위한 헬스클럽을 각종 시설과 다양한 프로그램으로 운영하고 있다. 또한 수영장이나 기타 레저시설 등과 같은 다양한 시설을 갖추어 고객의 욕구에 부응하고 있다.

최근에 일부 호텔 헬스클럽은 단순히 보조시설이 아니라 객실이나 식음료에 이어 수익을 창출하는 독립부서(revenue center)로 자리 매김하고 있다. 그러나 대부분의 호텔에서는 숙박객 이외의 고객을 유치하여 호텔상품을 판매하기 위한 수단으로 회원제로 운영하고 있기 때문에 회원제에 대한 서비스를 살펴보기로 한다.

1) 회원모집

헬스클럽을 운영하기 위해서는 우선 회원확보를 위한 전략이 수립되어야 한다. 따라서 잠재회원들의 욕구를 충족시킬 수 있는 독특한 프로그램을 마련하고 회원에 대한 각종 혜택으로 고객의 관심을 유도해야 한다.

일반적으로 회원모집을 위한 프로그램은 월회원, 연회원 및 평생회원으로 구분되지만 여기에서는 평생회원을 기준으로 살펴보도록 한다. 평생회원을 위한 회비는 가입비와 보증금, 연회비로 구분되는데 클럽의 성격에 따라 약간의 차이가 있다.

a. 가입비(initial fee)

회원가입을 원하는 고객에게 부과하는 것으로 대부분의 헬스클럽에서는 최초 회원가입 시 관례적으로 가입비를 부과한다.

b. 보증금(deposit)

정식회원이 되기 위해 납부하는 것으로 회원을 탈퇴할 경우 되돌려 받을 수 있다. 그러나 대부분의 클럽에서는 보증금을 수백만 원에서 수천만 원으로 책정하여 부담이 되기도 한다. 또한 양도가 가능한 회원권인 경우 헬스클럽 회원권의 가격이 상승하여 자산으로서의 기능을 하기도 한다.

c. 연회비(annual fee)

회원자격이 있는 고객에게 관리비 명목으로 매년 부과하는 비용으로 연회비는 되돌려 받지 못하는 비용이다. 연회비는 매년 회원들의 관리를 위해 사용되는 비용으로 모든 회원에게 부과되는 금액이다.

대부분의 헬스클럽에서 고액의 보증금과 가입비를 지불하고도 고액의 연회비 지불을 요구하고 있어 회원들에게 부담이 되고 있다. 그러나 일부 호텔의 헬스클럽은 수십 명의 회원가입 대기자가 있을 정도로 인기를 끌고 있다. 그 이유는 고급스런 시설과 다양한 프로그램과 함께 과학적이고 체계적인 방법으로 헬스클럽을 운영하고 있기 때문일 것이다.

2) 회원관리

회원은 클럽의 자산이기 때문에 가장 소중하게 관리해야 한다. 대부분의 특급호텔에서는 헬스클럽을 운영하면서 인근에 주민을 대상으로 회원을 모집하여 운영하고 있는데 요즘에는 과학적인 관리방법과 회원 중심의 운영으로 호평을 받고 있는 곳도 있다.

회원관리는 마치 호텔의 투숙객처럼 편안하고 안락한 분위기에서 운동할 수 있도록 하는 것이다. 회원이 많은 클럽에서는 회원을 대상으로 등산, 낚시, 운동목표달성 게임 등의 각종 친목 프로그램을 운영하기도 한다. 또한 질병예방 측면에서 건강클리닉을 위한 전문가를 고용하여 회원들의 건강을 정기적으로 점검하고 개인에 대한 건강관리 처방 서비스를 제공하여 회원의 욕구를 충족시킨다.

3) 복장 및 위생관리

헬스클럽은 여러 사람이 공동으로 운동하는 곳이기 때문에 클럽 공간의 위생상태를 정기적으로 철저히 점검하여 항상 쾌적한 공기가 유지되어 상쾌하게 운동할 수 있도록 해야 한다. 또한 안전을 위해 헬스 강사(gymnasium instructor)나 에어로빅 강사(aerobic instructor)는 반드시 정해진 유니폼을 착용하고 회원들의 안전을 위해 복장을 통제해야 한다.

(2) 주요 시설

일반적으로 헬스클럽의 경우 시설은 규모에 따라 차이가 있으나 대개 체련장(gymnasium), 사우나(sauna), 수영장(swimming pool), 스쿼시(squash), 테니스장(tennis court), 실내골프장(indoor golf) 등이다. 또한 해변에 위치하고 있는 휴양지호텔(resort hotel)의 헬스클럽에서는 해양스포츠를 즐길 수 있는 요트(yacht)나 윈드서핑(wind surfing), 제트스키(jet ski), 수상스키(water ski) 등의 시설이 있으며, 산악지방에 위치한 휴양지호텔의 핼스클럽에서는 패러글라이딩(paragliding), 스키(ski)나 등산장비(climbing equipment) 등의 시설을 다양하게 갖추고 있다.

1) 수영장

수영은 전신운동의 효과가 있는 것으로 알려져 있기 때문에 여성고객을 포함한 대부분의 사람이 즐기는 운동이다. 특히 비만치료를 위해 많은 사람들이 수영을 하는데, 수영장 역시 위생이나 안전사고에 노출되어 있는 곳이기 때문에 철저히 관리하지 않으면 사고가 발생하기 쉬운 곳이다. 최근에는 건강과 몸매를 관리하는 데 효과가 있는 것으로 알려져 수영 인구가 점점 증가하고 있다.

a. 안전요원의 배치

수영장은 물속에서 운동을 하는 곳이기 때문에 수영에 대한 기본적인 지식이 없거나 음주상태에서 수영은 철저하게 통제되어야 한다. 또한 수영이 익숙할지라도 수영장을 철저히 감시하여 갑작스런 사고에 대비해야 한다. 수영장에 단 한 명의 고객이 수영을 하고 있어도 반드시 안전요원이 배치되어 안전에 대한 감시를 해야 하며, 특히 실내온도와 외부온도의 차이가 많이 나는 겨울에는 갑작스런 수영에 심장마비 등과 같이 몸에 이상이 있을 수 있으므로 충분한 준비운동 후에 수영할 수 있도록 통제해야 한다. 또한 안전을 위해 어린이와 성인을 구분하여 수영할 수 있도록 제도적인 관리가 요구되기도 한다.

b. 복장 및 위생 상태 점검

수영장은 물속에서 여러 사람이 공동으로 이용하는 곳이기 때문에 수영을 원하는 사람의 복장상태를 점검하여 클럽에서 정하는 복장(수영복, 수영모, 물안경 등)을 착용하고 수영을 하도록 해야 한다. 그리고 쾌적한 물의 상태를 유지하기 위해 피부병에 오염되어 있거나 몸이 불결하다고 판단되면 수영을 금지하도록 통제해야 한다.

이러한 통제도 하나의 서비스이기 때문에 사전에 모든 회원을 위한 조치라는 것으로 인식시켜 줄 필요가 있다. 만약 어느 한 고객이 복장이 불량하거나 몸의 위생상태가 불결한 상태에서 물속에 뛰어들면 여러 사람으로부터 항의를 면치 못할 것이다. 수영장의 질서는 사용자의 문화 수준을 나타내고, 시설물은 다양한 고객이 이용하므로 특히 개인위생에 신경을 쓰도록 해야 한다. 따라서 여러 사람의 위생을 위해서 수영장에서 정해놓은 규정에 따라 통제하여 청결한 상태에서 수영을 즐길 수 있도록 해야 한다.

2) 사우나

동양사람들 중에서 우리나라 사람들은 유난히 사우나를 즐긴다고 한다. 사우나는 원래 북유럽의 추운 지방에서 몸의 노폐물을 제거하기 위한 서비스에서 출발하였다고 전해지고 있는데, 아무튼 우리나라는 대부분의 호텔이나 헬스클럽에서 사우나시설을 운영하고 있다.

사우나는 보통 습식(wet type)과 건식(dry type)이 있는데, 습식은 일정한 밀폐된 공간에 증기를 발생시켜 땀을 흘리도록 하는 곳이고 건식은 적외선(infrared rays) 또는 복사열을 통하여 열을 발생시켜 땀을 유도하는 시설이다. 사우나 시설도 안전사고를 대비한 절차가 마련되어야 한다. 일반적으로 사우나 서비스를 위한 시설은 리셉션 데스크(reception desk), 라커룸(locker room), 샤워장, 목욕탕, 사우나, 글루밍(glooming), 휴게실 등이 있다.

a. 리셉션 데스크

리셉션 데스크는 사우나 고객의 접수와 사우나에 대한 정보 등 각종 정보를 제공하는 곳으로 대부분 휘트니스 센터 회원이 입장할 때 센터의 효율적인 관리 목적으로 개인 회원번호를 기록하도록 요구하고 있다. 그러나 입장객의 개인신상에 대해서는 신중하게 처리하도록 해야 한다.

또한 입장객을 위한 사우나 서비스에 대한 정보를 제공하거나 기타 서비스에 관한 안내를 담당하기도 한다.

b. 라커룸

헬스클럽이나 수영 및 사우나를 하기 위해서 옷을 갈아입을 수 있는 장소를 라커룸이라 한다. 라커룸은 언제나 쾌적한 공기가 유지되어 옷을 갈아입을 때 냄새가 나지 않도록 해야 한다. 또한 고객이 버린 수건이나 가운(gown) 등은 즉시 처리하여 깨끗한 분위기를 유지해야 한다. 사우나의 라커룸에서 종종 절도사건이 발생하는데, 이러한 경우를 대비하여 일부의 사우나에서는 옷장을 2중 잠금장치로 운영하기도 하나 고객의 편리성 측면에서는 매우 번거롭고, 개인의 프라이버시를 침해할 우려가 있다는 지적이 있기 때문에 운영방법의 신중한 선택이 요구된다.

c. 샤워장

사우나를 하기 위해 샤워를 하는 곳으로 보통 앉아서 하는 시설(seating shower)과 서서 하는 장치(standing shower)가 마련되어 있다. 샤워장에서는 보통 남자의 경우 면도나 양치를 하고 몸을 씻기 때문에 샤워장 주위에 흐트러진 타월이나 면도기, 칫솔 등을 주기적으로 청소해야 한다. 또한 샤워장에는 비누, 샴푸 등의 비품이 항상 정해진 위치에 비치되어 있어야 한다.

d. 목욕탕

목욕탕은 여러 사람이 공동으로 사용하는 곳이기 때문에 탕 안의 수질이나 온도를 철저히 관리해야 한다. 아마도 탕 내 물의 청정도는 사우나의 수준을 나타낸다고 해도 과언이 아니다. 탕 내에 부유물이 떠 있다든지 혹은 청정도가 떨어지면 사우나 고객은 탕 속에 들어가기를 꺼려할 것이다. 따라서 탕 내 관리자는 수시로 점검하여 탕 내의 물을 깨끗한 상태로 유지해야 한다. 또한 사우나 관리자는 탕의 철저한 위생관리를 위해 모든 고객은 반드시 샤워 후에 입욕할 수 있도록 통제해야 한다.

목욕탕은 일반적으로 물의 온도에 따라서 다음과 같이 냉탕, 온탕, 열탕으로 구분한다.

- 냉탕(cold bath) : 보통 물의 온도가 18℃ 이하로 유지되는 탕으로 겨울에는 문제가 없으나 여름에 냉탕을 유지하기 위해서는 특별한 장치가 요구된다.
- 온탕(warm bath) : 물의 온도가 약 38～40℃ 정도의 탕을 말하는 것으로 대

부분의 고객이 온탕을 이용한다. 물은 지속적으로 순환시켜 물의 청정도가 유지되도록 해야 한다.

- 열탕(hot bath) : 탕 내 물의 온도가 40～43℃ 정도를 유지하는 탕을 말하는 것으로 일반인이 입욕하기에는 너무 고온으로서 열탕은 주로 고령층의 고객이 많이 이용한다.

e. 사우나

사우나는 일정한 공간에 열을 가하여 대류온도를 뜨겁게 하여 사람의 몸에서 땀이 발산되도록 하는 장치로서 땀과 섞여 나오는 노폐물을 제거하기 위한 수단으로 이용되는데 허약한 사람이나 임산부 등은 절대로 사우나를 하지 않도록 통제해야 한다. 사우나도 도크(dock)의 온도관리가 매우 중요하다.

최근에는 사우나에 각종 약초(쑥, 인삼, 나무껍질 등)나 향을 비치하여 독특한 형태의 사우나를 운영하기도 한다.

- 건식(dry sauna) : 건식 사우나는 자외선 열이나 보일러 열, 전기를 이용한 열 등을 이용하여 사우나 도크의 온도를 가열하여 땀을 발산시키는 방식으로서 보통 70～120℃ 범위로 사우나의 특징에 따라서 온도를 유지시킨다.
- 습식(wet sauna) : 습식 사우나는 사우나 도크에 스팀(steam)이나 물안개를 뿌려 습한 상태에서 사우나를 하는 방식이다.

f. 글루밍 룸

글루밍 룸(glooming room)은 사우나를 마친 후 타월로 몸을 닦고 얼굴의 화장이나 헤어 스타일링(hair styling) 등을 할 수 있는 곳으로 쾌적한 상태가 유지되어야 하고 고객이 사용한 각종 리넨(linen)이나 빗, 화장품이 정리정돈 되어 있어야 한다.

그리고 이곳에서 사용되는 모든 비품은 항상 소독된 것을 사용하도록 한다. 호텔에서는 사용한 빗 등을 소독하기 위해 소독기(sterilizer)를 별도로 비치하고 있다.

g. 휴게실

우리나라는 사우나를 하고 난 다음에는 대부분의 고객들이 휴게실에서 휴식을 취하기 원한다. 이러한 고객의 욕구를 충족시키기 위해 휴게실에는 조용하고 쾌적한 상태의 공기가 공급되어야 하고 경우에 따라서는 영화나 TV 프로그램을 방영하기도 한다. 휴게실의 전등의 조도를 낮추고 TV나 영화 등의 시청을 위한 개인용 헤드폰 셋(headphone set)을 준비해 놓는다.

휴게실에는 보통 다음과 같은 것이 준비된다.

- 신문 : 당일의 지방지를 비롯하여 주요 중앙지를 비치한다.
- 잡지 : 비즈니스 월간지나 여성잡지, 기타 시사 주간지 및 월간지 등을 비치한다.
- 냉 · 온수 : 대부분의 고객이 냉수를 이용하지만 특별한 경우를 대비하여 온수도 같이 준비한다.
- 돋보기 : 시력이 약한 사람이 신문이나 잡지를 읽을 수 있도록 돋보기를 비치한다.
- 대형 타월(towel) : 수면을 취하거나 영화 등을 시청할 경우 배를 덮는 데 사용된다.
- 메모지 및 필기구(memo pad and stationery) : 휴게실에 비치하여 고객이 전화를 받거나 대화 시에 메모할 경우를 대비하여 호텔의 로고와 전화번호가 인쇄되어 있는 메모지와 필기구를 비치한다.
- 헤드폰 셋(headphone set) : TV 뉴스나 영상물을 조용한 가운데 시청할 수 있다.
- 개인용 디밍 라이트(dimming light) : 어두운 휴게실에서 안락의자 옆에 설치하여 신문이나 잡지를 볼 수 있다.

3) 체육관

체육관은 헬스클럽(health club), 휘트니스 센터(fitness center) 또는 체련장(gymnasium) 등으로 불리며, 에어로빅 룸(aerobic room)을 포함한 시설을 의미한다. 체육관이나 에어로빅 룸에도 역시 고객들이 안전하게 운동할 수 있도록 체련장 관리자(gym. instructor)와 에어로빅 강사(aerobic instructor)가 상주하여 근무해야 한다.

체육관에는 남성과 여성이 함께 운동할 수 있는 장소이기 때문에 특별한 매너가 요구되는 곳이기도 하다. 요즘에는 기본적인 운동을 할 수 있는 운동기구와 프로그램은 물론이거니와 개인건강을 점검해 주는 건강클리닉(health clinic)

시스템을 함께 운영하는 곳이 늘어나고 있다.

a. 복 장

체육관의 이미지와 고객의 안전을 위해 반드시 체육관에서 제공하는 운동복과 운동화를 착용하고 운동할 수 있도록 통제해야 한다. 체육관을 처음 방문하는 고객은 개인의 체력을 간단히 점검하고 시설의 사용방법과 체육관에서 운영하고 있는 각종 프로그램에 대한 안내를 한다.

b. 주요 시설물

- 러닝머신(running machine)
- 바벨(barbell)
- 덤벨(dumbell)
- 벤치프레스(bench press)
- 버터플라이(better fly)
- 래그 익스텐션(lag extension)
- 스텝머신(stair master)
- 자전거(bicycle)
- 에어워커(air walker)
- 벨트마사지기(belt massage machine)

2. 엔터테인먼트 서비스

(1) 나이트클럽

대부분의 관광호텔에서는 내방객과 투숙객을 위해 야간에 엔터테인먼트 서비스(entertainment service)로서 나이트클럽(night club)을 운영하는데 호텔마다 독특한 서비스를 제공하기도 한다.

호텔 나이트클럽은 투숙객과 내방객이 주로 이용하기 때문에 고객의 욕구를 충족시키기 위해서는 일반적인 서비스 방법과는 달리 매우 신중한 서비스가 제공되어야 한다. 왜냐하면 나이트클럽은 사교를 위한 장소이고 클럽의 분위기에 젖어 스트레스(stress)를 해소하기 위해 방문하는 고객이 대부분이기 때문이다.

그러나 대개 나이트클럽 서비스는 성격상 운영상의 어려움이 있다. 보통 외국인 투숙객의 비중이 많은 특급 관광호텔에서는 나이트클럽을 직영하여 자체에서 관리함으로써 서비스 수준을 통제하지만 일부 호텔에서는 전문서비스 용역업자에게 임대하여 운영하고 있기 때문에 호텔 서비스와 일관성이 없는 경우도 있다.

따라서 호텔 서비스와 연계하여 서비스 품질을 관리하기 위해서는 가능하면 호텔에서 직접 경영해야 한다. 일부 호텔에서는 나이트클럽의 서비스 수준을 향상시키기 위해 라이브 음악(live music)과 함께 유명연예인을 출연시키는 경우도 있다.

나이트클럽의 서비스를 제공하기 위해서는 다음과 같은 사항을 유의해야 한다.

1) 환영 및 안내

클럽을 방문하는 고객에게 따뜻한 환영의 메시지를 전달하고 예약고객인 경우는 예약좌석에 그리고 예약하지 않고 방문하는 고객에게는 상황에 따라 적당히 안내한다. 이때 클럽의 규정상 고객에게 요구되는 복장이나 금지사항(슬리퍼의 착용, 반바지 및 셔츠 차림, 만취된 고객, 미성년자 등)이 있으면 고객에게 기분이 나쁘지 않도록 기교와 재치를 발휘하여 입장을 완곡하게 거절하도록 해야 한다.

특히 미성년자의 통제를 위해 신분증의 확인이나 복장불량 고객 또는 만취고객 등을 통제하는 것은 매우 민감한 사항이기 때문에 종종 언쟁이 발생하는 경우도 있다.

2) 소지품 보관

나이트클럽은 사교가 이루어지는 공공장소이기 때문에 클로크 룸(cloak room) 서비스의 운영으로 개인의 소지품이나 코트, 모자 및 핸드백 등을 보관해 줄 의무가 있다. 특히 여성고객의 핸드백과 같은 물건은 현금이 들어 있을 수 있으므로 소지품 보관소에 보관하고 고객에게 보관증을 정확하게 발급해야 한다.

3) 주문 서비스

고객이 주문하는 서비스는 호텔식당과 같이 메뉴판(menu plate)을 제공한 다음 고객이 선택할 수 있는 시간을 주되 고객이 망설이는 경우에는 메뉴에 대한 내용을 자세히 설명하도록 한다. 만약 메뉴를 추천할 경우에는 상황에 따라 다르겠으나 보통 중간 정도 가격대의 메뉴를 추천하는 것이 바람직하다. 일단 고객이 주문을 하면 신속하고 정확하게 배달하도록 한다.

4) 안 전

나이트클럽은 음주와 가무가 허용되는 곳이기 때문에 종종 고객들의 언쟁으로 인하여 불미스런 사고가 발생할 수 있으며, 만취된 상태에서 무의식중에 주문을 하는 경우도 있다. 이러한 경우에는 팀장이 상황을 판단하여 다른 고객들의 분위기를 최소화하기 위해 호텔 자체의 안전부서 요원을 통하여 신속하게 처리하도록 해야 한다.

즉 어떠한 돌발사태가 발생하였을 경우에는 직접 개입하는 것보다 안전부서나 경비요원이 처리하도록 맡기는 것이 바람직하다. 이러한 사고를 사전에 방지하기 위해서 대부분의 클럽에서는 안전요원이 항상 대기하며, 사고발생 시 신속하게 처리할 수 있는 시스템을 갖추고 있다.

(2) 바

바(bar)는 나이트클럽과 비교하면 조용한 분위기에서 음악을 감상하면서 술을 마실 수 있는 곳으로 최근의 호텔은 독특한 분위기와 서비스를 제공하는 바(jazz bar, piano bar 등)를 운영하여 고객들로부터 호응을 얻고 있다. 이와 같은 형태의 바는 대부분 라이브 음악(live music)을 감상하면서 술을 마실 수 있기 때문에 다양한 프로그램을 마련하여 고객들이 즐거운 마음으로 서비스를 제공받을 수 있도록 해야 한다.

요즘에는 대부분 고급호텔에서는 나이트클럽과 바를 동시에 운영하여 고객들의 취향에 따라 선택하도록 하고 있으며, 바의 서비스도 나이트클럽과 거의 동일한 수준에서 이루어진다.

제 3 절

연회 및 식당 관리 서비스

1. 연회관리 서비스

일부 계층 사람들의 전유물로 인식되어 왔던 호텔 서비스 상품은 경제적인 수입의 증가와 노동시간 단축 등의 라이프스타일(life style) 변화로 인하여 일반 대중에게도 보편화되고 있는 가운데 최근에는 국제화 수준을 넘어 세계화의 추세로 교통과 통신망이 혁신적으로 발전되고 각 분야에 있어서 국가 간의 교류가 확대되고 있기 때문에 호텔 이용률이 매우 높아지고 있다.

연회상품은 호텔의 매출액에 지대한 공헌을 하고 호텔의 홍보역할을 담당하여 객실과 각 영업장의 매출액 증대에도 큰 영향력을 가지게 되었다. 또한 호텔상품 중 연회부문은 컨벤션(convention)과 연회라는 이름으로 국가 간의 경제, 정치, 행정, 외교문화, 군사, 과학 등 다각적인 분야에서 정보교환, 학술교류, 친선도모와 자국민의 문화공간 역할장소로서 일익을 담당하고 있다.

따라서 연회시장의 잠재력은 대단히 크기 때문에 상품개발 수준에 따라 고급 연회행사를 유치할 수 있으며, 이를 통하여 호텔 매출증진을 추구할 수 있으므로 연회부문에 대한 철저한 분석으로 효율적인 연회 운영방안을 개발하는 데 최선을 다해야 하겠다.

생활수준의 향상과 핵가족화 등으로 인하여 대규모의 가족모임 형태에서 점차 소규모 단위 가족모임행사 및 고급화 추세로 연회행사가 이루어지고 있다. 또한 노령인구 증가에 따라 회갑연은 물론 고희연, 금혼식의 행사가 점차 증가하게 될 것이며 여성의 사회참여도가 활발해짐에 따라 각종 가정모임(돌잔치, 집들이, 생활잔치 등)이 호텔의 연회장에서 이루어질 전망이다.

또한 연회는 객실상품과 같이 상품이 한정되어 있으나, 행사의 규모나 목적에 따라 공간의 이용형태가 달라질 수 있기 때문에 보다 유동적으로 운영할 수 있는 특징이 있다.

연회전문 대행업체의 계속적인 증가로 호텔은 새로운 경쟁에 직면하고 있으며 이들과의 경쟁에서 앞서가기 위해서는 구태의연한 연회연출에서 탈피하여 연회행사를 위한 잠재고객의 발굴에서 시작하여 사후관리에 이르기까지 진보적인 인력구성에 새로운 변화가 있을 것으로 보인다.

(1) 예약 서비스

연회행사를 위한 예약은 실질적인 예약 이전에 가예약(blind reservation)이 먼저 이루어지기 때문에 예약담당자는 연회장의 상황과 연회행사의 성격을 면밀히 검토하여 행사예약이 겹치면 다른 날짜로 변경할 것을 권유하거나 수익률이 높은 행사를 선택하고 행사가 없는 날에는 연회판촉담당자들과 정보를 공유하여 저렴한 가격으로 행사를 실시하고자 하는 고객들에게 판매하도록 노력해야 한다.

따라서 예약 담당자는 연회행사에 대한 전반적인 정보를 숙지하고 있어야 하며 고객이 전화상으로 문의하거나 직접 방문하여 문의하는 경우 고객의 관심을 끌 수 있어야 한다.

1) 가예약

연회행사는 행사 진행자가 원하는 날짜를 내부적으로 정해 놓고 행사의 성격에 맞추어 복수의 호텔 연회실을 확보해 놓은 상태에서 행사내용을 구성하기 때문에 연회실에 대한 예약을 하였다 할지라도 그것이 최종예약(confirmed reservation)이라고 볼 수 없다.

따라서 행사에 대한 확실한 내용 제시 없이 연회장을 예약해 놓은 상태에서 다른 고객으로부터 동일한 날짜에 예약 문의가 있을 경우에도 거절하지 않고 가예약을 한 고객과 함께 행사에 대한 내용을 확인받아 최종예약을 하도록 해야 한다. 왜냐하면 대부분의 고객은 행사의 장소를 결정할 때 경쟁사 호텔과 동시에 검토하기 때문에 기회를 상실할 경우도 있기 때문이다.

물론 이러한 가예약을 접수한 경우에는 판촉담당자는 고객을 방문하여 자세한 내용을 문의하고 행사에 필요한 제반사항의 정보를 제공한다. 또한 예약을 접수할 경우에는 예약을 의뢰한 사람의 전화번호를 남겨 비상시에 즉시 연락이 가능하도록 한다.

2) 최종예약(confirmed reservation)

연회행사를 위한 연회장소를 포함한 구체적인 계획을 수립하고 호텔에 예약을 하는 경우도 있지만 대부분 고객은 행사를 위해 여러 장소를 검토한 다음 결정하기 때문에 가예약을 한 후 구체적인 내용이 확정되면 최종예약을 한다. 따라서 최종예약을 성사시키기까지는 어느 정도의 시간이 필요하기 때문에 연회영업을 담당하는 팀장은 최종예약을 성사시키기 위해 최선의 노력을 해야 한다.

(2) 행 사

일단 행사계약이 체결되면 성공적인 행사가 될 수 있도록 하는 것은 호텔 측의 책임이므로 계약 내용에 따라 행사에 필요한 자재나 인원구성의 계획을 수립하여 행사의 진행에 차질이 없도록 해야 한다. 이러한 계약 내용에 대한 준비는 연회행사 서비스팀에서 담당한다.

확정된 연회행사를 개최하기 위해서 마케팅 부서에서는 연회행사를 위한 관련부서와 협조회의(coordination meeting)를 주관하고 그 결과에 따라 업무지침을 관련부서에 통보하여 준비상황을 철저히 감독해야 한다.

행사의 개최가 주최 측이 원하는 대로 이루어질 수 있도록 진행자와 서비스팀 사이의 매개역할을 하고, 행사진행 중 불가피하게 변경사항이나 추가사항이 발생할 경우 진행자와 협의하여 결정한다.

1) 준비물

일반적으로 호텔의 연회 서비스 부서는 식음료 부서에 귀속시켜 운영되고 있으나 도심지의 대형 호텔에서는 전문적인 연회 서비스를 제공하기 위해 별도의 부서로 운영되고 있다. 또한 식음료 매출 중에서 연회 서비스 부서가 차지하는 비중이 점점 증가됨에 따라 서비스의 중요도가 부각되고 있다. 다양한 목적의 연회행사가 이루어지기 위해서는 식음료 서비스가 필수적으로 제공되는데 이러한 행사나 파티에 이용되는 기물들은 다음과 같다.

a. 행사 알림판(sign board)

행사에 참석하는 고객을 위해 행사의 명칭, 시간 및 형태, 행사의 위치 등을 표시하는 것으로 과거에는 수기로 기록하였으나 최근에는 문자판을 이용하여 행사의 내용을 표시하거나 전광판을 이용하여 표시하기도 한다. 행사 알림판은 적어도 행사가 시작되기 2~3시간 전에 호텔의 로비와 고객이 이동하는 적당한 장소에 비치해야 한다.

b. 리셉션 데스크(reception desk)

행사에 참석하는 고객을 위해 안내데스크(information desk)를 설치하는데, 이곳에서는 보통 행사 참석자를 위한 방명록 작성 및 참석자의 확인, 명찰 및 책자의 배부, 좌석배정, 기념품 증정 등의 목적으로 이용된다.

리셉션 데스크는 주로 행사의 주최 측에서 운영하는 것으로 행사의 규모에 따라 적당한 크기의 테이블을 설치하고 테이블클로스(table cloth) 및 스커트(skirt) 등으로 장식한다.

c. 문구류(stationery)

회의를 위한 행사인 경우 테이블 세팅(table setting)이 완성되면 반드시 테이블 위에 호텔에서 자체 제작한 문구류를 제공하도록 한다. 여기에서 사용되는 호텔로고(hotel logo)가 포함된 문구류는 호텔을 선전할 수 있는 좋은 기회가 될 수 있다.

회의용 테이블에 세팅되는 문구류는 보통 다음과 같은 것들이 있다.

- 볼펜
- 연필
- 사인펜
- 칼
- 메모지

d. 연회용 테이블

- 정사각형 테이블(square table)
- 직사각형 테이블(rectangular table)
- 원형 테이블(round table)
- 반달형 테이블(half round table)

<표 4-2> 연회용 테이블

테이블 형태	규 격 (cm)	인원수 및 용도 (stacking chair)	비 고
사각 테이블 (square table)	90(L)×90(W)×73/75(H) 180(L)×90(W)×73/75(H)	6인용	케이크 테이블
세미나 테이블 (seminar table)	180(L)×90(W)×73/75(H)	3인용	다목적용
원형 테이블 (round table)	90(ø)×73/75(H) 120(ø)×73/75(H) 160(ø)×73/75(H) 180(ø)×73/75(H)	4인용 6인용 8～10인용 10～12인용	칵테일 및 일반연회용
반원형 테이블 (half round table)	90(ø)×$\frac{1}{2}$×73/75(H) 160(ø)×$\frac{1}{2}$×73/75(H) 180(ø)×$\frac{1}{2}$×73/75(H)	90(ø)×73/75(H)용 160(ø)×73/75(H)용 180(ø)×73/75(H)용	테이블 연결용
$\frac{1}{4}$ 테이블 (quarter round table)	90(ø)×$\frac{1}{4}$×73/75(H) 160(ø)×$\frac{1}{4}$×73/75(H) 180(ø)×$\frac{1}{4}$×73/75(H)	90(ø)×73/75(H)용 160(ø)×73/75(H)용 180(ø)×73/75(H)용	테이블 연결용
크레센트 테이블 (crescent table)	360(ø)×180(ø)×$\frac{1}{4}$×3/75(H)		테이블 연결용

e. 스커트와 테이블클로스

- 스커트(skirt) : 61cm, 81cm, 101cm
- 테이블클로스(table cloth)
  - 4인용 테이블클로스 : 136cm×136cm
  - 6인용 테이블클로스 : 243cm×136cm
  - 블록용 테이블클로스 : 578cm×12cm
  - 10～12인용 원형 테이블클로스 : ø 243cm
  - 반원형(half round) 테이블클로스 : 136cm×136cm
  - 크레센트(crescent) 테이블클로스 : 136cm×220cm 외각 ø
  - 교실용 테이블클로스 : 304cm×90cm

f. 장 비

연회행사에 필요한 장비는 행사 성격에 따라 매우 다양하게 준비된다. 특히 회의를 위한 연회행사의 경우에는 회의실 내에 설치될 수 있는 장비가 다양하게 갖추어져 있어야 한다. 보통 회의를 위한 행사에 사용되는 장비는 다음과 같다.

- OHP(overhead projector)
- 슬라이드 영사기(slide projector)
- 빔 프로젝터(beam projector)
- 이동 스크린(mobile screen)
- 고정 스크린(fixed screen)
- 영화 영사기(movie screen)
- 실물화상기(visual projector)
- 노트북 컴퓨터(notebook computer)
- 플립차트(flip chart)
- 화이트보드(white board)
- 전자 포인트(electronic pointer)
- 코르크 보드(cork board)

g. 요리전시용 기물

- 요리전시용 테이블(table for food presentation)
- 테이블용 스포트라이트(spot light for table)
- 아이스 카빙(ice carving)

h. 촛대(candle stick)

- 원형 테이블과 사각 테이블용 촛대
- 세 가닥 촛대
- 특수형 촛대

i. 이동식 바(movable bar)

식사를 겸한 행사일 경우 식사하기 전에 보통 음료를 마시면서 사교의 시간이 주어지는데, 이때 참석자가 기호에 따라 마실 수 있는 다양한 종류의 주류 및 음료를 준비하여 임시로 설치한 바를 의미한다.

이동식 바는 주최자의 요구에 따라서 고객이 마시는 모든 음료나 주류를 지불하거나 혹은 주문한 음료나 주류를 고객이 지불(cash and carry bar)하는 경우도 있다.

j. 기 타

- 의자(chair) : 연회장의 분위기 따라 다양한 형태의 의자가 있다. 보통 의자의 높이는 45cm이며 접의자보다는 회의용 의자가 격을 높여 준다.
  - 회의용 의자
  - 접의자
- 트롤리(trolley) : 연회 서비스에 필요한 각종 기물을 운반하기 위해 사용되는 것으로 이동 시 충격과 소음을 최소화하여 제작한다.
- 귀빈용 카펫(red carpet)
- 댄싱 플로어(dancing floor)

2) 테이블 세팅(table setting)

a. 강연식/극장식 세팅

b. 회의실 테이블 세팅

- V자형 테이블 세팅 : 이 형태는 승리를 의미하는 'victory'의 V자를 의미하는 것으로 맨 앞의 연단을 중심으로 의자를 연단을 향해 30°각도로 배열하는 방식이다.
- U자형 테이블 세팅 : U자형 세팅은 직사각형 테이블을 혼합하여 U자형으로 배열한 것으로 전체적인 크기는 참석자의 인원수에 따른다. 1인당 요구되는 공간은 회의 성격상 회의자료를 많이 펼치고 회의를 해야 할 경우를 제외하고는 대략 60cm 정도이다.
- E자형 테이블 세팅 : 이 형태는 헤드 테이블(head table)을 중심으로 가능하면 많은 사람이 앉을 수 있도록 배치하는 형태로 U자형의 배열에서 가운데에 하나의 열을 추가한 것이다.
- T자형 테이블 세팅 : 헤드 테이블(head table)에 앉을 수 있는 인원수를 고려하여 충분히 붙여놓고, 그 테이블의 중앙부로부터 회의실 안쪽으로 필요한 길이만큼 테이블을 겹쳐서 연결한다.
- 일자형 테이블 세팅 : 테이블을 일렬로 배열하여 좌석으로 배치하는 것으로

참석인원을 감안하여 충분히 수용할 수 있도록 테이블을 겹쳐서 세팅한다.

- 홀로 스퀘어(hollow square)형 세팅 : 이 형태의 세팅은 U자형과 유사하지만 U자형의 터진 부분이 막혀진 것이며 의자는 외각 쪽에만 배열한다. 이 형태는 회의 참석자의 직위나 계층을 구분하지 않고 배열하는 방식이다.
- 말굽(horse shoe)형 세팅 : 이 형태의 세팅은 헤드 테이블과 양쪽다리 부분 테이블 간의 연결부분은 곡형 테이블로 사용한 것이다. 의자는 곡형 테이블에도 연속적으로 놓는다.
- 홀로 서큘러(hollow circular)형 세팅 : 이 형태의 테이블 세팅은 말굽형 테이블 세팅과 동일하나 단지 양끝 부분을 테이블과 2개의 곡형 테이블을 이용하여 막아 놓은 것이다.
- 교실(class room)형 세팅 : 교실형 테이블 세팅은 강의를 위한 세팅 형태로서 연단과 플로어 좌석(floor seat)을 구분하여 배열한다. 강당의 크기에 따라 둘씩 혹은 셋씩 열을 지어 가운데 통로를 넉넉히 만들며 줄을 지어 세팅한다. 앞 뒤 테이블의 거리는 1m 이상이어야 하며, 참석자의 의자 간격은 60cm 정도로 배열한다.
- 원형 테이블 세팅(round table setting) : 원형 테이블 세팅은 원탁형 테이블을 이용하여 연회장을 세팅하는 것으로 식사를 겸한 회의는 거의 원탁을 이용한 테이블 세팅을 한다. 그러나 원탁 테이블 세팅은 참석인원 수를 충분히 감안하여 서비스를 제공하는 사람들인 통행하는 데 불편이 없도록 해야 한다.

3) 식사 서비스(meal service)

연회행사를 위한 식사 서비스는 행사 목적이나 성격 등에 관한 내용을 서비스를 담당하는 모든 종업원이 정확하게 파악하여 그에 알맞은 서비스가 제공되도록 해야 한다. 따라서 행사가 시작되기 전에 팀장은 종업원들에게 행사에 대한 절차와 방법에 관한 정보를 전달하고 교육하여 주최자가 기대하는 수준 이상의 서비스가 제공되도록 해야 한다.

연회장의 식사 서비스는 마치 연주를 하는 오케스트라 팀(orchestra team)이 움직이는 것과 유사하다. 그 이유는 연회행사의 서비스를 책임지는 팀장의 서비스에 대한 지시사항이 동시 다발적으로 전달되어 행동으로 옮겨져야 하기 때문이다. 대부분 연회행사의 식사는 코스별로 음식이 제공되기 때문에 규모에 따라 약간의 차이는 있겠으나 대규모인 경우에는 서비스를 신속하게 제공하여 코스별로 제공되는 음식을 적기에 제공하도록 해야 한다.

서비스 담당자들은 서비스의 분위기를 한층 돋보여 예술적인 가치를 추구하기 위해 연회장 입구에 질서정연하게 대기하였다가 팀장의 지시에 따라 입장한다. 입장이 완료되면 서비스 담당자는 서비스 범위를 구역별로 정하고 식사 서비스를 준비한다. 식사는 행사 주빈에게 가장 먼저 제공되어야 하며, 다른 테이블의 고객도 주빈의 서비스 시작과 함께 음식이 코스별로 제공된다.

음식을 제공하기 위해서는 담당한 구역의 식사 상황을 철저히 관찰하고 고객이 요구하는 서비스를 적기에 제공하도록 최선을 다해야 한다.

a. 기물 세팅

주최자의 요구나 음식 종류 또는 행사 목적에 따라 테이블 세팅(table setting)도 다양하다. 테이블의 기본세팅도 호텔 이미지에 많은 영향을 미칠 수 있기 때문에 미적 감각을 고려해야 한다. 즉 연회행사를 위한 테이블의 독특한 세팅은 하나의 예술작품과도 같기 때문에 독특하고 창의적인 아이디어가 요구된다.

b. 차림표 세팅

차림표(menu)는 당일 제공되는 음식의 종류와 코스를 참석한 고객이 알아볼 수 있도록 일목요연하게 정리하여 테이블에 비치한다. 차림표 역시 호텔 이미지와 밀접한 관계가 있기 때문에 예술적으로 디자인하여 내용을 수록하도록 한다. 일부 호텔에서는 차림표를 고객들이 기념으로 가져갈 수 있도록 독특한 디자인과 함께 제작하여 예술적 가치를 부여하기도 한다.

c. 얼음물 제공

얼음물은 식사의 기본이 되는 음료이기 때문에 테이블 위의 기물이 세팅이 완료되면 회의 직전에 참석자의 테이블 위의 물컵에 얼음물을 약 80% 정도 채우도록 한다.

d. 음식 제공

미리 정해진 음식은 코스별로 제공되는데 음식을 주방에서 준비하여 고객에게 음식을 주빈석을 시작으로 가능하면 동일한 코스의 음식이 동시에 그리고 가장 신속하게 제공되도록 한다. 또한 하나의 코스 음식을 제공하고 다음 코스 음식을 제공하기 위해서는 접시와 포크(fork), 나이프(knife) 등을 치우는데 이러한 기물을 치울 때에는 반드시 고객에게 양해를 구한 다음 "실례하겠습니다"라는 말과 함께 치우도록 한다. 기물은 가능하면 소리가 나지 않도록 조용히 치우도록 한다. 그리고 식사 중에 물컵의 얼음물은 반 이상 마셨을 경우에 물을 채워(refill) 주도록 한다.

e. 기물 치우기

식사가 종료되면 세팅한 기물을 모두 테이블에서 제거해야 하는데, 기물을 치울 때에는 동종의 기물끼리 모아 파손되지 않도록 운반한다. 대개 테이블 위의 기물을 치우는 방법은 다음과 같다.

- 두 개의 트롤리(trolley)를 이용한다.
- 여러 개의 인세트(inset)를 끼워 놓는다.
- 하나의 인세트에는 은기물과 같은 식탁기물을 담고, 하나는 남겨진 음식물을, 다른 인세트에는 종이나 담뱃재 등을 담는다.
- 접시류는 크기별로 구분하여 겹쳐서 놓는다.
- 글라스는 글라스 랙(glass rack)을 이용하여 모은다.
- 사용된 기물은 세척실로 옮긴다.
- 사용된 리넨(linen)은 모두 수거하여 세탁실로 보낸다.
- 센터피스(center piece)의 내용물은 수거하여 보관소에 보관한다.
- 사용하지 않은 크림, 밀크, 버터 등으로 주방으로 보낸다.
- 테이블은 접어서 보관소에 쌓아두고 주위의 정리정돈과 함께 청소를 실시한다.

2. 식당관리 서비스

(1) 영업준비절차 및 테이블 세팅

1) 영업준비

영업준비(mise-en place : 미장플라스)는 식당에서 고객이 안락한 분위기에서 숙달된 접객 종업원의 서비스에 의해 최상의 만족을 느낄 수 있도록 고객이 식당을 방문하여 식사를 마치고 돌아갈 때까지 필요한 영업을 위한 모든 준비를 의미하는 프랑스어이다. 즉 식당 내의 청결상태, 환경정리와 정돈, 식탁의 배치와 고정, 각종 테이블 리넨류 준비, 사이드 스테이션(side station)의 기물류 보충상태를 규정대로 준비하는 것을 말한다.

호텔의 고급식당에서는 품위를 위해 일상적인 식당 주변환경의 정리뿐만이 아니라 식탁의 기물이나 리넨 등을 식사 내용이 고려되고, 분위기에 알맞은 독특한 형태나 색상으로 세팅하기도 한다.

효율적인 영업준비를 하기 위해서는 다음과 같은 사항을 점검해야 한다.

- 식당 영업을 위해 준비업무가 시작되면 가장 먼저 인수인계 일지(logbook)를 확인해야 한다.
- 입구에 차림표를 고객에게 잘 보일 수 있도록 진열하고 예약상황을 확인한다.
- 사용된 기물과 테이블을 정리한다.
- 식당 내부를 깨끗이 청소한다.
- 각종 기물(글라스웨어, 차이나웨어, 실버웨어 등) 및 장비를 점검한다.
- 소모품이나 양념류 및 소스류를 준비한다.
- 종업원의 위생상태와 용모를 점검한다.
- 오늘의 특별요리, 판매 불가능한 요리 및 재고가 많은 요리 등을 파악하여 적극적으로 판매해야 할 메뉴를 숙지한다.
- 영업장의 조명 및 음향기기 등의 상태를 점검한다.
- 영업장의 전체적인 분위기를 점검한다.

a. 청소 및 환경정리

아늑한 분위기에서 즐거운 식사를 위해서는 식당 주변이 청결하고 잘 정돈된 상태가 되어야 한다. 따라서 식탁을 꾸미기 전에는 식탁과 의자를 비롯하여 조그만 장식에 이르기까지 영업장 내의 구석구석 조그만 부분까지 철저하게 청소가 실시되어야 한다.

b. 식탁 위치의 고정

안락한 상태에서 식사하기 위해 식탁은 고객이 불편을 느끼지 않도록 배치되어야 하며, 흔들리지 않도록 바르게 고정되어야 한다. 테이블 상단의 언더클로스(under cloth)에 주름이 발생되지 않도록 테이블클로스를 평평하게 깔고, 상단에 언더클로스가 깔리지 않은 테이블은 담뱃재나 취급상의 파손을 확인하여 적절한 조치를 취한다. 일반적으로 식탁 높이는 70~75cm, 의자 높이는 40~45cm가 표준이며, 한 사람이 점유하는 좌석의 폭은 70cm를 기준으로 한다.

c. 테이블클로스

테이블클로스(table cloth)는 일반적으로 흰색을 사용하지만, 최근에는 식사의 목적과 분위기에 따라 색과 무늬가 들어 있는 다양한 종류의 클로스가 사용되고 있는 추세이다. 테이블클로스는 깨끗하게 다림질이 되어야 하며, 클로스를 깔 때는 접었던 선이 식탁의 가로, 세로와 평행이 되도록 해야 한다. 이때 테이블에서 늘어지는 클로스의 길이는 40cm 정도가 되도록 한다.

d. 냅 킨

냅킨(napkin)의 크기는 50cm×50cm가 표준형이나 다소의 차이가 날 수도 있다. 색상과 모양은 식탁의 분위기에 알맞은 격조 높은 것이라야 하며, 경우에 따라서는 색상과 모양을 바꾸어 변화 있는 분위기를 연출하기도 한다.

e. 센터피스

센터피스(center piece)의 원래 의미는 뷔페 식사 때 테이블 중앙에 놓이는 데커레이션용 케이크나 생선요리, 닭찜, 바다가재 또는 얼음조각장식 등을 말하나 여기서는 사기의 배열을 말한다. 즉 식사 후의 디저트용 도기제 또는 은제로 된 공예품이나 조각품접시, 꽃꽂이[44], 캐스터[45], 재떨이, 촛대, 설탕통, 냅킨홀더(napkin holder), 각종 소스병, 얼음조각(ice piece) 등을 들 수 있다.

f. 기물류

테이블 세팅에 사용할 은기류, 도자기류, 글라스류를 깨끗하게 세척하여 얼룩

44) 식탁용 꽃꽂이는 병에 꽂거나 수반을 이용하며 보통 홀수로 꽂는다. 그러나 꽃의 높이는 상대방과 이야기하는 데 지장이 없도록 해야 한다.

45) 캐스터(caster)는 식탁의 중앙에 배열되는 것으로 소금, 후추병, 간장 등의 각종 조미료 통(condiment container)을 말하는 것으로 조미료 통은 항상 내용물이 가득 차 있어야 하며 응고되거나 구멍이 막히지 않도록 해야 한다.

진 곳이 없도록 닦아서 올려놓는다. 특히 은기류는 테이블 기물 중에서 가장 고객의 시선을 끌 수 있는 것이기 때문에 취급 시 다른 기물보다 더욱 세심한 주의를 기울여야 한다.

2) 테이블 세팅

기본적으로 식탁은 집기나 요리를 올려놓은 상태에서 움직이지 않아야 하고 의자는 적당한 간격으로 배치가 되어야 하며 깨끗하고 청결하게 유지되어야 한다.

a. 테이블

테이블 규격은 다양하나 일반적으로 테이블 높이는 72~75cm가 표준형으로 제작이 되고 있다. 폭은 4인용 정사각형 테이블(square table)일 경우 가로, 세르의 크기가 90cm×90cm으로 케이터링서비스(catering service)에 주로 사용된다. 고객 수에 따라 테이블 형태는 2인용 듀스(duce) 테이블, 장방형 테이블(rectangular table)을 사용하기도 한다.

- 식탁과 의자 규격 : 식탁 규격은 요리의 특징과 사용하는 용도 및 고객의 수에 따라 다양한 형태가 있으며, 식사의 내용이나 식당의 분위기를 고려하여 적당한 형태의 것을 사용한다.
- 배치 시 주의사항
  - 항상 수평을 유지하고 움직이지 않도록 해야 한다.
  - 밑부분에 먼지나 오물 등을 깨끗하게 청소한다.
  - 연결하여 세팅했을 경우 이음부분의 높이차이가 나지 않도록 한다.
  - 세팅의 중앙과 옆좌석 세팅의 중앙과는 60cm 정도 간격을 유지하도록 한다.

b. 의 자

의자 높이는 형태에 따라 다르겠으나 대개 42~45cm로서 앉는 부분의 넓이는 50cm×50cm가 적당하다. 테이블 세팅 시 클로스의 늘어진 끝의 의자 높이와 평행을 이루도록 한다. 최근에는 식사 성격에 따라 의자도 여러 가지 색깔의 천을 의자 등받이 커버(back cover)로 사용하여 식사분위기를 고조시키기도 한다. 의자를 세팅할 경우 주의사항은 다음과 같다.

- 의자가 흔들리거나 소리가 나면 즉시 교체한다.
- 앉는 부분과 등받이 부분의 쿠션에 오물자국이 있는지를 점검한다.
- 프레임(frame)에 먼지를 제거한다.
- 점검이 완료된 의자를 세팅의 중심에 맞추어 적당히 배치한다.

c. 센터피스

- 꽃꽂이 : 꽃은 사람의 마음을 훈훈하게 하고 여유를 가질 수 있는 분위기를 조성하기 때문에 식탁의 품위를 더욱 돋보이게 한다. 특히 고급식당에서 주로 장식되어 식탁을 우아한 분위기와 향기로 식사를 즐겁게 한다. 꽃꽂이의 꽃병은 광택이 나도록 닦아야 하고, 꽃은 싱싱한 느낌을 줄 수 있어야 한다.
- 촛대 : 식탁에 촛불은 저녁식사에 주로 이용되는 것으로 식탁의 고객이 하나가 되는 느낌을 주는 장식이다. 촛불이 주는 깊은 의미를 감상할 수 있으며 주의를 집중시킬 수가 있다. 촛불을 사용할 경우에 주의해야 할 사항은 고객이 착석한 다음 불을 켜고, 촛대가 너무 높아 상대방의 얼굴을 가리지 않도록 해야 한다.

<표 4-3> 테이블 세팅의 기본원칙

구 분	세 팅 방 법
쇼플레이트 은 기 류	식탁 가장자리로부터 2cm 정도의 간격으로 두고 놓는다.
기 물 류	전체적인 균형을 이룰 수 있도록 적당한 간격으로 보기 좋게 놓는다.
빵 접 시	쇼플레이트의 중앙선과 일치하도록 세팅한다.
디너 나이프	칼날이 안쪽으로 향하도록 한다.
버터나이프	빵 접시 위에 오른쪽으로 $\frac{1}{4}$ 정도 되는 위치에 포크의 배열선과 맞춰 놓는다.
물 컵	디너 나이프의 끝 쪽 연장선과 디저트 스푼과 포크의 중앙배열선이 교차되는 곳에 놓는다.
와 인 잔	물컵의 오른쪽, 아래쪽으로 45° 대각선상에 놓는다.
센 터 피 스	테이블의 종류와 세팅 인원에 따라 달라질 수 있겠으나 일반적으로 좌측부터 재떨이, 후추, 소금, 꽃병의 순으로 배열한다.
성 냥	알맹이 하나의 끝을 성냥갑 밖으로 나오게 하여 재떨이 앞쪽에, 상표를 고객이 볼 수 있도록 놓는다.

d. 재떨이와 성냥

재떨이는 항상 물기가 없어야 하며 사용한 흔적이 없어야 한다. 또한 모서리 등이 파손된 상태의 재떨이를 사용해서는 안 된다. 최근에는 고객의 건강을 위해 금연식당이 증가하고 있는 추세에 있으나 식당 자체를 금연식당으로 지정하지 않는 한 식탁에 재떨이와 성냥이 반드시 비치해야 한다.

e. 설탕통

설탕통(sugar bowl)은 주로 후식의 커피를 마실 때 이용하는 것으로 통은 항상 윤이 나도록 청결하게 해야 하고 설탕이 굳어 있거나 오물이 들어 있는가를 확인한다. 또한 설탕의 레이들(ladle)에 설탕이 묻어 있는가를 점검해야 한다.

f. 크림통

크림통(cream pitcher)은 오물이나 기타 불순물이 묻어 있는지 확인하고 프레시 크림(fresh cream)은 미리 담아 차가운 곳에 보관한다.

3) 테이블 세팅의 순서

식당의 특성과 종류에 따라 테이블 세팅에 대한 매뉴얼(table setting manual)을 자체의 표준대로 세팅을 하나 일반적인 순서는 다음과 같다.

- 테이블과 의자의 위치를 확인한다.
- 언더 클로스(under cloth)를 편다.
- 테이블클로스(table cloth)를 편다.
- 센터피스(center piece)를 세팅한다.
- 쇼플레이트(show plate)를 세팅한다.
- 빵접시(bread plate)를 세팅한다.
- 디너용 나이프와 포크(dinner knife & dinner fork)를 세팅한다.
- 생선용 나이프와 포크(fish & knife & fish pork)를 세팅한다.
- 수프 스푼(soup spoon)과 샐러드 포크(salad fork)를 세팅한다.
- 애피타이저용 나이프와 포크(appetizer knife & appetizer fork)를 세팅한다.
- 버터용 나이프(butter knife)를 세팅한다.
- 디저트 스푼과 포크를 쇼플레이트(show plate) 위쪽에 세팅한다.

- 글라스류를 세팅한다.
- 냅킨을 편다.
- 식탁 전체의 균형을 점검한다.

4) 테이블 세팅의 방법

a. 포크와 나이프

- 나이프는 날이 안쪽으로 향하도록 우측에 수직으로 세팅한다.
- 포크는 날 부분을 위로 향하게 해서 좌측에 수직으로 세팅한다.
- 손잡이는 식탁 끝으로부터 1.5~2cm 정도 올려서 세팅한다.
- 버터나이프는 빵 접시의 오른쪽 위에 포크와 나란히 세팅한다.
- 그밖의 포크와 나이프는 고객의 주문에 따라 추가로 세팅한다.

b. 글라스류의 세팅

- 물컵(water goblet)을 중심으로 와인글라스류가 세팅된다.
- 물컵은 고기용 나이프의 약 1.5~2cm 정도 위에 세팅한다.
- 물컵을 중심으로 마름모꼴이나 사선형으로 백포도주용 글라스(white wine glass), 적포도주용 글라스(red wine glass), 샴페인용 글라스(champagne glass)의 순서로 세팅된다.
- 세팅 시 한 사람의 고객 앞에 4개 이상의 글라스를 세팅하지 않는다.
- 글라스류를 취급할 때에는 반드시 손잡이나 밑부분을 잡아야 한다.
- 세팅하기 전에 글라스의 윗부분에 손자국이나 오물자국 등을 점검한다.

c. 고객 앞에서의 테이블 세팅

좌석을 정한 고객으로부터 요리의 주문을 받은 후 요리에 맞추어서 테이블을 세팅하는 경우에는 다음과 같은 요령으로 한다.

- 테이블에 전혀 세팅이 되어 있지 않은 경우 주문에 따라 세팅한다.
- 일부가 세팅되어 있을 때는 주문에 따라서 필요한 기물을 세팅한다.
- 세팅이 완료된 테이블에서는 주문에 따라 불필요한 기물을 치운다.

고객이 식당의 좌석에 앉아 있는 경우에 테이블 세팅을 실시할 때에 주의해야 할 사항은 다음과 같다.

• 기물을 테이블로 옮길 때나 치울 때에는 반드시 트레이(tray)를 사용해야 한다.
• 기물이 부딪쳐 소음을 내지 않도록 한다.
• 나이프나 포크를 세팅할 경우에는 나이프나 포크의 끝이 고객의 몸에 닿거나 떨어뜨리지 않도록 주의한다.
• 테이블 세팅 시 고객의 앞을 가로막거나 또는 팔을 뻗어서 세팅할 때에는 반드시 고객의 양해를 구하고 실시한다.
• 어떠한 경우라도 테이블 배치의 원칙을 준수하여 세팅한다.
• 고객에게 불편을 최소화하기 위해 정중하고 신속하게 실시한다.

d. 기 타

• 서비스플레이트(service plate) 윗부분에 버터 플레이트(butter plate) 또는 버터 볼(butter bowl)을 세팅한다.
• 버터용 접시 위쪽에 빵 바구니(bread basket)를 세팅한다.
• 수프 스푼(soup spoon)은 나이프의 우측에 나란히 세팅한다.
• 디저트용 스푼(dessert spoon)은 오른쪽에 포크는 왼쪽에 세팅한다.

[그림 4-1] 테이블 세팅의 예

또한 디저트를 제공할 때에는 다음과 같은 절차로 세팅한다.

- 테이블 위의 물컵, 와인글라스를 제외한 접시와 캐스터(caster) 세트 등을 제거한다.
- 테이블 위의 빵조각이나 기타 이물질을 브러시(brush)나 더스트 팬(dust fan)을 이용하여 깨끗하게 쓸어낸다.
- 디저트는 서비스플레이트 없이 기물만 세팅한다.
- 커피나 홍차는 미리 세팅하지 않고 고객의 주문에 의해 컵받침보다 약간 큰 접시 위에 냅킨이나 도일리(doily)를 깔고 컵받침을 세팅하여 컵과 함께 제공한다.
- 커피 스푼(coffee spoon)은 컵의 왼쪽이나 앞쪽에 세팅한다.

(2) 예약 서비스

식당의 예약 서비스는 일반적으로 활성화되지 않았지만 고급 식당일수록 예약을 중심으로 자리를 배정한다. 식당에 대한 예약문화가 발달한 선진국에서는 식사 전의 예약을 생활화하고 있다. 예약을 접수할 경우에는 식사목적이나 성격을 정확하게 파악하여 그에 알맞도록 좌석을 배치(layout)해야 한다. 좌석예약은 반드시 좌석에 '예약석(reserved seat)'이라는 표식을 올려놓아 다른 고객이 착석하지 않도록 한다. 예약접수 시 주의해야 할 사항은 다음과 같다.

- 예약을 접수하는 종업원은 식당 메뉴나 예약상황을 정확하게 숙지하고 있어야 한다.
- 고객이 원하는 시간에 좌석이 없을 경우에는 시간대를 변경하거나 호텔 내의 다른 식당으로 유도하도록 설득할 수 있는 기교가 있어야 한다.
- 고객이 원하는 날짜나 시간에 좌석이 없을지라도 친절하게 안내해야 한다.
- 중복예약이 되지 않도록 예약상황을 반드시 기록한다. 대형식당에서는 컴퓨터를 이용하여 식당의 예약을 처리하기도 한다.

(3) 안내 서비스

식당 입구에 나타난 고객을 반갑게 맞이하여 첫인상을 좋게 하면 식사 또는 음료를 기쁜 마음으로 즐길 수 있기 때문에 매출창출에 직접적으로 관련되어 매우 중요한 과정이라 할 수 있다. 즉 고객영접은 고객이 구매하고자 하는 식음료에 부가된 서비스의 일부분으로서 식음료 가치를 한층 향상시켜 주는 역할을 한다.

따라서 호텔식당 입구에서 예약한 고객이나 예약을 하지 않은 고객이 도착하면 친절하게 영접하고 고객의 일행을 파악하여 신속하게 고객을 안내하도록 해야 한다.

고객을 식당 내부의 테이블로 안내할 때에는 고객보다 2~3보 앞에 서서 안내한다. 이때 예약한 고객은 이미 지정해 놓은 테이블로 안내를 하지만 예약하지 않고 식당을 방문한 고객의 테이블 선택은 식당 상황을 고려하여 사정이 허락하면 고객이 선호하는 테이블로 안내하고, 만약 고객이 여성을 동반하였을 경우에는 여성고객이 편안하게 착석을 할 수 있도록 의자를 당겨 착석을 도와준 뒤 남자고객에게 좌석을 권한다.

또한 고객이 좌석의 배정을 망설이고 있을 경우 신속하게 주빈과 여성고객을 파악하고 일반적인 의례에 따라 좌석배정을 도와준다.

고객 안내 시의 주의사항은 다음과 같다.

- 금연석과 흡연석을 확인하여 안내한다.
- 좌석 안내의 경우에는 사전에 좌석 위치를 정확하게 파악한다.
- 다른 고객에게 방해가 되지 않도록 복잡하지 않은 동선을 이용한다.
- 고객을 살피고 2보 정도 앞에서 유도한다.
- 어린이, 여성, 노인 등을 동반한 경우에는 특별히 주의하여 보살핀다.
- 고객이 소지한 소지품이나 외투를 고객이 원할 경우 정중히 받아 보관하도록 한다.

(4) 주문 서비스

고객이 식탁에 착석하면 음식의 주문을 접수하는데, 대부분 주요리는 사전에 염두에 두고 오지만 음료나 기타 서비스는 종업원 추천에 의존하는 경우가 많다. 이와 같은 경우 종업원의 추천 능력에 따라 매출증진에 많은 영향을 미칠 수 있다.

따라서 식음료에 대한 전반적인 내용을 파악하여 고객으로부터 주문을 합리적으로 받을 수 있도록 해야 하며, 또한 식당의 이익관리 측면에서 주문이 이루어지도록 조언을 할 수 있어야 한다. 단, 고객에게 음식이나 음료를 추천할 경우에는 너무 비싸다는 느낌을 주지 않도록 고객 상황을 잘 파악하여 적당한 가격대의 것을 추천하도록 한다.

(5) 음료 서비스

고객이 주문한 음료는 일정한 절차에 따라 어떠한 경우라도 정확하게 정해진 방법에 의해서 신속하게 제공되어야 한다. 따라서 음료를 주문받는 종업원은 음료에 대한 지식이 풍부해야 하며 식당에서 제공 가능한 음료도 구체적으로 파악하고 있어야 한다.

음료를 제공할 때에는 글라스 윗부분에 손자국이 보이지 않도록 아랫부분이나 스템(stem)을 잡고 반드시 트레이(tray)를 이용하여 운반하도록 한다. 음료 서비스의 절차를 살펴보면 다음과 같다.

- 고객이 주문한 품목이 내용물과 동일한지 여부를 확인한 후 칵테일 쟁반(cocktail tray)으로 운반한다.
- 음료는 반드시 내용물을 고객에게 설명하면서 제공한다.
- 고객의 오른쪽에서 시계방향으로 돌면서 제공한다.
- 즐거운 음료시간을 갖도록 정중하게 인사한다.
- 음료를 제공할 때에는 반드시 냅킨을 사용하여 테이블에 흘리는 것을 방지한다.

(6) 음식 서비스

음식 서비스는 고객층에 따라 욕구와 요구가 다양하다고 할 수 있으나 음식의 종류에 따라서 또는 식사 목적에 따라 여러 가지 형태의 서비스가 있다.

음식은 국가의 음식문화나 분위기에 따라 서비스 형태가 달라지는 경우가 많으나 때로는 생명의 수단이 아닌 의례식으로서의 역할을 하는 경우도 있다. 따라서 이 책에서는 일반적으로 다국적 음식(multi national meals)이라고 할 수 있는 양식을 기준으로 한 서비스의 내용을 서비스 순서에 의해서 설명하도록 한다.

1) 음식 주문

고객이 요구하는 음식을 정확하게 주문받고 음식 주문의 결정을 망설이는 고객에게는 상황을 고려한 후 적절히 추천하여 식당 매출을 증진시키는 데 최선을 다해야 한다.

음료와 마찬가지로 고객에게 요구하는 음식을 구체적으로 설명하거나 음식을 추천하기 위해서는 식당에서 제공되는 모든 메뉴의 종류와 레시피(recipe)를 정확하게 파악하고 있어야 한다. 만약 고객이 주문한 음식을 정확히 이해하지 못하거나 상황에 알맞은 음식을 자신 있게 추천하지 못하면 고객은 식당음식에 대해 의문을 갖게 되어 즐거운 식사가 되지 못할 것이다.

음식 추천은 품목을 간결하면서도 고객이 쉽게 이해할 수 있도록 설명하고 주문한 내용은 반드시 반복하여 확인한다. 또한 주문 시에는 유연한 제스처(gesture)와 자신 있는 목소리로 자연스러운 상태에서 주문을 받도록 한다.

a. 음식의 주문절차

고객이 식당 내에 안내되어 착석하게 되면 식당분위기를 파악할 겸 약간의 시간을 갖도록 한 후 환영인사와 함께 식당에서 제공하고 있는 메뉴를 고객에게 제시하여 주문을 받도록 한다.

- 고객이 착석하면 약간의 시간이 지난 다음 식당메뉴를 나누어준다.
- 고객이 메뉴를 살피면서 주문할 품목을 선택할 수 있도록 한다.
- 고객이 망설이면 지체 없이 다가가 음식을 추천하도록 한다.
- 주문을 받을 때에는 주요리(main dish)를 먼저 결정하도록 유도하고 주요리에 따라 그에 어울리는 애피타이저(appetizer), 수프(soup), 샐러드(salad), 와인(wine) 등을 자연스럽게 주문받는다.
- 주문 내용을 반복하여 실수하지 않도록 한다.
- 주문된 요리의 요리시간과 곁들이는 소스(sauce)를 설명한다.
- 디저트 주문은 보통 주요리를 끝내고 다시 디저트 메뉴를 제공하고 주문을 받는다.
- 주문은 호스트(host)부터 시작하여 시계방향으로 하고 호스트가 분명하지 않으면 여성부터 받는다.

b. 음식의 추천 요령

고객에게 음식을 추천하기 전에 고객을 신속하게 파악하여 고객의 음식 구매 의욕을 자극할 수 있도록 해야 한다. 이때 주의해야 할 사항은 음식을 추천하는 과정에서 고객에게 강매하고 있다는 느낌을 주지 않도록 해야 한다. 따라서 고객의 입장과 식당의 합리적인 주문이 이루어지도록 노력해야 한다.

- 고객이 주요리를 선택하지 못하고 망설일 경우 분위기에 따라 적극적으로 추천한다.
- 추천상품은 주로 오늘의 특별요리(today's special menu) 또는 수익성이 높고 재고가 많은 품목을 우선적으로 추천한다.
- 고정고객인 경우 고객 취향을 고려하여 고객에게 가장 적합한 품목을 추천한다.
- 추천하고자 하는 품목의 특징을 구체적으로 설명하여 고객이 선택하였을 때 후회하지 않도록 노력한다.
- 고가의 품목을 추천하고자 할 경우 고객의 지불능력을 고려하여 신중하게 추천한다.
- 음식 주문을 받을 때에는 추천하는 요리의 조리 예정시간을 미리 알려준다.

2) 음식 제공

고객이 주문한 음식을 서비스할 때에는 식당에서 정한 기준에 적합하도록 합리적인 절차에 따라 제공하고, 특히 식당 품위에 알맞게 일정한 수준의 서비스를 제공하여 항상 최상의 수준을 유지해야 한다. 음식은 우선 배고픔을 달래기 위한 목적이 있으나, 그 목적을 효과적으로 달성하기 위해서는 음식이라는 유형상품에 종업원의 친절한 서비스와 분위기 있는 실내장식 등이 음식의 부가가치를 더해 줄 수 있을 것이다.

a. 음식의 제공순서

음식 제공순서는 양식의 경우 거의 동일한 코스형태로 구성되나 음식의 경중에 따라 코스가 생략되기도 한다. 예를 들면 간단한 요리의 4코스로부터 완전한 음식 서비스인 8~9코스까지도 제공될 수도 있다. 일반적으로 요리의 제공 순서는 다음과 같다.

- 빵과 버터(bread and butter)
- 애피타이저(appetizer)
- 수프(soup)
- 샐러드(salad)
- 주요리(main dish)
- 후식(dessert)
- 커피/차(coffee/tea)

b. 서비스 절차

음식 서비스 절차는 식당의 특징에 따라 다소의 차이가 있으나, 특별한 경우가 없는 한 다음과 같은 일반적인 절차에 의해서 제공하도록 한다.

- 뜨거운 음식(hot dish)과 찬 음식(cold dish)은 각각 뜨거운 접시와 찬 접시에 제공한다.
- 빵이나 샐러드 등은 고객의 왼쪽에서 제공한다.
- 음식은 오른손으로 고객의 오른쪽에서 제공하고 치울 때에도 동일한 방법으로 한다.
- 요리를 식탁에 서브할 때에는 반드시 요리의 이름을 고객에게 알린다.
- 제공된 빵과 버터가 떨어지면 식사가 종료될 때까지 추가로 제공한다.
- 음식은 모든 고객에게 동시에 제공될 수 있도록 준비한다.
- 식사 중에는 식탁 주위에 대기하면서 고객이 필요한 사항을 신속하게 처리한다.
- 식당 관리자는 식사 중 추가사항이 없는지 점검하고 인사를 한다. 이때 주방장이 음식 맛을 물어보면서 고객에게 인사를 곁들이면 식사분위기는 더욱 좋아질 것이다.
- 주요리가 종료되면 신속하게 테이블을 깨끗이 치우고 후식을 준비한다.
- 디저트의 제공시기는 식탁의 분위기를 파악하면서 결정한다.

(7) 디저트 서비스

주요리가 종료되고 테이블이 정리되면 디저트(desert)를 위한 메뉴를 고객에게 나누어주고 후식을 선택할 수 있는 시간이 주어지지만, 주요리 메뉴보다 비교적 짧은 시간에 선택을 할 수 있기 때문에 메뉴를 나누어주는 동시에 주문을 받아도 무방하다. 후식은 고객의 기호에 따라 다양하게 제공되는데 주로 찬 후식, 더운 후식, 치즈류, 과일 등이 제공되고 마지막으로 커피나 차가 제공된다.

디저트를 제공할 때에는 고객이 식사 중에 사용하는 기물이나 테이블클로스 위에 떨어진 이물질을 제거한 후 테이블을 깨끗이 정리해야 한다. 다시 말하면, 식사를 마친 후에는 고객에게 양해를 구하고 테이블 위의 필요 없는 기물을 치운다. 그리고 고객이 마시고 있는 글라스나 고블렛, 센터피스를 제외하고는 모두 치우는데, 고급식당인 경우 센터피스를 치우기도 한다.

테이블 위의 기물이 정리되면 테이블클로스에 떨어진 빵 부스러기나 이물질 등을 냅킨 스위퍼(napkin sweeper)를 이용하여 제거한 다음 디저트 메뉴를 제시하고 고객으로부터 주문을 받는다. 이때 메뉴에 대한 고객 문의가 있을 경우 이해하기 쉽게 설명하도록 한다.

후식 메뉴가 결정되면 즉시 주방에 주문 후 후식에 알맞은 세팅을 하고, 처음부터 후식 세팅이 되어 있는 테이블에는 스푼(spoon)은 오른쪽에 포크(fork)는 왼쪽에 세팅하여 후식이 준비되면 오른쪽에서 서브한다. 세팅이 되어 있지 않은 경우 후식의 종류에 따라 디저트용 나이프와 스푼은 고객의 오른쪽에 디저트용 포크는 고객의 왼쪽에 세팅하고 디저트용 포크만 세팅할 때는 고객의 오른쪽에 놓는다.

조각케이크(piece cake) 또는 조각파이(piece pie)를 제공할 경우에는 모서리의 뾰족한 부분이 고객을 향하도록 놓는다.

케이크 또는 파이 등을 아이스크림과 함께 제공할 때는 고객의 오른쪽에 디저트용 스푼을 왼쪽에 디저트용 포크를 세팅한다. 만약 꼭지나 껍질이 있는 과일이 제공될 경우 핑거볼(finger bowel)을 제공하고 치즈가 제공되면 브레드(bread)를 얇게 썰어서 함께 제공한다.

디저트의 종류로는 보통 다음과 같은 것들이 있다.

1) 찬 후식(de douceur friod)

- 아이스크림(ice cream)
- 셔벗(sherbet)
- 무스(mousse)
- 블랑말제(blancmanager)

- 푸딩(pudding)
- 젤리(jelly)
- 파르페(parfait)

2) 더운 후식(del dou chaud)

- 크레이프(crepes suzette)
- 베이네(beignets)
- 수플레(souffle)
- 그라탱(gratin)
- 프루츠 플람베(fruits flambee)

3) 치즈(cheese)류

- 치즈 수플레(cheese souffle)
- 치즈 커스터드(cheese custard)
- 치즈 스트로(cheese straw)

4) 과일(fruits)

과일을 후식으로 제공할 경우 계절감을 고려하여 다양한 종류의 신선한 것을 통째로 제공하는 것을 원칙으로 하며, 과일을 제공할 때에는 프루츠용 나이프(fruits knife)와 포크(fruits fork) 및 핑거볼을 함께 제공해야 한다. 만약 껍질을 벗기고 썰어서 제공할 때에는 과일이 본래의 색을 유지하기 위해 소금과 소량의 설탕 및 레몬주스(lemon juice)를 탄 물에 담갔다가 제공한다.

또한 조림과일은 아이스크림에 곁들여 제공하고 여러 가지 과일을 혼합하여 프루츠 칵테일(fruits cocktail) 형태로 제공하기도 한다. 과일은 신선도를 유지하는 것이 가장 중요하고, 계절성을 고려하여 다양한 종류의 과일을 제공하는 것이 바람직하다. 또한 맛을 돋우기 위하여 아이스크림을 같이 제공하기도 한다. 과일을 이용한 대표적인 후식은 다음과 같다.

a. 생과일(fruits)

신선한 과일을 다양하게 준비하여 한입에 먹을 수 있도록 껍질을 벗겨서 보기 좋게 잘라서 제공한다.

b. 조린 과일(stewed fruits compote)

과일을 잘게 잘라서 설탕시럽(sugar syrup)과 콘스타치(corn starch)로 약한 불에 삶아서 조림한 후식으로 조림과일을 낼 때에는 아이스크림과 같이 제공되기도 한다.

c. 과일 샐러드(fruits salad)

각종 과일을 재료로 설탕, 레몬주스, 시럽 등을 넣고 과일과 잘 어울리는 리큐르를 첨가하여 차갑게 만든다.

5) 커피/차

후식을 제공한 다음에는 마지막으로 커피나 차를 제공하는데 항상 뜨거운 상태로 제공되며, 고객의 요청이 있을 경우에만 제공하고 고객이 리필(refill)[46]을 원하면 즉시 제공하도록 한다. 이때 주의해야 할 사항은 커피와 차를 제공할 때에는 반드시 컵(cup)과 소서(saucer)를 이용하여 제공하여야 하며 여성고객부터 서브하도록 한다. 커피/차를 제공할 때의 절차는 대개 다음과 같다.

- 고객이 커피나 차를 원하는지 문의한다.
- 컵과 소서는 오른쪽에 놓고 손잡이는 고객이 오른손으로 잡기 용이하게 위치시킨다.
- 고객의 오른쪽에 서서 오른손으로 커피/차를 따른다.
- 커피/차 주전자의 주둥이를 컵보다 약 5cm 정도 위에서 따른다.
- 커피/차의 양은 컵의 약 80%를 따른다.

a. 커피 서비스

커피는 영양보다 맛과 향을 즐기는 기호음료이다. 따라서 커피를 제공할 때에는 맛과 향이 살아 있도록 세심한 주의를 기울여야 하고, 본래의 맛을 즐길 수 있는 온도를 맞추기 위해 커피 컵이 항상 따뜻하게 준비되어야 한다. 크림도 너

46) 식탁이나 커피숍에서 최초에 제공한 커피나 차를 다 마시고 추가로 원할 경우 고객이 원하는 만큼의 량을 추가로 제공하는 것을 의미하는데, 대개 무료로 제공된다.

무 차거나 장시간 사용하면 굳거나 변질되기 때문에 크림피처(cream pitcher) 아래에 코스터(coaster)를 깔고 서비스한다. 커피숍(coffee shop)과 같이 동시에 대량으로 추출하여 사용할 경우에는 너무 오랫동안 방치하면 향이 없어지기 때문에 반드시 고객이 주문한 양의 커피를 즉석에서 추출하여 제공해야 한다.

커피 한 잔의 양은 보통 90g 정도로 적정온도는 80∼83℃이며, 커피 본래의 맛을 즐기기 위해서 설탕과 크림을 넣었을 때 60∼63℃를 유지해야 한다. 커피를 서비스할 때에는 고객의 우측에서 커피포트(coffee pot)로부터 커피가 흘러내리지 않도록 서비스하며 커피 잔에 ⅔ 정도 따른다. 커피 컵은 고객의 우측에서 손잡이가 오른쪽으로 향하도록 물컵 아래쪽에 놓으며, 티스푼(tea spoon)은 컵 앞부분에 손잡이와 평행이 되도록 얹어 놓는다.

깨끗이 준비된 슈거볼(sugar bowl)과 크림(creamer)의 양이 충분한지 확인한 후 손잡이가 고객 쪽으로 향하도록 하여 고객이 쉽게 집을 수 있는 위치에 세팅한다.

이탈리아 정통 커피인 에스프레소 커피(espresso coffee)는 보통 커피 컵의 $\frac{1}{2}$ 정도 크기의 데미타세(demitasse)로 슈거(sugar)와 크림(cream)을 제공하지 않는 것이 원칙이나 고객의 요구가 있을 때에는 커피와 함께 제공한다.

b. 차 서비스

차 서비스는 커피와 마찬가지로 컵이 일정한 온도를 유지해야 하고, 차의 특유한 풍미를 잃지 않도록 끓여야 한다. 고객의 기호에 따라 레몬이나 우유를 넣기도 하는데, 레몬을 넣으면 레몬 즙에 포함된 향기와 차의 풍미가 잘 조화되며, 우유를 넣으면 떫은맛을 내는 타닌의 강한 맛을 제거시켜 부드러운 맛을 낸다.

레몬을 제공할 때에는 칵테일 픽(cocktail pick)에 끼운 슬라이스 레몬(sliced lemon) 2쪽 또는 뜨거운 우유를 준비하여 고객의 기호에 맞게 서브한다.

차는 정식 코스나 영업장의 운영상 식후 음료로 제공하면서 초콜릿(chocolate)이나 쿠키(cookie)를 함께 제공하기도 하는데 고객의 왼쪽에서 커피나 차의 곁에 둔다.

차의 서비스 온도는 약 80℃ 정도가 좋으며, 반드시 티 포트를 사용하여 티백(tea bag)을 넣어서 포트(pot)째로 제공하거나, 티백을 포트에 넣지 않고 서비스할 때는 뜨거운 물과 티백을 따로 서브한다.

(8) 와인 및 샴페인 서비스

일반적으로 양식의 경우에는 식사와 어울리는 와인을 곁들인다. 따라서 고객으로부터 식사 전후 또는 식사 중에 와인이 주문되면 적절한 시기에 병을 따서 서브할 수 있도록 해야 한다. 만약 호스트(host)가 와인에 관해서 주저하고 있을 경우에는 식사에 어울리는 와인을 추천하도록 하고 와인 서비스 절차는 다음과 같은 요령으로 한다.

1) 고객이 특별히 요청하지 않았을 경우

대개 화이트와인(white wine)이나 로제와인(rose wine)은 병을 따서 식사 첫 코스와 함께 제공하고 레드와인(red wine)은 고객을 초대한 주빈에게 레이블(label)을 보여준 다음 병을 따서 식탁 위에 놓고 주요리와 함께 서브한다.

2) 고객이 잔으로 주문했을 경우

와인 잔을 반드시 쟁반에 받쳐 들고 주빈 오른쪽에서 오른손으로 빈 잔, 왼쪽에 새 잔을 놓고 빈 잔을 빼낸다. 만약 잔에 와인이 남아 있으면 와인이 떨어질 때까지 식탁 위에 놓아두고 잔이 비워지는 즉시 빼낸다. 식사가 끝난 후 다른 와인을 주문하게 되면 잔에 와인이 조금 남아 있더라도 이 와인 잔은 식탁에서 빼낸다.

와인 맛은 온도에 따라 민감하기 때문에 와인을 제공할 때는 반드시 적절한 온도를 유지하도록 노력해야 한다. 레드와인은 온도가 약간 높게 제공하는 것이 좋다. 화이트와인(백포도주 : white wine) 중 농도가 짙은 스위트와인(sweet wine)은 농도가 옅은 와인보다 차게 제공해야 한다.

3) 와인 제공의 일반적 사항[47)]

와인을 식사와 함께 마시기 위해 주문했을 경우에 서비스는 관례적으로 다음과 같은 방법으로 서브한다.

- 와인 병의 윗부분을 테이블 쪽으로 향하게 하고, 병의 레이블을 주빈에게 보인다.

---

47) 원융희, 와인 이야기, 학문사, 1999, p. 97.

- 병의 가장 윗부분 볼록한 곳의 캡슐(capsule)을 베어서 제거한다.
- 코르크(cork)를 따기 전 코르크 윗부분과 병 입구를 깨끗이 닦는다.
- 스크루(screw)의 뾰족한 끝을 코르크의 중앙에 가볍게 삽입하고 시계방향으로 한 번 돌린 다음 스크루가 코르크 안에 직각으로 완전히 들어갈 때까지 계속 돌린다.
- 지렛대를 병의 동그란 입구에 건다.
- 병목을 잡고 흔들리지 않게, 코르크가 나올 때까지 천천히 잡아 올린다.
- 코르크를 스크루에서 빼내어 주빈에게 보인다.
- 병목 부분을 닦아 남아 있는 곰팡이나 코르크 찌꺼기를 제거한다.
- 와인을 선택한 사람에게 레이블(label)을 보이면서 1온스(30cc) 가량 잔에 따른다.
- 와인 방울이 테이블에 떨어지는 것을 닦을 수 있도록 냅킨을 준비하고, 살짝 병을 돌리면서 들어올린다.
- 따르고 난 와인병은 레이블이 보이도록 하여 주인의 오른쪽에 두거나 얼음통에 넣어 둔다.

<표 4-4> 음식과 와인의 상관관계[48]

음 식	와 인
카나페, 치즈, 오드볼, 크래커, 렐리시	드라이 셰리 와인, 칵테일, 샴페인 와인, 마데이라 와인
수프	드라이 셰리 와인, 칵테일, 마데이라 와인
생선	화이트 와인
오리, 지방질 생선	로즈 와인, 라이트 레드 와인
조류	드라이 화이트 와인, 로즈 와인, 라이트 레드 와인
육류	레드 와인, 로즈 와인
너트, 디저트, 과일, 케이크	토가이 포트, 크림셰리 와인, 샴페인, 머스커텔
치즈	레드 와인, 포트 와인
커피	리큐르류, 코냑

48) 김기영외, 식음료 서비스 실무론, 대왕사, 1999, p. 216.

4) 와인종류에 따른 서비스 방법

포도주의 서비스 방법은 포도주의 종류에 따라 약간의 차이가 있다. 일반적으로 적포도주와 백포도주 서비스 방법은 다음과 같다.

a. 적포도주의 서비스(와인 바스켓을 이용)

- 와인 바스켓(wine basket)에 냅킨을 깔고 적포도주를 눕힌다.
- 고객에게 주문한 상표를 확인시킨다.
- 와인 바스켓 목 밑에 브레드 플레이트(bread plate)를 엎어 깔고 왼손으로 바스켓을 잡고 오른손으로 코르크스크루(cork screw) 나이프를 이용하여 캡슐을 제거한다.
- 냅킨으로 병목 주위를 닦은 다음 코르크스크루를 코르크에 돌려넣는다. 이때 병이 움직이지 않도록 조심스럽게 다루어야 한다.
- 다시 병목 주위를 깨끗이 닦은 다음 서브한다.
- 서비스 방법은 바스켓을 오른손으로 엄지와 중지 사이에 끼워 잡고 인지로 병을 살짝 누르면서 잡는다.
- 주문한 고객에게 먼저 맛을 보게 하여 서비스해도 좋다는 승낙을 얻은 후 사회적인 지위나 성별, 연령을 침착하게 서브하는 것이 일반적이다.
- 글라스와 술병의 높이는 약간 떨어지게 하여 글라스의 $\frac{1}{2}$~⅓ 정도 서브하고 병을 약간 돌려 커팅(cutting)한다. 이때 서비스 클로스를 쥐고 있는 왼손은 가볍게 뒤쪽 허리 등에 붙이고 서브한다.
- 서브가 끝날 때마다 술병을 조심스럽게 서비스 클로스(cloth)로 닦아 와인 방울이 테이블이나 고객에게 떨어지지 않도록 주의한다.

b. 백포도주의 서비스

- 적절한 온도를 유지하기 위해 백포도주는 얼음과 물이 채워진 와인쿨러(wine cooler)나 냉장고에 넣어 두어야 한다.
- 병마개는 고객 앞에 준비된 쿨러 속에서 따야 한다.
- 고객에게 프레젠테이션(presentation)하는 것과 오픈(opening)하는 것은 앞에서 설명한 와인병 오픈하는 방법에 따라 실시하며 와인 서브 시 글라스와 와인병과의 높이는 보통 와인의 종류에 따라 2~3cm가 적당하다.

<표 4-5> 와인의 Dont's와 Do's[49)]

번호	Dont' s	Do' s
1	귀한 손님을 대접할 때에는 와인이 없으면 안 된다.	와인은 테이블 와인으로 생선요리, 고기요리에 필수적이다.
2	와인은 단숨에 마시지 않는다.	와인은 향기, 색깔, 맛을 음미하여 마신다.
3	와인글라스에 와인을 가득 부어 마시지 않는다.	글라스의 약 60～80%를 채워서 마신다.
4	레드 와인은 차게 해서 마시지 않으며, 얼음을 넣지 않는다.	레드 와인은 실내온도가 적온이다. 그래야 맛이 나며, 차게 하면 맛을 잃는다.
5	샴페인은 흔들지 않고 따뜻한 곳에 보관하지 않는다.	폭발한다. 냉장고에 두었다가 사용한다.
6	와인을 보관할 때 병을 세워 놓지 않는다.	코르크 마개가 마르면 쭈그러들어 공기가 들어가기 때문이다. 코르크는 항상 젖어 있어야 한다.
7	와인은 앙금이 일 정도로 흔들어 따르지 않는다.	좋은 와인은 앙금이 생기게 마련이다. 따를 때는 살며시 앙금이 일어나지 않게 따른다.
8	와인은 아무렇게나 어떤 글라스에나 따르지 않는다.	양주는 종류에 따라 글라스가 다르다. 와인은 와인글라스에만 따라 마신다.
9	와인을 따라 곧바로 마시지 않는다.	와인은 공기와 접촉해야 제맛이 난다. 공기와 접촉시키려면 이리저리 흔들어 접촉시간을 갖는다.
10	와인은 소주 마시듯 단번에 마시지 않는다.	입안에서 한 모금씩 굴리며 충분히 혀로 맛을 느낀 후에 넘긴다.
11	와인은 기름기 있는 입으로 마시지 않는다.	마시기 전에 냅킨으로 이따금 입언저리를 닦아 스테이크를 먹을 때 묻은 기름기를 없앤다.
12	남이 와인을 따라 줄 때는 잔을 올리거나 잡지 않는다.	그대로 잔을 두고 따르도록 한다.

(9) 페이징 서비스

페이징 서비스(paging service)는 주위의 고객을 찾아주는 서비스로 과거에는 고객의 관심을 유도하기 위해 벨(bell)을 울리면서 주위에 있는 고객을 찾아 주

49) 이형철, 테이블 매너 & 회화법, 김영사, 1989. p.279～278.

었으나 최근에는 고객에게 최대한으로 개인의 프라이버시(privacy)를 지켜 주기 위해 전자 게시판(electronic board)을 이용하기도 한다. 또한 백화점이나 공항과 같이 비교적 많은 사람이 이용하는 복잡한 공공장소에서는 방송을 통하여 관련자에게 메시지를 전달한다.

이 책에서는 식당과 호텔에서 제공되는 서비스를 기준으로 설명하였다.

외부에서 식당고객을 찾는 전화나 전언(message)을 접수하였을 경우에 식사를 하고 있는 고객들에게 방해가 되지 않도록 조용히 메시지보드(message board)에 찾는 사람의 이름을 기록하여 식당의 식탁 주위를 맴돈다. 최근에는 식당 입구나 많은 고객이 볼 수 있는 곳에 전광판을 설치하여 찾는 사람이나 메시지를 전달하고, 특별한 메시지를 전달할 경우에는 차임벨(chime bell)이나 특별한 소리를 이용하여 고객들의 주의를 환기시키도록 한다. 이때 주의해야 할 사항은 내방한 고객이 식탁에 앉아 있는 고객을 마음대로 찾아가지 않도록 통제해야 한다.

식당에서 식사를 하고 있는 고객을 찾을 경우에는 다음과 같은 방법으로 처리한다.

1) 내방객이 찾는 경우

a. 고객을 알고 있을 경우

- 별실인 경우 : 서비스 담당자가 주빈의 오른쪽에서 "실례합니다"라는 인사말과 함께 메모지에 내용을 간략하게 적어서 전달한다.
- 홀인 경우 : 주위의 고객에게 방해가 되지 않도록 이야기 중간에 고객의 오른쪽에서 "실례합니다"라는 인사말과 함께 적당히 메모지를 건넨다.

b. 고객을 모르는 경우

찾고자 하는 고객의 모임 명, 예약자 명, 성명, 인상착의 등을 확인 후 대기장소로 안내하고 식탁의 고객에게 전갈을 전한다. 이때 식사 중에 나누는 대화에 방해가 되지 않도록 특별히 신경을 써야 한다.

2) 전화로 찾을 경우

식당의 리셉션 데스크(reception desk)에 고객을 찾는 전화가 걸려온 경우에는 모임 명, 성명, 인상착의 등을 자세히 문의한 다음, 상황을 판단하여 긴급한 경우에는 기다려달라는 인사말과 함께 신속하게 찾아 연결해 주도록 하고, 그렇지 않은 경우에는 전언을 메모하여 전달하도록 한다. 전화로 고객을 찾는 경우에는 다음과 같이 처리하도록 한다.

- 찾고 있는 고객이 주빈으로서 의식행사를 하고 있는 경우에는 내용을 설명한 다음 메시지를 받든지 잠시 후에 전화를 다시 걸도록 한다.
- 긴급한 전화가 아니면 식사의 분위기를 고려하여 메시지를 전달하는 형식을 취하도록 유도한다.
- 찾는 고객이 없을 경우 메시지를 접수하든지 또는 정중한 인사말과 함께 전화를 끊는다.

3) 웨이팅 룸

식당의 웨이팅 홀(waiting hall)에서 외부로부터의 요구나 내부고객으로부터의 요구에 의하여 고객을 찾아주는 서비스로 기존의 고객에게 불편을 끼치지 않도록 조용히 주위를 살피면서 찾는다. 소규모의 식당에서는 몇 명되지 않기 때문에 즉시 알아볼 수 있으나 대규모의 식당에서는 대개 메시지 보드에 찾는 사람의 이름을 기록하여 들고 벨을 가볍게 울리면서 고객들의 주위를 살펴서 찾는 경우도 있다.

(10) 계산 서비스

주요 서비스가 완료되면 마지막 단계로 서비스 제공에 대한 계산 서비스가 실시되는데 매우 중요한 서비스이다. 흔히들 계산은 서비스의 범주에 포함시키지 않는 경우도 있는데, 이와 같은 행위는 매운 위험한 발상이다. 왜냐하면 고객이 모든 서비스를 제공받고 계산에 대한 서비스가 만족하지 않으면 제공받았던 전체의 서비스가 부정적일 수 있기 때문이다.

계산은 정확해야 하고 일목요연해야 하며 접대하는 고객 체면을 고려하여 정중하게 처리해야 하는 서비스인 것이다. 또한 우리나라의 고객은 대개 계산서를 항목마다 점검하지 않고 지불해야만 하는 총금액만을 파악하고 계산하는데, 외국인 고객인 경우에는 제공받은 서비스 항목을 구체적으로 점검하는 경우가 대부분이므로 계산서 내용에 대해서 자세한 설명을 덧붙이는 친절함을 보이도록 해야 한다.

최근에는 특별한 경우가 없는 한 고객이 회원카드(membership card)를 포함하여 다양한 신용카드(credit card)를 이용하여 계산하는 경우가 많아 신용카드에 대한 정보를 구체적으로 파악하고 있어야 한다. 그러나 종종 고객이 제시한 카드가 사용이 불가한 경우도 있는데, 이러한 경우에는 고객을 당황하게 하지 않도록 최선을 다해야 한다.

예를 들면, 최근에는 대부분의 고객이 다수의 신용카드를 소지하고 있기 때문에 본의 아니게 고객이 제시한 신용카드가 거래정지나 기타 서비스 중지 등으로 나타날 수 있기 때문에 이러한 경우에는 고객의 위신을 고려하여 완곡한 표현으로 고객이 소지하고 있는 다른 카드를 이용하도록 해야 한다.

식사를 끝마치고 고객의 요청이 있을 때까지 계산서를 발급하지 않고 고객의 요청이 있을 경우에는 빌 홀더(bill holder)에 계산서를 끼워 정중하게 제시한다. 대부분 고객이 계산서를 간단히 확인하고 신용카드로 계산하는데 고객의 신용카드를 소중하게 취급하는 습관을 길러야 한다.

즉 캐셔 데스크(cashier desk)에서 계산을 할 경우에는 신용카드는 반드시 쟁반에 올려 반환하고 식탁에서 계산을 할 경우에는 고객이 신용카드 용지에 사인(signature)을 할 수 있도록 받침대를 준비하고 신용카드는 이름이 고객을 향하도록 하여 정중하게 반환한다.

제 4 절 방문고객 및 관리 서비스

1. 방문고객 서비스

(1) 견학고객

견학은 기업의 홍보를 위해 기업이 초청하는 경우의 산업시찰이나 관광을 목적으로 하는 방문 또는 기업에서 생산하는 상품이나 서비스를 판매하기 위해 현지답사 형식으로 이루어지는데, 어떠한 경우이든 기업을 홍보하는 효과가 있다. 예를 들면 대개 체인호텔이나 항공사 등과 같은 서비스 기업의 경우 자사의 홍보를 위해 외국의 신문이나 잡지 등의 기자들 또는 관광관련자들을 초청하는 경우가 있다.

1) 산업시찰

최근에 산업의 근대화로 인하여 내국인은 물론이고 외국의 이해관련자 혹은 관광객들이 산업현장을 견학하는 경우가 증가하고 있다. 이러한 산업시찰은 기업의 홍보 효과가 있을 뿐만 아니라 기업의 이미지 개선에 중요한 역할을 한다. 즉, 산업시찰에서 받은 개인적인 인상은 여러 사람에게 전달이 되어 구전효과(word of mouth effect)의 기능을 수행하고, 기사화된 내용은 많은 사람들에게 긍정적인 홍보의 효과를 가져다준다. 따라서 기업에서 외부의 방문객을 맞이할 경우에는 일반 고객과 동일한 대우로 기업에 대한 홍보활동에 적극적인 자세로 임해야 한다.

예를 들면 국내의 유명 맥주회사에서는 자사에서 개발한 맥주제조공법이나 시설을 견학시키고 방문객들에게 시음을 하게 함으로써 상품이나 기업의 홍보에 많은 노력을 기울이는 것을 볼 수 있다. 또한 대형 선박을 건조하는 조선소나 자동차 회사, 가전제품 생산업체 등이 이러한 산업시찰을 유도하여 자사의 홍보에 주력하고 있다. 산업시찰에 대한 절차는 다음과 같다.

a. 환 영

고객이 도착하면 기업을 대표하는 관련자가 정중하게 고객을 환영하여 고객들이 따뜻한 마음을 가질 수 있도록 해야 한다. 방문하는 사람들은 자사에 대한 많은 호기심과 궁금증을 가지고 있기 때문에 자사에 도착하는 순간의 서비스를 오래 간직하도록 특별한 관심을 가지고 진심으로 환영하는 분위기를 조성하지 않으며 안 된다. 가능하면 현장입구에서 시찰관련자나 경영진들이 환영을 하면 고객들은 만족하여 기업의 첫인상은 매우 긍정적으로 착상될 것이다.

b. 기업의 홍보

환영의 순서가 끝나면 대부분 별도로 마련된 공간으로 안내되어 자사 홍보에 대한 비디오(video)를 상영하거나 관련자가 직접 기업에 대한 사명(mission)을 비롯하여 상품이나 서비스에 대한 간략한 내용으로 프레젠테이션(presentation)이 진행되는데, 이와 같은 행위는 곧 기업의 홍보활동으로서 홍보의 효과를 극대화하기 위해 첨단 시청각 시스템(vidual system)을 이용하여 설명하고 시간은 30분을 넘지 않도록 해야 하며, 참석자들과의 질의 응답시간도 마련해야 한다. 보통 호텔이나 항공사에서는 자사 홍보용 비디오를 마련하여 고객들에게 보여주는 경우가 많다.

c. 안전교육

현장견학에 앞서 고객들의 안전에 대한 교육을 반드시 실시해야 한다. 현장에서는 제조업체인 경우에는 제품이 조립되거나 만들어지는 공정이 진행되는 곳이고, 관광관련 산업에서는 각종 서비스가 제공되는 장소이기 때문에 개인의 안전이나 고객의 보호 그리고 회사의 보안을 위해 사전에 교육을 실시하여 안전사고에 대비해야 한다.

d. 견 학

현장견학은 단체인 경우 조별로 나누어 실시하여 견학 대상물을 기업관련자가 상세하게 설명하도록 하여 고객의 의문사항을 최대한 풀어 주도록 한다. 견학은 제조업체나 항공사인 경우에는 도보로 하는 경우와 자동차를 이용하는 경우가 있는데 어느 경우이든 고객이 쉽게 이해할 수 있는 정보를 전달해야 한다. 대부분 방문객들을 위한 견학로가 설치되어 있는 경우에는 견학로 중간에서 설명할 수 있는 장소가 마련되어 있다.

e. 홍보물

견학이 끝나면 고객들이 오래도록 기억할 수 있는 홍보물을 준비하여 증정하도록 한다. 대부분의 기업에서는 기업의 캐릭터(corporate character)가 부착된 홍보물을 준비하여 제공하는데, 홍보물에는 반드시 자사의 홍보를 위해 준비한 인쇄물(printing materials)을 첨가하도록 한다.

홍보물의 종류로는 티셔츠(T-shirt), 모자(cap), 머그(mug), 지갑(wallet), 펜(pen), 메모패드(memo pad), 열쇠고리(key chain) 등이 있다.

2) 현장답사고객

기업의 상품이나 서비스를 구매하기 위해 현장을 견학하는 경우로서 기업 홍보는 물론이거니와 상품을 판매할 수 있는 기회가 주어질 수 있기 때문에 최고 수준의 서비스를 제공하여 기업 홍보를 극대화시킬 수 있는 절호의 기회로 삼아야 한다.

예를 들어 호텔에서의 현장답사는 행사를 실시하기 전에 호텔에서 제공되는 서비스와 시설이 계획하고 있는 행사의 성격이나 분위기에 적합한지 여부를 점검하는 것이기 때문에 행사 담당자는 행사를 성공적으로 실시하기 위해 다수의 호텔시설이나 서비스 등을 비교 검토하게 된다. 따라서 호텔에서는 대개 행사를 위한 현장답사의 요청이 있을 경우에는 답사자나 팀에게 일정한 범위의 서비스를 무료로 제공하기도 한다.

호텔 현장답사는 행사를 위한 예약의 단서(cue)를 제공하고 있기 때문에 현장답사가 실시될 때에는 현재의 시설이나 서비스의 장점을 부각시켜 자호텔로 유치하도록 최선을 다해야 한다.

현장답사는 보통 숙박을 겸한 연회행사의 개최를 위한 사전활동이므로, 매출 창출을 배가시킬 수 있을 뿐만 아니라 호텔을 홍보할 수 있는 기회이기도 하다. 따라서 견학을 위한 방문객에게는 자호텔의 시설이나 서비스에 대한 내용을 적극적으로 알릴 수 있는 시스템을 구축해야만 한다. 최근에는 호텔에서 국제행사나 기업의 주요 행사 또는 이벤트(event) 등을 호텔에서 실시하는 경우가 빈번해짐에 따라 행사를 위한 사전준비 과정으로 서비스나 시설의 현장답사가 매우 중요하게 취급되고 있다.

a. 환 영

산업시찰에서 살펴본 바와 같이 해당 기업의 방문을 진심으로 환영하는 모습을 보여준다. 이때 가능하면 기업의 최고경영자(호텔의 경우는 총지배인)와 판촉부 담당자가 직접 로비에 나와 맞이하면 훨씬 부드러운 분위기를 유도할 수 있을 것이다.

b. 접 대

자사를 방문해 준 감사의 마음을 표현하기 위해 상황에 따라 고객을 접대할 수 있는 시간을 마련해야 한다. 접대는 판촉부의 담당자와 최고경영자가 간단하게 상견례형식으로 이루어지는 경우도 있으나, 지나친 접대는 오해를 불러일으킬 수 있기 때문에 삼가는 것이 바람직하다.

c. 프레젠테이션

현장답사의 과정에서 가장 중요한 부분으로서 현장답사에 관련된 편의시설이나 기타 시설에 대한 내용을 구체적으로 설명하는 시간을 마련하여 고객이 행사에 적합한지 여부를 스스로 판단하도록 한다. 이때 비주얼 시스템(vidual system) 등의 첨단 장비를 최대한으로 활용하여 고객이 자기업의 시설이나 서비스에 대해서 매력을 느낄 수 있도록 최선을 다해야 한다. 왜냐하면 현장답사자는 경쟁사의 시설과 서비스를 결부시켜 비교할 수 있기 때문이다.

d. 현장투어

판촉부 담당자의 프레젠테이션 내용을 현장에서 확인하는 절차로 현장의 편의시설이나 장비 등을 사전에 정리·정돈하여 깨끗한 이미지를 줄 수 있도록 한다. 서비스 및 시설을 위한 현장확인의 진행 중에 영업장에서 고객 서비스가 진행되고 있을 수 있기 때문에 조심스럽게 안내하도록 한다.

예를 들면, 호텔기업의 헬스클럽이나 사우나 등의 시설을 확인할 경우에는 서비스를 제공받고 있는 고객들이 당황할 수 있으므로 정숙한 상태로 안내해야 한다.

(2) 안 내

직장을 방문한 고객을 접대할 경우에는 보편적으로 인정되는 방문에 관한 예의의 격식을 갖추어야 한다. 고객의 방문 목적에 따라 약간의 차이가 있겠으나 방문자의 예우절차는 기업 내규에 따라 서비스 범위와 내용을 결정하도록 한다. 대부분 고객과 사전에 방문약속을 한 다음 방문이 이루어지기 때문에 일정한 형태의 접대와 안내 서비스가 제공되어야 하겠다.

일반적으로 고객의 방문 시에는 다음과 같은 절차에 따라서 안내 서비스가 제공된다.

1) 수 행

- 한 명이 수행할 경우 : 고객의 오른쪽에서 우로 1m 정도의 위치에서 인도하며 서비스 시설을 안내하거나 현장을 안내한다.
- 두 명이 수행할 경우 : 고객의 앞뒤에 서서 수행한다.
- 세 명이 수행할 경우 : 고객의 앞에 한 명이 서고 뒤에 두 명이 양쪽으로 한 명씩 서거나 앞뒤로 나란히 두 명이 서서 수행한다.
- 네 명이 수행할 경우 : 고객의 앞에 한 명이 서고 뒤에는 한쪽에 한 명이 서고 다른 한쪽에는 나머지 두 명이 앞뒤로 나란히 서거나, 세 명이 앞뒤로 나란히 서서 수행한다.

(a) 1명의 수행 (b) 2명의 수행

(c) 3명의 수행

[그림 4-2] 고객의 수행

2) 음료 접대

고객이 회사를 방문을 했을 경우에 자리로 안내가 되면 음료를 접대하는데, 대부분 차를 대접하는 것이 관례화되어 있다. 따라서 방문객을 위해 여러 가지의 차 종류를 준비하고 고객 기호에 알맞은 음료나 차를 대접하도록 한다. 고객에게 음료를 대접할 경우에는 반드시 준비될 수 있는 음료의 종류를 사전에 언급한 다음 주문을 받도록 한다. 차의 대접 순서는 무조건 고객에게 먼저 제공하고 회사의 상사부터 차례로 제공한다.

방문객을 위한 음료 서비스의 경우 주의해야 할 사항은 일반적으로 다음과 같다.

- 반드시 고객의 주문을 받은 다음 원하는 음료를 제공하도록 한다. 왜냐하면 고객이 선호하는 음료나 마시지 않는 음료가 있을 수 있기 때문이다.
- 음료는 반드시 찻잔 받침과 함께 제공한다.
- 가능하면 자판기(vending machine)의 음료 제공은 지양하고 자체에서 준비한 음료를 제공하도록 한다.
- 음료를 제공하고 사무실이나 회의실을 나갈 경우에는 뒷모습이 고객에게 보이지 않도록 뒷걸음으로 나오도록 한다.

3) 자리 안내

방문객에게 자리를 안내할 경우에도 고객을 배려한다는 차원에서 관례적인 원칙을 지키도록 한다. 사무실의 의자나 비품도 이러한 원칙에 의하여 배치하는 것이 바람직하다. 즉 상석과 하석을 구별하여 안내해야 한다. 특히 의전절차를 기준으로 고객을 안내할 경우에는 좌석배치에 각별히 신경을 써야 한다. 상석과 하석을 구별하는 원칙은 대개 다음과 같다.

- 출입문에서 먼 쪽이 상석이다.
- 창 밖이 보이거나 좋은 그림이 보이는 곳이 상석이다.
- 사무용 책상에서 먼 곳이 상석이다.
- 장식장이나 난로의 앞쪽이 상석이다.
- 소파의 긴 의자가 고객용이다.

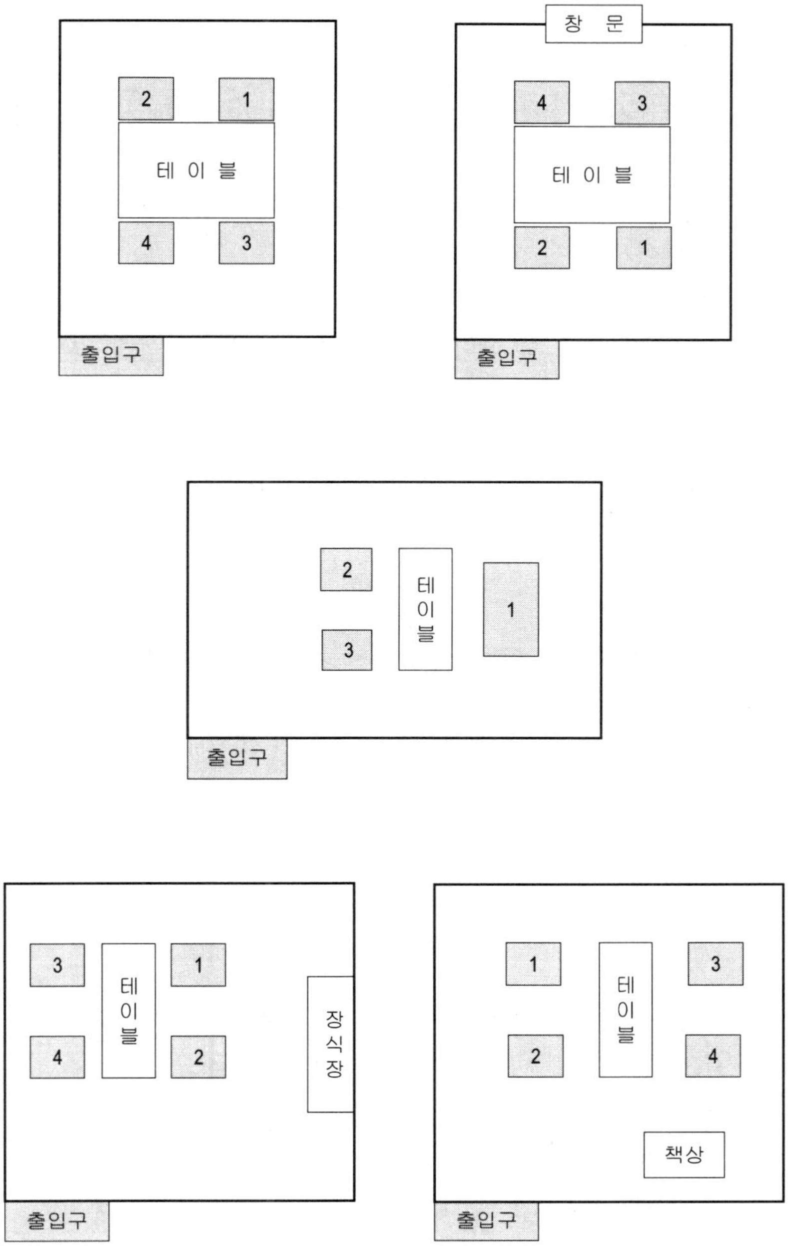

[그림 4-3] 상석과 하석의 위치

4) 승차 안내

a. 운전사가 있는 경우

- 2명 승차 시 : 상사는 운전기사의 대각선 뒷자리이며 하급자는 운전기사 옆자리이다.
- 3명 승차 시 : 상석은 운전기사의 대각선 뒷자리이며 두 번째는 운전기사 뒷자리이고 말석은 운전기사 옆자리이다.
- 4명 승차 시 : 상석은 운전기사의 대각선 뒷자리이고 두 번째가 운전기사의 뒷자리, 세 번째가 가운데 자리이며, 네 번째가 운전기사의 옆자리이다.

b. 자가운전

- 1명 승차 시 : 운전자와 직위에 큰 차이가 없거나 운전자가 상사일 때는 운전석 옆자리가 상석이다.

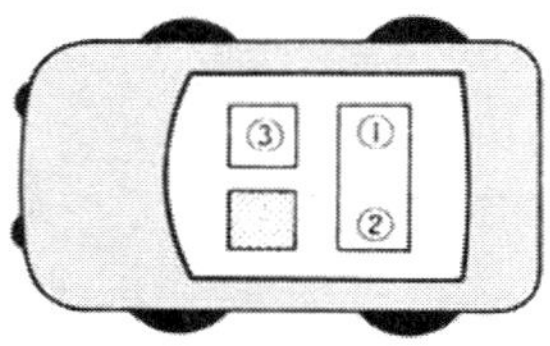

(3사람 승차 시)

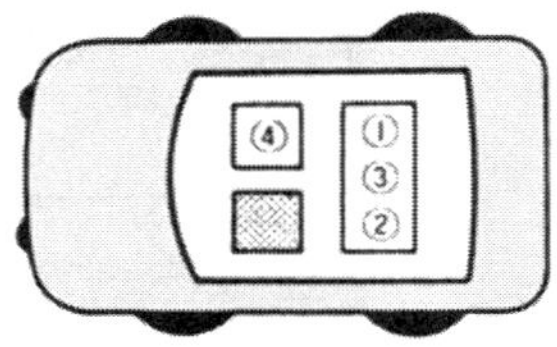

(4사람 승차 시)

(a) 운전기사가 있는 경우

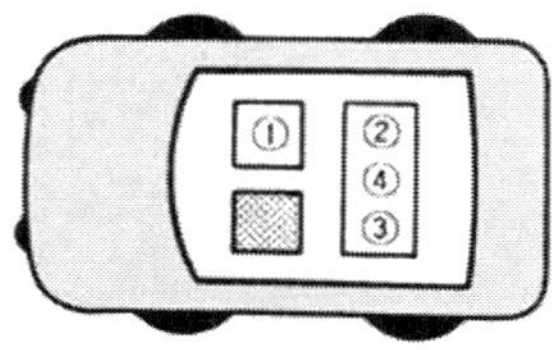

(자가운전 시)

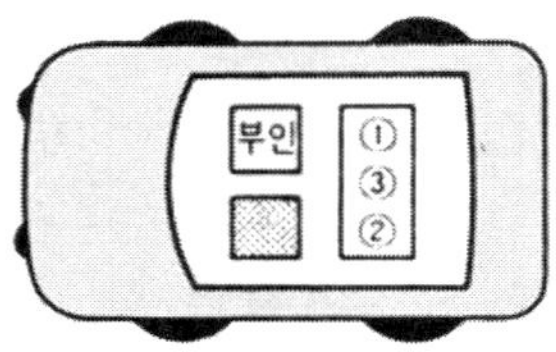

(운전자의 부인 승차 시)

(b) 자가운전의 경우

[그림 4-4] 차량의 좌석배치

- 2명 승차 시 : 운전자와 직위에 큰 차이가 없거나 운전자가 상사일 때는 운전석 옆자리가 상석이고 그 다음이 운전석 대각선 뒷자리이다.
- 3명 승차 시 : 운전자와 직위에 큰 차이가 없거나 운전자가 상사일 때는 운전석 옆자리가 상석이고 두 번째가 운전석 대각선 뒷자리이고 세 번째가 운전석 뒷자리이다.
- 4명 승차 시 : 운전석 옆자리가 제일 상석이고 대각선 뒷자리, 운전석 뒷자리, 가운데 자리 순으로 된다. 단 운전자의 부인이 동승한 경우는 운전석 옆자리가 부인석이 된다.

(3) 이동 안내

고객을 위한 안내업무는 일정한 절차와 관례를 존중해야 한다. 일단 고객이 자사를 방문하였을 경우에는 자사의 상품이나 시설에 대한 안내 서비스를 제공하는데, 고객을 안내하기 위해서는 다음과 같은 요령이 필요하다.

1) 출입문의 안내

문을 열고 닫는 것은 반드시 안내자가 담당해야 하며, 회전도어(revolving door)는 안내자가 우선 잠깐 멈추게 하고 고객을 통과시킨 다음 그 뒤를 따라가도록 한다.

a. 앞으로 당겨서 여는 문

문의 개폐방식에 대한 사인을 확인하고 문을 당긴 채로 비켜서서 고객이 들어가도록 안내한 다음 마지막으로 안내자가 들어간다. 만약 안내자가 먼저 들어가 안쪽에서 팔을 길게 뻗어 문을 밀고 있으면 부자연스럽게 보인다.

b. 밀어서 여는 문

안내자가 먼저 안으로 들어가서 안쪽의 손잡이를 잡고 고객을 맞아들인다. 이때 안쪽에서 안내자 몸의 반쪽 정도가 고객이 볼 수 있는 위치에 선다. 안내자가 먼저 들어가지 않고 바깥쪽에서 팔을 길게 뻗어 문을 연 상태에서 고객이 들어가면 매우 부자연스럽다.

2) 엘리베이터의 안내

a. 안내원이 있는 경우

안내자는 고객이나 상급자가 먼저 타고 내리도록 유도한다. 또한 엘리베이터(elevator) 내에서는 분위기를 고려하여 회사의 서비스나 시설 또는 그날의 기후 등에 대한 가벼운 대화를 유도하여 어색한 분위기가 되지 않도록 한다.

b. 안내원이 없는 경우

안내자가 먼저 안으로 들어가 엘리베이터의 여닫이문을 손으로 가볍게 잡은 상태에서 고객이 탈 수 있도록 유도한다. 이때 안내자는 엘리베이터를 조작할 수 있는 위치에 서고 고객이나 상급자는 조작버튼이 있는 곳에서 대각선 쪽의 안에서 설 수 있도록 안내한다.

3) 현장 안내

현장 상황에 따라 안내하는 방법이 다양하겠으나 보통 이동하면서 현장을 소개할 경우에는 고객의 오른쪽 2～3보 앞에서 현장을 보면서 안내한다. 또한 현장시설이나 서비스에 대해 설명이 필요할 경우에는 손바닥을 가볍게 편 상태로 지적하면서 설명을 곁들이면 이해의 정도를 높이는 데 효과가 있다.

2. 고객방문 관리 서비스

기업의 이해관계자들이 특정한 고객을 방문하고자 할 경우에는 그 고객이 사회적으로 안정되었거나 기업을 경영하는 사람일 경우가 대부분이기 때문에 방문을 계획할 때에는 신중을 기해야 하고 상황에 따라 능동적으로 대처해야 한다.

방문은 기업의 판촉부서에 근무하는 사람은 반드시 실시해야 하는 활동이지만 고객을 방문한다는 것은 생각보다 그리 쉽지 않기 때문에 어느 정도 근무경력을 통하여 일정한 수준 이상의 경험을 쌓은 후 방문활동을 실시해야 한다. 고객방문은 기업을 대표하여 방문하는 것이므로 판촉사원의 사소한 실수나 미숙함이 있을 경우에는 방문목적에 역효과를 초래할 수 있다.

따라서 관광관련 기업의 판촉부서 종업원이나 관련자가 고객을 방문할 때 방문효과를 극대화하기 위해 고객방문에 대한 다양한 기법을 모듈(module)화 하여 역할연기(role play) 등의 교육을 통해 프로의식을 고취시켜야 한다. 이와 같이 고객방문활동을 보다 효과적으로 실시하기 위해 다음과 같은 절차와 기법을 소개한다.

(1) 방문계획

기업의 영업전략에 따라 앞에서 언급했던 바와 같이 방문계획을 수립하는데 고통 혼잡을 고려하고 방문의 효율성을 높이기 위하여 지역을 구분하는 것이 바람직하다. 방문계획을 수립하면 판촉부 담당자는 관련부서 담당자들에게 방문계획을 통보하여 방문하고자 하는 거래처에 특별한 사항이 있는지를 점검하여 고객의 질문에 적절히 응대할 수 있도록 한다.

방문고객의 업무계획이나 일정 등의 고객입장을 배려하는 차원에서 구체적인 방문계획을 수립해야 한다. 만약 구체적인 방문계획 없이 고객을 방문하였을 경우에는 고객에게 실례가 될 뿐만 아니라 고객의 사정에 따라 시간을 낭비하는 결과를 초래할 수도 있을 것이다. 또한 방문계획을 수립할 경우에는 방문고객에 대한 의견을 수렴하기 위해 관련부서와의 협조가 요구되기도 한다.

1) 국 내

방문지가 국내인 경우에는 단기간의 방문(대개 1일 또는 2일)이 대부분이지만 방문할 상대의 위치나 직위에 따라 방문계획의 내용이 달라질 것이다. 기업이나 개인의 방문에 대한 내용을 시간대별로 계획을 수립하여 가능하면 시간을 낭비하지 않도록 최선을 다해야 한다.

또한 방문 상대자의 일정을 관계자와 구체적으로 협의하여 방문계획을 효율적으로 수립한다. 특히 기업체나 특별한 단체의 대표를 방문할 경우에는 대개 해당 비서가 일정을 관리하기 때문에 비서를 통해 계획을 수립하도록 해야 한다.

2) 국 외

요즘에는 세계화의 추세로 말미암아 해외출장의 경우가 빈번해지고 있다. 특히 관광관련 산업은 해외에 관련된 업무가 상당 부분 차지하고 있기 때문에 해외에 있는 고객을 방문하는 경우가 빈번해지고 있다.

그러나 해외출장은 특수한 경우를 제외하고 비교적 장기에 걸쳐 체재하면서 실시해야 하기 때문에 일정관리에 특별히 신경을 써야 한다. 따라서 해외출장은 현지 체재를 위한 비용이나 기타 비용이 발생하기 때문에 효과적인 방문이 될 수 있도록 구체적인 방문계획이 요구된다.

또한 상대국의 시차나 기후 및 문화 등을 고려하여 고객을 방문하는 데 무리가 없도록 여러 가지의 요소를 고려하여 계획을 수립하도록 한다. 따라서 해외출장의 경우에는 관련자와 방문일정을 전화나 팩스 등의 통신수단을 이용하여 구체적이고 생산적인 방문이 될 수 있도록 해야 한다.

(2) 약 속

고객을 방문하기 위해 상대고객과 협의하여 약속할 경우에는 만남의 효과를 극대화하기 위해 방문목적을 분명히 하고 방문 시에 토의해야 할 개괄적인 내용을 전달해야 한다. 왜냐하면 방문 시에 토의될 내용에 대해서 고객에게도 검토할 수 있는 시간을 주어야 하기 때문이다. 일반적으로 중요한 사안으로 고객을 방문할 경우에는 서면으로 의제와 토의사항 등을 통보하는 것이 예의이다.

방문약속은 기존거래처와 새로운 고객방문의 경우를 구분하여 다음과 같은 절차로 실시한다.

1) 거래처의 경우

영업상 거래처인 경우는 정기적으로 접촉하는 담당자가 배정되어 있기 때문에 사전에 방문목적을 전달하면 쉽게 방문약속을 할 수 있을 것이다. 그러나 가끔 최고경영자나 상사가 동행할 경우 거래처 사장이나 간부의 방문을 주선해야 하기 때문에 방문약속을 할 경우 구체적인 방문계획을 전달하여 상대방의 승인을 얻도록 해야 한다. 이때 방문고객이 편리한 날짜와 시간을 고려하여 방문약속을 하는 것이 고객에 대한 예우일 것이다.

2) 새로운 고객의 경우

새로운 고객을 접촉하여 방문약속을 한다는 것은 여간 어려운 것이 아니다. 왜냐하면 방문하고자 하는 고객이 경쟁사와 거래를 하고 있을지도 모르기 때문이다. 따라서 이러한 장벽을 넘고 약속을 한다는 것은 어렵기 때문에 능숙한 기교가 필요하다. 이와 같은 경우 약속은 전화나 서신을 이용하는 경우가 대부분이나 보통 전화를 이용하는 방법이 일반적이다.

무엇보다 중요한 것은 전혀 거래관계가 없었다고 하여 고객과 사전 약속 없이 방문해서는 안 된다. 필자의 경험에 의하면 전혀 거래관계가 없는 경우의 방문은 약속과정에서 고객이 방문에 대한 궁금증으로 인하여 방문을 꺼려하는 경우가 있기 때문에 방문약속을 위해서는 고객에 대한 많은 정보가 파악되어야 하고, 경우에 따라서는 의사결정자(decision maker)와 정식으로 약속을 하기 위해서는 실무자와 예비접촉이 필요하였다.

(3) 방문고객의 정보파악

고객을 방문하기 위한 약속을 정한 다음 부드러운 토의와 풍부한 화제 등의 준비를 위해서는 고객에 대한 구체적인 정보를 획득해야 하며, 고객 정보의 파악 정도에 따라 방문목적의 달성 여부가 달려 있다고 해도 지나친 표현이 아니다. 즉, 새로운 고객이나 기존고객을 불문하고 고객을 방문한다는 것은 민감한 사안이므로 사무실의 관련자와 상담을 원활하게 진행하기 위해서는 다음과 같이 소속기업의 조직과 의사결정자 그리고 영업에 관한 사항 등을 구체적으로 파악해야 한다.

- 기업의 조직(firm's organization)
- 의사결정자(decision maker)
- 취급업무(products/service)
- 접촉자(contact person)
- 상품/서비스 구매량(sales forecast for products/service)
- 경쟁사와의 관계(relationship with competitors)
- 연간매출액(revenue per annum)
- 시장점유율(market share)
- 시장잠재력(market potentiality)
- 기타 내부정보(internal data and others)

(4) 방 문

고객을 방문할 경우에는 거래처에 반드시 약속시간보다 일찍 도착하여 사무실 관련자에게 방문 사실을 전한다. 이때 만약 비서가 안내를 하는 사무실이라면 조그마한 선물을 준비하는 것도 방문을 부드럽게 하고 지속적인 관계유지를 위한 수단일 것이다.

특히 새로운 고객을 방문할 경우에는 비서가 제공하는 정보가 결정적이고 중요한 단서의 역할을 하는 경우가 많다. 필자의 경험에 의하면 모든 구매결정은 의사결정자가 하지만 의사결정을 순조롭게 하기 위한 상담과정에서의 귀중한 정보는 비서나 최하위 담당자로부터 획득될 수 있었다. 따라서 의사결정자의 비서나 관계되는 종업원과의 긍정적인 관계유지가 무엇보다 중요하다고 할 수 있다.

또한, 상담 시에는 고객과의 부드러운 대화를 위하여 최근의 시사성 있는 내용이나 날씨 등으로 화제를 이어간다. 고객의 방문은 첫인상이 매우 중요하기 때문에 고객과의 대면에 많은 신경을 쓰도록 해야 한다. 방문 시의 주의사항은 다음과 같다.

1) 방문 시의 점검사항

- 사무실 도착 직전에 화장실에서 흩뜨려져 있는 머리를 빗으로 빗고 옷매무새를 살핀다.
- 식사 후에 곧 바로 방문해야 할 경우에는 화장실에서 물양치를 하고 치아를 점검한다.
- 주머니에 명함이 있는지를 확인한다.
- 필기구와 메모지를 다시 한 번 점검한다.
- 고객의 정확한 성함과 직책을 재확인한다.
- 사무실에 도착하면 방문약속을 명확하게 전달하여 고객과 만날 수 있도록 의뢰한다.
- 만약 고객의 사정으로 약속시간에 부재중이면 예상되는 귀사시간을 관련 종업원에게 물어보고 늦어지면 상황에 따라 재방문 계획을 결정한다.
- 고객의 사무실로 안내되었을 경우에는 정중히 인사말을 건네고 고객의 안내에 따라 착석을 한다.

- 착석한 다음에는 방문의 허락에 대한 고마움을 전달한다.
- 착석하자마자 방문목적을 위한 대화보다 최근 이슈(issue)가 되고 있는 시사성 대화나 고객이 소속되어 있는 단체나 기업의 장점 등으로 대화를 시작한다.

그리고 고객방문은 국내뿐만이 아니라 해외방문일 경우도 있을 수 있다. 이러한 경우에도 일반적인 준비사항은 동일하지만 상대국에 체류하면서 고객을 방문해야 하기 때문에 준비해야 할 사항이 많다.

예를 들면 겨울철이라도 상대국의 기후가 열대지방이라면 여름옷을 준비해야 하고, 경우에 따라서는 파티복도 준비해야 할 것이다. 또한 세계 어느 곳에 가더라도 약국은 있겠으나 몸이 불편할 경우를 대비하여 익숙하지 않은 약을 먹어야 하는 불안감을 덜기 위해서는 약간의 비상약도 준비해야 한다. 유럽이나 미국과 같은 곳에서는 의사의 처방이 없으면 약을 살 수 없는 곳도 있다.

물론 체류기간에 따라서 준비물이 달라지겠지만 일반적으로 3~7일의 체류방문일 경우에는 〈표 4-6〉과 같이 준비하도록 한다.

〈표 4-6〉 해외방문 시의 준비사항

남 성	수 량	여 성	수 량
여행용 가방	1개	여행용 가방	1개
소형 가방(서류가방)	1개	핸드백	1개
양복	1~2벌	양장	1벌
평상복	1벌	블라우스	2벌
와이셔츠	3개	스커트	2벌
속옷	2벌	스타킹	5개
넥타이	4개	속옷	2~3벌
양말	4set	손수건	3개
손수건	4개	신발	1개
세면도구	1set	세면도구	1set
화장품	1set	화장품	1set
구두	1개	비상약	약간
카메라	1set	여권용 사진	2매
비상약	약간	카메라	1set
여권용 사진	2매	여행안내책자	1
선물	약간	선물	약간
명함	50매	명함	50매
일정표	1set	일정표	1set

2) 명함교환 시의 주의사항

명함은 자신을 소개하고 상대방을 소개받는 수단으로 이용되기 때문에 첫 만남이 이루어지는 경우는 반드시 명함을 교환하게 되는데, 명함을 교환할 때에는 다음과 같은 일정한 절차와 방법이 있다.

- 처음 방문하는 고객일 경우에는 정중히 명함을 교환한다.
- 명함이 교환되고 나면 고객 명함이 구겨지지 않도록 조심스럽게 탁자에 올려놓고 직함과 성함을 숙지한다.
- 고객 면전에서 고객으로부터 받은 명함에 날짜를 기록하거나 메모하는 행위는 결례이므로 절대로 명함에 메모해서는 안 된다. 특히 일본인의 경우에는 명함에 낙서나 메모하는 것은 실례로 인식되어 있다.

<표 4-7> 명함의 교환방법

명 함 교 환 순 서
① 명함전달은 자기소개이기 때문에 하위자나 연하의 사람이 상위자에게 먼저 내놓는다. ② 소개의 경우라면 먼저 소개된 사람부터 명함을 건넨다. ③ 방문객인 경우 방문객이 먼저 건넨다. ④ 상대가 두 사람 이상일 경우 손윗사람에게 먼저 준다. ⑤ 여러 사람과 명함을 교환할 때에는 지위가 높은 사람부터 순서대로 건넨다. ⑥ 상대가 여성인 경우에는 여성에게 먼저 명함을 건넨다.
명함교환 시의 올바른 자세
① 명함을 건넬 때는 오른손으로 자기의 이름이 상대방 쪽에서 보이도록 하여 읽기 쉽게 돌려서 건넨다. ② 명함은 아랫주머니에서 꺼내는 것보다 상의 안쪽의 주머니에서 꺼내는 것이 좋다. ③ 명함을 건네는 위치는 상대방의 가슴높이가 적당하다. ④ 오른손에 왼손을 붙여 두 손으로 건네면 정중한 느낌을 준다. ⑤ 앉아 있는 상태에서 명함을 주고받을 때 명함을 테이블 위로 쑥 밀어서 건네는 것은 결례이므로 반드시 손으로 건네주도록 한다. ⑥ 명함을 서로 교환할 때에는 왼손으로 받고 오른손으로 건넨다. ⑦ 상대방으로부터 명함을 받았을 경우에는 하의 주머니에 넣는 것보다 상의 안주머니에 넣는 것이 좋다. ⑧ 여러 사람의 명함을 받았을 경우에는 실수를 하지 않도록 좌석순으로 테이블에 배열하여 놓고 상대방의 이름과 직함을 보면서 상담을 한다. ⑨ 상대방의 명함을 받았을 때 상대의 이름이 어려운 한자나 영문으로 되어 있을 경우에는 즉석에서 확인하여 이름을 부를 때 실수하지 않도록 한다. ⑩ 자신의 직함이나 소속은 최대한 간단하게 표현하여 상대방이 혼돈하지 않도록 한다.

- 상대방의 명함을 보지도 않고 주머니에 넣는 것은 상대를 가볍게 본다는 의미이므로 예의에 어긋난다.
- 상대방의 명함을 손가락으로 구기지 않도록 한다.
- 명함을 교환하는 데 있어서 자신의 명함을 쉽게 꺼낼 수 있도록 한다.
- 상대방의 명함을 받았을 때 상대의 이름과 직함을 잊어버려 다시 주머니에서 꺼내는 경우가 없어야 한다.
- 사무실을 나올 때 상대방의 명함을 테이블에 놓고 나오지 않도록 한다.
- 상대방의 명함에 어려운 한자나 외국어의 표기가 이해가 되지 않을 경우에는 반드시 면전에서 물어보아 확인하도록 한다.
- 여러 명으로부터 명함을 받았을 경우에는 단시간에 암기하기 곤란하므로 앉은 순서에 따라 명함을 테이블의 적당한 곳에 펼쳐 놓고 곁눈질하면서 상대방의 직함이나 성함을 불러주면서 대화하면 효과적이다.

(5) 상 담

고객의 사무실로 안내되어 인사를 나누고 착석한 다음에는 분위기에 알맞은 화제와 함께 상담이 시작되는데 방문목적에 따라 상담내용이 달라지겠지만 고객의 의중을 살펴가면서 상담을 실시해야 한다. 이때 대화를 원만하게 이어가기 위해서는 단답형 질문이나 폐쇄형 질문(closed question)은 대화를 단절할 수 있으므로 가능하면 개방형 질문(open question)을 유도하면서 상대의 정보를 획득한다.

1) 효과적인 상담방법

a. 상대 성함의 암기

상담을 하면서 고객의 성과 함께 직함을 대화 도중에 불러주면 친근감을 주어 대화를 부드럽게 한다. 여러 명을 대상으로 상담할 경우에는 상대 이름과 직위의 호칭을 기억하여 불러 주도록 한다. 특히 대외적인 업무를 담당하는 판촉부의 관계자는 대인관계에 있어서 상담을 주도할 수 있는 화법의 훈련이 요구된다.

b. 상담 전후의 화제내용 준비

상대에 대한 구체적인 정보를 입수하여 가능하면 상대가 흥미를 유발할 수 있는 화제를 사전에 준비한다. 상담의 성공 여부는 풍부한 화제내용과 상대의 분위기를 잘 파악하여 적당히 대처할 수 있는 능력에 달려 있다. 일반적으로 상담 전의 화제내용은 다음과 같은 것들이 있다.

- 날씨
- 건강
- 최근의 사회적 이슈(매스컴)
- 경제동향(주식동향 등)
- 정치동향
- 취미
- 의상
- 고객이나 기업의 장점
- 안내원의 친절한 서비스
- 기타 관련산업의 동향

2) 상담 시 주의사항

상담 시에는 상황에 따라 다양한 형태의 이야기가 오갈 수 있으나, 고객이 불리한 내용을 이야기하거나 당황할 수 있는 화제는 삼가야 한다. 다음은 상담 시 주의해야 할 사항들을 살펴보았다.

- 상대방이 대답하기 곤란한 질문은 피하고 가능하면 간접적인 질문을 던져 정보를 얻도록 해야 한다. 예를 들면 사생활에 관련된 내용, 회사의 영업 전략상 비밀스러운 내용, 경쟁사에 관한 직접적인 질문 등이다.
- 고객이 업무가 바쁜 것같이 느껴지면 방문 목적과 관련 없는 내용의 대화는 피하고 방문의 목적에 관련한 사항만을 이야기하도록 한다.
- 상담 중에 고객이 쉽게 이해할 수 있도록 시각적인 자료나 견본품(sample)을 제시하면서 대화를 이어가면 효과적이다.
- 상담 중에는 이동전화나 호출기가 울리지 않도록 스위치를 끈 상태에서 진행한다.

<표 4-8> 효과적인 대화방법

번호	효과적인 대화방법
1	상대의 미간(눈과 눈 사이)을 쳐다보고 이야기하라.
2	대화의 내용에 변화를 주어라.
3	상대방의 이야기를 끝까지 듣고 이야기하라.
4	대화 중에는 항상 얼굴에 미소를 잃지 않아야 한다.
5	표준말을 사용하라.
6	제스처(gesture)나 보디랭귀지(body language)를 활용하라.
7	대등한 위치에서 대화하라.
8	적절한 유머를 활용하라.
9	제3자나 상대의 장점을 강조하라.
10	방목목적에 관련된 내용은 반복하여 재확인하라.

- 적당한 시간에 고객이 자사를 방문하여 서비스를 제공받을 수 있도록 초청한다.
- 상담을 마칠 때에는 상담 중에 교환된 내용을 다시 반복하여 고객에게 확인시킨다.
- 상담 중에 확인된 사항은 반드시 메모하여 서면으로 남기도록 한다.
- 고객의 사무실을 나올 때는 미리 가지고 간 판촉물(give-away)을 건네고 사무실을 나온다.
- 고객의 방문 중에 약속한 내용은 반드시 지키도록 하고, 경우에 따라서 감사의 글을 보내도록 한다.

(6) 보고서 작성 및 사후관리

세일즈 콜(고객방문 : sales call)을 실시하고 난 다음에는 반드시 주요한 상담내용을 기록으로 남겨두어 필요할 경우 후속조치(follow-up)를 취해야 한다. 과거에는 수기로 관리했지만 최근에는 대부분 기업들이 자체 컴퓨터 시스템(PMS : Property Management System)을 이용하여 방문내용을 입력하고 관리하기 때문에 편리하게 이용할 수 있다. 컴퓨터 시스템을 이용한 고객관리는 컴퓨터에 입력된 데이터(data)의 조작에 의하여 방문계획을 출력할 수 있고 사후관리 사항도 자동적으로 출력되어 효율적인 관리를 할 수 있다. 고객방문을 마친 후 사후관리는 고객과의 지속적인 관계를 유지하는 데 매우 중요한 역할을 하기 때문에 신중히 처리해야 한다.

유능한 세일즈요원(sales person)은 세일즈 콜을 마치고 고객으로부터 청취한 내용을 철저히 분석하여 사소한 내용이라도 빠뜨리지 않고 처리하여 고객과의 관계를 더욱 강화한다. 예를 들면 방문 중에 고객과의 상담 시에 불만이나 서비스에 대한 요구사항이나 의견 등에 관한 사항들에 대한 개선사항에 대해 적절한 대책을 마련하여 통보하였을 경우 고객의 감동을 유도할 수 있는 절호의 될 것이다. 이와 같이 방문 후 철저한 사후관리는 고객과의 관계가 밀착되어 개인 간의 신뢰는 물론이고 소속기업의 이미지를 크게 향상시킬 수 있다.

제 5 절

의전절차 및 관리 서비스

1. 호 칭

의전 상에 있어서 귀빈의 호칭은 매우 중요한 요소이기 때문에 상대방의 이름을 틀리게 부른다거나 잘못 표기할 경우에는 실례를 범하는 것이다. 따라서 호칭에 대한 정확한 방법을 숙지하여 실수하지 않도록 주의해야 한다. 이 책에서는 국제적인 관례에 준하여 외국인의 호칭에 대해서 살펴보기로 한다.

(1) 일반적인 호칭

미국의 경우 친한 사이의 파티에 초대받았을 때는 보통 상대의 성함을 부른다. 만약 계속해서 'Mr.', 'Miss', 'Mr.'와 같은 경칭을 사용한다면 분위기가 어색할 것이다. 따라서 가능하면 상대의 성함과 직책을 불러주도록 평소에 습관을 들이도록 해야 한다.

일반적인 호칭의 기준은 다음과 같다.

• 나이나 지위가 높을지라도 상대방이 이름을 불러주기 원하면 이름을 불러주도록 한다.
• 친구 사이처럼 동등한 위치에 있는 사람이라면 자연스럽게 이름을 부른다.
• 특별한 경우를 제외하고 상대방이 사회적 지위가 높거나 전문직업인 또는 손윗사람이면 적당한 경칭을 사용한다.

(2) Jr. 2nd, 3rd

유럽에서는 이름을 물려주는 관습이 있기 때문에 부자 사이에 동성동명인 경우가 많다. 이와 같은 경우에는 아들의 이름에는 'Junior'를 붙여 구별하고, 3세의 경우에는 '3rd'를 붙여준다. 이때 4촌의 이름을 물려받은 경우에는 '2nd'를 붙인다. 그러나 이름을 물려준 사람이 사망하면 'Jr.', '2nd', '3rd' 등의 호칭은 이름에서 생략한다.

일반적인 표기방법은 다음과 같다.

• 숫자로 사용할 경우에는 이름 뒤에 위치한다.
  Mr. Franz Dohauser Ⅲ
• 전부 쓸 경우에는 소문자로, 약자로 쓸 경우에는 대소문자로 한다.
  Mr. Franz Donhauser junior
  Mr. Franz Donjouser Jr.

(3) 여성의 이름

우리나라와는 달리 서양에는 여성이 결혼하면 남성의 성을 따르게 되어 있기 때문에 여성의 호칭은 결혼, 이혼, 재혼, 사별 등의 경우에 따라서 조금씩 호칭이 달라진다.

(4) 경 칭

1) 미국의 경우

• Mister(Mr.) : 남자에게 붙이는 경칭으로 이름 앞에 약자로 Mr.를 붙여 사용

하거나 관직명 앞에 붙여 사용하기도 한다(예 : Mr. Heinz, Mr. President, Mr. Ambassador).

- Mistress(Mrs.) : 결혼한 부인의 이름 앞에 붙이는 경칭으로 약자로 Mrs.를 사용한다.
- Miss : 미혼여성 이름 앞에 붙인다.
- Master : 소년에 대해 사용하는 경칭이다.
- Ms(Mz) : 결혼한 여성이나 처녀에게 붙여서 사용할 수 있다.

2) 프랑스의 경우

- Monsieur(M.)
- Madame(Mme)
- Mademoiselle(Mlle)

(5) 왕족 및 귀족의 경칭

1) 왕

- 정식명칭
  - 영어 : His Most Gracious(Excellent) Majesty
  - 불어 : Sa Très Gracieuse(Excellente) Majèste
- 약식명칭
  - 영어 : His Majesty(약어 : H.M.)
  - 불어 : Sa Majestè(약어 : S.M.)
- 대화 시 경칭
  - 영어 : Your Majesty(먼저 말씀드릴 때)
Sir(대답에 답할 때)
  - 불어 : Votte Majestè, Sire

2) 왕 후

- 정식경칭
  - 영어 : Her Most Gracieuse(Excellent) Majesty

- 불어 : Sa Très Gracious(Excellente) Majèste
- 약식경칭 :
  - 영어 : Her Majesty(약어 : H.M.)
  - 불어 : Sa Majestè(약어 : S.M.)
- 대화 시 경칭 :
  - 영어 : Your Majesty, Ma'am(먼저 말씀드릴 때와 답할 때)
  - 불어 : Votte Majestè, Madame

3) 왕 족

- 정식경칭
  - 직계
    - ○ 영어 : His(Her) Royal(Imperial) Highness(약어 : H.R.H. 혹은 H.I.H.)
    - ○ 불어 : Son Altesse Royal(Impèriale)(약어 : S.A.R. 혹은 S.A.I.)
  - 방계
    - ○ 영어 : His(Her) Serene Highness(약어 : H.S.H)
    - ○ 불어 : Son Altesse Serenissime(약어 : S.A.S.)
- 약식경칭 : 정식호칭과 동일
- 대화 시 경칭
  - 영어 : Your Royal Highness, Sir/Ma'am
  - 불어 : Votte Altesse Royale, Monsieur/Madame

4) 귀족(정식/약식)

- 공작
  - His Grace The Duke of ~/The Duke of ~
  - Her Grace The Duchess of ~/The Duchess of ~
- 후작
  - The Most Honourable The Marquis of ~/The Marquis of ~
  - The Most Honourable The Marchioness of ~/The Marchioness of ~
- 백작
  - The Right Honourable The Earl of ~/The Earl of ~
  - The Right Honourable The Countess of ~/The Countess of ~

- 자작
  - The Right Honourable The Viscount ~/The Viscount ~
  - The Right Honourable The Viscountess ~/The Viscountess ~
- 남작
  - The Right Honourable The Baron ~/The Baron ~
  - The Right Honourable The Baroness ~/The Baroness ~

(6) 외교관의 경칭

대사에게는 '각하'라는 의미의 'His Excellency(영어)'/'Son Excellence(불어)'를 붙인다. 또한 대사부인에게도 공식적으로는 동일한 경칭을 사용한다. 따라서 공식 모임에서 대사 부부의 칭호는 'Their Excellencies', 'Leurs Excellences'가 된다.

그러나 일반 사교모임에서는 'His Excellency the Ambassador of Korea and Madame Kim'으로 표현한다.

- 'His Excellency'를 전부 쓸 경우에는 이름 위 왼쪽에 쓴다.

  His Excellency
      Mr. Malcom Heinz
- 'H.E.'의 약어로 쓸 경우에는 이름 앞에 한 줄로 표기한다.

  H.E. Mr. Malcom Heinz

2. 서 열

(1) 서열의 기준

1) 공식서열

공식서열은 국가에 따라서 약간의 차이가 있으나 일반적으로 귀족이나 공직자 등의 신분별 지위나 관직에 대해 공식적으로 인정되어 있는 서열을 가리킨다. 따라서 의전절차에 의한 국제행사나 공식적인 모임을 갖는 경우에는 반드시 공식서열에 의한 좌석배치가 이루어져야 한다. 대개 공식서열의 기준은 다음과 같다.

- 제1순위 : 공선을 거쳐 행정부에 종사하는 하는 사람(대통령)
- 제2순위 : 입법부에 종사하는 사람(국회의장)
- 제3순위 : 사법부에 종사하는 사람(최고재판소의 장)

2) 관례상 서열

일반 사회생활에서 사회적 예의로 정해놓은 서열을 말한다. 공식서열은 서열의 상호관계가 공식화되어 있기 때문에 적용이 비교적 간단하지만 관례상 서열은 공식서열에는 들지 않을지라도 사회적으로 높은 직위를 가지고 있는 사람들에 대한 서열이다. 관례상 서열에 준하는 사람들은 통상적으로 다음과 같이 구분한다.

- 공식서열로 정할 수 없는 지위의 사람 : 정당대표, 언론단체의 장, 금융단체의 장, 주요 경제 단체의 장 등
- 사회적 지위라든지 문화적 지위를 고려해야 하는 사람 : 대기업 회장, 문인, 예술가 등
- 집회의 성격에 따른 지위의 사람 : 국제단체의 장, 국제기구의 장 등
- 전통적으로 서열을 인정해야 사람 : 과거의 왕족이나 귀족

3) 일반적인 서열의 순서

상술한 바와 같이 공식화되어 있는 서열은 간단히 정할 수 있으나, 관례를 존중한 서열은 매우 민감하고 까다롭다. 사람에 따라서 차이가 있겠으나 서열 문제로 인하여 참석자의 기분을 상하게 할 수도 있기 때문에 각별한 신경을 써야 하겠다.

따라서 서열은 모임의 성격이나 상황에 따라 다양한 형태가 있을 수 있겠으나 일반적인 기준은 다음과 같다.

- 연령을 우선적으로 고려한다.
- 부인의 서열은 남편과 동일하다.
- 기혼여성이 미혼여성보다 서열이 높다.
- 다수의 직위를 가졌을 경우에는 높은 직위의 서열을 따른다.
- 가능하면 외국인을 상위로 취급한다.

• 여성은 남성보다 우선한다.
• 주빈을 존중한다.
• 여성간의 서열 : 기혼자, 미망인, 이혼녀, 미혼자

(2) 외교관 및 영사의 서열

1) 외교관의 서열

• 공관장 : 직책에 다음과 같이 서열이 정해진다.
  - 교황청 대사(가톨릭 국가인 경우)
  - 특명전권대사
  - 특명공사
  - 대리대사
  - 대사대리
• 공관장 이외의 외교관
  - 외교관 계급에 준한다.
  - 재외공관에 근무하는 사람들에 대한 규정에 따른다.

2) 영사의 서열

• 공관장인 영사는 직위에 관계없이 외국영사관원에 우선하며, 직업영사는 같은 계급의 명예영사에 우선한다.
• 직업영사로서 서로가 공관장인 경우에는 그의 계급에 따라서 서열이 정해진다. 그 외의 서열관계는 정부의 규정에 따른다.
• 공관장 대리인 영사는 공관장인 영사 다음에 온다.

(3) 주요 국가의 서열관행

1) 한 국

<표 4-9> 우리나라의 서열관행

순 위	직 책	순 위	직 책
1	대통령	2	국회의장
3	대법원장	4	국무총리
5	국회부의장	6	감사원장
7	부총리	8	외교통상부장관
9	외국특명전권대사	10	국무위원
11	국회상임위원장	12	대법원 판사

2) 미국의 서열관행

<표 4-10> 미국의 서열관행

순 위	직 책	순 위	직 책
1	대통령	2	부통령
3	하원의장	4	대법원장
5	전직 대통령	6	국무장관
7	유엔사무총장	8	외국대사
9	전직 대통령 미망인	10	공사급 외국공관장
11	대법관	12	각료
13	연방예산국장	14	주유엔 미국대표
15	상원의원	16	주지사
17	전직 부통령	18	하원의원
19	외국대리대사	20	행정부 차관 및 처장
21	AID 처장	22	합참의장
23	각국참모총장 및 해병대사령관	24	미주기구 사무총장
25	중앙정보부장	26	원자력 위원장
27	평화봉사단장	28	대통령 특별보좌관
29	국무성 부차관	30	행정 각부 차관보

3) 영국의 서열관행

<표 4-11> 영국의 서열관행

순 위	직 책	순 위	직 책
1	여왕	2	귀족
3	캔터베리 대주교	4	대법관
5	요크 대주교	6	수상
7	하원의장	8	옥새상서
9	각국대사	10	시종장관

3. 국 기

외국인 관광객이나 귀빈이 호텔이나 식당 등과 같은 관광관련 산업을 이용할 때 특별한 경우에는 의전절차에 따라 일정한 예우를 해야 할 경우가 있다. 특히 외국사절이나 외교관 등 정부 고위층이 호텔에 숙박할 경우에는 정해진 의전절차에 따라 자국의 국기를 게양해야 한다.

또한 국기는 나라를 상징하는 것이므로 가장 소중하게 취급해야 한다. 예를 들면 호텔은 다국적의 고객이 투숙하는 장소이기 때문에 일반적으로 투숙하는 고객의 국적에 따라 국기를 게양한다. 그러나 최근에는 특별한 경우가 없는 한 태극기와 호텔기 및 귀빈의 국적기만을 게양하기도 한다.

특히 귀빈이 투숙할 경우에는 일정한 의전절차에 따라 호텔입구와 귀빈을 모시는 차량에 국기를 게양한다. 따라서 벨 데스크(bell desk)에는 각국의 외부게양용과 차량용의 국기를 제작하여 보관하고 있어야 한다. 호텔에서 국기를 게양하는 방법은 다음과 같다.

(1) 귀빈이 없을 경우

호텔 내에 투숙하고 있는 고객의 국적기를 게양한다. 이때 태극기와 함께 게양이 되기 때문에 호텔이 규정하고 있는 절차에 따른다.

(2) 한 나라의 귀빈이 투숙하고 있는 경우

태극기와 병용할 경우에는 태극기를 최우선의 위치에 게양하는 것을 원칙으로 한다. 태극기를 호텔을 향해 왼쪽에 외국기를 오른쪽에 각각 게양한다.

(3) 다국적의 귀빈이 투숙하고 있는 경우

1) 홀 수

귀빈의 국적기가 홀수일 때에는 태극기를 중앙으로 하는 것이 보통이며 외국기는 국가이름의 알파벳을 기준으로 호텔을 향해 왼쪽, 오른쪽으로 교차해 가며 배열, 게양한다. 또는 태극기를 포함한 모든 국가의 국기를 나라명의 알파벳 순서에 의거해 왼쪽부터 게양할 수도 있고 태극기를 맨 왼쪽에 놓은 후 순서대로 배열하여 게양할 수도 있다.

2) 짝 수

국가의 수가 짝수일 때에는 태극기를 호텔을 향하여 맨 왼쪽에 세우고 기타 국기는 나라의 알파벳순으로 하거나 태극기도 포함해 왼쪽부터 알파벳순으로 게양한다.

(4) 귀빈용 차량

태극기와 외국기를 차량에 게양할 경우에는 차량에서 보아 오른쪽에 태극기, 왼쪽에 외국기가 오도록 한다. 외국기만을 게양할 경우에는 차량에서 보아 오른쪽에 단다.

(5) 용도에 따른 우리나라 국기의 표준치수

태극기를 각종 행사나 공식석상에서 사용할 때에는 그 내용과 행사장의 분위기에 따라 적당한 크기를 사용하고 있으나, 일반적으로 우리나라에서는 태극기의 치수를 사용되는 용도에 따라서 표준치수를 정해놓고 있다. 특히 정부행사에서 사용되고 있는 태극기의 치수를 살펴보면 〈표 4-12〉와 같다.

<표 4-12> 정부행사 시 용도별 국기의 치수[50)]

구 분	기폭의 크기 (cm)	깃봉의 지름 (cm)	깃대의 길이 (cm)
옥상에 높게 게양할 때	270×180 210×140	18 14	7 5.5
건물 전면이나 광장의 게양대에 게양할 때	270×180 210×140	18 14	18 14
건물 전면에 게양대 없이 게양할 때	210×140 150×100	14 10	5.5 4
식장 또는 회의장의 전면에 세울 때	150×100 105× 70	10 7	2 1.4
식장 또는 회의장의 벽에 부착할 때	270×180 210×140	-	-
사열차량에 게양할 때	135× 90 60× 40	-	-
승용차에 게양할 때	45× 30	-	기폭의 높이
가로에 게양할 때	105× 70 45× 30	7 3	1 0.45
조약서명 또는 회담시의 탁상용	30× 20 22× 15	2 1.5	0.5 0.4
수기(손에 들 때)	30× 20 22× 15	2 1.5	0.5 0.4

50) 호텔신라 서비스교육센터, 국제매너, 1989.

Chapter 5

고품격 항공사 서비스

제 1 절

예약 서비스

항공사에서 제공하는 서비스는 제5장에서 호텔 서비스를 살펴본 바와 같이 거의 대동소이하여 서비스의 본산지라고 해도 과언이 아니다. 실제로 항공사에서 근무하는 종업원은 근무지로 배치되기 전에 항공사에서 마련한 소정의 교육훈련 프로그램으로 수준 높은 서비스교육을 이수해야 한다. 이와 같은 서비스 교육과정이 없다면 고객이 기대하는 서비스를 제공하지 못할 것이다.

특히 서비스나 친절도가 세계적으로 유명한 캐세이패시픽 항공사(CX : Cathay Pacific Airlines)나 싱가포르 항공사(SQ : Singapore Airlines)에서는 정식 기내 승무원이 되기 위한 항공사의 다단계 교육과정을 견디지 못하고 교육과정 중 많은 교육생이 교육을 포기할 정도로 빈틈없는 교육을 실시하고 있다. 이와 같은 형태의 교육과정이 마련되어 있기 때문에 국제 수준의 전문적인 서비스(professional service)를 제공할 수 있다. 우리나라 국적 항공사에서도 수준 높은 프로그램을 개발하여 전문 서비스 제공자의 면모를 갖추고 있다.

항공사 승무원은 일반인들이 생각하는 것처럼 화려한 직업만은 아니다. 승객들에게 고수준의 서비스를 제공하기 위해서 나름대로의 자기희생과 투철한 사명감을 바탕으로 고객을 모신다는 철학이 있어야 하기 때문에 때로는 고통스러운 직업이기도 하다.

호텔 서비스와 마찬가지로 항공사 서비스는 예약으로부터 출발한다고 해도 지나친 표현이 아니다. 항공기를 이용하기 위해서는 예약으로부터 출발하기 때문에 고객의 예약문의에 친절하게 응대하는 행위는 항공사의 이미지에 절대적인 영향을 미친다. 또한 비행 스케줄(flight schedule)에 따라서 항공사 상품인 좌석이 창출되기 때문에 각 노선과 시간대에 따라서 수많은 상품의 예약을 처리해야 한다.

따라서 예약을 위한 고객의 문의에 응대하는 서비스를 중심으로 살펴보고자 한다.

1. 전화응대 서비스

항공여행을 위해 고객은 주로 전화를 통해 예약하는 경우가 대부분이기 때문에 전화에 의한 예약 서비스는 매우 중요하다. 최근에는 인터넷(internet) 활용이 활발해짐에 따라 인터넷 통신을 통한 예약이 점점 늘어나는 추세이지만 아직까지는 전화에 의한 예약 서비스가 주류를 이루고 있다.

항공사 예약은 하나의 대표전화에 다수의 예약 담당자가 연결되어 있어 동시에 많은 예약을 접수할 수 있으며, 항공업무에 대한 정보를 제공한다. 따라서 대부분 항공사에서는 고객의 전화예약 서비스 수준을 극대화하기 위해 다양한 서비스를 개발하여 고객에게 보다 편리한 서비스를 제공하기 위해 노력을 아끼지 않고 있다.

(1) 전화응대방법

- 고객 전화는 항상 정성을 담아 접수한다.
- 항공사 메시지와 함께 전화를 받는다.
- 고객의 말을 끝까지 경청한 다음 응대한다.
- 고객의 수준을 파악하여 수준에 알맞은 언어를 사용한다(고객이 항공사에서 사용하는 전문용어를 이해하지 못하는 경우도 있다).
- 고객이 원하는 시간에 항공좌석이 없을 경우는 최선을 다하여 차선책을 제시한다(그 시간대에는 좌석이 없으나 ○○○에는 빈 좌석이 남아 있습니다./손님이 원하시는 항공기는 만석입니다만 ○○○를 경유하는 항공기의 좌석을 이용하면 가능합니다.)
- 응대 시의 언어는 항상 긍정형 또는 청유형을 사용한다.
- 은어나 속어는 절대로 사용해서는 안 된다.
- 고객이 불쾌한 감정으로 말을 할지라도 정성을 다하는 자세로 응대한다.
- 예약상황을 파악하거나 기타의 이유로 고객을 오래 기다리지 않도록 한다.
- 예약접수를 완료하면 반드시 고객이 먼저 전화를 끊은 다음 수화기를 놓는다.

(2) 예약의 접수

- 환영인사 : 안녕하십니까? 정성을 다하는 ○○항공 예약과 ○○입니다. 무엇을 도와드릴까요?
- 여행일자, 목적지 : 언제 어디로 여행하실 예정입니까?
- 좌석등급 : 어떤 등급의 좌석으로 예약을 해드릴까요?
- 성명확인 : 존함을 말씀해 주시겠습니까?
- 항공사 회원 카드의 유무 : 저희 항공사 ○○카드 회원이십니까?(항공사 회원인 경우 : 회원번호를 말씀해 주시겠습니까?)
- 여권/비자 : 여권과 비자를 받았습니까?(여권과 비자를 받지 않았을 경우 : 손님이 여행하시고자 하는 국가는 체류 비자를 요구하기 때문에 사전에 준비해야 합니다).
- 항공권 소지 여부 확인 : 항공권을 소지하고 계십니까?(항공권을 구입하지 않은 경우 : 항공권은 ○○일까지 구입해야만 합니다).
- 소아나 유아의 동반 여부 : 손님께서 소아나 유아를 동반하십니까?
- 연결 및 복편 여부 확인 : 항공기의 연결편이나 돌아올 때의 예약도 도와드릴까요?
- 연락처/예약자 성명 : 손님의 연락처를 말씀해 주시겠습니까?
- 재확인 : 손님이 여행하시기 전에 다시 한 번 재확인해 주시기 바랍니다.
- 접수종료 : 저희 항공사를 이용해 주셔서 대단히 고맙습니다. 즐거운 여행되시길 바랍니다.

2. 내방객의 예약

대부분 항공사예약은 전화를 통하여 이루어지지만 종종 항공사를 직접 방문하여 예약카운터(reservation counter)에서 예약을 하는 경우도 있다. 고객이 항공사를 직접 방문할 경우에는 고객이 당황하지 않고 사무실을 들어갈 수 있도록 마음에서 우러나오는 친절 서비스로 방문고객을 환영해야 한다.

일단 고객을 편안한 좌석으로 안내하고 내부업무보다 우선적으로 고객예약을 처리해야 한다. 내방하는 고객에게는 항공사의 이미지를 가시적으로 보여줄 수 있는 기회이므로 고객에게 항공사에 대한 판촉물(give-away)이나 메시지를 전달할 수 있는 분위기로 고객을 유도하는 것도 매우 중요하다.

그리고 내방객에 대한 예약 서비스는 전화에 의한 서비스와 동일하고, 오히려 대면하면서 예약을 접수하기 때문에 고객의 마음을 쉽게 인지할 수 있는 장점이 있다.

제 2 절

카운터 서비스

1. 발권 서비스

대부분 고객은 사전에 항공권을 구입하지만, 일부의 국내선 고객의 경우 예약을 하지 않은 고객이나 특별한 경우에는 카운터에서 티케팅 서비스(발권 서비스 : ticketing service)가 이루어지기도 한다.

만약 사전에 예약한 고객일 경우에는 성명이나 예약번호(PNR : Passenger Name Record)를 확인한 후 항공권을 대금지불과 함께 발급하고, 예약하지 않은 고객이 항공권을 구입하고자 할 경우에는 여행하고자 하는 목적지/시간대, 좌석등급, 선호하는 좌석 등을 문의하여 항공사 터미널(terminal)에 입력한 다음 항공권에 대한 대금지불을 요구한다.

항공권은 신용카드를 이용하여 구입하는 경우가 대부분이기 때문에 필요한 신용카드의 정보를 확인한 다음 고객 서명을 받는 과정에서 신용카드는 정중하게 받고 건네주도록 한다.

2. 수속업무

수속업무(check-in service)는 공항의 핵심 서비스(core service)로서 여행고객에게 항공사의 실질적인 서비스가 본격적으로 제공되는 업무이다. 구입한 항공권의 내용에 따라 항공기 탑승을 위한 수하물 탑재, 여권 및 목적지의 비자 점검, 좌석배치 등과 같은 사전절차를 수속업무라고 한다.

따라서 항공사의 카운터에 근무하는 종업원은 항공사의 운항 스케줄이나 기상관계, 연착 및 지연 등의 상황을 구체적으로 파악하고 있어야 하며, 여행 목적지의 국가에서 요구하는 각종 제한 사항이나 규칙 등을 파악하고 있어야 한다. 수속업무는 가장 신속 정확하게 처리하여 탑승객이 시간적 여유를 가질 수 있도록 한다.

항공기 탑승 전의 수속 시 여행객의 편의를 위한 업무절차는 다음과 같다.

(1) 각종 서류의 점검

1) 여권(passport)

국외여행을 위한 고객은 당연히 여권을 소지하겠지만 국가에 따라 여권 만료기간의 제한규정이 있기 때문에 만료기간을 확인해야 한다. 예를 들어 인도네시아의 경우, 여권 만료기간을 6개월 이상으로 규정하고 있다. 만약 고객의 여권 만료기간이 여행국에 정하는 기간 이내이면 항공사에서 책임을 지도록 되어 있기 때문에 여권에 관한 내용을 철저히 점검해야 한다.

- 여권의 종류
  - 관용여권 : 공무원과 정부투자기관의 임직원으로서 공무로 해외여행을 하는 사람이나 정부투자기관의 해외주재원, 그 배우자 그리고 미혼인 직계비속은 관용여권을 발급받을 수 있다.
  - 외교관여권 : 외교관여권을 발급받을 수 있는 사람은 대통령, 국회의장, 외교통상부장관, 그리고 외교통상부 소속 공무원 등과 그들의 배우자 및 미혼 직계비속이다.
  - 일반여권 : 일반국민이 발급받을 수 있는 여권이다.
- 여권심사
  - 여권상의 사진으로 본인 여부를 확인한다.
  - 여권의 유효기간 여부를 확인한다.
  - 출국신고서 작성 여부를 확인한다.

2) 비자(visa)

여행객의 국적에 따라서 상대국의 비자가 요구되는 경우가 있기 때문에 정확하게 점검할 필요가 있다. 여행하고자 하는 국가와 우리나라와 비자면제 협정이 체결된 경우에는 문제가 없겠으나 일본이나 미국 등과 같은 국가에서는 자국의 외무부에서 발급하는 소정의 비자를 요구하기 때문에 고객이 여행하고자 하는 목적지 국가의 비자에 관한 정보를 확인해야 한다.

여행사에서 인솔하는 단체의 경우는 특별한 문제가 없겠으나 개인출발인 경우에는 가끔 비자문제로 인하여 불미스런 문제가 발생할 수 있기 때문에 꼼꼼히 살펴보아야 한다. 비자의 종류로는 다음과 같다.

- 사용횟수에 의한 분류
  - 단수 비자(single entry visa) : 1회 입국하여 출국하면 효력이 상실되는 비자
  - 복수 비자(multiple entry visa) : 유효기간은 국가 또는 여행객의 국적에 따라 차이가 있으나 유효기간 내에는 몇 번이라도 출입국이 가능한 비자
- 여행 목적에 의한 분류
  - 입국 비자(entry visa) : 해당 국에 입국하는 것을 주목적으로 하는 경우에 교부되는 비자
  - 통과 비자(transit visa) : 여행객이 최종여행 목적지국으로 향하는 도중에 필요에 의해 경유지를 방문하는 경우 해당 경유국에서 발급하는 비자
  - 출국 비자(exit visa) : 특정한 국가에 한해서 이미 입국한 여행객에게 출국을 허가하는 비자

3) 항공권(air ticket)

고객이 안전하게 여행할 수 있도록 항공권의 날짜와 등급을 정확하게 확인해야 하는데, 고객이 제시한 항공권을 철저하게 점검하여 실수가 없도록 해야 한다. 일반적으로 다음과 같은 내용을 확인해야 한다.

- 항공권 심사의 주안점
  - 항공권과 여권상의 성명 일치 여부
  - 위조, 변조, 사고 항공권 여부
  - 항공권의 유효기간
  - 항공편, 목적지 및 여행등급
  - 전체 여정의 예약상태 확인
  - 특별운임 항공권의 제한사항 준수

- 타 항공사 항공권의 엔도스먼트(endorsement)
- 연결편이 있는 경우의 수하물 스루 체크인(through check-in)

• 항공권의 종류
  - Passenger Ticket and Baggage Check : 가장 일반적으로 통용되는 여행객용 항공권 및 수하물표로서 여행사가 발행하는 운송증표가 대부분이다.
  - Miscellaneous Charge Order(MCO) : 항공권과는 달리 여행객이 필요시 화폐로 교환해서 사용할 수 있는 일종의 지불증으로 호텔 비용의 지불 및 항공권의 구입 시에도 사용된다.
  - Collective Ticket for Passenger and Baggage : 임시로 발행되는 단체 항공권이다.
  - Trip Pass and Baggage Check : 100% 할인권으로서 무임 항공권이다.
  - Excess Baggage Ticket : 수하물이 허용량을 초과하는 경우 항공사에서는 여객으로부터 초과하물 비용을 수령하고 이를 확인해 주는 초과수하물 항공권이다.

4) 출국신고서(disembarkation card)

출국하는 국가의 정부에 제출하는 신고서로 고객의 개인신상에 관한 내용이 정확하게 기입이 되었는지를 확인한다.

<표 5-1> 항공권의 구성

종 류	내 용
심사용 (audit coupon)	항공권의 첫 번째 쿠폰으로서 여행사가 항공권을 발행할 때 제반 사항을 기록하고 항공사에 판매보고용으로 사용된다. 따라서 여행객에게 건네주기 전에 이 쿠폰을 절취해야 한다.
발행자용 (agent coupon)	항공권을 발행한 여행사가 항공권의 분실 및 재발급 시 참고자료로 사용하기 위해 장기간 보관하는 쿠폰이다. 따라서 이 쿠폰도 사전에 절취해야 한다.
탑승용 (flight coupon)	항공권의 종류에 따라 2매 또는 4매가 발행되며, 표시된 구간의 탑승수속 시 제출하고 탑승권(boarding pass)과 교환한다.
승객용 (passenger coupon)	항공권에 명시된 여정을 여행하는 동안 승객이 소지하는 쿠폰으로서 수속할 때 탑승용 쿠폰과 함께 제시해야 한다. 항공여행에 관한 각종 정보가 기록되어 있기 때문에 소중하게 취급해야 한다.

5) 공항세(airport tax)

공항을 이용하는 승객에게 징수하는 세금으로서 대부분의 출국하는 승객에게 공항에서 소정의 공항세를 부과하고 있다. 따라서 공항 내에 위치한 지정 은행에 공항세를 납부하고 납부 영수증을 공항 수속 시 제시하도록 한다.

(2) 좌석배정

좌석배정은 특별한 경우가 없는 한 고객이 선호하는 좌석으로 배정을 하도록 최선을 다해야 하지만 만석(full house)일 경우에는 고객이 원하는 대로 좌석을 배정할 수 없기 때문에 고객이 납득할 수 있도록 설명하여 감정을 손상시키지 않도록 해야 한다. 일반좌석은 보통 앞쪽(front), 뒤쪽(rear), 창쪽(window), 복도쪽(aisle) 등의 구역으로 구분한다. 그러나 좌석배정의 경우 어린이와 노약자 및 여성 고객은 우선적으로 처리하도록 해야 한다.

1) 수하물이 없는 여행객의 수속

개인 수하물이 없는 고객의 수속은 매우 간단하다. 상술된 바와 같이 고객의 여행서류와 항공권을 제시하면 확인한 후 좌석배정을 받아 탑승권(boarding pass)을 발급한다. 항공기의 화물칸에 탑재할 수하물은 없으나 승객이 소지하고 기내에 탑승할 수 있는 휴대수하물(hand carry baggage)은 1인당 1개만 휴대할 수 있고 배기지 클레임 택(baggage claim tag)이 발급되지 않으며, 휴대수하물은 좌석 밑이나 혹은 좌석 위의 선반(overhead compartment)에 올려놓도록 안내한다.

휴대수하물의 부피는 3변의 합이 115cm를 초과할 수 없도록 규정하고 있다. 다음과 같은 휴대용 수하물은 항공사의 사전허가가 없으면 항공기의 운항의 안전을 위해 여행자의 수하물로 인정하지 않고 탑승을 거부할 수 있다.

- 총기류(스포츠용 제외), 폭발물, 성냥류
- 압축가스
- 인화성 물질(알코올, 휘발유)
- 산화성 물질
- 극약

- 부식성 물질(산, 화공약품, 젖은 건전지)
- 방사능 물질
- 수은, 자석류
- 맹인, 인도견, 농아 보조견 이외의 동물류
- 기타 승객의 안전상 위험하다고 판단되는 물건

2) 수하물을 동반한 여행객의 수속

대부분 고객은 항공기의 화물칸에 맡길 수하물을 동반하고 여행을 하기 때문에 종종 항공사에서 규정하고 있는 수하물 크기와 중량(2등석인 경우 : 보통 40cm×80cm/20kg)을 초과하여 고객과 마찰을 빚기도 한다. 만약 수하물이 규정 중량이나 부피를 초과하는 경우에는 초과요금을 부과하는데 고객의 감정이 상하지 않도록 설득하여 고객이 납득할 수 있도록 해야만 한다.

또한 고객의 수하물이 바뀌지 않도록 수하물 택(baggage tag)에 행선지를 정확하게 표시하여 운반한다. 그리고 수하물 택은 항공권에 부착하여 출국장 시에 수하물을 찾을 때 증명서로 이용하도록 한다. 무게를 측정한 수하물은 내용물 검색을 위해 안전 검색대를 통과하는 약 2~3분 정도는 고객이 카운터에서 기다리도록 한다.

또한 수하물이 파손되기 쉬운 물건이나 특별히 취급해야 할 경우에는 항공사의 카운터에 특별히 부탁하여 '파손주의(fragile)' 택을 부착하여 항공사의 직원이 수하물 운반 시 특별히 취급하도록 한다. 수하물의 취급 시 주의해야 할 사항은 다음과 같다.

- 수하물의 포장상태 및 파손 여부 확인 후 기존에 부착되어 있는 택을 제거한다.
- 현금, 고가품, 파손주의 물품 또는 중요서류가 포함되어 있는지를 확인한다.
- 파손되기 쉬운 수하물일 경우에는 승객의 서명을 받아 파손주의 택을 작성한다.
- 파손주의 택의 사용시에는 사용 이유에 대해서 승객에게 정중히 설명한다.
- 택에 해당 탑승수속 카운터 번호를 기입한다.
- 택을 부탁할 경우에는 수하물의 개수 및 목적지를 재확인한다.
- 클레임 택(claim tag)은 항공권 겉장에 부착한다.

- 서브 택(door side, fragile 등)의 사용시에는 택/레이블의 용도를 상세히 설명한다.
- 수하물은 조심스럽고 부드럽게 다루어야 한다.
- 수하물이 다량이거나 무거울 경우 지상조업요원에게 조용히 지원을 요청한다.
- 승객 면전에서 수하물에 대한 평가는 삼간다.
- 수하물에 부착되어 있는 택이 컨베이어 벨트(conveyor belt) 진행방향의 반대방향으로 놓아 유실되지 않도록 한다.
- 컨베이어로 운반할 경우에는 수하물과 수하물의 거리를 1m 이상 유지한다.

(3) 보안검사

항공기 탑승구에 들어가기 위해서는 승객의 안전을 위해 반드시 보안검사대를 비롯하여 세관검사, 검역 등의 절차를 거쳐야 한다. 보안검사는 경우에 따라서 개인의 프라이버시를 침해할 수도 있기 때문에 정중한 자세로 임하도록 한다.

1) 세관검사

출국할 때에는 여행객이 소지한 카메라, 비디오, 장식용 보석 등 각종 고가의 외국상품을 신고하도록 규정하고 있다. 만약 신고를 하지 않고 출국하였을 경우에는 재입국할 때 외국에서 구입한 것으로 간주하여 관세징수의 대상이 될 수도 있기 때문이다.

2) 출입국 심사

국가의 치안유지 차원에서 실시되는 것으로 정상적인 여행객인지 여부를 판정하기 위해 여권, 탑승권과 출국신고서/입국신고서를 세관원에게 제출하여 출국 스탬프(stamp)를 받는 절차를 말한다. 출입국 심사를 위해 대기하고 있는 장소에서도 항공사의 관련자가 출입국심사에 대한 안내 서비스를 제공해야 한다. 왜냐하면 가끔 탑승객이 많아 출입국 심사에 많은 시간이 걸려 항공기의 지연을 초래할 수 있기 때문이다.

제 3 절

승객 서비스

항공사의 객실 서비스는 기내 서비스(in-flight service)를 의미하는 것으로 최신 장비를 이용한 장거리 여행을 할 수 있는 교통수단인 만큼 많은 사람이 이용할 수 있는 대중교통수단은 아니다. 그러나 장거리 여행을 위해서는 한정된 공간과 서비스로 인하여 다소 불편한 점은 있으나 항공기를 이용한 여행이 가장 신속하고 편리하기 때문에 많은 여행객이 이용하고 있다.

기내 서비스는 고객이 장시간 좁은 공간에 몸을 의지하고 여행해야 하기 때문에 최대한의 친절 서비스가 요구된다. 따라서 객실에서 근무하는 종업원(스튜어드, 스튜어디스, 사무장 등)들은 항공사의 표준화된 서비스를 바탕으로 상황에 알맞은 서비스를 제공하기 위해 정기적인 교육훈련이 필요하다.

1. 영접 및 안내 서비스

탑승수속 및 보안수속을 마치면 탑승절차를 거쳐 기내에 들어가게 되는데 대부분 항공사에서는 항공기를 연결하는 통로에서부터 입구까지 고객을 위한 환영 서비스를 제공하고 있다. 이때 항공기 여행이 처음인 고객도 있을 수 있기 때문에 고객이 당황하지 않도록 균등한 서비스를 제공하도록 노력해야 한다. 공항마다 약간의 차이는 있으나 대부분 탑승구(boarding gate) 입구에는 탑승객을 위한 대기실이 준비되어 있다. 고객이 항공사를 혼돈하여 타 항공사의 항공권을 소지하고 있을 경우에도 친절하게 안내하여 고객이 무사히 탑승할 수 있도록 도와주어야 한다. 각국의 공항은 매우 번잡하기 때문에 여러 개의 탑승구가 동시에 오픈(open)되어 승객이 혼돈하여 실수하는 경우도 있을 수 있다.

항공기 입구에서는 보통 공간이 협소한 관계로 좌석번호를 확인하여 안전한 통로를 이용할 수 있도록 안내한다. 이때에도 어린이와 노약자 그리고 여성고객을 우선적으로 안내하도록 해야 한다. 그러나 항공사에서는 승객의 안전을 의해 〈표 5-2〉의 경우처럼 탑승을 거절할 수도 있다.

<표 5-2> 탑승거절자

항 목	거 절 대 상 자
1	다른 승객에게 위험한 행동을 하거나 자살의 위험성이 있는 정신질환자
2	전염병을 앓고 있는 환자
3	승객의 질환상태가 눈에 띄어 다른 승객에게 불쾌감을 줄 수 있는 환자
4	항공여행 도중 병세가 악화되어 생명에 위험이 있다고 판단되는 환자

(1) 탑승구

1) 줄 세우기

- 어린이나 노약자 또는 소아나 유아를 동반한 승객은 별도로 탑승안내를 한다.
- 질서를 위해 줄을 세울 때에는 승객에게 강압적인 느낌이 들지 않도록 한다.
- 술에 취한 승객이나 몸이 불편한 승객의 발견 시에는 적절한 조치를 취한다.

2) 탑승권 절취

- 고객이 제시하는 탑승권은 오른손으로 건네받을 때에는 공손하게 받고 인사말과 함께 가벼운 목례로 인사한다.
- 탑승권을 절취할 때에는 부드럽게 취급한다.
- 승객용 탑승권을 돌려줄 때에는 "즐거운 여행이 되십시오"라는 인사말을 덧붙인다.

(2) 통과여객 서비스

- 통과여객 수속 시에는 승객을 정렬시켜 질서 있게 수속한다.
- 통과여객 안내표지판을 최대한 이용한다.
- 통과여객과 일반승객과 구분하여 안내를 한다.
- 통과여객 승객에게 보안검색대의 위치를 안내한다.
- 신속한 보안검색을 위해 질서를 유지한다.

2. 기내 서비스

항공사의 기내 서비스는 승객의 편의를 위해 출발에서부터 목적지에 도착할 때까지 제공하는 구명장비의 사용법, 신문 및 잡지의 배부, 음료 및 식사, 면세품 판매 등의 서비스로 기내승무원은 각자 담당하는 구역의 승객에게 서비스를 제공한다.

항공기는 운항하는 동안에는 반드시 기내에서 머물러 있어야 하기 때문에 장거리 여행인 경우에는 승객들의 편의와 안전에 더욱 관심을 가져야 한다. 고객의 안전을 위한 안전벨트(safety belt)의 착용이나 항공기 이·착륙시의 좌석 등받이의 위치(upright position) 등을 점검하도록 한다.

또한 기내 서비스는 승객이 이용한 좌석등급에 따라서 서비스도 약간의 차이가 있으나 이 책에서는 일반석(economy class)을 중심으로 설명하도록 한다.

〈표 5-3〉는 기내 승무원의 정확한 영어 호칭과 구체적인 업무를 소개하고 있다.

<표 5-3> 기내 승무원의 명칭

명 칭	영 어	비 고
수석사무장	chief purser	
선임사무장	senior purser	
사 무 장	purser	항공기의 기내 업무를 총괄하는 사람이다.
보조사무장	assistant purser	사무장을 보좌하여 기내 업무를 감독한다.
남·여 승무원	steward/stewardess	기내에서 승객에게 각종 서비스를 제공하는 사람으로서 언어소통을 위해 취항국의 국적을 가진 승무원을 채용하는 경우도 있다.
수습승무원	trainee	정식승무원이 되기 위한 교육생

(1) 승객의 안전에 관한 안내

항공기는 사고가 발생할 경우에는 대형사고로 이어지기 때문에 승객의 안전관리를 철저히 수행해야 한다. 승객의 안전을 위해 이륙 전에는 반드시 안전에 관한 사항을 안내하여 사고를 사전에 방지하도록 해야 한다. 일부 항공사에서는 승무원의 육성으로 안내를 하지 않고 비디오를 통한 데먼스트레이션(demonstration)으로 안내를 하는 경우도 있다. 특히 기내에서는 노약자나 어린이 등의 안전에 특별히 관심을 두어야 한다.

1) 구명조끼·산소마스크의 착용방법

항공기의 비정상적인 작동 또는 특별한 사정으로 인하여 비상착륙을 시도할 경우 반드시 구명조끼(life vest)와 산소공급을 위한 마스크(oxygen mask)를 착용하도록 규정하고 있는데, 이러한 경우에 승객들이 당황하지 않고 신속하게 착용하고 사고에 대처하는 방법을 안내하는 것으로 항공기가 이륙하기 전에 실시한다. 보통 산소마스크는 비상착륙 시 좌석 윗부분의 수하물 칸에서 자동적으로 떨어지도록 되어 있으며, 구명조끼는 의자 밑에 준비되어 있다.

2) 개인 이동전화의 사용금지

최근에 사회문제로까지 급속하게 번지고 있는 이동무선전화(cellular phone)의 기내 사용은 항공기의 운항 중 무선통신 또는 운항을 위한 각종 계기판의 작동에 방해가 되기 때문에 항공기의 안전운항을 위해 엄격하게 통제하고 있다. 따라서 승객이 소지하고 있는 무선전화의 스위치를 끄도록 유도해야 한다. 일부 항공사에서는 운항 중에 무선통신을 원하는 승객을 위해 인공위성을 통한 국제통화용 전화기를 좌석마다 설치하여 유료 전화 서비스를 제공하기도 한다.

3) 이·착륙 시의 주의사항

항공기는 정상고도에서 운항 중에는 비교적 안전하지만 이륙(take-up)과 착륙(landing) 시에는 빠른 속도로 활주로를 질주하기 때문에 매우 위험하다. 특히 착륙의 경우 갑작스런 속도의 감속과 함께 기체가 지상과 접촉하면서 기체가 심하게 흔들리기 때문에 안전벨트를 착용하지 않으면 안전사고가 발생할 수도 있다.

따라서 승무원은 이러한 사고를 방지하기 위해 이·착륙 시 승객이 지켜야 할 사항을 적극적으로 안내해야 한다. 또한 이·착륙 직전에 반드시 승객의 안전사항을 직접 확인하도록 하여 사고를 미연에 방지해야 한다.

<표 5-4> 기내 스트레칭

스트레칭 형태	방 법	횟 수
손가락 끼고 앞으로 펴기	손가락을 깍지에 껴 어깨 높이에서 자연스럽게 앞으로 편다.	20초간 두 번 반복
머리 뒤 팔꿈치 아래로 누르기	한쪽 팔을 머리 뒤로 올린 후 구부린 상태에서 팔꿈치를 아래 방향으로 누른다. 반대편도 동일하게 실시하며 과도하게 스트레치 되지 않도록 주의한다.	30초간 유지
머리 기울이기	왼쪽 손을 반대쪽 머리 위에 위치한 후 천천히 어깨쪽으로 잡아당긴다. 반대편도 동일하게 실시한다.	2번 반복
발목 위로 아래로 젖히기	두 발을 바닥에 대고 뒤꿈치를 붙인 상태에서 발가락을 들어올린 후 이번엔 발가락을 바닥에 댄 상태에서 뒤꿈치를 가능한 한 들어올린다.	20회 반복
다리 구부리기	왼쪽 무릎을 구부려 가슴 부위까지 올린 상태에서 발목을 아래위로 움직이며 반대로도 실시한다.	20회 반복
다리 들어올리기	두 손을 깍지 낀 후 왼쪽 다리를 구부려서 가능한 한 가슴 쪽으로 잡아당긴다. 30초간 유지하며 반대편도 동일하게 실시한다.	

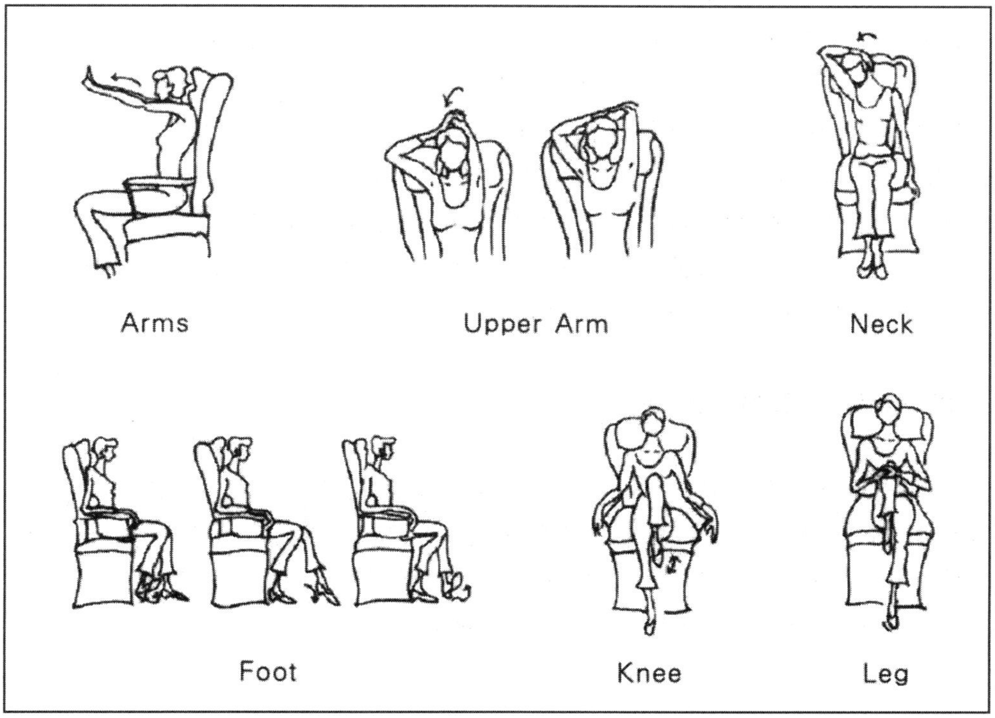

일반적으로 항공기의 이·착륙 시 주의사항은 다음과 같다.

- 이·착륙에 대한 안내방송
- 안전벨트의 착용
- 화장실 사용금지
- 좌석 등받이의 정위치
- 어린이나 노약자의 보호
- 각종 소지품의 정리정돈
- 기내에서의 이동금지
- 화물칸의 잠금장치 확인
- 어린이나 노약자의 안전상태 확인
- 승무원은 정해진 위치에 착석

(2) 헤드폰 서비스

승객이 좌석 팔걸이(arm rest)에 설치되어 있는 이어폰 잭(ear phone jack)을 이용하여 음악이나 비디오(video)를 감상할 수 있는 이어폰을 나누어주는데, 항공사에 따라 유료 또는 무료로 서비스된다.

음악이나 기내에서 상영되는 영화의 말소리는 좌석의 팔걸이에 설치되어 있는 장치를 조작하여 승객이 원하는 소리의 크기로 들을 수 있으며, 다양한 프로그램을 준비하여 승객의 기호에 알맞은 것을 선택하여 즐길 수 있도록 되어 있다. 그리고 기내의 영화상영은 정해진 프로그램에 따라 상영되기 때문에 영화 프로그램을 제작하여 미리 배포한다.

(3) 신문 및 잡지 서비스

승객 편의를 위해 기내에서는 항공기 소속국가의 언어나 영어로 된 신문이나 잡지를 제공하여 승객의 편리를 도모한다. 그러나 승객이 원하는 모든 종류의 신문이나 잡지를 제공할 수 없기 때문에 승객에게 양해를 구하고 다종의 신문이나 잡지를 돌려볼 수 있도록 배려해야 한다.

(4) 음료 및 식사 서비스

음료는 승객이 원할 경우 언제나 서비스하지만 식사의 경우는 항공사에서 정해진 시간에 제공되는데, 보통 사전에 한정된 음식의 메뉴를 승객에게 배부하여 선택하도록 한다. 기내식의 메뉴는 식사 전에 모든 승객에게 배부하도록 한다.

식음료 서비스의 경우 채식주의자(vegetarian)나 환자 등과 같이 예약 당시 특별식을 주문한 승객에게는 반드시 사전에 확인하여 정확한 음식을 제공하도록 한다. 그리고 기내에서 주문 서비스하는 주류는 대부분 비즈니스 클래스(business class)나 일등석(first class)을 제외하고 유료이다. 기내의 식음료 서비스는 보통 어린이와 노약자를 우선적으로 서비스한다.

<표 5-5> 특별 기내식의 종류

기내 특별음식	음식의 내용
종교식	종교적인 이유로 고기를 먹지 않는 승객들에게 제공하는 야채 음식(VGML : vegetarian meal)
	고기류뿐만 아니라 계란, 우유, 버터 등 동·식물성 음식류를 일체 먹지 않는 엄격한 채식주의자용 음식(VGML strict : strict vegetarian)
	통발굽을 가진 네발짐승과 어패류를 먹지 않는 이슬람교 승객용의 모슬렘 기내음식
	소고기를 뺀 힌두교도 승객용의 기내음식(HNML : no beef)
	유태 정교도 음식인 코셔밀(Kosher Meal)
건강식	저지방 음식
	저칼로리의 다이어트 음식(diet meal)
	유제품을 상용하지 않은 음식
	과일만을 사용하는 프루트 음식(fruit meal)
유아식	유아들을 위한 분유(BBML : baby food)
어린이용 식사	4세 이상의 어린이를 위한 햄버거나 샌드위치 등과 같은 식사
환자용 식사	당뇨병 환자를 위한 식사(sugar free : diabetic meal)
	위궤양 환자를 위한 식사(bland : ulcer meal)
	심장질환 환자를 위한 식사(fat free : low cholesterol)
	신장염 환자를 위한 식사(salt free : low sodium)

기내에서 음식을 먹을 경우에는 좌석의 공간이 넉넉하지 못해 매우 불편하기 때문에 음식을 제공할 때에는 많은 주의가 요구된다. 또한 사전에 예약하지 않았지만 특별한 음식에 알레르기(allergy)가 있는 승객에게는 음식 서비스에 특별한 배려가 있어야 한다. 대개 기내에서는 다음과 같은 식음료가 제공된다.

1) 음료 및 주류

- 콜라(cock)
- 세븐업(seven up)
- 칵테일(cocktail)
- 양주류(whiskey)
- 포도주(wine)
- 커피(coffee)
- 차(tea)

2) 음 식

기내음식의 메뉴는 보통 모든 사람이 먹을 수 있는 양식을 제공하나 국적기에 따라 전통음식을 제공하기도 한다. 특별 기내식으로서 정규메뉴 이외에 종교식과 건강식 또는 어린이용 식사나 유아용 식사가 제공되며, 또한 환자를 위한 특별한 음식의 경우는 항공기 출발 하루 전에 해당 항공사에 신청하면 제공하도록 되어 있다.

우리나라 국적기의 경우 고추장과 같은 특별한 음식을 준비하여 승객의 요구에 따라 제공되기도 한다.

- 쇠고기(beef steak)
- 닭고기(chicken)
- 면요리(noodle)
- 카레라이스(curry rice)
- 생선(fish)
- 야채(vegetable)
- 빵(bread)

<표 5-6> 편안한 여행을 하기 위한 조건

항 목	내 용
기 내 습 도	기내습도는 15% 내외로, 스스로 느끼지 못하는 사이에 수분 증발이 발생하게 된다. 생수나 주스 등의 음료를 자주 마셔 수분을 보충해 준다. 커피, 홍차 등을 많이 마시면 오히려 수분을 더 잃게 된다. 소프트 렌즈를 착용하는 승객은 안경으로 바꾸어 착용하면 불편을 해소할 수 있다.
기 내 기 압	기내에는 8,000피트 내외(2,450미터) 높이의 기압으로 조절되어 있으므로 건강한 승객들에게는 영향이 없으나 기압변화에 매우 민감하거나 감기, 기관지 질환, 빈혈, 일부 심장병 등을 앓고 있는 경우에는 다소 불편을 느낄 수 있다. 이럴 때에는 가볍게 턱을 움직이거나 물을 마시거나 껌 등을 씹으면 불편한 증상을 완화시킬 수 있다. 증상이 계속될 경우, 입을 다물고 코를 막은 후 가볍게 부는 Valsalva 방법을 이용하면 많은 도움이 된다. 어린이에게도 먹을 것을 주거나 우유병을 물리도록 하면 된다.
음식/ 음 료	기내에서는 가능한 한 가볍게 식사를 하는 것이 좋다. 과식을 하거나 탄산음료, 맥주 등 가스를 많이 생성하는 음료를 마시면 위장에 부담을 줄 수 있다.
멀 미	항공기는 대기층을 날기 때문에 민감한 승객들에게는 멀미가 발생할 수 있다. 멀미를 예방하려면 비행 전날 충분한 숙면을 취하고 비행 중에는 알코올을 피하고 가볍게 식사를 하는 것이 좋다. 멀미약을 복용하는 경우에는 사용법을 잘 참조하여 탑승하기 30분 전에 복용하는 것이 좋다.
시 차 극 복	장거리 여행 시 졸리고 피로를 느끼게 되고 판단력이 저하되는 시차 증후군을 겪게 된다. 시차를 극복하기 위해서는 출발 전 숙면을 취하고 과음, 과식을 삼가며, 비행 중에는 물을 충분히 마시고 휴식을 취하는 것이 중요하다. 목적지에 도착하면 가능한 한 식사와 잠을 현지 시간에 맞추고 가벼운 산책 운동을 하면 시차극복이 빠르다.
혈 액 순 환	의자에 앉아 움직이지 않은 상태로 장시간 비행하는 경우에는 혈액순환에 영향을 미치고 발이 붓는 등의 현상이 나타난다. 혈액순환으로 인한 현상 중 심부정맥혈전증은 특히 심장질환이 있거나 연로한 승객이 장시간 의자에 앉아 움직이지 않는 경우 극히 드물기는 하나 다리의 정맥 내 혈액이 응고되는 현상을 말한다. 혈액순환으로 인한 불편을 예방하기 위해서는 기내 형편이 허용되는 한 일정한 시간간격을 두고 움직이는 것이 좋다. 또한 신체부분이 꽉 죄는 상태로 잠을 자지 않아야 하며, 수면제를 사용하지 않는 것이 좋다. 안전벨트를 느슨하게 맨 상태로 규칙적으로 다리를 움직이고 발을 돌리는 등의 스트레칭을 하는 것이 좋다.

(5) 특별 서비스의 유형

1) 어른이 동반된 어린이나 유아

기내에서 어린이나 유아가 기내의 답답함을 호소하면서 울음소리를 내면 수면 중이거나 수면을 청하는 주위의 승객들에게 방해가 될 수 있기 때문에 어린이나 유아가 수면을 취하지 않는 동안 흥겹게 놀 수 있는 서비스를 제공해야 한다. 따라서 경우에 따라서 승무원은 유아나 어린이를 위해 보모(baby sitter) 역할도 성공적으로 수행할 수 있는 능력이 있어야 한다.

일부의 항공사에서는 비행기의 모형 또는 장난감 등을 무료로 제공하며, 유아들을 위해 우유, 유아용 음식, 기저귀 등을 항상 준비하여 요청이 있을 경우 즉각적으로 제공하기도 한다. 어린이나 유아를 동반하는 승객은 활동할 수 있는 공간을 고려하여 대개 앞부분의 좌석으로 배치하도록 한다.

2) 어른이 동반되지 않은 어린이(UM : Unaccompanied Minor)

항공사에서는 어른이 동반하지 않는 생후 3개월 이상 13세 미만의 유아나 어린이를 어른이 동반하기 않고 혼자서 여행할 경우 목적지까지 안전하게 여행하도록 보호하고 공항에서 보호자에게 인계하는 제도를 운영하고 있는데, 이러한 경우에 승무원은 어린이나 유아가 당황하지 않도록 짧은 시간 동안이지만 친숙해지기 위해 최선의 노력을 다해야 한다. UM 서비스의 경우 주의해야 할 사항은 다음과 같다.

- UM 배지(badge)를 왼쪽 가슴에 부착시킨다.
- 유아는 유모차를 사용한다.
- 7세 미만의 어린이는 손을 가볍게 잡고 동행한다.
- 7세 이상의 어린이는 손을 잡거나 어깨에 가볍게 손을 얹고 포근한 자세로 동행한다.
- UM과 동행할 때에는 불안감을 해소시켜 줄 수 있도록 최대한 노력한다.

3) 맹 인

맹인이 혼자서 항공기를 이용하여 여행할 경우에는 매우 불편하다. 경우에 따라서 맹인이 인도견을 동반하기도 하지만 지팡이만을 이용하여 여행하는 맹인 승객을 위해 특별히 안내 서비스가 제공되어야 한다. 이때 맹인 승객의 프라이버시를 고려하여 다음과 같은 요령으로 안내 서비스를 제공한다.

- 맹인의 안내는 본인의 의사에 맡긴다.
- 편의상 승객에게 휠체어(wheel chair) 서비스를 제의한다.
- 휠체어 서비스를 원하지 않을 경우에는 승객의 손을 잡고 인도할 것을 제의한다.
- 도움을 거절하면 자연스럽게 동행하면서 안내한다.

4) 스트레처(stretcher) 승객

승객의 개인적인 질환으로 인하여 누운 상태로 여행해야 하는 고객은 탑승을 위한 소정의 절차를 거쳐 탑승을 하는데, 이러한 경우 승객의 탑승 또는 하기에 특별한 주의가 요구된다. 항공사에서는 스트레처 승객이 탑승할 경우에는 돌발사태를 예상하여 간호원이나 의사를 대동하도록 요구해야 하며, 기내 서비스를 제공할 경우 다음사항을 염두에 두어야 한다.

- 승 · 하기 및 기타 안내 서비스를 제공할 경우 의사 또는 간호원의 지시에 따라 적극적으로 협조한다.
- 의사나 간호사의 지시 없이 독단적인 환자의 취급은 절대로 금한다.
- 환자의 출 · 입국 수속을 대행해 준다.
- 항공사의 여건과 환자의 사정을 고려하여 승 · 하기 시에는 적절한 장비나 장치를 이용한다.

(6) 환자의 보호

환자를 수송하는 경우에는 예약을 접수할 때 환자의 상태를 파악할 수 있는 진단서를 요구하고 긴급한 환자는 만약을 위해 탑승을 거절하는 것이 바람직하다. 그러나 중환자를 위해 항공사와 소정의 계약을 체결하고 탑승할 경우에는 전문의사 및 간호원이 동승하도록 하고, 비행 중에는 환자 보호에 최선을 다해야 한다.

또한 비행 도중에 발생한 환자는 기내에 준비되어 있는 비상구급약을 병명에 알맞게 사용하고 당황하지 않고 침착하게 처리한다. 만약 긴급한 환자가 발생하면 승객 중에 응급조치를 취할 수 있는 의사가 탑승하고 있을 경우에는 환자의 상태를 확인하도록 부탁하고, 만약 의사가 없거나 응급조치가 불가능하다고 판단될 경우에는 사무장과 기장이 협의하여 가장 가까운 도시의 공항에 비상착륙을 위한 조치를 취해야 한다.

이와 같은 경우에는 기내의 승객이 동요하지 않도록 상황을 구체적으로 안내방송을 통하여 전달해야 한다.

(7) 기내 면세품 판매

대부분 항공사에서는 국제선인 경우 스카이 숍(sky shop)이라고 불리는 면세품 판매점(duty free shop)을 운영하는데, 운항 중 기내식사가 종료되면 판매가 시작된다. 기내에서는 판매 가능한 면세상품이 한정되어 있기 때문에 승객이 면세품을 구입할 때 적당한 수량으로 구매하도록 유도해야 한다.

일부 항공사에서는 고급 주류나 특별한 상품의 경우, 미리 준비할 수 없기 때문에 입국할 때도 동일한 항공편을 이용하는 승객에게 출국 항공편의 승무원이 필요한 상품을 주문을 받아 입국할 때 구매할 수 있는 제도를 도입하여 운영하기도 한다. 또한 최근에는 기내 면세품을 신용카드를 이용하여 구매할 수 있는 편의를 제공하고 있다.

(8) 입국준비 서비스

항공기가 목적지에 착륙하기 약 1시간 전에 승객의 입국준비를 위해 도착국의 입국을 위한 서류를 기내에서 배부하는데 대개 영어로 기록하게 되어 있다. 승무원은 도착 전에 승객이 입국에 필요한 여권이나 입국서류 등을 확인하여 미비한 점이 없는지를 점검한다.

특히 노약자나 어린이 등의 경우 입국서류를 작성할 때 특별한 관심으로 서류를 작성하는 데 무리가 없도록 도와준다. 그리고 영어를 구사하지 못하는 승객의 경우에도 입국서류 작성을 도와주도록 한다. 일반적으로 항공사에서는 목적지의 국적 승무원을 채용하여 해당 국가 승객의 언어소통에 도움을 주기도 한다.

3. 환송 서비스

장시간 항공기의 탑승으로 인하여 대부분의 승객은 피로한 상태로 기내를 떠나기 때문에 승객에 대한 환송 서비스 또한 매우 중요하다. 항공기가 계류장에 정확하게 도착할 때까지 승객들이 안전하게 좌석에서 머물도록 통제해야 하며, 항공기가 계류장에 도착하면 일등석(first class) 및 비즈니스 좌석(business class)의 승객, 장애자, 어린이 및 노약자, 일반승객 순으로 따뜻한 인사말과 함께 하기(下機)하도록 유도한다. 어른을 동반하지 않은 유아나 어린이는 소속항공사의 지상근무자(ground staff)가 직접 입국수속을 대신하여 보호자에게 인계하도록 한다.

4. 안내 서비스의 종류

일반적으로 승객은 항공기 이륙 2시간 전에 공항에 도착하여 수속을 하는 것이 관례화되어 있으며, 수속을 마치면 항공기 탑승시간까지 기다려야 하기 때문에 공항에서 제공하는 각종 편의시설을 이용하거나 면세점에서 쇼핑(shopping)을 하기도 한다.

또한 불규칙한 기상변화나 공항사정 등으로 인하여 항공기 이륙이나 착륙이 지연되는 경우도 있기 때문에 공항의 해당 항공사에서는 탑승이나 운항 스케줄(flight schedule) 변경 등이 있을 경우에는 즉시 정확한 안내방송을 통하여 공항에서 대기하고 있는 고객이 인지하도록 해야 한다.

안내 서비스는 고객이 정확하게 알아들을 수 있도록 발음을 명확하게 해야 하며, 안내방송의 내용을 대기승객이 명확히 들을 수 있도록 공항의 확성기 시스템을 점검해야 한다.

(1) 탑승수속 안내

대부분 승객이 공항에 도착하면 가장 먼저 탑승수속의 절차를 거친다. 탑승수속을 위해 관례적으로 국제선은 2시간 전에 그리고 국내선은 1시간 전에 안내방송을 한다. 안내방송은 우리나라의 경우 보통 내국어, 영어, 일본어 등으로 방송을 한다.

〈예〉 잠시 안내 말씀 드리겠습니다. ○○시 출발 예정인 ○○항공 ○○편 항공기를 이용하실 손님 여러분께서는 항공권과 수하물을 소지하시고 카운터에서 좌석배정을 받으신 다음, 소지하신 수하물은 수하물 카운터에 맡겨 주시기 바랍니다. 감사합니다.

(2) 보안수속 안내

보안수속은 출국하고자 하는 승객이 소속국가의 출입국관리 규정에 의하여 정당한 절차를 거쳐 출국하는지를 확인하는 행위로 여권과 여행신고서, 항공권 등을 출입국 관리 공무원이 점검한다. 안내방송은 대개 출발 30분에서 1시간 전에 실시한다.

〈예〉 ○○편 항공기를 이용하여 ○○로 여행하는 승객 여러분께 안내 말씀 드리겠습니다. ○○시 출발 예정인 ○○항공 ○○편 항공기를 이용하실 승객께서는 여권과 여행신고서, 항공권을 소지하시고 출발 탑승구에서 보안수속을 받아주시기 바랍니다. 감사합니다.

(3) 지연시간 안내

항공기는 공항의 사정이나 기체정비 및 도착지연 등의 사정으로 인하여 출발이 지연되는 경우가 있다. 이러한 경우에는 승객이나 환송하기 위해 공항에 나온 동반자들 모두에게 불편을 덜어주기 위해 반드시 해당 승객에게 안내방송을 하여 지연사유와 지연시간을 정확하게 알려주어야 한다.

〈예〉 ○○항공 ○○편 항공기를 이용하실 승객 여러분께 안내 말씀 드리겠습니다. ○○시 출발 예정인 ○○항공 ○○편 항공기는 ○○로 인하여 정시로부터 약 ○○분간/○시간 지연되어 ○○시에 출발 예정이오니 대단히 죄송하오나 널리 양해하여 주시기 바랍니다. 감사합니다.

(4) 결항 안내

매우 드문 경우이지만 공항의 특별한 사정이나 기체정비 지연 또는 천재지변의 이유 등으로 예정된 항공기가 운항하지 못하는 경우의 안내방송을 말한다.

〈예〉 ○○편 항공기를 이용하여 ○○로 여행하실 예정인 승객 여러분께 죄송한 안내 말씀 드리겠습니다. ○○시 출발예정인 ○○항공 ○○편 항공기는 ○○로 인하여 운항이 취소되었사오니 대단히 죄송하오나 이 점 널리 양해하여 주시기 바랍니다. 감사합니다.

(5) 도착 안내

항공기의 공항 도착을 알리는 안내방송을 의미하는 것으로 도착 안내는 일반적으로 공항 내의 출구에 설치되어 있는 전광판이나 공항의 여러 곳에 설치되어 있는 모니터 화면에 표시되지만, 승객을 영접하기 위해 공항을 방문한 손님을 위해 안내방송을 실시한다. 도착 안내방송은 보통 착륙시점을 기준으로 하여 도착시간을 정한다.

〈예〉 공항에 승객을 마중 나오신 여러분께 안내 말씀 드리겠습니다. ○○발 ○○항공 ○○편 항공기가 방금 도착하였습니다. 감사합니다.

(6) 호출 안내

공항은 많은 사람이 모이는 공공장소이며, 만남의 장소이기 때문에 승객이 정해진 시간에 탑승을 하지 않았거나 개인적인 사정으로 인하여 사람을 찾아야 할 경우의 안내방송이다.

〈예〉 잠시 안내 말씀 드리겠습니다. 손님 가운데 ○○에서 오신 ○○○분께서는 ○○항공사 안내 카운터로 와 주시기 바랍니다.

(7) 분실물 및 습득물 안내

탑승수속을 위한 손님이나 마중 나온 손님으로부터 습득한 물건이나 분실한 물건을 위한 안내방송이다.

공항의 분실물 및 습득물 센터(lost & found center)는 손님이 잃어버린 물건을 찾아주거나 신고를 받아 안내하는 업무를 취급하는 곳이다. 분실물 및 습득물은 주로 항공권, 여권, 신분증, 개인 소지품 등이다.

〈예 1〉 잠시 안내 말씀 드리겠습니다. ○○에서 ○○를 습득하신 분 계시면 ○○항공 안내 카운터로 연락주시면 대단히 감사하겠습니다. 감사합니다.

〈예 2〉 잠시 안내 말씀 드리겠습니다. ○○항공 안내 카운터에서 ○○를 보관하고 있사오니 분실하신 분께서는 ○○항공 안내 카운터로 와 주시기 바랍니다. 감사합니다.

Chapter 6

고품격 여행사 서비스

제 1 절

카운터 및 수배 서비스

1. 카운터 안내 서비스

여행사는 여행을 하고자 하는 고객을 대상으로 여행알선 및 여행안내 서비스를 제공하는 조직으로서 우리나라에서는 여행업을 국내여행업, 국외여행업, 일반여행업으로 구분하여 영어허가를 취득할 수 있다. 그러나 여행사 특성상 특별한 조직이나 시설을 투입되지 않고 운영할 수 있기 때문에 전문적인 지식이나 경영능력이 없이 영업을 시작하여 고객에게 진정한 서비스를 제공하지 못하고 있는 경우도 발생하고 있다.

더욱이 최근에는 많은 여행사들의 가격경쟁으로 서비스 질을 지향하는 고객들의 원성을 사는 경우도 있다. 요즘에는 경제나 인적교류 등의 세계화, 그리고 여가시간의 증가, 개인의 실질소득의 증가 등으로 인하여 여행수요가 급격하게 증가하고 있는 추세이다.

따라서 여행사 업무도 수요에 적극적으로 대처하기 위해 전문성을 바탕으로 고객이 여행을 하는 데 있어서 가치를 느낄 수 있도록 독특한 서비스를 개발해야 하겠다.

여행사 카운터(counter)는 여행상담이나 여행을 위한 항공권이나 선박 승선권 및 기차표 등을 구입하기 위해 고객이 방문하는 곳이기 때문에 여행사의 얼굴이나 다름이 없다.

여행사 카운터를 방문하는 고객은 가장 효과적인 방법으로 여행의 욕구를 충족시키기를 원하기 때문에 고객이 요구하는 상황에 따라 여행 목적지, 가격대 및 일정 등을 추천하여 최소한의 비용과 노력으로 최대의 효과를 얻을 수 있는 방법을 알선하는 데 최선을 다해야 한다. 따라서 카운터에서 근무하는 종업원은 친절과 여행에 관한 전문적인 식견과 경험이 있어야 하고 마케팅 마인드(marketing mind)로 고객을 응대해야 한다.

고객이 발권 카운터(ticketing counter)에 도착하여 미리 예약된 항공권에 대한 정보를 제공하면 여행사 종업원은 자체 단말기(terminal)를 통하여 고객의 구체적인 정보를 확인할 수 있는데 항공권에 대해 이의가 없으면 고객으로부터 계산방법(현금, 신용카드, 여행자수표 등)을 문의하고 고객이 원하는 계산방법을 선택하여 처리한다. 이때 중요한 것은 고객이 건네주는 현금이나 신용카드 등은 반드시 쟁반(tray)을 이용하여 두 손으로 정중하게 받도록 해야 한다. 그리고 신용카드는 고객의 귀중한 정보를 포함하고 있기 때문에 신중하게 처리해야 한다.

특히 여행에 관한 모든 정보는 카운터에 비치해 놓고 고객방문을 맞이하기 때문에 카운터에서 근무하는 종업원은 여행에 관한 각종 여행코스(travel course)나 일정 등을 정확하게 숙지해야 하며 새로운 정보를 구체적으로 파악하고 있어야 한다.

대규모 여행사에서는 각종 여행관련 상품을 개발하여 카운터에 고객이 원하는 여행코스에 대한 정보를 제공하기 위해 여행 내용에 관한 책자가 별도로 마련되어 있으며, 대개 코스마다 코드를 부여하여 여행객을 모집하기도 한다.

(1) 카운터 서비스 종류

1) 교통 및 숙박을 위한 서비스

교통이나 숙박 서비스는 단체(GIT : Group Inclusive Tour)나 개인(FIT : Foreign Independent Tour)으로 구분할 수 있으나 어떠한 경우라도 고객의 욕구와 요구를 신속하게 파악하여 고객이 원하는 서비스에 근접할 수 있도록 친절하고 적극적인 자세로 상담에 응해야 한다. 즉, 구체적으로 교통수단과 숙박호텔의 등급 및 일정 등을 여행의 성격에 따라 고객에게 적합한 내용으로 상담을 하는 서비스이다.

a. 예약 서비스

예약 서비스는 각종 교통수단이나 숙박에 관한 내용을 여행사에서 소유하고 있는 터미널을 이용하여 예약을 할 수 있는데, 대개 예약은 여행사에서 보유하고 있는 GDS(global distribution system)나 CRS(central reservation system)를 통하여 신속하게 예약을 처리할 수 있다.

일반적으로 여행사에서 제공하는 예약 서비스는 다음과 같다.

- 렌터카(rent a car), 전세버스, 열차, 항공기, 선박 등의 예약
- 숙박 편의시설 및 숙박기간의 예약
- 여행 목적지의 이벤트 행사 예약
- 음식점 예약
- 기타 부대시설 등의 예약

b. 발매 서비스

발매 서비스도 예약과 동시에 여행사 자체에서 발권이 가능한 경우도 있는데, 일반적으로 여행사에서 발행하는 소정의 쿠폰을 이용하기도 한다.

- 기차 승차권, 렌터카 이용권, 항공권, 승선권 등의 교통수단을 위한 발매 서비스
- 콘도, 호텔, 유스호스텔, 여관 등의 숙박 편의시설을 위한 쿠폰 발매 서비스
- 식당의 식사권
- 기타 부대시설 이용권 등

2) 여행 패키지 및 상품 판매

여행사에서 기획한 여행 패키지(tour package)를 판매하거나 기타 단일상품을 판매하는 것을 의미하는 것으로 카운터 종업원은 보다 적극적인 자세로 고객의 욕구를 자극할 수 있는 판매기술(selling skill)을 연마해야 한다.

여행사에서 판매하고 있는 각종 여행 패키지는 그 서비스 내용으로 모든 고객을 만족시킬 수 없기 때문에 경우에 따라서는 패키지 내용을 고객의 요구에 알맞도록 유동적으로 조정할 수 있어야 한다. 고객욕구를 충족시키면서 기업의 이익을 극대화하기란 매우 어려운 것이다. 그러나 기업과 고객의 중간에서 양자를 만족시킬 수 있는 것이 승승전략(win-win strategy)일 것이다.

3) 여행일정을 위한 정보제공 및 상담

a. 정보제공

방문객에게 여행에 관한 각종 정보를 제공하는 서비스로서 정보는 항상 최근

의 것(most updated information)이어야 하며 구체적이고 살아 있는 정보(live information)를 제공하여 고객을 적극적으로 유도할 수 있는 자극제 역할을 해야 한다.

만약 과거정보나 잘못된 정보를 제공하여 고객이 여행에 관한 일정이나 목적지를 잘못 선택하였다면 그 여행사의 신뢰도는 저하되어 다시는 찾지 않을 것이다. 따라서 여행을 위한 주변의 구체적인 정보를 수시로 확인하여 최신화된 정보를 확보하고 있어야 한다.

b. 상 담

방문객의 상황을 구체적으로 파악한 다음 가장 효과적으로 여행할 수 있는 방법을 제시하여 고객의 동의를 유도하는 과정이다. 따라서 여행사를 방문하는 고객은 상담에 의해서 자신들의 목적지나 구체적인 여정을 결정하는 경우가 대부분이기 때문에 고객을 대상으로 여행에 관한 내용을 상담 시에는 고객의 여행 목적과 주어진 여건 및 예산을 고려하여 상담에 응해야 한다.

일부 여행사에서는 자사 상품을 판매하기 위해 무리하게 고객을 유인하는 과정에서 지키지 못할 내용의 약속을 제안하기도 하는데 이러한 상담은 절대 삼가야 한다. 따라서 여행사를 방문한 고객을 대상으로 상담을 할 경우에는 기업의 수익률과 고객만족을 고려하여 적당한 수준에서 상담이 이루어질 수 있도록 최선을 다해야 한다.

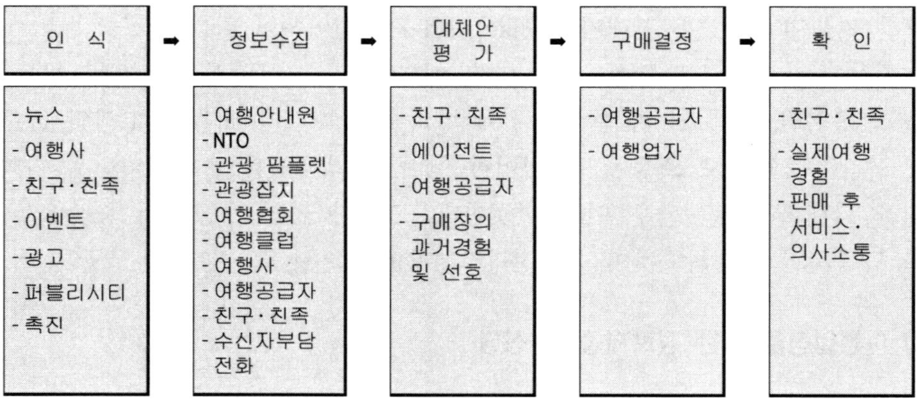

[그림 6-1] 여행사의 서비스 전달과정[51)]

51) 김성혁, 여행사경영관리론, 형설출판사, 1999, p. 86.

4) 여행자 보험업무

해외여행보험(overseas travel insurance)은 여행 도중 사고로 신체나 재산상의 손실을 입었을 경우 보험자가 피보험자에게 일정 보험금을 지급하는 것을 의미하는 것으로 피보험자인 여행객의 해외여행 시에 발생할 수 있는 각종 위험을 포괄하는 종합보험이다.

따라서 여행사에서는 여행객이 여행 중에 발생 가능한 사건에 관련된 각종 보험을 반드시 가입하도록 해야 한다. 보험은 체류지나 체류형태 및 기간에 따라서 매우 다양하며, 보험 내용도 여러 가지가 있기 때문에 여행객의 성격이나 여행의 상황에 따라 적절한 수준의 보험을 선택하여 가입한다.

(2) 서비스 제공자의 자세

상술된 바와 같이 카운터에서 근무하는 종업원은 여행사의 얼굴이기 때문에 말끔한 용모와 전문적인 식견으로 고객을 유인할 수 있는 솜씨가 있어야 한다. 즉 신속하고 친절하게 여행에 관한 정보를 제공하여 고객의 욕구를 충족시키는 것이 가장 중요하다.

또한 카운터는 고객이 수시로 방문하여 상담을 하거나 여행상품을 구매하는 곳이기 때문에 언제나 쾌적하고 청결한 분위기를 유지하면서 적극적이고 고객지향적인 사고(customer oriented thinking)를 바탕으로 근무를 해야 한다.

일반적으로 카운터 서비스를 제공하는 종업원이 갖추어야 할 자세는 다음과 같다.

- 카운터의 정리정돈
- 항상 미소가 있는 얼굴표정
- 친절한 인사
- 깨끗한 옷매무새
- 올바른 전화응대
- 고객의 불평에 신속한 대응
- 여행에 관한 전문적인 지식의 습득
- 긍정적이고 적극적인 사고
- 고객을 배려하는 마음
- 정직한 대화로 신뢰성의 구축

2. 수배 서비스

수배업무는 여행사에서 고객의 여행일정을 고려하여 맞춤 서비스(customized service)를 제공하는 것으로 고객 요구에 따라 여행지의 교통 및 숙박 편의 등의 예약으로 여행에 필요한 제반 사항을 확보하여 이들을 효과적으로 조합함으로써 주어진 상황에서 최상의 여행상품을 생산하는 업무이다.

즉, 여행객의 사회적 수준이나 연령층 혹은 여행 목적에 따라서 여행객을 만족시키기 위해서는 수배업무도 다양한 방법으로 이루어져야 한다. 따라서 여행상품의 기획력은 여행사의 서비스 수준에 직접적인 영향을 미치고 또한 서비스 수준은 여행사의 매출과 밀접한 관계가 있기 때문에 수배업무는 현장경험과 마케팅 능력을 겸비한 사람이 업무를 처리해야 한다.

(1) 수배업무의 내용

1) 정확한 고객 요구사항 파악

수배업무를 원활히 추진하기 위해서는 고객이 추구하고 있는 여행 목적과 요구사항을 정확하게 파악하는 것이 무엇보다 중요하다. 왜냐하면 고객이 의도하고 있는 방향을 파악해야만 여행에 관한 교통수단이나 숙박 및 관광 코스 등을 효과적으로 조합할 수 있기 때문이다. 따라서 현지의 사정과 여행객의 요구를 가장 합리적으로 믹스(mix)하기 위해 여행객을 인솔하는 관련여행사와 관광에 대하여 구체적이고 정확한 내용을 전달받아야 한다.

2) 현지 관광공급자와 정보전달 시스템 확립

고객으로부터 수집한 정보를 근거로 가장 효과적인 여행방법이 제시되면 신속하게 고객과 합의된 내용대로 현지 수배를 실시해야 하기 때문에 현지 관광공급자와의 효율적인 커뮤니케이션 시스템(communication system)을 구축해야 하며, 전문적인 용어나 업무절차를 습득해야 한다. 만약 현지 관광공급자와 신속한 커뮤니케이션이 이루어지지 못하면 관광자들에게 약속한 서비스를 제공하기 곤란할 것이다. 따라서 여행사 담당자는 현지의 관광 시스템에 대한 다양한 채널을 확보하고 있어야 하겠다.

3) 수배의 내용 기록보존

여행에 관한 내용은 고객과 여행사 종업원 간에 대화에 의해서 이루어지는 경우가 대부분이기 때문에 반드시 대화 시 합의된 내용을 기록하여 수배업무를 진행하는 데 있어서 실수가 없도록 해야 한다. 또한 기록된 내용은 반드시 고객과 재확인하여 착오나 오해가 없도록 해야 한다. 가끔 여행사와 여행객 사이에 오해가 발생하여 서로를 당황하게 하는 경우도 발생하여 여행 서비스의 수준을 떨어뜨리는 경우도 있기 때문이다.

(2) 수배업무의 기본원칙

1) 고객의견 존중

여행사를 통하여 여행을 원하는 고객은 여행 목적지와 목적을 명확히 하고 방문하는 고객이 있는가 하면, 막연히 여행을 하기 위해 자문을 구하기 위해 방문하는 경우도 있다. 어떠한 경우이든 간에 고객이 추구하는 여행을 가장 합리적인 수준에서 처리하도록 최선을 다해야 하고, 언제나 고객의 입장에서 자문하고 의견교환이 이루어져야 한다.

만약 여행사에서 판매하고 있는 관광 패키지(tour package) 내용 중에서 고객의 관광목적에 따라 일부 코스나 일정을 조정할 경우에도 고객의 입장이 충분히 반영되도록 해야 한다. 예를 들면 고객이 원하는 목적지와는 무관하게 여행사에서 수익률이 높은 상품만을 추천하여 고객의 희망사항을 무시해 버리는 경우가 있어서는 절대로 안 된다. 다만 고객이 요구하는 내용과 처해 있는 상황을 면밀히 파악하고 그에 알맞은 내용으로 추천하도록 한다.

2) 정확한 정보의 전달

여행을 원하는 고객은 설레는 마음과 불안한 마음이 교차하기 마련이다. 따라서 패키지의 구성, 가격대, 선택관광의 범위, 추가지불 사항 등의 여행에 관한 정확한 정보를 고객에게 전달해야 할 것이다. 여행사 업무는 방문객이 여행 목적지의 사정을 전혀 알 수 없는 경우가 대부분이기 때문에 고객 입장에서는 불안한 마음을 떨치지 못할 것이다.

이러한 고객의 불안감을 제거해 주기 위해서는 현지 정보를 정확하게 전달하여 여행 중에 고객이 느끼는 감정과 차이점을 최소화해야 하겠다. 과거 일부 여행사의 수배업무 과정에서 현지의 잘못된 정보를 고객에게 전달하여 여행 중에 혹은 여행을 마친 후에 고객으로부터 많은 불평을 유발시켜 여행사의 신뢰를 떨어뜨리는 경우도 있었다.

3) 현지 관광공급자의 상품 파악

수배업무를 처리하기 위해서는 여행지의 관광공급자에 대한 정확한 정보를 확보하고 있어야 한다. 수배업무를 담당하는 사람과 현지의 여행공급자 사이에 이견이 있을 경우에는 고객과의 약속을 지킬 수 없기 때문에 현지 관광공급업자가 취급하고 있는 상품의 범위와 가격대 및 장·단점, 옵션(option), 여행일정(tour itinerary) 등을 구체적으로 파악하고 있어야 한다. 만약 현지의 사정을 정확하게 파악하지 못하고 수배업무를 담당한다면 고객에게 막연히 추상적인 상담이 되어 고객으로부터 불평을 유발시킬 것이다.

4) 신속하고 정확한 업무처리

수배업무를 처리하는 데는 업무의 경중을 고려하여 신속하게 진행하도록 노력해야 한다. 신속한 업무처리를 위해서는 다음과 같은 절차를 고려해야 한다.

- 수배업무 순서를 정한 다음 순서에 따라 업무를 진행한다.
- 수배업무에 관련된 서류는 즉시 처리한다.
- 현지 사정으로 인하여 업무가 늦어지는 경우에는 수시로 점검한다.
- 적절한 통신수단을 효과적으로 이용한다.
- 항상 비상시를 대비하여 대체안을 마련하고 있어야 한다.

5) 업무의 확인 및 서비스 수준 향상

업무가 처리되는 과정에서 발생할지도 모르는 만약의 사태를 최소화하기 위해 업무의 내용을 반드시 확인하는 습관을 길러야 하며, 수배업무의 서비스를 향상시키기 위해 지속적인 업무의 확인과 개선의 노력이 요구된다.

- 고객과 협의된 내용을 반드시 재확인하여 기록으로 남긴다.

• 연도, 계절에 따라 또는 임시적으로 변동이 있을 수 있는 요금표나 시간표를 확인하다.
• 이미 기획된 상품이라도 현지 사정에 따라 변동될 수 있으므로 반드시 확인을 해야 한다.
• 서비스 수준을 향상시키기 위해 업무를 진행하면서 문제점을 찾아 개선하려는 노력이 요구된다.

제 2 절

통역안내 및 국외여행인솔자 서비스

1. 통역안내 서비스

외국어 통역을 잘한다고 해서 반드시 안내업무를 잘하는 것은 아니다. 유능한 안내원이 되기 위해서는 여행안내를 항상 고객 수준에 맞추어 능률적으로 진행해야 하며 언제나 친절하고 적극적인 자세로 임해야 한다. 고객의 성격은 천차만별이므로 고객 개개인의 마음을 헤아릴 수는 없으나 최소한 주관적인 판단보다는 보편타당성의 원칙을 준수하고 남을 먼저 생각한다는 자세로 안내업무에 임해야 한다.

또한 여행지에서 여행객이 쉽게 이해할 수 있도록 안내에 대한 여러 가지 기법을 지속적으로 연구해야 한다. 최근에는 인적 및 경제의 교류를 통해 우리나라가 세계에 많이 알려지면서 외국 여행객이 점차 늘어나고 있는 추세이기 때문에 각국 언어의 자유로운 구사와, 서비스 마인드(service mind)를 겸한 전문요원이 요구되고 있다.

그러나 우리나라의 통역안내원은 일본인을 위한 통역안내원은 공급 면에서 균형을 유지하고 있으나, 영어권이나 기타 언어를 위한 통역안내원은 부족하여 수급 균형을 이루지 못하고 있어 향후 전문 통역안내원의 양성이 시급한 상태이다.

(1) 통역안내원의 기본자세

1) 국민의 대표자

통역안내원은 우리나라 사람을 대표하여 외국관광객에게 관광을 알선하는 직업이므로 안내원의 행동은 곧 우리나라의 국민을 대표로 간주하고 국민성을 평가할 것이다.

따라서 통역안내원은 우리나라를 대표하는 민간외교의 최첨단에서 한국인으로서의 태도를 갖추고 관광지를 소개하고 참다운 우리나라의 모습을 널리 알림으로써 국제간의 친선을 도모하는 데 기여를 하고 있다는 자세로 안내업무에 임해야 한다.

여행객이 단체인 경우에는 투어리더(tour leader)가 동참하여 여행 스케줄(tour schedule)대로 관광을 실시하지만 외국관광객에게 관광코스를 안내하는 사람은 결국 통역안내원이다. 따라서 외국관광객에게 좋은 이미지와 구전효과(word of mouth effect)를 획득하기 위해서는 통역안내원의 역할이 대단히 크다고 할 수 있다.

2) 친절성

안내원은 관광객에게 안내업무를 무료로 봉사하는 것이 아니라 안내 서비스에 대한 적절한 대가를 받는다는 사실을 잊어서는 안 된다. 개인적인 사정으로 인하여 마음이 상하는 일이 있을지라도 기본적으로 관광객을 상대하는 순간에는 언제나 미소가 깃들인 친절한 서비스가 제공되어야 한다. 친절한 서비스는 외국여행객들에게 긍정적인 이미지를 심어 주어 친절한 나라로 평가할 것이다. 그렇지 않고 딱딱하고 무미건조한 표정으로 관광객을 안내한다면 부드러운 이미지를 절대로 줄 수 없을 것이다.

3) 성실성

안내원은 성실한 마음으로 열과 성의를 다하여 안내하고 있다는 느낌을 주도록 해야 한다. 한 사람의 신뢰는 다른 사람의 신뢰로 이어질 수 있기 때문에 고객에게 신뢰를 줄 수 있는 성실한 태도로 항상 최선을 다하는 모습을 보여 주어야 한다. 즉, 안내원으로서 직업의식을 바탕으로 성실한 자세는 여행객으로

하여금 상품의 수준을 향상시킬 수 있는 기회이기 때문이다. 그러나 성실성을 바탕으로 최선을 다한다는 것은 결코 쉬운 일이 아니므로 지속적인 자기계발이 필요하다.

4) 계획성

안내업무는 일정한 계획에 따라 진행되기 때문에 정해진 시간 내에 안내업무를 능률적으로 마치는 것이 매우 중요하다. 또한 다양한 여행상품이 조합되어 관광이 실시되기 때문에 교통이나 숙박 등의 사정을 고려하여 세부적인 계획하에 안내업무가 진행되어 시간의 낭비를 최소화하면서 관광의 기쁨을 최대화할 수 있는 기교가 요구된다.

따라서 안내원의 업무는 여행객의 일정을 고려하여 모든 일을 계획적으로 추진하는 습관을 길러야 한다. 모든 여행객은 여행에 관한 일정표를 가지고 시작과 종료 시간을 사전에 파악하고 있기 때문에 나름대로의 개인적인 기대를 갖고 있을 것이다. 만약 일정의 사소한 변경이나 일정의 세부사항을 통보하지 않은 상태에서 안내업무를 실시하면 불평의 원인이 될 수도 있다.

(2) 복장 및 태도

안내원 복장과 태도는 앞의 제4장 제4절에서 설명한 바와 같이 서비스 제공자의 기준을 참고하도록 한다. 다만, 안내원은 야외나 실내를 이동하면서 고객을 대상으로 관광지나 시설 등을 설명하면서 서비스를 제공하기 때문에 다음과 같은 사항을 고려하여 행동을 하면 무리가 없을 것이다.

1) 복장 및 몸가짐

복장은 화려하지 않으면서 패션 감각(fashionable sense)이 있는 것으로 착용해야 한다. 즉 복장을 고가 또는 사치스러운 것으로 선택할 필요는 없으나, 패션을 고려한 복장을 착용하고 자주 세탁하여 항상 청결한 상태를 유지하는 것이 중요하다. 그리고 안내원의 몸가짐은 자신을 여행객에게 제시하는 하나의 상품처럼 간주하여 언제나 타의 모범이 될 수 있도록 행동하고 몸가짐을 가지런히 해야 한다.

a. 복 장

여행사의 전속 안내원인 경우에는 여행사에서 지급하는 유니폼을 깨끗하게 세탁하여 착용하고 그렇지 않은 경우에는 화려한 색상보다 패션 감각이 고려된 옷을 착용하고 요란한 액세서리(accessary)나 장신구는 가능한 한 부착하지 않는 것이 바람직하다. 최근에는 안내원의 복장이 점차 화려한 색상으로 바뀌고 있는 추세이나 대상 여행객이나 여행지 기후 등의 상황을 고려하여 편리한 복장을 착용하도록 한다.

b. 몸가짐

관광업계에서 종사하는 사람은 언제나 올바른 몸가짐으로 상대에게 깔끔한 느낌을 줄 수 있도록 해야 한다는 것은 필수조건일 것이다. 여행 안내원의 구체적인 몸가짐을 살펴보면 다음과 같다.

- 두발 : 머리는 매일 감아 비듬이 발생하지 않도록 하고, 항상 빗으로 손질하여 가지런하게 한다.
- 손톱 : 여자의 경우 손톱 길이는 적당히 하고 매니큐어(manicure)는 투명한 색깔을 칠한다.
- 수염 : 남자의 경우 수염은 반드시 매일 깎아 덥수룩하지 않도록 한다. 수염을 기를 경우에는 가지런히 정돈된 상태를 유지해야 한다.
- 구취 : 외국인들은 우리나라 사람의 김치와 마늘 냄새가 불쾌하게 느낄 수 있기 때문에 식사 후에는 반드시 양치를 하여 냄새를 제거하도록 한다.
- 화장 : 화장은 지극히 평범하고 검소한 상태로 해야 하며 좋은 인상을 남기도록 해야 한다.

2) 태 도

관광객의 관광 분위기는 안내원의 태도가 절대적인 영향을 미치므로 안내원의 언행이나 태도가 건전하고 적극적이어야 한다. 여행객에게 일방적인 방법으로 안내를 한다든지 또는 무리하게 옵션관광(option tour)을 강요하는 일이 없도록 해야 하며, 언제나 합리적인 수준의 서비스를 제공해야 한다. 안내원이 고객을 상대할 때 지켜야 할 사항은 다음과 같다.

- 관광객의 문의에 친절하고 협조적으로 응대한다.
- 대화 시에는 적극적이면서 미소를 잊어서는 안 된다.
- 업무는 신속하고 정확하게 처리한다.
- 관광객을 성실하고 예의바르게 대한다.
- 신뢰성을 바탕으로 능률적인 방법으로 안내한다.
- 여행객의 수준을 고려하여 안내업무를 수행한다.

(3) 통역안내업무

1) 준비사항

안내원이 담당할 관광객(보통 단체관광객인 경우가 대부분이나 개인고객일 수도 있다)이 확정되면 관광객의 여행일정을 꼼꼼하게 검토하여 모든 수배사항을 재확인해야 한다. 즉, 여행객이 도착하면 계획된 일정대로 착오 없이 안내서비스를 제공하기 위해서 계획과 실제의 상황을 점검해야 한다. 참고로 일반적인 재확인 사항은 다음과 같은 것들이 있다.

a. 숙 박

도착하는 관광객의 규모에 따른 호텔 및 위치, 객실수, 객실형태, 객실배정 상황, 식사내용, 입실시간, 호텔의 부대시설에 대한 정보 등을 구체적으로 확인하도록 한다.

b. 교통수단

관광객이 이용하기로 예정되어 있는 교통수단과 그에 관련된 정보를 점검하여 재확인해야 한다.

- 수배된 차의 회사명 및 차종
- 배차시간
- 항공기 편명 및 도착시간
- 기타 교통수단(국내선 항공기, 기차, 선박 등)의 예약확인 및 차표, 승선권 및 항공권의 확인

c. 수하물

관광객의 수하물 수량 및 규모를 확인하여 수하물의 운반방법(버스, 화물 트럭, 기타)을 재확인해야 한다.

d. 식사 및 관광

관광객이 모든 식사를 숙박하고 있는 호텔에서 할 수 없기 때문에 관광지의 식당에 식사인원수 및 식사시간, 식사종류 등의 수배상태를 확인하고 관광이 예정된 곳의 예약상태도 확인하도록 한다.

e. 기타 점검사항

통역안내는 외국인을 위한 안내업무를 겸하기 때문에 가능하면 여행객을 위한 각종 편의를 제공하고 안전하게 여행할 수 있도록 신경을 써야 한다. 따라서 관광객의 일정에 관련된 각종 정보를 재확인하여 실수나 착오가 발생하지 않도록 최선을 다해야 한다.

- 여행객의 명단(list) 준비
- 여행객 개인용 관광일정표의 준비
- 관광안내책자의 준비
- 항공기의 정시도착 여부 확인
- 교통수단의 주차장소 확인
- 예비비용의 준비
- 비상약품

2) 입 국

입국 시에는 미리 준비한 고객의 이름이나 단체명을 표기한 피켓보드(picket board)를 들고 입국장의 출구에서 관광객을 친절하게 맞이해야 한다. 이때 단체인 경우에는 동시에 많은 사람이 자신의 수하물을 들고 나오기 때문에 시간이 걸릴 수도 있다. 또한 여행단체는 대개 투어리더가 동행하기 때문에 맨 먼저 투어리더에게 환영인사를 하고 난 다음 관광객의 상황을 파악하여 이동을 시작한다.

입국 시에 안내원이 취해야 할 사항은 다음과 같다.

- 관련단체를 맞이하기 위해 투어명(tour name)이 기재된 안내판을 준비한다.
- 동행하고 있는 투어리더(tour leader)에게 정중하게 인사한다.
- 단체객의 명단과 수하물의 수량을 투어리더에게 문의하여 적절히 조치한다.
- 교통편이 대기하고 있는 곳으로 안내한다.
- 관광일정표를 투어리더에게 확인시킨다.
- 관광객이 버스에 타고나면 인원수와 수하물을 확인한다.
- 관광일정표를 배부한다.
- 교통편을 이용하여 이동하면서 관광객에게 환영인사말과 함께 일정에 관해서 안내한다.
- 현지에 머무는 동안 지켜야 할 주의사항을 간단하게 고지한다.
- 이동하면서 이동전화를 이용하여 차기 목적지의 관련자에게 위치를 알려준다.

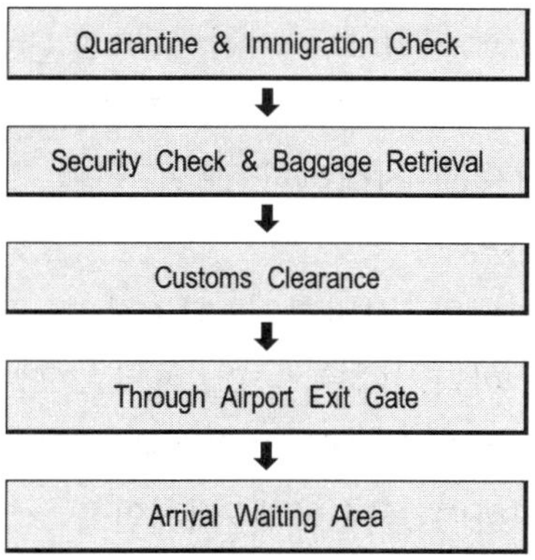

[그림 6-2] 입국수속 및 진행과정

3) 투어리더와의 협조

일반적으로 단체의 경우 본국에서 단체를 위해 투어리더가 동행하는데 여행안내원은 투어리더의 존재를 확실히 인식해야 한다. 왜냐하면 관광행사의 일정은 투어리더에 의해서 기획되었고 진행되기 때문이다. 현지 통역안내원은 단지 단체의 안내업무를 위임받아 관광안내를 실시한다. 따라서 통역안내원은 투어리더 의견을 절대적으로 존중하면서 안내업무를 진행해야 한다.

참고로 투어리더와 관련된 사항은 다음과 같다.

- 일정조정이나 예정에 없던 내용 추가 등의 요청이 투어리더로부터 있을 경우에는 적극적으로 협조한다.
- 관광객에게 투어리더가 관광행사를 순조롭게 진행하고 있음을 간접적으로 인식시킨다.
- 안내원이 관광일정이나 기타 관광행사에 대한 의견이나 이견이 있을 경우에는 반드시 투어리더에게 먼저 허락을 받도록 유도한다.
- 투어리더가 실수했을지라도 고객의 면전에서는 절대로 면박이나 부정적인 이야기를 해서는 안 된다.
- 안내원이 선택관광이나 쇼핑(shopping)을 안내할 때에도 반드시 사전에 투어리더의 허락을 얻어야 한다.

4) 관광안내방법

관광안내는 다양한 방법이 있겠으나 가장 중요한 것은 계획된 일정대로 관광행사를 진행하고 시간을 소비하지 않으면서 효과적인 관광을 할 수 있도록 하는 것이다. 그러나 관광행사를 진행하다 보면 현지 사정의 일정대로 진행되지 않는 경우도 발생할 수 있다.

이러한 경우에는 투어리더와 긴밀하게 협조하여 고객들의 불평을 최소화할 수 있는 방안을 모색해야 한다. 예를 들면 현지 호텔 사정으로 인하여 예약된 트윈객실(twin room)이 없거나 식당의 사정으로 정해진 음식을 제공할 수 없을 경우에는 투어리더와 협의하여 신속하게 대체안을 강구해야 한다. 관광안내를 하는 데 있어서 주의해야 할 일반적인 사항은 다음과 같다.

- 안내를 담당한 고객 구성원들의 명단을 기억하고 고객 유형을 신속하게 파악한다.
- 고객은 모두가 동일한 기회와 안내에 관련하여 대우를 받을 권리가 있음을 기억하면서 고객을 차별하지 않고 공평하게 응대한다.
- 관광이나 특별한 목적으로 하차할 경우에는 활동범위와 승차시간을 정확히 알려주어 시간낭비나 불미스러운 일이 없도록 해야 한다.
- 이동 시에는 차창 밖으로 보이는 경치에 대해서 간략하게 설명하고 특별한 내용이 없을 경우는 우리나라의 풍속이나 습관, 국민성 등을 화제로 하여 고객들이 지루하지 않도록 한다.

- 현지 안내는 명확한 발음으로 모든 참석자가 알아들을 수 있도록 한다.
- 수시로 고객의 인원수를 점검한다.
- 고객으로부터 문의가 있을 경우 성실하게 답변한다.
- 식사시간과 좌석배정은 사전에 식당 책임자와 협의하여 기다리는 시간을 최소화하도록 한다.
- 호텔 객실 배정은 가능하면 투어리더에게 맡긴다.
- 운전기사에게 일정을 정확하게 알려주어 착오가 없도록 하고 이동 중에는 잡담을 삼간다.
- 수하물이나 쇼핑물건은 쉽게 구분할 수 있도록 이름표를 부착한다.
- 안내원은 여행객을 지루하지 않게 하기 위해 유머(humor)감각을 지니고 있어야 한다.
- 안내원은 여행객의 즐겁게 하기 위해 지나친 음담패설이나 저속적인 이야기를 해서는 안 된다.

5) 쇼핑 안내

여행을 자주 경험해 본 사람은 관광일정 중 쇼핑(shopping)시간에 많은 시간이 할당되는 것을 싫어하기 마련이기 때문에 관광일정을 고려하여 쇼핑할 수 있는 시간을 적당히 안배해야 한다. 쇼핑을 할 경우 대부분의 관광객은 관광지 토산품의 구입에 많은 관심을 갖고 있기 때문에 독특한 물건을 판매하는 장소로 안내한다면 달러를 획득할 수 있는 기회를 제공할 수 있고, 또한 관광지 고유의 풍습과 특산물을 소개하는 효과도 있을 것이다.

그러나 안내원의 이권만을 고려하여 터무니없이 고가로 판매하는 곳이나 상품으로서의 가치가 없는 장소로 안내하여 국가이미지를 손상시키는 일이 없도록 조심해야 한다.

쇼핑을 안내할 경우의 주의사항은 다음과 같다.

- 쇼핑시간에 대해서 정확하게 알려준다.
- 상품의 품질과 가격에 대한 신뢰도가 검증된 곳으로 안내한다.
- 고객에게 강매한다는 인상을 주지 않도록 한다.
- 관광객에게 상품에 대한 상담에 관여해서는 안 된다.
- 대부분의 고객이 쇼핑을 원하지 않으면 안내하지 않도록 한다.

6) 출 국

단체의 일정이 종료되면 출국하게 되는데 출국일 전에 안내원은 출국에 필요한 서류나 항공기 예약상황을 점검해야 한다. 출국 시에는 대개 다음과 같은 사항을 점검해야 한다.

- 출국 항공편의 예약상황을 재확인한다.
- 호텔의 체크아웃은 일괄적으로 처리하고 개인서비스는 개인이 지불하도록 한다.
- 단체 규모나 공항의 위치에 따라 다소의 차이가 있지만 보통 출국시간 3~4시간 전에 호텔을 출발하여 공항에는 2시간 전에 도착할 수 있도록 한다.
- 고객의 수하물을 개인마다 확인시킨다.
- 출국세가 있는 경우에는 일괄적으로 처리한다.

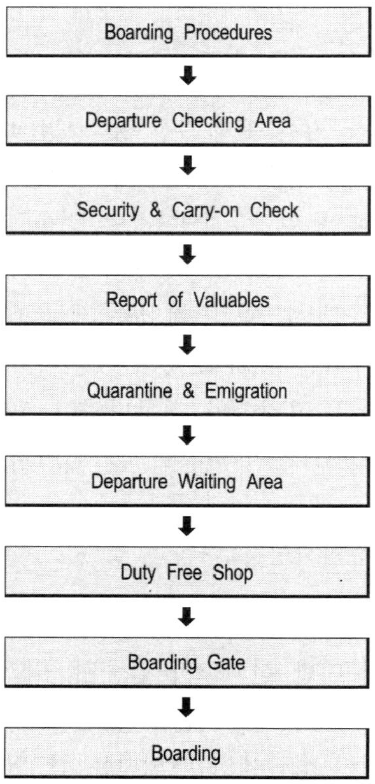

[그림 6-3] 출국수속 및 진행과정

- 단체인 경우에는 항공권과 여권을 소지하고 수속을 마친다(경우에 따라서는 항공권과 여권 등을 단체로 수거하여 일괄적으로 수속을 하기도 한다).
- 출국에 관한 사항을 자세히 설명하고 출국카드를 재확인한다.
- 고객들의 협조에 감사드리면서 환송인사를 한 다음 투어리더와 마지막으로 인사한다.

7) 스케줄 변동

일정을 변경해야 할 경우가 발생하지 않도록 최선을 다해야 하지만, 특별한 사정으로 인하여 스케줄이 변동될 경우에는 반드시 투어리더와 협의하여 대체안을 마련해야 한다. 또한 투어리더를 통하여 관광객들에게 상황을 숨김없이 알려주어 궁금증이 없도록 해야 한다. 일정을 변경해야 하는 경우는 다음과 같다.

a. 현지 사정으로 인한 일정 변경

현지의 정치적 돌발사태나 갑작스런 기상악화 또는 현지의 폭동 등과 같은 천재지변으로 인하여 관광을 실시할 수 없을 경우에는 투어리더의 판단에 따라 일정의 일부 또는 전부를 취소하거나 변경하도록 한다. 이에 수반되는 모든 수배의 변경은 안내원이 현지 여행사와 협의하여 신속하게 결정한다.

b. 숙박이나 식사의 변경

호텔의 운영상 초과예약으로 인하여 일부 고객에게 객실이 배정될 수 없거나 식사시간이나 내용이 변경되면 현지 상황을 신속하게 파악하여 타 호텔의 객실을 수배하거나 식사 내용을 재검토하여 투어리더와 협의한 다음 결정한다. 이러한 경우에는 고객에게 끼치는 불편을 최소화하도록 노력을 해야 하며, 해당 고객에게는 정중한 사과와 함께 상응하는 대가를 제공하도록 한다.

c. 항공기나 선박의 지연

출국 시에 예약한 항공편이나 선박편이 특별한 사정으로 인하여 지연되는 경우에는 여러 가지의 문제가 복합적으로 연결될 수 있기 때문에 항공사나 선박회사로부터 구체적인 정보를 확보한 다음 지연시간을 고려하여 출발시간을 예상하고 투어리더를 통하여 다음 목적지의 관광일정 관련자나 가족에게 긴급으로 연락할 수 있도록 조치한다. 이와 같이 출국을 위한 교통수단이 지연되는 경우에는 다음과 같은 조치를 취한다.

- 출발 당일 항공사나 선박회사에 연락하여 정상출발 여부를 확인한다.
- 지연예정인 경우에는 자세한 정보를 수집하고 대안을 마련한다.
- 지연에 관한 사항을 즉시 투어리더에 알려 적절한 조치를 취하도록 한다. 만약 다음의 일정에 연쇄적으로 문제가 될 경우에는 투어리더에게 정확한 정보와 함께 출발 예상시간을 알려주어 일정을 조정하도록 한다.
- 관광객이 가족이나 관련단체 또는 기관에 메시지를 전해주기를 요청하면 즉시 조치한다.
- 만약 지연상황이 길어져 숙박이나 식사가 필요하다면 비용을 누가 부담할 것인가를 결정하여 즉각적으로 조치한다.
- 지연되는 동안에는 투어리더와 상황을 지켜보면서 즉각적으로 대처해야 하기 때문에 항상 같이 행동을 해야 한다.
- 특별한 사정으로 인하여 교통수단의 지연이 발생했을 경우에는 반드시 여행객에게 숨김없이 구체적인 정보를 제공하고 당사자들의 이해를 구한다.

2. 국외여행인솔자 서비스

(1) 국외여행인솔업무의 의의

국외여행의 안내를 담당하는 사람을 '여행안내원(tour guide)', '투어 에스코트(overseas tour escort)', '첨승원(TC : Tour Conductor)' 등으로 불리나 문화관광부에서 정한 정식명칭은 '국외여행인솔자'이다.

현재는 무분별한 안내원의 난립을 방지하고 자질향상을 위해 국외여행인솔업무를 전문적으로 담당하는 자격증제도를 시행하여 국외여행인솔자의 격을 높이고 있다.

여행인솔자는 여행객과 동행하면서 계획된 일정대로 현지의 관광을 안내원과 협의하여 원활히 진행하고, 일정의 변경이나 예상하지 못했던 불미스런 일이 발생할 경우 신속하게 대처하여 관광객의 편의를 도모하고 관광이 무사히 마칠 수 있도록 책임을 진다.

(2) 국외여행인솔자의 종류

국외여행인솔자 여러 명이 한 단체의 관광객과 동행할 경우 단체인솔을 총괄하는 인솔자를 총괄책임인솔자(CTE : Chief Tour Escort)라 부르고 다른 인솔자를 책임인솔자(sub tour escort)라고 부른다. 또한 견습을 위해 동행하는 인솔자를 어시스턴트(assistant tour escort) 또는 배기지 마스터(baggage master)라고도 부른다.

관광단체를 인솔하기 위해서는 많은 경험과 관광에 대한 해박한 지식이 있어야 한다. 일반적으로 국외여행인솔자는 소속된 조직이나 업무의 책임 범위에 따라 다음과 같은 종류로 구분할 수 있다.

1) 관광회사의 종업원

여행사에 소속되어 있으면서 여행에 관한 업무를 진행하고, 특정한 여행상품을 대상으로 모객이 되면 회사를 대표하여 단체를 인솔하는 국외여행인솔업무를 담당하는 사람을 일컫는다.

따라서 관광회사 종업원의 신분으로 국외여행인솔자 업무를 맡고 있는 전문인솔자는 관광회사의 관련업무도 병행하면서 여행객의 인솔업무를 진행한다. 대부분의 여행사에서는 이와 같은 형태의 전문 국외여행인솔자 자격을 갖춘 사람을 채용하여 여행업무를 전담시키는 경우가 많다.

2) 전문 여행인솔자

여행사에서 근무하면서 국외여행인솔업무를 전문적으로 취급하는 종업원을 의미한다. 대형 여행사에서는 지속적으로 단체여행객이 발생하기 때문에 이러한 전문인솔자를 확보하여 인솔업무를 진행하고 있다. 그러나 대규모 여행사일지라도 비수기에는 단체객이 없을 경우도 있기 때문에 이러한 경우에는 내근을 하면서 여행업무를 겸하기도 한다.

3) 촉탁 국외여행인솔자

여행사의 종업원이 아니고 비상근 종업원으로서 여행사와 소정의 계약을 체결하고 관광단체가 발생할 때마다 국외여행인솔업무를 담당하는 사람이다. 촉탁 국외여행인솔자의 보수는 일정액이 지급되는 것이 아니라 관광단체가 발생할 경우 소정의 수당을 지급하는 경우가 대부분이다.

그러나 여행사에 따라서 지속적으로 최저 수준의 보수를 지급하고 인솔업무를 진행할 경우 추가로 수당을 지급하기도 한다. 대규모 여행사에서 다양한 패키지 투어(package tour) 상품을 판매하는 경우에는 원활한 인솔업무를 위해 인솔업무에 경험이 있는 촉탁 인솔자를 확보하고 있어야 한다.

4) 프리랜서 국외여행인솔자

프리랜서(free-lancer) 국외여행인솔자는 지속적으로 효력이 있는 일정한 계약에 의하지 않고 단체가 발생할 때마다 여행사로부터 의뢰를 받아 인솔업무를 담당하는 사람이다.

그러나 여행사가 프리랜서 국외여행인솔자를 특정한 여행단체에 임명할 때에는 여행사에서 모객하여 진행하는 단체의 관광이기 때문에 단체인솔에 대한 책임의 범위를 명확하게 하여 단체를 인솔하도록 규정을 마련할 필요가 있다. 왜냐하면 프리랜서로서의 인솔자는 단체의 여행 목적이나 성격을 정확하게 파악하여 단체를 위한 인솔업무보다는 자기중심적인 인솔업무를 수행할 수도 있기 때문이다.

(3) 국외여행인솔자의 업무내용

앞부분의 통역안내원의 업무에서 살펴본 바와 같이 국외여행인솔자의 업무는 관광객과 동행하면서 여행사를 대표하여 계획된 관광일정대로 인솔업무를 진행하기 때문에 그 역할이 매우 중요하다. 즉 관광객을 대상으로 관광행사를 실시하는 데 있어서 행사진행을 위한 총책임자인 것이다.

따라서 국외여행인솔자는 단체를 인솔하기 위해서는 투철한 사명감을 바탕으로 최소한의 여행경비로 최대의 효과를 얻을 수 있는 경영자의 마인드도 요구된다. 만약, 관광단체를 인솔하는 과정에서 천재지변이나 특별한 현지의 사정으로 인하여 관광객의 인솔업무를 계획대로 추진할 수 없을 경우 본사와의 업무협조를 통하여 최선책을 강구해야 한다.

1) 여행일정의 파악

인솔자가 인솔업무를 수행하기 위해 가장 먼저 선행되어야 하는 것이 바로 관광에 대한 일정을 구체적으로 파악하고 있어야 한다. 관광일정은 단체객과의 약속이기 때문에 특별한 경우가 없는 한 계획된 일정대로 능률적으로 인솔업무를 수행하여 단체객의 욕구를 충족시킬 수 있어야 한다.

여행일정을 정확하게 숙지하지 않고 인솔업무를 수행한다면 반드시 단체를 인솔하는 과정에서 문제가 발생할 경우 즉각적으로 대처하기가 어렵기 때문이다. 따라서 인솔자는 단체일정을 시간대별로 정확하고 상세하게 파악하여 행사를 진행하고 만약의 경우를 대비하여 항상 대안을 준비하고 있어야 한다.

2) 여행경비의 합리적인 관리

국외여행인솔자는 회사를 대표하여 단체관광을 수행하는 과정에서 발생하는 각종 비용의 집행을 총괄적으로 실시한다. 즉 단체객과 약속한 관광의 범위 내에서 여행경비를 지출해야만 하기 때문에 정상적인 경비의 집행과 예상하지 못한 경비가 발생할 경우 원가개념을 고려하여 가장 합리적으로 경비를 지출할 수 있도록 최선을 다해야 한다. 또한 경비지출은 사소한 것일지라도 투명하지 못하면 매우 민감할 수 있는 사안이므로 신중하게 처리해야 한다.

관련자들의 오해를 사전에 방지하고, 정확한 경비지출을 위해 인솔자는 다음과 같은 사항을 점검할 필요가 있다.

a. 호텔계산서

계약 내용에 따라 차이가 있으나 대부분의 경우 객실료만 회사에서 지불하고 개인이 이용한 서비스(전화비, 룸서비스, 세탁비, 유료영화, 미니바 등)는 개인이 지불하도록 한다.

따라서 인솔자는 객실료에 대한 마스터 빌(master bill)과 개인용 계산서(individual bill)의 점검이 필요하다.

b. 추가여정의 비용

관광에 대한 계약 내용 이외에 관광여정이 추가되는 경우 인솔자는 관광객으로부터 의견을 모아 현장에서 각자가 지불하도록 하여 회사에 청구하는 일이 없도록 해야 한다. 그러나 추가여정의 경우 비용이 동반되기 때문에 대부분의 여행객으로부터 동의를 얻어 공감대가 형성된 후에 추진하도록 한다.

c. 특별한 여정 변경 시의 비용

여행객을 인솔하다 보면 예상하지 못한 경비가 지출되기 마련이기 때문에 인솔자는 이러한 경우를 대비하여 예비비 지출을 집행하게 된다. 만약, 관광여건상 회사 사정으로 인하여 여정의 변경이 발생할 경우 인솔자가 판단하여 회사 예비비에서 지출하는데, 이러한 경우에 고객불평을 최소화하면서 동시에 신중한 결정으로 과다한 경비가 지출되지 않도록 최선을 다해야 한다.

3) 본사와의 지속적인 커뮤니케이션

관광단체를 인솔하고 국외여행을 실시하는 동안에 특별한 사고 없이 일정대로 진행된다면 다행이겠지만 관광단체를 인솔하다 보면 반드시 일정대로 관광객을 인솔할 수 없는 경우가 발생할 수도 있다. 이러한 경우를 대비하여 인솔자는 수시로 본사와 연락하여 특별한 상황에 대응하기 위한 의사결정을 하는데 도움이 되도록 해야 한다.

만약, 불미스런 사건이 발생하였을 경우에는 본사로부터 다양한 경험이 있는 관련조직을 통해 돌발사태를 원만하게 처리할 수 있는 조언과 지원을 받을 수 있기 때문이다. 따라서 절대로 독단적인 의사결정에 의해서 주요한 사건을 처리하지 않도록 본사와 지속적인 커뮤니케이션(communication)을 유지해야 한다.

(4) 국외여행인솔자 서비스의 종류

국외여행인솔자는 관광객을 대상으로 각종 서비스를 제공하는 사람이기 때문에 가장 효과적이고 고객 지향적인 서비스를 제공하기 위한 각종 서비스 내용을 구체적으로 살펴보기로 한다.

1) 대규모 관광단체 인솔

a. 총괄 책임인솔자 업무

대부분 인솔자가 취급하는 업무로서 관광단체가 관광을 위해 목적지로 떠나 다시 돌아올 때까지 예정된 관광여정대로 관광행위를 실시하는 데 있어서 고객 안전과 소정의 서비스 제공을 총괄관리하는 업무이다.

b. 준비사항

인솔자는 관광객을 실질적으로 대표하는 사람으로서 여행상품 서비스에 포함된 하나의 요소이기 때문에 참여자들이 안전하고 효과적으로 여행을 마칠 수 있도록 여행과정에서 필요한 것들을 사전에 준비해야 한다. 관광객을 안전하게 인솔하는 데 있어서 필요한 물건이나 정보 등을 인솔 전에 인솔자가 준비해야 할 사항은 다음과 같다.

- 구급약
  - 수면제 : 여행지의 환경, 음식, 기후 등의 변화로 잠을 이루지 못하는 고객을 위해 준비
  - 감기약 : 기후의 변화에 따른 온도차로 인하여 감기에 걸리는 고객을 위해 준비
  - 진통제 : 두통, 치통, 생리통 등에 대비하기 위해 준비
  - 멀미약 : 항공기나 배 멀미, 자동차 멀미 등을 위해 준비
  - 지사약 : 물갈이나 배탈에 대비하기 위해 준비
  - 소화제/변비약
  - 기타 : 항생연고, 물파스, 밴드, 반창고, 지혈제 등
- 관광객 명부
- 수기
- 현지의 정보 및 연락처
- 크레디트 카드(법인카드)
- 경비(현금)
- 현지의 관광지도

2) 선박관광

a. 출국수속과 승선

유람선 관광객의 출국에 관한 고객서류 등 제반사항을 빠짐없이 준비하고 재확인하여 출국신고를 마친 다음 고객이 안전하게 승선할 수 있도록 유도한다. 또한 고객의 수하물은 정확한 수량을 확인하여 포터(porter)에게 본선의 정박지까지 운반의뢰하고, 선실로 옮긴 후 입실에 대한 수속절차를 밟도록 한다.

b. 선내 서비스

선박 내의 서비스를 총괄하는 총지배인과 단체의 여정이나 일정 등을 긴밀하게 협의한다. 또한 선내의 규정이나 행사, 시설배치도(floor plan) 등을 검토하여 단체를 통솔하는 데 도움이 될 수 있도록 한다. 단체고객을 위해 다음과 같은 사항을 점검해야 한다.

- 객실예약 확인
- 식당예약
- 특별행사 진행
- 선내 규정 및 각종 서비스 제공 위치 안내
- 비상시 행동요령 안내

c. 상륙관광

상륙관광(기착지 관광)은 기착지마다 고객 희망에 따라 사전에 예약했기 때문에 특별한 문제가 없으나, 관광을 희망하는 고객을 재확인하고 상륙하여 관광을 실시하는 데 있어서 고객의 안전에 특별한 관심을 가져야 한다. 상륙관광 참여자들의 안전을 위해 기착지의 관광 시 주의사항이나 현지 사정상 삼가야 할 사항 등을 사전교육을 통하여 사고를 미연에 방지하도록 해야 한다.

상륙관광의 경우 관광을 마치고 다시 정박지에서 승선을 하기도 하지만 대부분 일부의 관광자들이 상륙관광을 실시하는 동안 선박은 이동하여 제3의 장소에서 승선을 하는 경우도 있다. 따라서 인솔자는 고객 여정을 정확하게 파악하여 계획된 관광을 마칠 수 있도록 지원한다.

3) 산업시찰 및 연수 관광

참가자들의 명단을 입수하고 산업시찰이나 연수에 대한 일정을 파악하여 참석자들이 여행 목적을 달성할 수 있도록 최선을 다한다. 산업시찰이나 연수를 위한 여행객들은 대개 추구하는 목표가 유사한 단체이므로 인솔하는 데 특별한 문제가 없으나 인솔자의 업무를 충실히 수행하기 위해 본연의 서비스를 중심으로 인솔자로서의 역할을 다해야 한다.

산업시찰이나 연수 관광 시에는 인솔자는 관광 이외의 시찰이나 연수를 직접 경험해 볼 수 있다.

4) 국제회의

최근에는 각종 국제회의가 각국의 유명 도시나 휴양지에서 개최되는 경우가 빈번해지고 있어 많은 관련자들이 참석하고 있다. 따라서 이러한 참석자들이 국제회의에 참여하여 상호이익을 위한 활동을 지원하기 위해 전문 인솔자가 요구되기도 한다. 이러한 국제회의 참석자를 위해 인솔자는 먼저 국제회의가 개최되는 도시의 숙박지에 도착하여 조직위원회를 방문하고 참여자의 등록수속을 대행한다.

물론 등록수속을 하기 전에 본국에서 참석자들의 등록이나 숙박 및 식사, 회의장소 및 좌석배치 등의 관련업무가 조직위원회와 협의하여 참석자에 대한 정보가 통보된 상태이다.

등록수속을 마치면 행사일정에 맞추어 참석자들을 정상적인 절차에 의해 안내한다.

5) 사전점검사항

a. 현지의 관련정보

국외여행인솔자는 여러 사람을 대표하여 관광일정대로 관광객이 만족할 만한 수준의 관광 서비스를 제공받을 수 있도록 인솔업무를 수행하는 중대한 임무를 맡고 있기 때문에 무엇보다 사전준비가 중요하다. 따라서 인솔업무를 원활히 수행하기 위해서는 다음과 같은 현지 정보를 입수해야 한다.

- 지리적 위치 : 관광지와 주변의 지리적인 위치를 정확하게 파악하여 효과적으로 관광을 수행할 수 있도록 한다.
- 현지 기후 상황 : 대개 타국의 관광지는 기후가 우리나라와 다르기 때문에 관광객이 사전에 적절히 대처할 수 있도록 기후변화에 대해서 파악해야 한다. 특히 노인층의 관광객은 기후변화에 매우 민감하므로 사전대책이 요구된다.
- 현지의 문화 및 종교적 금기사항 : 나라마다 독특한 문화가 있으며, 오랜 전통이나 생활양식 또는 종교적 금기사항이 있기 마련이다. 따라서 현지의 문화적 특성이나 종교적 금기사항 등에 대한 내용을 습득해야 한다.
- 현지의 치안상태 : 무엇보다 관광객이 중요한 것은 안전이기 때문에 관광객

의 안전을 위해 현지 치안상태에 대한 정보를 입수하여 대처해야 한다.

• 전염병 발병 여부 : 동남아 지역이나 아프리카와 같은 더운 지역의 관광지는 뜻밖의 전염병으로 인하여 생명을 앗아갈 수 있는 위험이 있다. 따라서 전염병에 대한 철저한 예방책을 강구하기 위한 정보가 요구된다.
• 선택관광 대상 : 관광 서비스를 극대화하기 위해 현지 선택관광(option tour)에 관한 정보를 사전에 파악하여 효과적인 관광이 되도록 최선을 다해야 한다.
• 현지 관광관련 법규 : 나라마다 자국의 관광시설을 보호하거나 서비스 질을 향상시키기 위해 법으로 규제하고 있는 사항이 많다. 따라서 법으로 규제하고 있는 행동이나 반입금지 물품 등을 파악해야 한다.

b. 단체의 성격 파악

단체를 만족하는 수준 이상으로 인솔하기 위해서는 단체의 연령층이나 성별 또는 관광의 목적 등을 구체적으로 파악하여 구성원의 욕구를 충족시킬 수 있는 통솔방법을 강구해야 한다.

c. 반입금지 품목

국가마다 특정한 물품을 반입하지 못하도록 법으로 규제하고 있다. 목적지의 입국 시 반입금지 물품들을 사전에 파악하여 여행자들에게 주지시키지 않으면 구매한 상품이나 귀중한 물품을 압수당하거나 과태료를 징수당하는 경우가 발생할 수 있다.

예를 들면 싱가포르는 껌의 반입을 금지하고 있으며, 담배는 1박스 이상이면 과세가 된다. 그리고 미국에서는 씨앗이나 부패한 물품의 반입이나 천연기념물로 지정된 식물이나 광석 같은 물품의 반입을 불허하고 있다.

<표 6-1> 우리나라의 수출입금지 품목

항 목	금 지 품 목
1	국헌을 문란하게 하거나 공안 또는 풍속을 해할 서적, 간행물, 도서, 영화, 음반 비디오물, 조각물 기타 이에 준하는 물품
2	정부의 기밀을 누설하거나 첩보에 준하는 물품
3	화폐, 지폐, 은행권, 채권 기타 유가증권의 위조품, 변조품 또는 모조품

d. 휴대용품

인솔자의 휴대품은 여행 중에 여행객을 위한 각종 편의 서비스를 제공하기 위해 여행자보다 많은 종류의 휴대품을 준비해야 한다. 여행 중 필요한 휴대용품을 꼼꼼히 준비하여 여행객의 인솔업무에 차질이 없도록 한다. 일반적으로 인솔자가 준비해야 할 물품은 다음과 같다.

- 가방
- 세면도구 및 화장품
- 상비약
- 필기구
- 정장
- 선글라스
- 잡지류
- 알람시계
- 명함
- 현지 지도
- 신분증
- 크레디트 카드 및 현지 통화

(5) 국외여행인솔자의 자질과 자세

1) 국외여행인솔자의 자질

a. 전문지식

무엇보다 인솔자는 관광단체객으로부터 신뢰를 얻기 위해 관광에 대한 전문적인 식견이 있어야 한다. 물론 현지 사정도 구체적으로 파악하고 있어야 하지만 관광을 하면서 순간적으로 경미한 사고가 발생하였을 경우 합리적으로 대처하기 위해서는 폭넓은 여행지식을 갖고 있어야 한다.

특히 여행객은 타 지역의 문물을 관광하면서 관광지의 문화나 역사적인 배경 등에 대해서 문의하는 경우 능력 있는 인솔자는 평소에 갈고 닦은 전문적인 지식을 바탕으로 구체적인 안내를 할 수 있어야 한다. 그러나 의문점에 대한 답을 명쾌하게 주지 못하는 경우에는 능력이 없는 인솔자로 낙인찍힐 것이고 나아가서는 여행 서비스에 대한 평가가 낮은 수준에 머무를 것이다.

b. 건 강

국외여행 안내원은 단체여행객을 출발부터 여행을 마칠 때까지 고객안전과 만족할 수 있는 서비스 제공에 대한 책임을 지고 있기 때문에 업무수행과정에서 육체적 · 정신적 피로와 스트레스(stress)가 쌓일 수 있다. 즉 튼튼한 육체와 강한 정신력이 없이는 인솔업무를 올바로 수행할 수 없다. 따라서 철저한 체력관리로 건강한 몸과 마음을 유지할 수 있도록 최선을 다해야 하겠다. 특히 기후가 다르고 문화가 다른 나라의 인솔업무를 맡기 위해서는 체력이 왕성해야만 항상 기쁜 마음으로 서비스를 제공할 수 있는 원천이 될 수 있다.

c. 외국어 구사 능력

외국에서 단체를 인솔하면서 각종 여행객의 편의를 제공하기 위해 현지 관련자와 의사소통이 가능해야 한다는 것은 인솔자가 기본적으로 갖추어야 할 자질이다. 외국어는 세계공통어인 영어와 경우에 따라서는 1개 정도의 제2 외국어가 요구되기도 한다. 인솔자의 유창한 외국어 구사능력은 곧 여행객의 편익을 대변할 수 있기 때문이다.

d. 리더십

인솔자는 성격이 다양한 여러 사람을 통제해야만 하기 때문에 유연하면서도 강력한 통제력을 행사하여 모든 사람들이 인솔에 따라 주도록 합리적인 리더십(leadership)이 요구된다. 따라서 인솔자는 활동성이 있으면서 대인관계에 있어서 폭넓은 포용력과 단체를 리드(lead)할 수 있는 지도력을 갖추어야 한다.

그러나 여기서 리더십은 군대식의 일방적인 통제수단과 같은 서비스보다 부드럽고 유머러스한 자세를 겸비한 리더십이 되어야 한다.

e. 긍정적 사고와 판단력

단체를 인솔할 때에는 예상하지 못한 상황에 처하여 당황하게 되어 여행객을 불안하게 하는 경우가 있을 수 있다. 이러한 경우 현명하게 대처하기 위해 긍정적인 사고를 바탕으로 명석한 판단력이 요구된다. 만약 이러한 상황변화에 현명하게 대처하지 못하면 단체객 모두를 불안하게 하여 여행에 대한 서비스를 격하시킬 것이다.

f. 서비스 정신

여행하는 사람은 여행사에서 제시한 상품가격을 지불하고 여행 서비스를 합당하게 제공받기 때문에 여행에 관련하여 정해진 범위의 서비스를 가장 합리적인 수준으로 제공해야만 한다. 환언하면 투철한 서비스 정신으로 고객을 만족시킬 수 있는 프로기질(professionalism)이 있어야 한다. 이와 같은 프로정신은 강한 인내력과 고객을 존중하는 마음의 자세가 전제되어야 한다.

2) 국외여행인솔자의 자세

a. 합리적인 계획 및 실천

관광단체가 기대하고 있는 수준의 서비스는 이미 여행사와 계약한 여정대로 관광을 무사히 마치는 것이기 때문에 특별한 경우가 발생하였을지라도 여행의 일정 범위를 크게 벗어나지 않는 여정 변경을 해야 한다. 또한 관광단체의 수용능력을 고려하지 않고 무리한 관광일정으로 고객으로부터 불평을 유발시키는 일이 없도록 사전에 관광객의 수용능력을 검토하여 계획을 수립해야 한다.

b. 고객의견의 존중

관광객이 없는 관광은 있을 수 없기 때문에 관광객 의견은 절대적으로 존중되어 인솔업무에 반영시키도록 해야 한다. 예를 들면 관광객 다수의 의견이 관광일정을 변경하기 원한다면 현지 관광이 실시되고 있는 중에라도 현지 사정을 고려하여 여정을 변경해야 한다.

일부 여행사에서는 고객의견을 집중화시키기 위해 관광상품 자체를 연령대별로 구분하여 판매하기도 한다. 즉 어린이부터 노인까지 광범위하게 분포되어 있는 단체는 인솔하는 데 많은 어려움이 있기 때문이다.

c. 진실성

인솔자는 관광객을 대상으로 인솔업무를 진행하는 동안에는 어떠한 경우라도 고객들을 진실하게 상대해야 한다. 진실성이 결여된 경우에는 고객들과 신뢰를 쌓을 수 없기 때문이다. 예를 들면 현지의 사정으로 인하여 불가피하게 여정을 변경하거나 서비스를 변경할 경우에는 솔직하게 고객들과 협의하여 의사결정을 하도록 해야 한다.

d. 명확성

인솔자가 본사로부터 인수한 관광객에 대한 인솔업무를 수행하는 데 필요한 각종 계획된 서비스나 관광여정을 명확히 진행하여 의심의 여지가 없도록 해야 하고 고객들과의 관계에 있어서도 거래가 명확하게 이루어져야 한다. 즉 공적인 사항과 사적인 사항을 분명하게 분별할 수 있어야 한다.

e. 고객안전

관광객이 타 지역의 문물을 답사하거나 특별한 서비스를 제공받기 위한 목적으로 주거지를 떠나 숙식을 해결해야 하고, 짧은 기간이지만 의식주를 타 지역에서 스스로 해결해야 하기 때문에 인솔자는 고객안전에 각별한 관심을 가져야 한다. 따라서 문화가 다르고 사회의 전반적인 시스템이 다른 지역에서 관광하고 있기 때문에 인솔자는 이러한 점을 감안하여 고객들에게 안전에 관한 사항을 주지시키도록 한다.

만약 인솔 중 안전사고가 발생할 경우에는 가장 신속한 방법으로 처리하여 고객의 불이익을 최소화하도록 한다. 중대한 사고인 경우에는 즉시 본사에 연락을 취하여 대책을 마련하도록 한다.

관광지에서는 수많은 관광객들이 오가는 곳이므로 단체인 경우에는 항상 무리의 대열에서 이탈되지 않도록 해야 하며, 관광을 하면서 호기심이 있을지라도 관광시설이나 전시품에 손을 댄다거나 출입금지 지역을 출입하는 일이 없도록 단체를 인솔해야 한다. 예를 들면 유명한 미술관에 출입하여 미술품이나 공예품 및 유물 등을 관람하는 데 있어서 소장품을 손으로 만지는 것은 금기시되어 있다. 참고로 관광을 하는 동안에 예상되는 안전사고는 대개 다음과 같은 유형이 있다.

- 교통사고
- 추락사고
- 익사사고
- 강도 및 절도

- 단체의 이탈
- 신장마비
- 자살
- 납치
- 테러
- 기타

또한 고객의 숙박은 주로 호텔에서 이루어지기 때문에 호텔에 대한 기초적인 지식이 있어야 한다. 또한 호텔의 안전 수준은 관광지마다 차이가 있으나 강도나 절도 등의 사고가 발생할 수 있기 때문에 문단속을 철저히 하도록 해야 하며, 밤늦게 거리를 나서는 것은 매우 위험하므로 단체고객을 통제해야 한다. 또한 인솔업무를 수행하다 보면 특히 숙박에 대한 불평이 많은 편이다. 예를 들면 객실의 온도, 어메너티(amenities), 세탁 소음 등이 고객의 기대에 못 미치는 경우이다.

그리고 타지에서 관광을 하기 위해서는 숙박과 함께 식사는 대단히 중요한 활동이라고 할 수 있다. 대부분의 관광객들은 자기 입맛에 알맞은 음식을 섭취할 수 없기 때문에 가장 민감한 요소이기도 하다. 식사가 평상식과 전혀 다른 경우 종종 식사에 대한 알레르기(allergy) 또는 배탈이나 식중독과 같은 질병을 유발할 수 있으므로 인솔자는 이러한 점을 고려하여 고객안전에 주의를 기울여야 한다.

<표 6-2> 시차극복방법

구 분	내 용
출 발 전	현지 시간대에 맞추어 식사를 하고 수면을 취한다.
	목적지가 출발지로부터 서쪽이면 취침시간을 하루에 1시간씩 늦추어 시차에 적응한다.
	목적지가 출발지로부터 동쪽이면 취침시간을 하루에 1시간씩 앞당겨 시차에 적응한다.
여 행 중	중간기착지에서 하루쯤 머무르면서 생체리듬을 조절한다.
	기내에서는 커피와 술과 같은 이뇨작용이 강한 음료는 피하고 물과 과일을 많이 섭취한다.
목 적 지	가능하면 현지 시간대에 따라 활동을 하면서 적응하도록 한다.
	낮시간을 줄이는 것보다 늘리는 편이 적응하는 데 도움이 된다.

f. 친 절

친절 서비스는 인솔자의 기본자세로서 어떠한 경우라도 고객을 상대할 경우에는 긍정적인 사고를 바탕으로 업무를 처리해야 하며, 고객이 무례한 언행을 했을 경우에도 직선적인 대응보다 간접적이고 우회적인 방법으로 상대하여 친절한 면모를 잃지 않아야 한다.

<표 6-3> 국외여행인솔자의 Don'ts와 Do's[52)]

번호	Don' ts	Do' s
1	Don'ts forget they are on vacation- you are on the job!	Smile-everyone enjoys its warmth and it is contagious.
2	Don'ts play favorites-try to appear to like them all equally.	Dress appropriately and be immaculately groomed at all times. It helps to reinforce your professionalism and the needed authority over the group.
3	Don'ts develop emotional attachments.	Be patient. Traveling can be a very difficult adventure to the uninitiated.
4	Don'ts patronizing or flippant.	Be prepared to have things go wrong-with a little common sense and patience everything can be overcome.
5	Don'ts talk too much or feel you have to be the center of attention	Be friendly, courteous, calm, and most of all positive.
6	Don'ts recommend stores or restaurants unless you are asked.	Be prepared-research the destinations, hotels, etc.
7	Don'ts inform them of possible problems beforehand if there is nothing they can do about them anyway. The problem might not materialize and there is no need to upset the group for nothing	Study the group so as to gear the trip around their interests.
8	Don'ts lie if you do not know something; admit it and find the answer.	Protect the sightseeing guides and bus drivers if their tips are not included in the package price by reminding the participants of this fact.
9	Don'ts be late for anything.	Learn the names of each tour participant.
10	Don'ts drink too much	Be understanding but firm regarding rules, etc.

52) R. G. Philip & S. Webster, Group Travel Operating Procedures, 1983.

제 3 절

철도 및 버스 여행 서비스

1. 철도여행 서비스

협의의 철도운송 서비스 개념은 '지정된 시간에 지정된 출발지에서 지정된 목적지까지 여객을 수송하는 열차의 좌석 또는 입석의 출발'을 의미하며 광의로는 '협의의 운송서비스를 고객의 욕구를 충족시키기 위해서 수반되는 모든 절차와 행동'을 의미한다. 철도여행 서비스는 관광객 이동에 있어서 중추적인 역할을 하는 수단으로서 선진국일수록 그리고 관광산업이 발달한 국가일수록 철도를 이용하여 여행하는 여행객이 차지하는 비중이 크고, 여행객을 위한 다양한 서비스가 편리하게 제공되고 있다.

이제는 철도운행이 단지 여객을 운송하는 수단에서 관광의 개념을 추가하고 있어 관광산업 발전에 많은 기여를 하고 있다. 우리나라에도 철도를 이용한 각종 관광상품을 개발하여 판매하고 있으나 서비스 측면에서는 아직 미흡한 점이 많다. 그러나 관광선진국으로서의 발판을 마련하고 많은 여행객을 편리하고 신속하게 운송하기 위해 초고속 열차(일본의 신간센 철도, 프랑스의 TGV 철도 등) 시스템의 도입을 추진하여 실현단계에 있다.

(1) 철도여행 서비스의 범위

1) 핵심 서비스(core service)

예약을 했거나 하지 않은 관광객을 지정된 시간에 지정된 출발지에서 고객이 원하는 등급의 열차(새마을호, 무궁화호, 통일호 등), 지정된 좌석(입석, 자유석, 침대석, 특실 등)을 이용하여 고객이 원하는 목적지까지 이동 서비스를 제공하는 것으로 핵심 서비스는 단지 고객의 이동에 대한 서비스를 제공하는 단순한 개념의 서비스이다.

2) 주변적 서비스(peripheral service)

철도여행의 주변적 서비스는 고객의 단순 이동개념에 고객의 욕구를 충족시켜 기대 이상의 수준으로 서비스를 제공하기 위한 각종 서비스를 의미하는 것으로 승차권의 예약 및 판매, 기차 내에서의 음악방송, 안내방송, 뉴스, 일기예보, 식음료 서비스 등을 추가하여 고객편의를 극대화하는 것이다. 우리나라에도 서비스 품질을 향상시키기 위해 단순한 이동개념의 서비스를 벗어나 예약관리에서부터 차내 서비스에 이르기까지 다양한 프로그램으로 고객의 편의를 도모하고 있다.

(2) 예약 서비스

예약 서비스는 다른 관광 서비스와 동일한 수준에서 이루어지는데, 예약은 보통 여행사의 철도청 단말기나 철도청의 예약 서비스 센터 또는 ARS 시스템이나 인터넷을 통하여 이루어진다. 과거와는 달리 우리나라에도 예약문화가 정착되고 있기 때문에 많은 여행객들이 기차를 이용하기 위해 예약 서비스를 이용하고 있다.

1) 예약에 의한 매표 및 확인

a. 여행사

대부분 여행사에서는 철도청 단말기를 설치하고 철도여행을 원하는 고객들에게 열차표를 판매한다. 철도여행을 상담하기 위해 방문한 고객에게는 원하는 관광코스를 가장 능률적으로 여행할 수 있도록 추천하고 표를 판매하거나 예약 서비스를 제공한다. 여행사의 카운터 서비스는 이미 앞에서 살펴본 바와 같다.

b. 전화(철도역)

전화를 이용하여 철도여행에 대한 일정을 예약하는 것으로 현재 우리나라에서는 철도회원인 경우에만 전화를 통한 예약 서비스를 제공하고 있다. 전화예약 서비스를 취급하는 종업원이 지켜야 할 사항은 다음과 같다.

- 전화벨의 신호음이 3번 이상 울리지 않도록 한다.
- 철도청에서 규정한 메시지와 함께 상냥하고 명쾌한 음성으로 전화를 받는다.

- 통화는 미소가 섞인 음성으로 한다.
- 고객이 원하는 날짜, 시간에 열차가 매진되어 예약이 불가능하면 차선책을 강구하여 적극적으로 고객의 입장에서 예약업무를 처리하고 있다는 느낌을 주도록 한다.
- 고객이 예약 이외의 철도여행에 관한 정보를 얻기 위해 문의하면 성의를 다하여 정보를 제공한다.
- 고객이 농담이나 무례한 언어를 사용할 경우에는 상황에 알맞은 기교와 재치를 발휘하여 응대한다.
- 예약의 접수가 완료되면 반드시 고객에게 재확인하여 실수를 범하지 않도록 한다.

c. 자동응답 서비스

요즘 각종 서비스에 자동응답 서비스(ARS : Auto Response System)가 이용되고 있는데 철도여행의 예약에도 이러한 형태의 서비스가 도입되고 있다. 특히 수요가 급격히 늘어나면서 인력에 의한 안내 서비스의 한계를 극복하기 위해 고객의 문의사항에 대한 안내 내용을 음성녹음장치를 통하여 응답해 주는 서비스이다.

2) 고객관리 서비스

철도청에서도 철도여행을 위한 고정고객(loyal customer) 확보와 합리적인 경영을 위한 수단으로 고객관리 시스템을 통해 효율적으로 고객을 관리하고 있다. 최근에는 고정고객을 위한 회원제도를 도입하고 여행거리를 누적 환산하여 각종 혜택을 주고 있으며, 회원들의 편의를 위해 각종 신상품 서비스나 여행정보를 제공하기도 한다.

(3) 매표 및 검표 서비스

일반 여객은 당일 출발역에서 기차표를 구입하지만 관광을 위해 열차를 이용하는 경우에는 대부분 사전에 기차표를 구입하거나 예약을 통하여 열차 좌석을 확보한다. 어떠한 경우이든 창구에서 차표를 판매할 때에는 친절과 미소로 응대하면서 매표 서비스가 제공되어야 한다. 아직까지 우리나라의 매표 서비스는 관공서의 창구에서 서비스를 제공하는 것처럼 딱딱하여 부드러운 인상을 주지 못하고 있는 실정이다. 필자가 일본에서 '신간센' 철도를 이용하여 여행할 때 매표소 직원의 긍정적이고 적극적인 서비스와 친절 그리고 검표요원이 검표를 할 때 모든 고객에게 메시지를 전하는 모습을 보고 감명을 받은 경험이 있다.

1) 매표 서비스

여행객을 위해 여행사에서도 철도청의 단말기를 이용하여 기차표를 판매하는데 대부분 여행사에서 주관하는 관광객은 여행사에서 매표를 한다. 물론 개인 여행인 경우에도 여행사를 방문하여 매표할 수 있다.

최근에는 다양한 서비스를 제공하고 고객의 집중화를 분산시키기 위해 자동예약 시스템과 자동판매기를 설치하고 있는 곳이 늘어나고 있으나 단체관광객을 위한 매표는 반드시 여행사나 혹은 역의 매표창구에서 해야 하기 때문에 신속하고 정확한 정보와 함께 고객 요구에 적절하게 대처해야 한다. 참고로 기차역 매표창구에서 지켜야 할 주의사항은 다음과 같다.

a. 창구업무

우리나라 철도 매표창구는 대중이 이용하는 교통수단이기 때문에 매우 번잡하고 혼란스럽다. 따라서 창구 밖에 대기하고 있는 고객들의 질서유지를 철저히 하여 모든 고객들이 만족할 수 있도록 최선을 다해야 하며, 매표하는 데 있어서 고객이 원하는 방향과 시간대 열차의 등급 등을 정확히 파악하고 그에 상응하는 서비스를 제공하도록 한다.

- 매표가 진행되고 있는 창구에 고객이 줄을 서도록 하고 순서대로 표를 판매한다.
- 매표 시에 사용할 거스름돈을 충분히 확보한다.
- 고객이 매표상황을 명확히 알아들을 수 있도록 한다.
- 표준말을 사용하도록 해야 한다.
- 고객이 요구하는 시간에 요구하는 열차가 매진되었거나 없을 경우에는 친절하게 안내하여 최선책을 제시한다.
- 어린이 및 노약자 그리고 장애인인 경우에는 특별히 마련된 창구를 이용하도록 안내한다.

b. 복 장

복장에 관해서는 앞부분에서 설명한 바와 같이 거의 동일한 수준의 내용으로 착용하면 된다. 다만 철도청의 종업원은 거의가 유니폼을 제공하고 있으므로 유니폼에 관한 준수사항을 지켜 착용하면 무리가 없을 것으로 사료된다.

c. 기타 용모

창구에서 근무하는 종업원의 용모는 호텔이나 항공사에서 정하고 있는 수준으로 깨끗하고 말끔한 인상을 주도록 한다.

2) 검표 서비스

검표 서비스는 표의 소지 여부를 감시하는 측면보다 고객이 이용하고자 하는 열차를 정확하게 이용할 수 있도록 확인하는 측면에서 보아야 한다. 즉 역에는 서로 다른 행선지의 열차들이 여러 개의 홈(home)에 정차하고 고객을 맞이하고 있기 때문에 고객이 안전하게 목적지의 열차를 승차할 수 있도록 도와주는 서비스이다.

따라서 검표를 하는 종업원은 항상 친절한 모습으로 고객의 기차표를 확인하여 지정된 홈으로 안전하게 유도해야 한다. 검표원은 검표를 하면서 고객에게 환영 및 환송의 인사말을 잊어서는 안 된다(예 : 어서오십시오, 실례하지만 열차표를 보여주시겠습니까, 감사합니다. 즐거운 여행되시기 바랍니다).

(4) 차내 서비스

열차의 차내 서비스도 여행객 유치를 위해 다른 교통수단과 선의의 경쟁으로 항공사나 호텔에서 제공하는 서비스와 비슷한 수준으로 개선하여 여행하는 고객들에게 쾌적한 분위기에서 여행할 수 있도록 많은 노력을 하고 있다. 선진국에서는 열차 서비스가 거의 항공사나 선박 등의 교통수단을 능가할 정도로 향상되어 근거리 여행객을 많이 유치하고 있어 관광산업에서 중요한 역할을 수행하고 있다. 우리나라에도 열차의 등급을 구분하여 상위 등급(새마을호)의 경우에는 식사, 침대, 통신 등과 같은 서비스를 제공하여 승객들의 편의를 도모하고 있다.

1) 안내 서비스

차내에서 여행을 하는 동안 지루한 느낌이 들지 않도록 여행에 관한 각종 정보나 기타 시사성 있는 정보를 차내 방송이나 전자 디스플레이 시스템(electronic display system)을 이용하여 제공하고 있다. 또한 차내의 식당이나 통신시설 등의 각종 서비스를 안내하기도 한다.

안내 서비스에는 다음과 같은 것들이 있다.

- 열차의 정차시간 안내
- 식당의 위치 안내
- 열차 연결편 서비스 안내
- 뉴스 하이라이트
- 철도여행에 관련된 정보 안내
- 주변 관광 서비스 안내
- 주식정보 안내
- 응급조치 안내
- 주의사항 안내
- 기타 고객 서비스 안내

<표 6-4> 새마을호 특실 서비스

서 비 스	내 용
여행 시 필요한 물품	승무원이 서비스 카로 차내를 순회하면서 물수건, 음료수, 식수, 사탕, 수면용 안대 등을 무료로 나누어준다.
음악방송	승객이 원하는 인기가요, 흘러간 가요, 팝, 클래식, 경음악 등을 선택하여 감상할 수 있도록 채널별로 재분류하여 제공한다. 헤드폰(headphone set)은 승무원이 나누어주며, 채널은 의자팔걸이에 부착된 방송조절장치에 의해서 선택할 수 있다.
국내 주요일간지 비치	객실 양쪽 벽면 끝에 신문꽂이를 만들어 국내 일간지, 철도신문 등이 비치된다.
노트북 사용공간 제공	승객이 노트북을 사용할 수 있도록 특별한 좌석을 운영한다.
깨우미 서비스	승객의 주문에 의하여 수면을 취하는 승객을 도착지점에서 깨워 주는 서비스이다.

2) 상품판매 서비스

열차는 야간을 운행하거나 장시간 운행하는 경우가 대부분이기 때문에 여행하는 동안 간식이나 신문 및 잡지, 기념품 등을 판매하는데, 이러한 상품을 판매할 경우에는 강매하는 느낌이 들지 않도록 고객의 요구에 의해서 자연스럽게 판매행위가 이루어져야 한다. 특히 판매원의 자세는 고객 지향적인 서비스를 제공할 수 있도록 해야 한다. 선진국의 경우에는 열차에 고객을 위한 매점을 별도로 연결 운행하여 승객의 편의를 제공하기도 한다.

3) 차내 질서유지

열차는 대중이 이용하는 교통수단으로 차내 질서를 유지하여 쾌적한 상태로 여행을 할 수 있도록 특별한 제도를 마련해야 하며, 정기적으로 순찰을 하도록 해야 한다. 그러나 질서유지를 위해 여행객을 통제할 경우에는 고객이 불쾌한 감정을 갖지 않도록 간접적인 화법으로 통제하도록 해야 한다. 차내의 통제대상이 되는 상황은 다음과 같다.

a. 개인용 휴대전화

요즘 이동전화(mobile phone)는 보편화되어 대부분의 사람들이 소지하고 있기 때문에 공간을 초월하여 통화할 수 있어 사회문제로까지 번지고 있다. 전화신호음이나 사적인 통화를 할 경우 조용히 여행하고 있는 다른 여행객들을 짜증나게 할 수 있다. 이러한 여행객을 발견할 경우에는 부드럽게 자제를 요청하도록 한다.

최근에는 차내 고객들이 편안하게 여행할 수 있도록 이동전화의 신호음을 진동으로 해놓도록 하고 수신할 경우에는 차내를 벗어나 밖에서 전화를 받도록 권고하고 있다.

b. 고성방가

단체여행을 하는 경우 차내에서 큰소리로 잡담을 한다든지 노래를 부르면 주위의 여행객에게 방해가 될 수 있으므로 철저히 통제해야 한다. 특히 단체고객이 음주를 한 후에는 주위의 고객은 아랑곳하지 않고 떠들어대는 경우가 발생할 수 있으므로 적극적인 차내 순시를 통하여 통제하도록 해야 한다.

c. 차내 흡연 및 음주 행위

여행객을 위한 공공질서와 차내 위생을 위해 흡연 또는 음주를 통제해야 한다. 최근에는 차내의 쾌적한 공기의 유지를 위해 대부분 열차 내에서는 흡연을 하지 못하도록 통제하고 있다.

d. 단체 게임 및 오락

단체로 게임이나 오락 특히 포커나 고스톱 등과 같은 행위는 고성을 유발할 소지가 있기 때문에 통제되어야 한다. 만약 이러한 행위를 통제하지 않으면 차내의 다른 승객으로부터 거센 항의를 받을 것이다.

e. 수하물

동승자에게 불쾌감을 줄 수 있는 혐오스런 물건이나 불쾌한 냄새가 나는 물건을 차내에 반입하지 않도록 통제한다. 그러나 맹인이 안내견을 동반할 경우에는 철도청의 하가를 받아 탑승하도록 허가하고 있다. 그러나 이러한 경우에도 특별한 좌석을 마련하여 주위의 승객에게 불편을 최소화하도록 해야 한다.

2. 버스여행 서비스

버스여행은 단거리 여행에 많이 이용되고 있는 교통수단이며 단체관광객의 관광을 위해 전세하는 경우도 있다. 버스는 가격도 저렴하고 여행 최종목적지까지 이동이 가능한 교통수단이므로 열차나 항공기보다 많은 사람을 수송할 수 있다. 이러한 장점이 있기 때문에 대형 여행사에서는 전용버스를 직영으로 운영하거나 단체여행이 발생할 때마다 전세하여 단체객의 편의를 도모하고 있다. 또한 일정한 지역을 정기적으로 운행하여 관광객을 비롯한 대중의 수송을 담당함으로써 지역의 봉사기관으로서 기능을 수행한다.

이 책에서는 대중교통보다 단체관광객을 대상으로 하는 교통수단을 중심으로 설명하도록 한다.

(1) 버스운송 서비스 상품

버스운행도 관광사업에서 중요한 역할을 하는 것으로 버스운송을 경영하는 회사에서는 버스 정비상태나 내부의 청결을 유지하여 쾌적한 분위기로 여행을 즐길 수 있도록 해야 한다. 만약 버스여행 중에 버스가 정비불량으로 운행하지 못하고 도로에 멈춘다든지 내부가 불결하다면 관광 이미지를 손상시킬 것이다.

특히 해외관광객이나 국내관광객을 위한 관광은 보통 버스로 이루어지기 때문에 성수기에는 버스의 수요가 증가되어 버스의 정비나 관리를 소홀히 할 수 있으므로 운송 서비스 상품으로서의 가치를 상실하는 경우도 있다. 따라서 버스를 운행하는 기사나 회사를 경영하는 경영자는 버스의 청결상태나 정비상태도 하나의 서비스 상품임을 깨닫고 고객을 먼저 생각하는 마인드를 가져야 하겠다.

1) 전세관광

전세관광(charter tour)은 단체나 조직이 관광을 목적으로 버스를 일정한 기간 동안 전세하는 것으로 투어오퍼레이터(tour operator)를 통하거나 혹은 직접 버스회사를 통해 전세할 수 있다. 일반적으로 버스투어는 여행사에서 판매하는 패키지 투어(package tour) 상품의 일부분일 경우도 있으며 단지 당일관광으로 특정지역의 방문(박물관, 스포츠센터, 온천 등)을 위한 투어인 경우도 있다.

2) 에스코트 관광

단체관광객이 주로 이용하는 서비스로서 에스코트 관광(escorted tour)은 계획된 여정 동안 전문가이드가 동승하여 관광객을 대상으로 관광안내를 담당한다. 이 형태의 관광은 여행사에서 기획된 일정대로 모든 숙박과 식사가 포함되는 경우가 대부분이다.

3) 개별 패키지 관광

개별 관광객을 대상으로 일정한 지역(관광도시나 레저타운 등)을 정기적으로 운행하면서 관광 서비스를 제공하는 것을 의미한다. 이 형태는 경우에 따라서 숙박이나 식사를 포함하기도 한다.

개별 패키지 관광(independent package tours)은 개인관광객이 여행사를 통하여 관심 있는 패키지 상품을 구매하면 일정한 장소에서 픽업(pick-up)을 하고 관광을 즐긴 후 다시 출발한 지역으로 돌아오는 코스를 의미한다.

4) 연계교통 관광

관광객의 연계교통망을 구축하기 위해 공항, 항만, 기차역, 도심지 등의 일정한 지역에서 관광 패키지의 관광목적지에 따라 정기 운행하는 버스관광을 의미하는 것으로 주로 관광객이 집중적으로 모이는 장소를 이용하여 다양한 관광코스를 따라 관광을 위한 이동수단으로서 주로 예약에 의하여 운행하나 경우에 따라서는 즉석에서 상품을 구매할 수도 있다.

(2) 버스여행 시의 서비스

1) 승·하차

버스관광을 수행하면서 인솔자는 승·하차 시 관광객의 인원수를 정확하게 확인해야 하며 버스승차로 인한 피로를 조금이라도 감소시키기 위해 친절한 마음으로 고객을 응대해야 한다. 또한 승·하차 시 고객 안전사고에 대비하여 반드시 입구에서 고객을 맞이하도록 한다.

2) 안내 서비스

이동하면서 차내에서 인솔자는 관광안내를 하는데 안내에 관한 사항은 앞에서 설명된 관광안내 서비스와 동일하게 실시한다. 다만 다음과 같은 사항을 주의하도록 한다.

- 정중한 인사말과 함께 하루 일정을 소개하고 특별사항을 전달한다.
- 현재 위치와 다음 목적지를 분명하게 알려준다.
- 차창 밖의 중요한 관광지를 설명하여 고객의 흥미를 유도한다.
- 고객들의 흥미를 유발하고 지루한 시간을 보충하기 위해 야한 음담패설을 해서는 안 된다.
- 고객의 개인용 재생기 사용을 통제하고 주위사람을 방해할 수 있는 잡담을 통제한다.
- 고객이 차내의 통로에 일어서서 노래를 부르거나 춤을 추지 않도록 적당히 통제한다.

제 4 절

렌터카 및 크루즈 여행 서비스

1. 렌터카 서비스

교통망의 발달과 개인주의의 지향 및 자동차 산업의 발달은 마이카(my car) 시대를 실현시키고 있다. 이러한 가운데 세계화로 인한 관광 시스템의 연계구축으로 자동차로 여행을 하고자는 하는 관광객이 점차 늘고 있는 추세이다. 자가용을 선박을 이용하여 운반하고 타 지역의 육상에서 자가운전으로 관광을 즐길 수도 있으나 이와 같은 형태는 비용 면에서 비효율적이므로 현지에서 자동차를 대여하여 관광하는 사람이 증가하고 있다. 따라서 이와 같은 수요는 렌터카 서비스(rent a car service)를 활성화시켰으며 관광사업의 중추적인 역할을 하게 되었다. 우리나라에도 세계적으로 유명한 렌터카 서비스 사업체가 진출하여 운영 중에 있다.

(1) 렌터카 서비스의 특성

과거에는 자동차를 대여할 경우 자동차 성능에 많은 의심을 할 수밖에 없었으나 최근에는 거의 완벽할 정도로 정비와 관리 시스템이 잘 되어 있어 관광객을 안심시키고 있다.

렌터카를 이용하여 관광할 경우의 장점은 대중 교통수단이 연결되지 않는 지역까지 관광자가 원하는 곳을 마음대로 이동을 할 수 있으며 관광에 대한 여정을 신축적으로 운영할 수 있다. 또한 타 지역을 직접 운전하면서 관광할 수 있기 때문에 보다 많은 것을 체험하고 경험할 수 있다.

렌터카를 이용한 관광은 운전기사가 포함될 수도 있으며, 인솔자가 필요한 경우에는 별도로 요청해야 하나 대개 운전기사가 포함된 경우에는 인솔자를 겸하기도 한다. 특히 미국이나 호주, 캐나다 등과 같이 넓은 대륙에 관광지가 위치해 있는 경우 렌터카의 이용이 폭발적으로 증가하고 있다.

자동차를 대여하는 방법도 고객편의를 지향하는 형태로 점차 바뀌고 있다. 예를 들면 자동차를 출발지에서 대여하고 반납은 고객이 원하는 장소의 지정된 곳에 반납하도록 하여 고객의 편의를 도모하는 서비스를 제공하고 있다.

최근에 대형 렌터카 회사에서는 자동차대여를 항공사나 여행사와의 운영제휴로 관광연계 서비스를 제공하고 있어 관광의 효율성을 극대화하고 있다. 예를 들면 항공사와 렌터카의 제휴로 '플라이 앤드 드라이브(fly and drive)'라는 항공-승용 여행 패키지 상품을 기획하여 판매하고 있다.

(2) 렌터카 서비스의 과정

관광업계에서 종사하고 있는 관련자들은 렌터카 서비스 과정을 구체적으로 파악하고 있어야 하며, 여행자들이 자동차를 대여하기 위해서는 렌터카 서비스 조건(보험, 대여시간, 요금, 자동차 모델 등)을 확인한 다음 결정해야 한다. 이 책에서는 운전기사가 없는 손수 운전의 경우를 중심으로 살펴보기로 한다.

1) 예약 및 판매 서비스

a. 자격조건

자동차는 손수 운전하여 여행하면서 각종 교통규칙을 준수해야 하기 때문에 여행객이 자동차를 대여하기 위해서는 일정한 자격을 갖추어야 한다. 따라서 렌터카 대여회사에서는 대여를 원하는 사람의 자격을 엄격하게 통제하도록 한다. 일반적으로 자동차를 대여하기 위해서는 다음과 같은 자격을 갖추고 있어야 한다.

- 본국에서 유효한 자동차 면허증
- 운전자의 최저 연령
- 여권/주민등록 카드 및 신용카드의 소유
- 기타

b. 요금의 형태

자동차를 대여하는 회사에서는 다양한 방법으로 요금을 부과하는데 무제한 마일리지 플랜(unlimited mileage plan)으로 기간에 따른 고정요금의 부과 또는 마일리지 캡(mileage cap)을 적용하여 요금을 부과하기도 한다. 또한 요금 산정은 자동차 크기나 모델, 연료 및 세금의 포함 여부에 따라 다양하게 결정된다. 대부분 자동차 대여회사들은 다음과 같은 요금형태로 자동차를 대여하고 있다.

- 정규요금(regular rate) : 1일당 부과하는 고정요금이다.
- 특별요금(special rate) : 비수기를 이용하여 적용하는 할인된 요금이다. 특별요금은 할인된 요금뿐만 아니라 경우에 따라서는 특별 서비스를 포함하기도 한다.
- 기업요금(corporate rate) : 기업이나 단체에 특별히 할인하여 대여하는 요금제도이다.

c. 자동차의 등급

자동차 등급은 대개 크기를 기준으로 구분하였는데 최근에는 수많은 자동차회사들이 다양한 목적으로 자동차를 공급하고 있기 때문에 동급의 자동차라 할지라도 고객의 선택 범위가 확대되고 있다. 또한 장애자를 위한 자동차나 레저용 자동차 등과 같이 특별한 장비를 추가한 자동차도 대여되고 있다. 일반적으로 자동차대여회사에서 대여하고 있는 자동차의 등급은 다음과 같다.

- 극소형(subcompacts) : 연료절감을 위해 교통수단으로서의 기본적인 역할을 수행하는 대우자동차의 '티코', 현대의 '아토스', 기아의 '리오' 등과 같은 초소형 승용차(배기량 1,000cc 미만)를 일컫는다.
- 소형(compact) : 현대의 '아반테', 기아의 '캐피탈', 대우의 '누비라' 등과 같은 일반적인 소형으로 배기량이 1,000~1,500cc의 차량을 말한다.
- 중형(standard) : 배기량이 1,500~2,000cc의 승용차를 말한다.
- 고급형(deluxe) : 배기량이 2,000cc 이상의 승용차를 말한다.

d. 추가요금

- 반납장소(drop off) : 여행을 위해 자동차를 대여한 사람이 여행을 마치고 자동차를 대여한 장소로 반납하는 것을 원칙으로 하지만 여행자가 계속적으로 여행할 수 있도록 편의를 제공하기 위해 추가요금을 지불하고 동일한 대여회사가 위치한 제3의 장소에서 자동차를 반납하는 것을 말한다.
- 연료(gasoline) : 자동차를 대여할 때에는 연료를 가득 채워 대여하지만 자

동차를 반납할 때 연료가 가득 채워져 있지 않으면 추가요금이 부과된다.

- 보험(insurance) : 자동차를 대여할 때는 반드시 자동차의 사고에 대비하여 대인, 대물의 보험을 가입해야 한다. 보험의 종류는 대개 다음과 같은 것이 있다.
  - CDW(Collision Damage Waiver) : 자동차 사고가 발생할 경우 고객을 사고의 책임으로부터 보호하기 위한 것이다.
  - PAI(Personal Accident Insurance) : 고객이 신체적인 상해를 입었을 경우 보험을 제공하는 것이다.
- 기타(others) : 기타 자동차 내부의 장식품이나 열쇠를 분실하였을 경우 부과하는 요금이다.

2. 크루즈 여행 서비스

크루즈 여행(cruise tour)은 유람선 여행이라고도 불리며 해안이나 강변을 따라 관광하면서 이동하고 특정한 관광지에 정박하여 관광을 하기도 하는 매력이 넘치는 여행 형태이다. 그러나 20세기 초에는 유람선 여행이 일부 부유층과 유명인사들만이 이용하여 호화스런 여행 서비스로 알려져 있었으나 20세기 중반에 이르러 대중화되기 시작하였다. 따라서 크루즈 여행은 단순한 운송이라기보다는 '위락'을 위한 선박여행으로 숙박, 식사, 음주, 오락시설 등 관광객을 위한 각종 편의시설을 갖추고 있어 수준 높은 서비스를 제공하면서 승객을 안전하게 원하는 관광지까지 운송하는 특급여행이다.

유람선 여행은 수천 명의 승객을 태울 수 있는 대형 선박으로부터 수십 명이 승선할 수 있는 소형 요트에 이르기까지 매우 다양하다. 유람선은 원칙적으로 선박 내에서 육상의 호텔시설에서 제공되는 것과 동일한 수준의 각종 서비스가 제공되는 시설에서 숙박하면서 관광지에 정박하여 관광할 수 있으므로 매우 낭만적인 여행을 즐길 수 있다. 여행기간은 단기간(1~2주)에서부터 장기간(3~6개월)의 여행여정으로 관광객에게 서비스를 제공하고 있다.

한국관광공사는 크루즈 여행을 '운송보다는 순수관광목적의 선박여행으로 숙박, 음식, 위락 등 관광객을 위한 시설을 갖추고 수준 높은 관광상품을 제공하면서 수려한 관광지를 안전하게 순항하는 여행'이라고 정의한다. 즉 크루즈를 운송의 개념과 호텔의 개념을 혼합한 것으로 보고 있다.

수익 면에서 크루즈사업은 비교적 고가의 경비가 요구되기 때문에 여행사의 수익도 높을 뿐만 아니라, 선박이 정박하는 지역에 경제활동이 활성화되는 계기가 되어 부대효과가 높아 최고의 관광상품으로 각광받고 있다.

(1) 크루즈 여행의 특징[53)]

1) 이동시간 중의 관광

주간에는 각 기항지에서 새로운 세계 탐험, 야간에는 선내의 편의시설을 이용한 각종 레크리에이션(recreation) 및 쇼(show) 관람 등이 크루즈의 장점이다. 선 내에서 즐기거나 수면을 취하는 동안 다음의 여행지로 이동하는 크루즈는 좁은 좌석에서 낮 시간에 이동하는 일반여행과는 달리 시간을 절약하면서 여행을 즐길 수 있는 장점이 있다. 즐거움과 편안함, 그리고 시간낭비가 전혀 없는 여행, 바로 크루즈 여행이다.

2) 여행의 수준에 비해 저렴한 여행경비

크루즈를 일부 특수층만 즐기는 여행, 고가의 여행이라는 생각은 잘못된 것이다. 특급호텔 수준의 식사와 선내 편의시설, 세계 각국의 쇼와 이벤트, 최고급 시설의 해상 스포츠 등을 저렴한 비용으로 즐길 수 있다. 여행의 수준과 서비스의 질에 비교하면 다른 여행에 비해 오히려 저렴하다 할 수 있다.

3) 안전하고 편안한 크루즈

해외여행에서 무엇보다 중요한 것은 안전이며, 특히 야간에는 더욱 그렇다. 그러나 크루즈는 배 안으로 외부인이 출입할 수 없으며, 배 안에서 모든 즐거움을 만끽할 수 있기 때문에 움직이는 환상의 도시 그 자체인 크루즈에서 편안하고 안전한 여행을 즐길 수 있다.

4) 세계별미의 경연장 크루즈

여행에서 잊을 수 없는 즐거움의 하나로 식사를 꼽을 수 있는데, 크루즈 만

---

53) 김천중, 크루즈 사업론, 학문사, 1999, p. 5～859. 재정리

찬은 세계 최고의 요리사들이 준비한다. 양식, 중국식, 한식 등 세계 각국의 별미가 화려하고 세련된 식당분위기와 어울려 잊을 수 없는 여행의 추억을 선사할 것이다. 단 한 번의 여행으로 세계 유명요리를 마음껏 먹을 수 있는 것이 바로 크루즈이다.

5) 세계인과 우정을 쌓을 수 있는 크루즈

이동만 같이 하는 여행으로는 친구가 될 수 없다. 세계 각지에서 온 사람들과 함께 생활하고 즐기는 가운데 서로의 문화를 이해할 수 있으며, 마음을 열고 진정한 친구가 될 수 있다. 짧은 기간이지만 선박 내의 동일한 공간에서 함께 생활하는 동안 무엇과 바꿀 수 없는 소중한 경험과 귀중한 친구들을 얻을 수 있다.

6) 화려한 파티의 무대가 있는 크루즈

크루즈의 쇼에는 라스베가스(las vegas)의 화려함이 있고, 브로드웨이의 감동이 있으며, 리오의 정열이 있다. 매일 밤 펼쳐지는 환상적인 무대와 각종 파티는 다른 여행에서는 경험할 수 없는 크루즈만의 매혹적인 밤의 여정이다.

(2) 크루즈 여행의 종류

1) 여행 목적에 의한 분류

a. 오션 크루즈(ocean cruise)

대양을 횡단하면서 장기간 여행을 하는 것으로 세계일주 및 태평양, 대서양 횡단 등을 통하여 주변국의 관광이 이루어지는 것을 말한다.

b. 강변 크루즈(river cruise)

강변 유람관광은 주로 해안선을 따라 유람여행하는 것으로 주로 강변의 아름다운 경관을 보면서 관광을 하기 때문에 관광의 운치를 더해 주는 매력적인 유람여행이다. 유명한 강변유람지로는 라인강(reine river), 볼가강(volga river), 나일강(nail river), 미시시피강(mississippi river) 등을 들 수 있다.

c. 레저 크루즈(leisure cruise)

레저 크루즈는 파티 크루즈(party cruise) 또는 미니 크루즈(mini cruise)라고도 불리는 것으로 고객의 레저(leisure)를 겸한 관광유람여행으로 보통 단기간의 여행이다.

d. 차터 크루즈(charter cruise)

마치 항공기의 차터 형태와 비슷한 것으로서 특수한 목적으로 선박을 대여하여 단체를 위한 관광을 하는 시스템이다. 세계적으로 유명한 선박 유람회사에서는 선박으로 개인이나 단체에 크루즈를 위해 선박을 대여하기도 한다.

e. 테마 크루즈(theme cruise)

유람선회사들이 자사의 상품을 다양화하기 위해 특별한 주제를 중심으로 고객을 유치하기 위한 전략으로 유람선 여행을 기획하여 실시하는 하나의 크루즈 마케팅(cruise marketing) 수단이다. 테마 크루즈는 다음과 같은 종류의 상품으로 구분할 수 있다.

- 문화적 테마 크루즈(cultural theme cruise) : 유람선 내에서 문화적인 행사를 실시하여 관광을 하는 도중에 행사를 관람할 수 있는 주제 여행이다. 주제 행사로는 고전음악, 오페라, 연극, 노래자랑, 영화, 극장 페스티벌(theater festival) 등이 있다.
- 오락적 테마 크루즈(recreational theme cruise) : 관광과 오락을 겸한 크루즈로서 주로 유람 중 각종 스포츠, 서양주사위 놀이, 브리지, 사교댄스 등을 주제로 하여 유람하는 것을 말한다.
- 건강 지향적 테마 크루즈(health oriented theme cruise) : 참여자의 건강을 주제로 모객하여 여행하는 것으로 주제는 주로 다이어트, 운동, 온천, 사우나 등이 있다.
- 취미 지향적 테마 크루즈(hobby oriented theme cruise) : 여행객의 취미를 주제로 하여 유람하는 크루즈로서 주제로는 사진촬영, 우표수집, 특별요리 만들기, 버터 맛보기 탐방 등이 있다.

2) 여행가격에 의한 분류

a. 대중 크루즈(volume cruises)

대중 크루즈는 대중이 이용할 수 있는 시설을 갖추고 저렴한 가격으로 고객을 유치하는 형태로 총 크루즈 수익의 약 60%를 차지한다. 이러한 형태의 크루즈는 여행경비의 지불방식에 따라 할부 크루즈와 보통 크루즈가 있으며, 비교적 짧은 여행경로에 중점적으로 운항을 한다. 신속한 회전으로 많은 여행객을 대상으로 영업을 할 수 있기 때문에 수익성이 높다는 장점이 있으며, 대중 크루즈에는 세 가지 형태가 있다. 대표적인 크루즈로는 카니발 크루즈, 크로스터 크루즈, 쿠나드 크루즈사 등이 있다.

- 2~5일 단기 크루즈
- 7일 크루즈
- 9~14 크루즈

b. 고급 크루즈(premium cruises)

전형적인 고급 크루즈는 리조트 호텔과 동일한 수준의 시설을 갖추고 숙박, 음식 및 오락 등의 서비스를 제공한다. 고급 크루즈에는 1주일 항해에서부터 2주~3개월의 장기일정으로 운영되는 경우도 있다. 대표적인 크루즈사는 로열바이킹 크루즈사와 쿠나드 크루즈사이다.

c. 호화 크루즈(luxury cruises)

호화 크루즈는 최고급의 시설을 갖추고 최상의 서비스를 제공하며, 여행상품의 가격이 고가이다. 대중 크루즈는 짧은 거리의 여행으로 회전율을 높이는 데 비하여 호화 크루즈는 긴 여정으로 이국적인 대상지를 여행한다. 일반적으로 호화 크루즈는 6개월에서 1년 정도의 기간으로 운항한다. 대표적인 크루즈사는 크리스탈 크루즈, 르네상스 크루즈, 대양 크루즈 등이 있다.

d. 특수목적형 크루즈(special purpose cruises)

특수목적형 크루즈는 시장규모는 작지만 특별한 목적의 여행활동(스쿠버다이빙, 생태계연구, 바다낚시, 돌고래 구경 등)으로 고학력층이나 독신자 등과 같은 사람들에게 인기가 높다.

<표 6-5> 크루즈 시장 점유율

여행의 형태	점유율
대중 크루즈	60%
고급 크루즈	30%
호화 크루즈	6%
특수목적형 크루즈	4%

<표 6-6> 유명 크루즈 여행사와 크루즈 회사

지 역	주요 크루즈 라인	비 고
North Cape/Scandinavia	Royal Viking Line Cunard	
South Pacific	Royal Cruise Line Royal Viking Line	
East Asia	Pearl Cruise Royal Cruise line Royal viking Line	
US Atlantic Coast	American Cruise Line Clipper Cruise Line	
Nile River	Sheraton Corporation Marriott Nile Cruises	
Rhine River	KD German Rhine Line	
Amazon River	Society Expeditions	
Missisippi River	Delta Steamboat Company	
Around the world	Royal Viking Line Carnival Cruise line	

(3) 예약 서비스

크루즈 여행 서비스의 예약은 크루즈 본사나 여행사, 기타 대리점 등에서 접수하지만 정기 크루즈인 경우에는 지속적으로 상품판매가 가능하지만 테마 크루즈(theme cruise)나 특별히 기획된 크루즈인 경우에는 한정된 기간에만 예약을 접수하기 때문에 크루즈 여행을 원하는 고객은 기획된 상품을 비교·검토하여 관심 있는 여정의 크루즈 상품을 선택하도록 해야 한다.

상품판매는 예약과 예약금의 지불 및 최종지불 등으로 구분되는데 크루즈 상품구매 시에는 서비스 제공 범위를 자세하게 확인해야 한다.

1) 서비스 예약

a. 예 약

선박회사에 예약이 확정되면 예약금 납입일이 지정되는데 지정일까지 예약금을 지불해야 한다. 선박회사마다 다소의 차이는 있으나 보통 크루즈 요금의 20~25% 정도이다. 그러나 유람여행을 하면서 개인적으로 특별한 서비스가 필요하거나 신체장애자인 경우에는 사전에 조치를 취할 수 있도록 반드시 예약 시 선박회사에 알리도록 해야 한다. 만일 알리지 않았다면 불이익을 받을 수도 있다.

b. 최종지불

예약과 함께 예약금을 지불한 후에 나머지 크루즈 요금을 지불해야 하는 최종지불 기한은 보통 유람선 출항 2~3개월 전까지로 정해져 있다.

c. 승선등록카드

유람선은 물 위를 이동하는 교통수단이므로 고객이 원하는 각종 선내 서비스를 사전에 준비해야만 한다. 따라서 최종적으로 요금을 지불할 때까지 선박회사에서 발급하는 소정의 승선등록카드를 작성하여 제출해야 한다. 승선등록카드 작성의 구체적인 목적은 승선 시에 교부되는 승객명부 작성, 객실배정, 식당좌석배치 및 출입국 관련업무 등에 활용된다. 작성내용은 주로 개인신상의 정보(성명, 생년월일, 여권번호, 주소, 국적, 직업 등)와 선호하는 선내의 서비스(식당 테이블의 희망 좌석, 객실의 형태, 희망하는 특별 서비스 등) 등이다.

d. 승선권

보통 승선권은 크루즈 요금을 최종적으로 지불하면 선박회사로부터 발급된다. 승선권은 총대리점에서 발행하거나 승선권 대신 예약확인서만을 발행하기도 한다. 예약확인서는 승선권이 발급될 때까지 보관해야 한다.

승선권에는 대개 다음과 같은 내용이 포함된다.

- 선박회사에서 제공하는 서비스의 종류
- 화물표
- 선내생활 안내
- 승선시간 안내
- 기항지의 여행사 정보
- 기타정보

2) 취소 및 보험

a. 취소료

개인적인 사정으로 인하여 예약된 유람선의 취소는 선박회사에 따라 차이가 있으나 고객에게 취소에 대한 규정을 알려주어 실수가 없도록 해야 한다.

b. 취소 및 수하물 보험

유람선 이용의 취소와 수하물 분실에 대비하기 위해 '취소 및 수하물 손해보험'이 있어 사고의 유형별로 보험 적용 내용을 규정하고 있다.

(4) 선박 서비스의 분류

1) 육상 서비스

a. 승 선

유람선 승선은 최초 출발지에서 혹은 상륙관광을 마치고 다음 목적지로 떠날 때 이루어지는데 승선 시에는 고객이 안전하게 선내로 진입할 수 있도록 규정된 절차에 따라 환영의 인사말과 함께 안내한다. 승선 시에는 고객들의 승선권을 확인하고 필요한 서류를 점검한다.

b. 하 선

선박이 부두에 정박하면 필요한 절차에 따라 하선 서류를 작성하도록 하고 하선을 하는데 보통 정박지의 관광이나 최종목적지 도착과 함께 하선이 실시된다. 하선은 해상에서 육지로 이동하는 것이기 때문에 고객이 안전하게 하선할 수 있도록 최선의 노력을 다해야 한다.

만약 하선 목적이 정박지의 관광이라면 정박지 관광에 대한 여정을 구체적으로 설명하고 현지 정보를 전달하여 고객들의 상륙관광이 성공적으로 이루어질 수 있도록 해야 한다.

2) 선내 서비스

선박 내 서비스는 육상의 호텔 서비스와 동일한 수준이므로 특별한 것은 없으나 한정된 공간에서 서비스를 제공받는다는 불편한 점이 있다. 선박 내부의 서비스는 거의가 예약제로 운영되고 있으며 가족과 통신을 할 수 있는 시설도 갖추고 있다.

a. 선박 승무원의 복장

승무원은 선내 규칙에 따라 서비스 스테이션(service station)이 정하는 표준 유니폼을 착용하고 서비스를 제공하도록 하고 있다. 대개 유니폼의 내용은 호텔기업에서 착용하는 것과 동일하다. 그러나 유람선인 점을 감안하여 갑판 서비스 스테이션에서 근무하는 종업원은 캐주얼 스타일(casual style)의 복장을 착용하기도 한다.

b. 객실 서비스

크루즈 선박의 침실은 캐빈(cabin)과 스테이트 룸(state room)으로 구분된다. 스테이트 룸은 개인이 사용하도록 되어 있으나 캐빈은 고객들이 함께 사용할 수 있도록 되어 있다.

최근 대부분의 크루즈사들은 캐빈이나 스테이트 룸으로 구분하고 선박 규모나 침대 수 등에 따라 다양하지만 유람선여행 서비스는 호텔의 편의시설과 서비스처럼 동일하게 제공되기 때문에 객실정비도 호텔 수준으로 이루어지고 있다. 즉 카펫(carpet)과 우아한 조명의 거실, 깨끗한 욕실 등의 완벽한 객실시설은 24시간 편안한 여행으로 안내한다.

- 프런트 서비스(front desk service)
- 객실정비 서비스(housekeeping service)
- 세탁 서비스(laundry service)

c. 식음료 및 엔터테인먼트 서비스

고객들이 개인의 기호에 따라 음료를 마시거나 음식을 들 수 있는 장소 또는 엔터테인먼트 서비스(entertainment service)가 제공되는데 보통 다음과 같은 것들이 있다.

- 라운지(lounge) : 은은한 선율 속에서 바다를 바라보며 차와 음료를 마실 수 있는 전망대이다.
- 바(bar) : 호텔 수준의 시설로 조용한 음악과 음료를 즐길 수 있는 장소이다.
- 각종 식당(restaurants) : 선박의 규모에 따라 차이가 있으나 양식당, 일식당, 이탈리아 식당, 뷔페식당 등 다양한 식당이 마련되어 승객들이 선호하는 음식을 제공하고 있다.
- 룸서비스(room service) : 식당을 방문하지 않고 객실에서 음식이나 음료의 서비스를 제공받는 것으로 지정된 메뉴에 따라 선택하여 즐길 수 있다.
- 나이트클럽(night club) : 승객들의 기분전환을 위한 엔터테인먼트 서비스이다.
- 카지노(casino) : 선상에서 즐길 수 있는 도박 서비스이다.
- 컴퓨터 게임방(computer game room) : 최근에 도입된 서비스로서 네티즌들을 위한 오락 서비스이다.

d. 레저시설

크루즈에는 장기간에 걸쳐 여행을 하면서 한정된 공간에서 지상의 호텔과 동일한 서비스를 제공하는 곳으로서 선내 승객들의 건강관리를 위한 각종 스포츠 관련시설을 구비하고 운영하고 있다.

- 수영장(swimming pool) : 쏟아지는 햇살을 받으며 수영을 즐길 수 있으며, 갑판 덱(deck)에서 바닷바람을 맞으며 환상적인 일광욕을 즐길 수 있다.
- 헬스클럽(fitness center) : 각종 헬스 장비를 갖추어 놓고 헬스를 즐길 수 있는 장소로서 전문강사로부터 도움을 받을 수 있다.
- 조깅 코스(jogging course) : 선상에 조깅(jogging)할 수 있는 트랙(track)을 설치하여 승객들의 체력단련 서비스를 제공한다.

- 스쿼시(squash) : 실내에서 즐길 수 있는 운동으로 최근에 유행하고 있는 게임이다.
- 선탠 서비스(sun tan service) : 보통 갑판에 선탠을 위한 베드(bed)를 마련하여 일광욕을 할 수 있는 서비스이다.

e. 기타 서비스

- 미용실(beauty shop)
- 의무실(medical room)
- 통신(telephone service)
- 면세품 판매(duty free shop)
- 기념품 판매(souvenir shop)
- 도서실(library)
- 사진관(photo shop)
- 회의실(conference room)
- 세탁 서비스(laundry service)
- 환전소(money exchange)

Chapter 7

서비스 리더십 실무

슬라이드 보기/307

슬라이드 보기

고객중심

서비스 리더십

고객중심 서비스 리더십 개발을 통하여 고품격 관광서비스리더로서 거듭 날 수 있다. 이 분야는 지금까지 배운 서비스 내용을 이해하고 종합적으로 분석하며 리더십 차원에서 혁신과 관광 서비스 기법을 이해하기 위한 것이다. 워크샵 형태로 수업을 진행할 수 있으며 학생 스스로 고객중심 사고를 통한 비전을 제시할 수 있는 자기 주도형 학습으로 진행할 수 있다.

MEMO

Warming-up하기

- 가장 귀중한 자산은?
- 가장 도움이 되는 고객은?
- 가장 무서운 고객은?

MEMO

고객의 마음을 읽어라

- 경영+(　)
- High tech+(　　)
- 고객이 궁극적으로 기대하는 것은 (　)
- Service paradox란?

MEMO

서비스 교육의 전제

- 서비스는 모든 사람의 과업이다
- 고객이 없는 사람은 없다
- 고객중심사고가 혁신이다
- 미래를 보장하는 것은 기술이 아니라 고객이다

MEMO

서비스리더십 원칙?

- Simplify the process!
- Execute!
- Reinvent everything continuously!
- Value results&relationships
- Innovate everything!
- Core competency!
- Embody the image!

MEMO

서비스리더십원칙1:

Simplify the process

- 고객중심의 동선으로
- 현장 직원들에게 권한 부여를
- 서비스 접점을 단순하게
- 서비스 절차를 단순하게
- 고객을 기다리지 않게
- 고객만족을 성과로

MEMO

Service Cycle

- 고객이 만족하면 이직률이 줄고 직원이 만족하면 고객이 행복하다.
- 행복한 직원이 고객을 행복하게 하고 고객이 행복하면 직원이 행복하다.

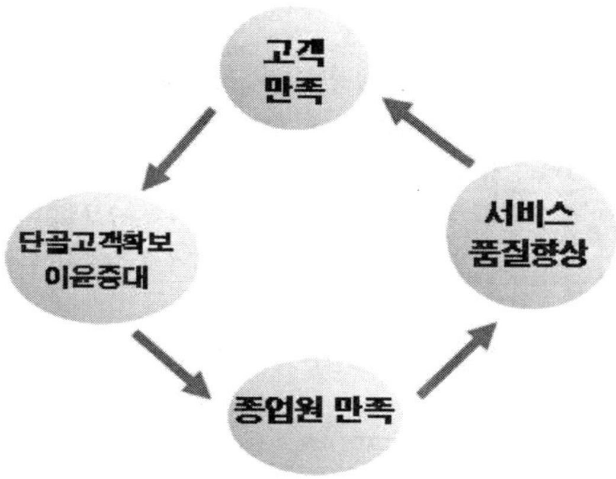

MEMO

진실의 순간(MOT)에 고객을 잡아라.

♣ 서비스 접점을 체계적으로 관리하라.

진실의 순간이란?

- ❖ 고객과 기업이 접촉하여 그 제공된 서비스에 대해 느낌을 갖는 순간
- ❖ 고객과 직원과의 접점을 이루는 총 15초간의 순간 (스칸디나비아 항공사 : 얀 칼슨)
- ❖ 우리회사를 선택한 것이 가장 좋은 선택이었다는 사실을 고객에게 입증시켜야 할 소중한 순간

※ 진실의 순간의 유형

- ❖ 원격 접점 (Remote Emcounter)
- ❖ 전화 접점 (Phone Emcounter)
- ❖ 대면 접점 (Face to face Emcounter)

MEMO

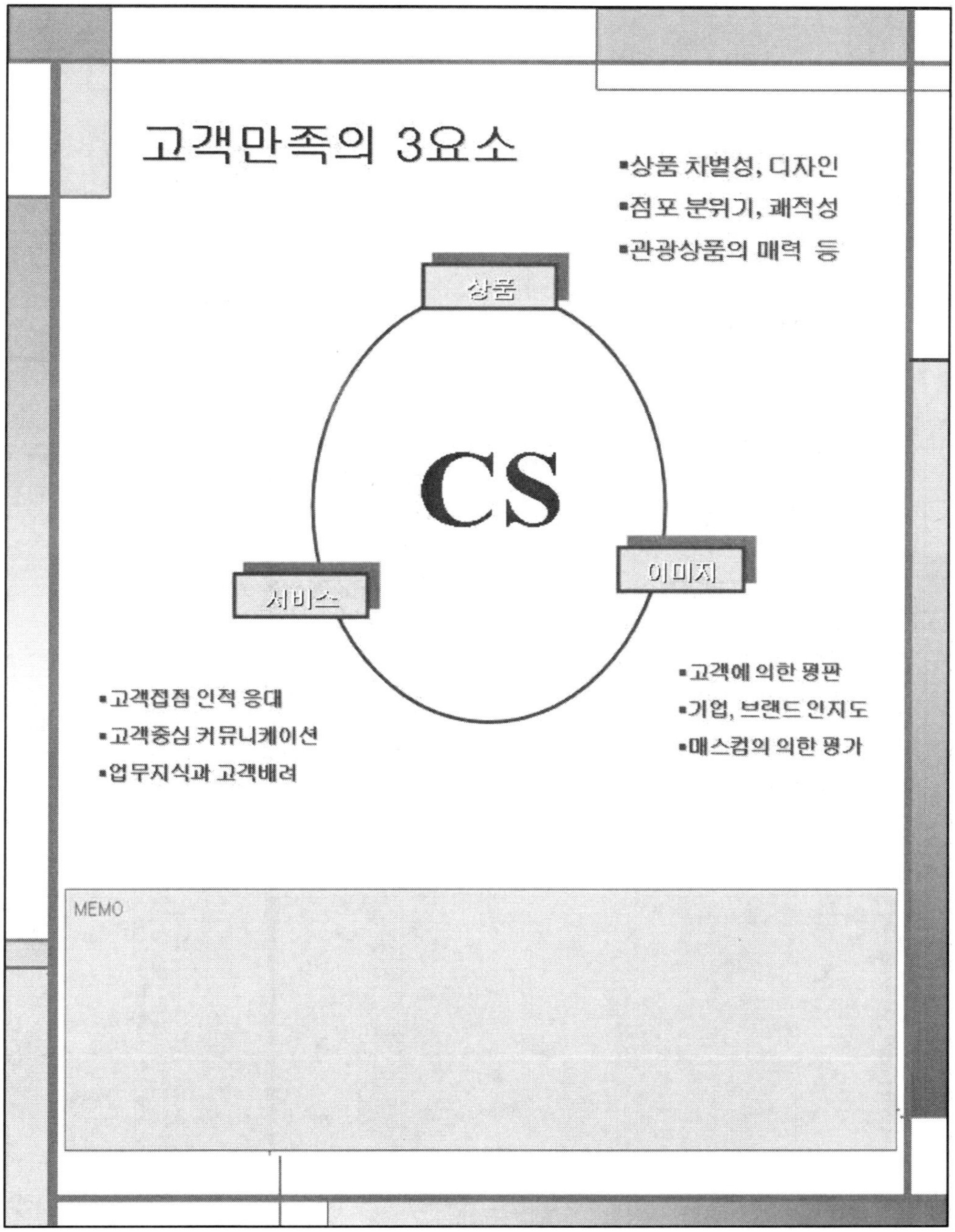

고객만족의 3요소
▪상품 차별성, 디자인
▪점포 분위기, 쾌적성
▪관광상품의 매력 등
상품
CS
이미지
서비스
▪고객에 의한 평판
▪기업, 브랜드 인지도
▪매스컴의 의한 평가
▪고객접점 인적 응대
▪고객중심 커뮤니케이션
▪업무지식과 고객배려
MEMO

직원 만족 없이 고객만족 없다

직원 관리의 문제	해결 방식
•서비스 지향적이지 못한 종업원의 채용 •적절한 보상체계와 인센티브제의 부족 •사내 커뮤니케이션의 부족 •종업원-직무-기술간의 부적합성 •권한위임과 책임의식 결여 •팀워크 부족 •직장에 대한 신뢰구축 부족	•서비스 지향적인 성품이 있는 종업원의 채용 •좋은 서비스를 제공하는 능력의 개발 •종업원이 원하는 서비스 지원시스템 개발 •최고의 서비스 요원 양성 •권한위임과 책임의식 부여 •정기적인 종업원 만족도 평가 •오픈 경영을 통한 종업원의 참여의식 고취

MEMO

고객의 변화

고객의 욕구 변화

① 100인 1색 → 수요>공급 : 소비자는 봉(산업화 이전 사회)→동일한 소비자의 취향

② 100인 100색→수요=공급 : 고객은 소비자(산업화 단계)→다양한 소비자의 취향

③ 1인 100색→수요<공급 : 고객은 왕(정보화 사회)→개성이 지배하는 소비 패턴

고객의 욕구 변화

① 100-1=99→산업화 이전 사회 : 대량 마케팅, 동질사회, 획일 서비스

② 100-1=0→정보화 사회 : 개인 마케팅, 맞춤서비스

소비행태의 변화

① 이성적 소비 → 품질, 성능, 기능, 제품의 즉, 수명 등에 관심, 하드웨어 요소가 지배

② 감성적 소비 → 디자인, 색상, 향기, 상표 등 소프트웨어 요소가 지배

③ 감동적 소비 → 기쁨, 만족 등 휴먼웨어 요소가 지배

MEMO

서비스리더십원칙2:

Execute!

- 서비스는 이론이 아니라 행동
- 서비스는 지식이 아니라 보여지는 것
- 서비스는 제도가 아니라 실천하는 것
- 모두가 서비스 맨!
- 전사적인 서비스 시스템 구축을

MEMO

삼성에버랜드 친절운동

♣ 국내 최고의 서비스 기업인 삼성에버랜드의 친절운동의 핵심은 인사, 용모, 복장, 보행, 전화예절 입니다.

★인사 : · 내가 먼저 인사하고, 인사말은 명랑한 소리로 한다.
· 미소짓는 얼굴로 인사한다.
· 손님에게 45도 굽혀 인사한다.
· 보행시 마주치면 15도 굽혀 인사한다.

★용모 : · 머리는 매일 감아 청결하게 한다.
· 손과 손톱은 항상 청결히 한다.
· 매일 아침 면도를 한다.(남자)
· 화장은 엷고 자연스럽게 한다.(여자)
· 화려한 액세서리는 착용을 금한다.

★보행 : · 뒷짐지고 걷지 않는다.
· 주머니에 손을 넣고 걷지 않는다.
· 1초에 2보 속도로 걷는다.
· 앞을 보고 경쾌하게 걷는다.
· 손님 앞을 지나치거나 뛰지 않는다.

★복장 : · 매일 새 옷처럼 깨끗이 입는다.
· 단추는 꼭 채운다.
· 구겨지지 않게 다림질을 한다.
· 구두는 항상 윤이 나게 한다.
· 양말은 짙은색, 스타킹은 피부색으로 한다.

★전화예절 : · 벨이 두 번 이상 울리지 않도록 즉시 받는다.
· 인사말, 소속, 성명을 밝힌다.
· 친절하면서 정확히 안내한다.
· 끝인사를 반드시 한다.
· 손님보다 나중에 끊는다.

MEMO

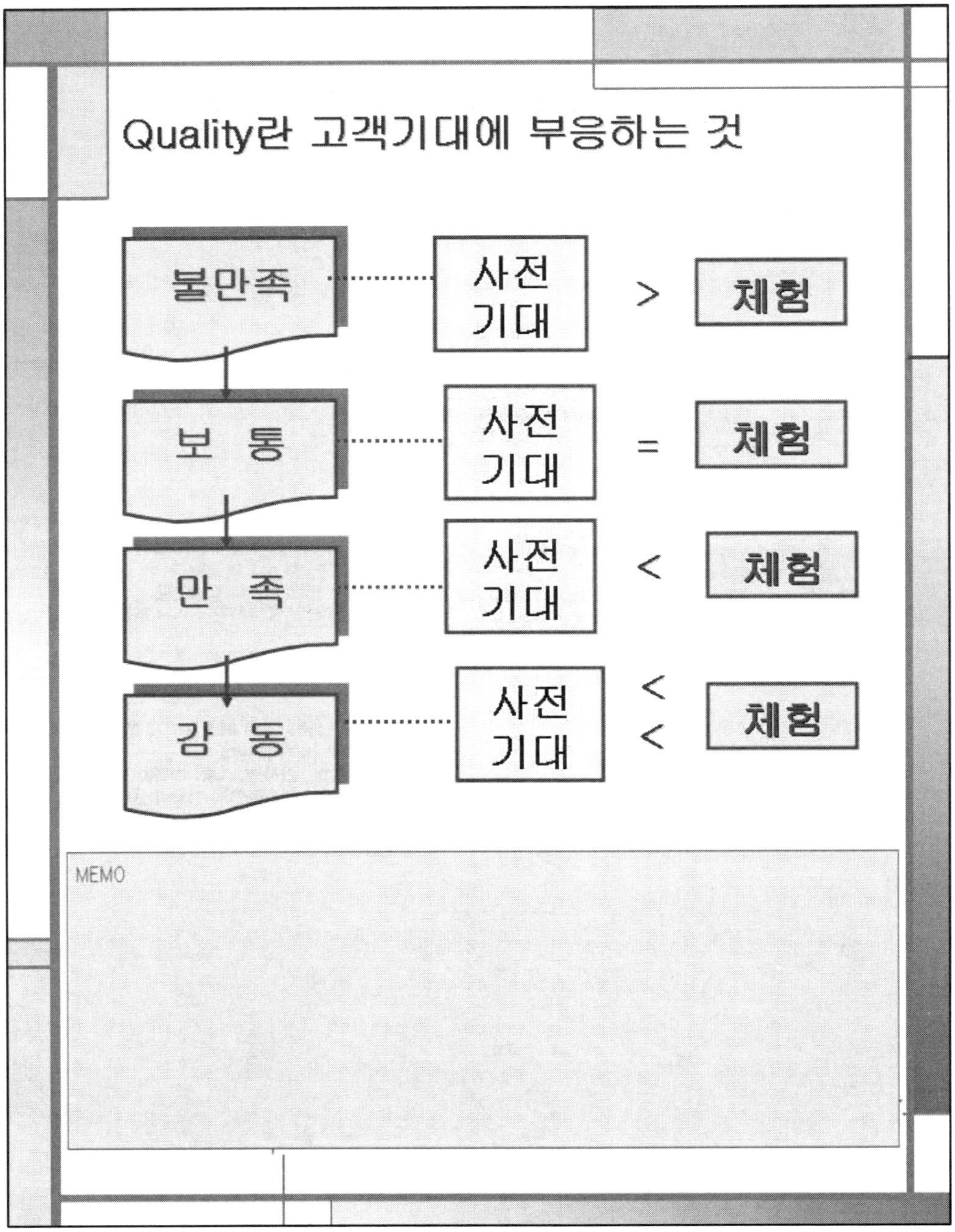
Quality란 고객기대에 부응하는 것
불만족
사전 기대
>
체험
보 통
사전 기대
=
체험
만 족
사전 기대
<
체험
감 동
사전 기대
<<
체험
MEMO

서비스의 10'S 전략

1. **Smile** - 미소 짓지 못하면 출근하지 마라.
2. **Speed** - 적절한 타이밍을 놓치지 마라.
3. **Smart** - 머리 좋은 직원보다 용모 깨끗하고 예절 바른 직원이 돈을 더 많이 벌어 준다.
4. **Sincerity** - 서비스는 성실함에 서 나온다.
5. **Short** - 간단하고 명료하게 말하라.
6. **Study** - 업무지식이 뛰어나야 한다.
7. **Sense** - 감각을 익혀라.
8. **Sweet** - 달콤한 맛이 있어야 한다.
9. **Safety** - 비밀 보장과 시설물의 안전이 뒤따라야 한다.
10. **Simple** - **Cycle**을 단순화 하라.

MEMO

고객의 소리를 경청하는 방법

♣ 고객의 소리는 최고의 정보다. 이를 서비스 정책에 반영하라.

고객의 소리함 설치 운영	-고객엽서제도 활용 -고객의 제안제도 활용 -전화 모니터링
고객 DB 관리	-불만 사례 DB(데이터베이스)구축 -고정고객 관리 시스템 -고객 정보 업무 및 대응력 향상
고객 상담실 운영	-고객 내방시 상담 -고객지향 오픈 경영 -정기 설문조사
VOC 전담 부서 운영	-고객관리 전문화 -VOC 전담인력 개발 -Happy Call제도 도입
고객 컴플레인 내용 전산화	-유사 컴플레인 빈도 조사 -마케팅 지원 프로그램 운영
DB통한 불만 예고제 운영	-컴플레인 사전예방 -고객 접점시 능률향상 -CS(고객만족) 극대화 추진
컴플레인 고객 사후 만족도 조사	-재방문 여부조사 -컴플레인 처리방법의 만족도 -처리내용 전산화
365일 24시간 고객의 소리 청취제도 구축	-연중무휴 고객의 소리 청취 -수신자부담 전화팩스 운영
컴플레인 사례집 제작 활용	-교육자료 활용 -CS마인드 전사적 구축 -신입사원 교육 : 서비스 마인드 제공
고객 모니터링 제도 운영	-로열 고객 활용 -정기적으로 고객반응 조사 -신메뉴 정보 제공

MEMO

'고객의 소리' 경청하는 비결 10가지

1. 고객의 입장에서 고객의 욕구, 문제, 과심을 이해하려고 노력한다.
2. 고객이 말하는 바가 무엇인지 이해하라.
3. 인내심을 갖고 끝까지 경청하라.
4. 상냥한 태도로 고객의 긴장을 풀어주어라.
5. 객관적인 입장에서 본인의 감정을 말하지 말라.
6. 고객의 불평을 가로막지 말라.
7. 고객은 나에게 가장 중요한 재산이라는 생각을 갖고 대하라.
8. 고객을 가르치려 하지 말라.
9. 고객과 논쟁하고 있다는 이미지를 버려라.
10. 고객을 대하는 나는 기업의 대표자라는 생각을 가져라.

MEMO

CSM(고객만족경영)의 핵심요소

1. VOC (Voice of Customer)
2. CSI (Customer Satisfaction Index)
3. ESI (Employee Satisfaction Index)
4. Process Reengineering

MEMO

서비스리더십원칙3:

Reinvent continuously!

- 안전지대를 벗어나기
- 패러다임 깨기
- 비전 재설정
- 기업문화를 고객중심으로
- 고객중심 혁신을
- 고객만족이 최고의 성과

MEMO

고객중심 3C리더십

- Cut(버리기)-무엇을 버려야 합니까?

- Change(바꾸기)-무엇을 바꾸어야 합니까?

- Create(만들기)-무엇을 만들어야 합니까?

MEMO

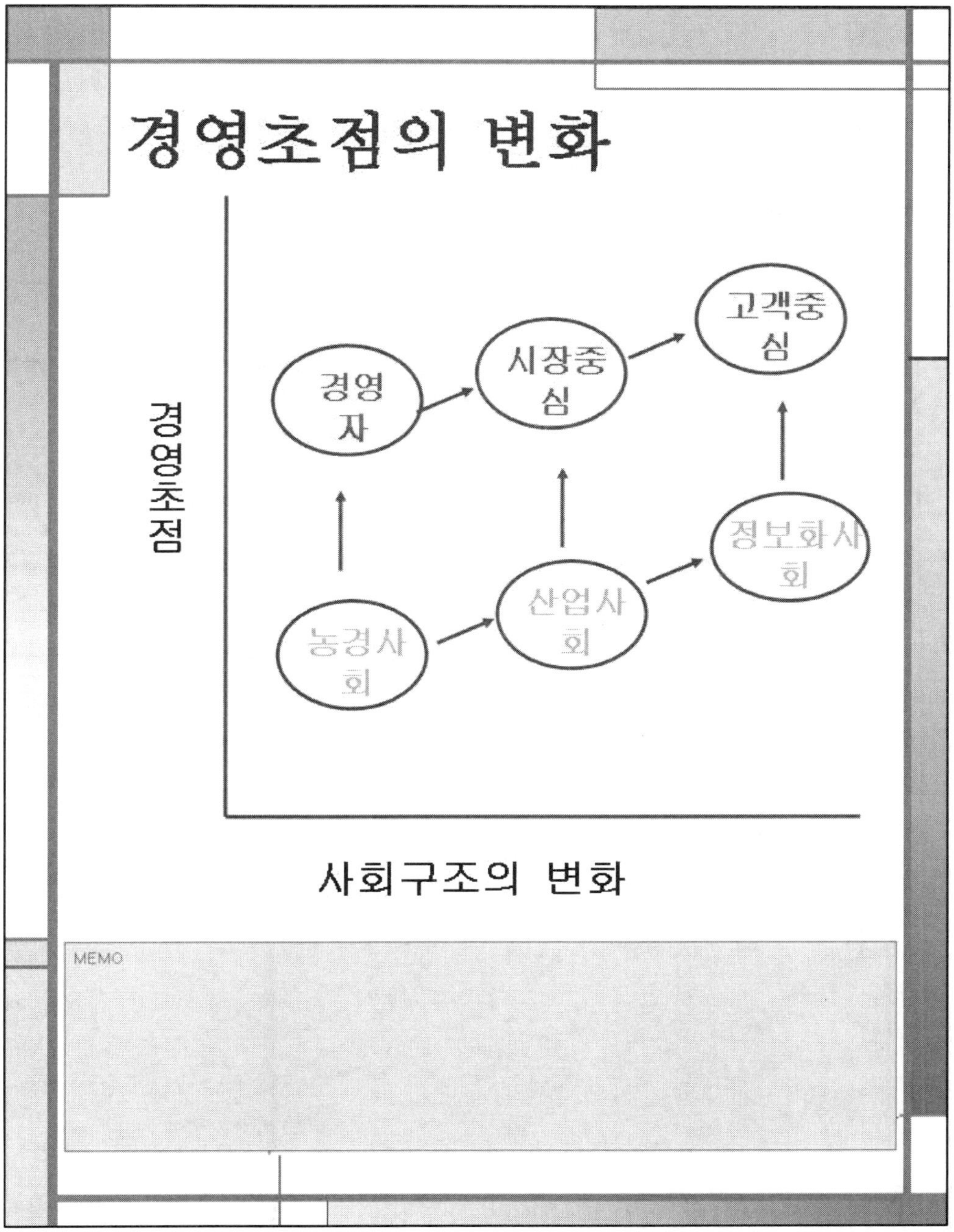
경영초점의 변화
경영초점
고객중심
시장중심
경영자
정보화사회
산업사회
농경사회
사회구조의 변화
MEMO

고객만족과 기업조직의 변화

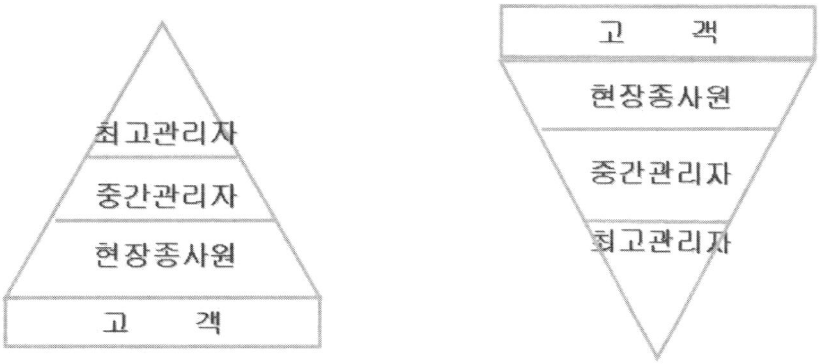

기업이익 우선 시대
판매자 중심 마케팅
외부 마케팅 시대
최고관리자의 의견중시 시대
하드웨어 사회
품질중심 사회
품질경영 시대

→

지식 경영시대
서비스 중심 사회
소프트웨어 사회
종업원권한 위임 시대
내부 마케팅 시대
구매자 마케팅 시대
고객이익 우선 시대

MEMO

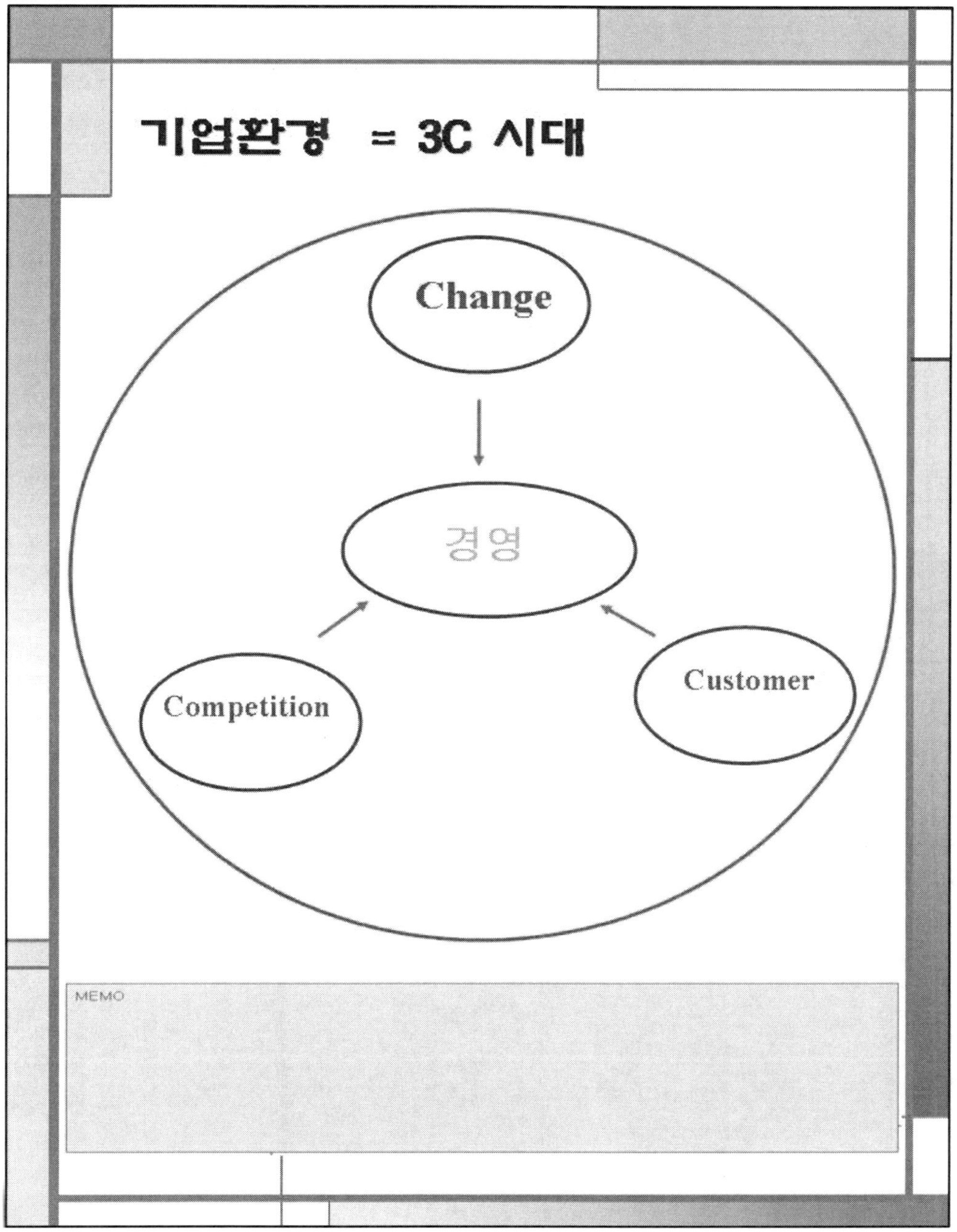
기업환경 = 3C 시대
Change
경영
Competition
Customer
MEMO

칼 알브레이트의 서비스 7대악

♣ 고객을 쫓아내는 요인을 파악하라.

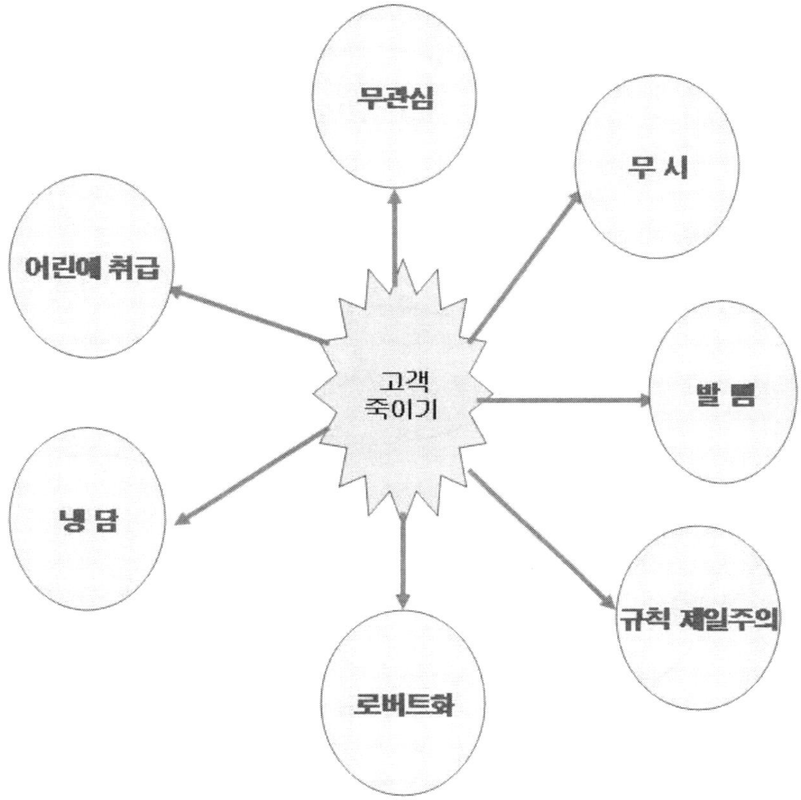

MEMO

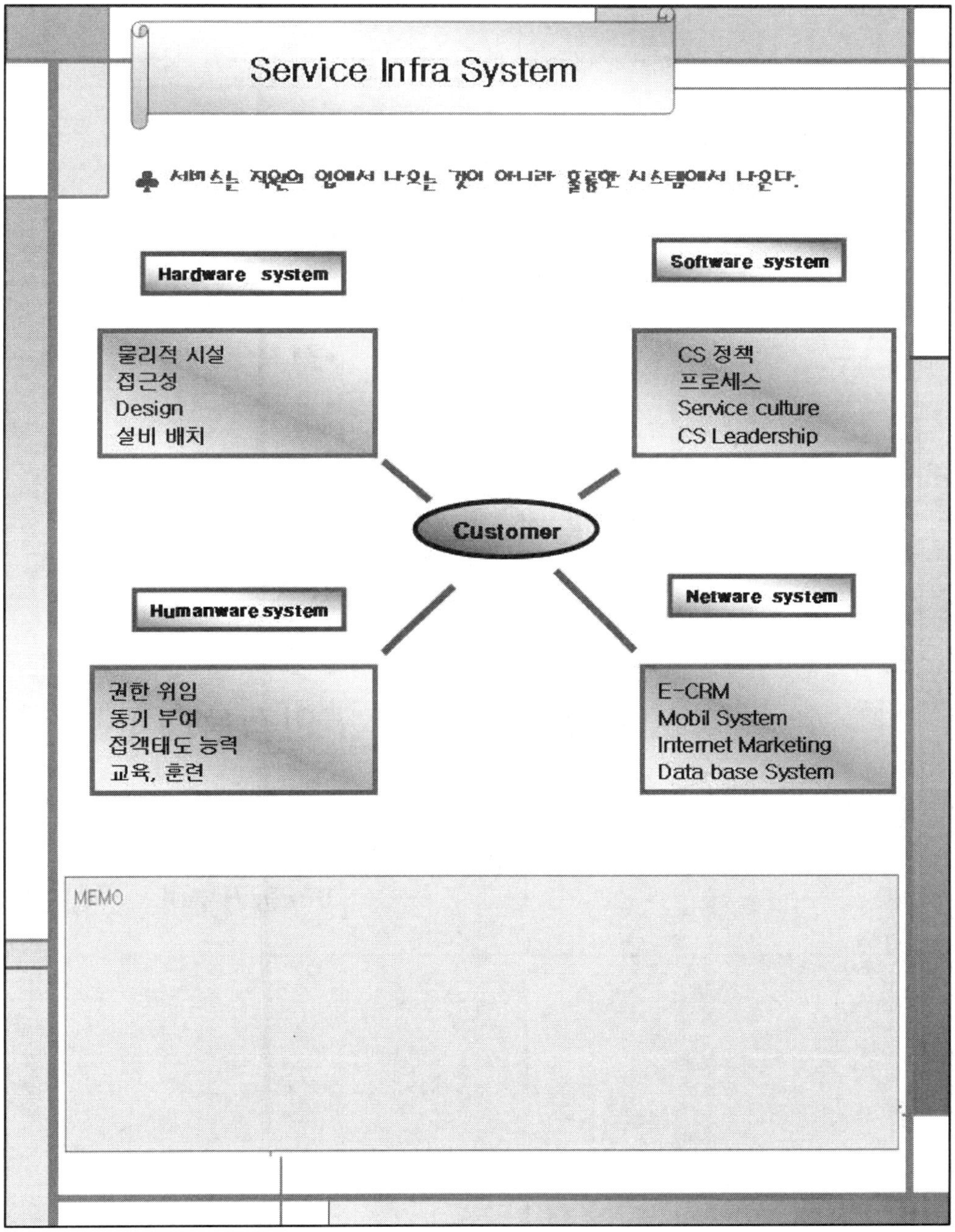
Service Infra System
♣ 서비스는 직원의 입에서 나오는 것이 아니라 훌륭한 시스템에서 나온다.
Hardware system
물리적 시설
접근성
Design
설비 배치
Software system
CS 정책
프로세스
Service culture
CS Leadership
Customer
Humanware system
권한 위임
동기 부여
접객태도 능력
교육, 훈련
Netware system
E-CRM
Mobil System
Internet Marketing
Data base System
MEMO

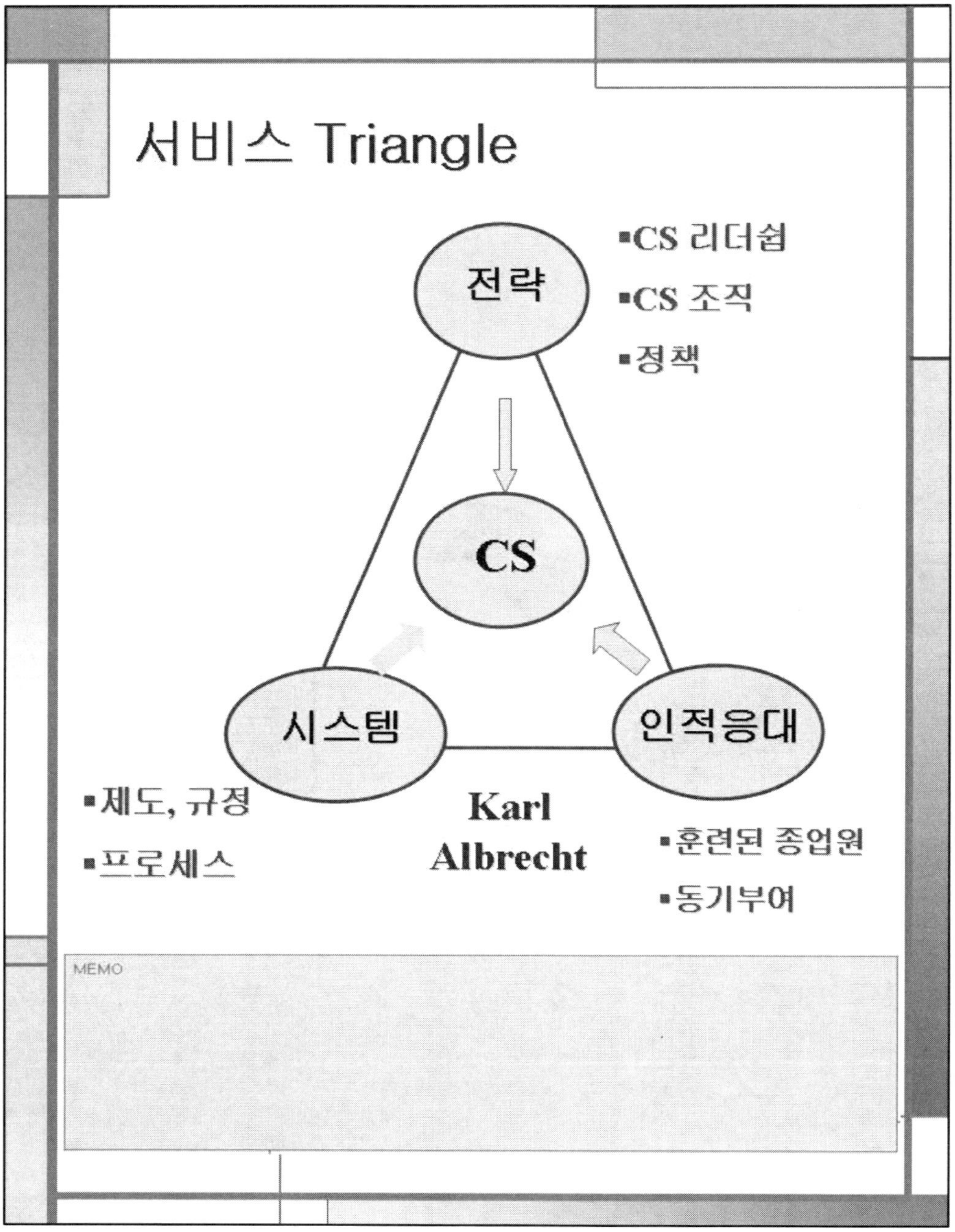
서비스 Triangle
전략
▪CS 리더쉽
▪CS 조직
▪정책
CS
시스템
인적응대
▪제도, 규정
▪프로세스
Karl Albrecht
▪훈련된 종업원
▪동기부여
MEMO

서비스의 품질관리

1. 철저한 믿음을 주어라.(신뢰성)
2. 타이밍에 유의하라.(응답성)
3. 서비스맨의 능력이 서비스의 질이 되게하라.(능력)
4. 접근하기 쉬운 시설이라야 한다.(접근성)
5. 친절 서비스맨을 양성하라.(예의)
6. 의사소통을 명확히 하라.(커뮤니케이션)
7. 신용은 재산이다.(신용성)
8. 고객의 사소한 일에도 관심을 보여라.(고객의 이해)
9. 감각적인 인테리어로 앞서가라.(유형성)
10. 고객의 비밀을 보장하라.(안정성)

MEMO

고객만족 서비스 인프라 시스템 구축

종업원 만족	①직장분위기 개선 ②복리 후생 제도의 다양화 ③권한 위임·책임 경영
CS 교육 체계 수립	①CS 마인드 구축 ②사내 CS 교육센터 및 전문강사 육성 ③CS 경영 이념 구축
서비스 품질(QS) 혁신	①서비스의 질 향상 방안 분석 ②고객접점 현장요원 인센티브제 활용 ③서비스의 표준화
고객의 Needs 파악	①고객의 사전기대 욕구분석 ②고객지향 상품 서비스 개발 ③신속한 고객만족 시스템 도입
CS 기업문화 추구	①고객 제안 제도 도입 ②CS 전담부서 및 위원회 운영 ③서비스 중심경영철학 도입
VOC 시스템 구축	①고객의 불만 사례 접수 ⑤고객 상담실 운영 ③고객 Database 시스템 구축
MOT(고객 접점) 개선	①신속한 서비스 시스템 구축 ②필수 응대 용어 사용 ③Speed 경영 시스템 구축
CS 평가 시스템 구축	①고객만족도 조사 ②CS 제도 개선을 위한 Data 수집 ③고객 DB 통한 서비스 마케팅 지원

MEMO

서비스리더십원칙4:
Value results&relationships

- 고객의 가치를 중시하라
- 충성고객을 확보하라
- MS가 아니라 MS다
- RQ를 높여라
- Customer loyalty를 높여라

MEMO

Service System 구축

♣ 서비스 시스템 구축이 고품질 서비스 개발의 틀을 제공한다.

Service 란?

↓

Mind

\+

System

MEMO

고객만족 사다리

♣ CEO의 Service Leadership이 고객만족의 시작이다.

MEMO

불만고객의 행동유형

1. **96%**의 고객은 불만을 표현하지 않는다.
2. 서비스에 불만을 갖는 고객의 **90%** 이상은 두번다시 오지 않는다.
3. 불만고객 한사람은 적어도 주위의 **9**명에게 이에 대해 이야기 한다.
4. 불만을 갖고있는 고객중 **13%**는 이를 주위의 **20**명 이상의 타인에게 이야기 한다.
5. 고충을 신속하고 완벽하게 처리받은 고객의 **90%** 이상은 우리의 고정고객이 된다.

(미국 TARP 조사)

MEMO

고객만족형 시스템 구축

♣ 고객 지향적인 서비스 시스템을 갖추는 일이 고객만족의 출발이다.

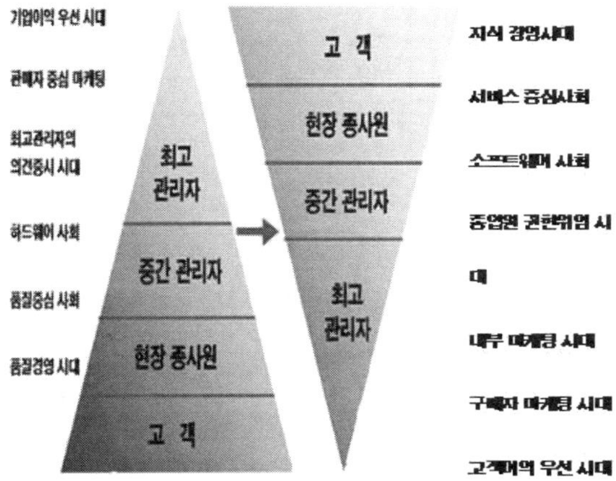

MEMO

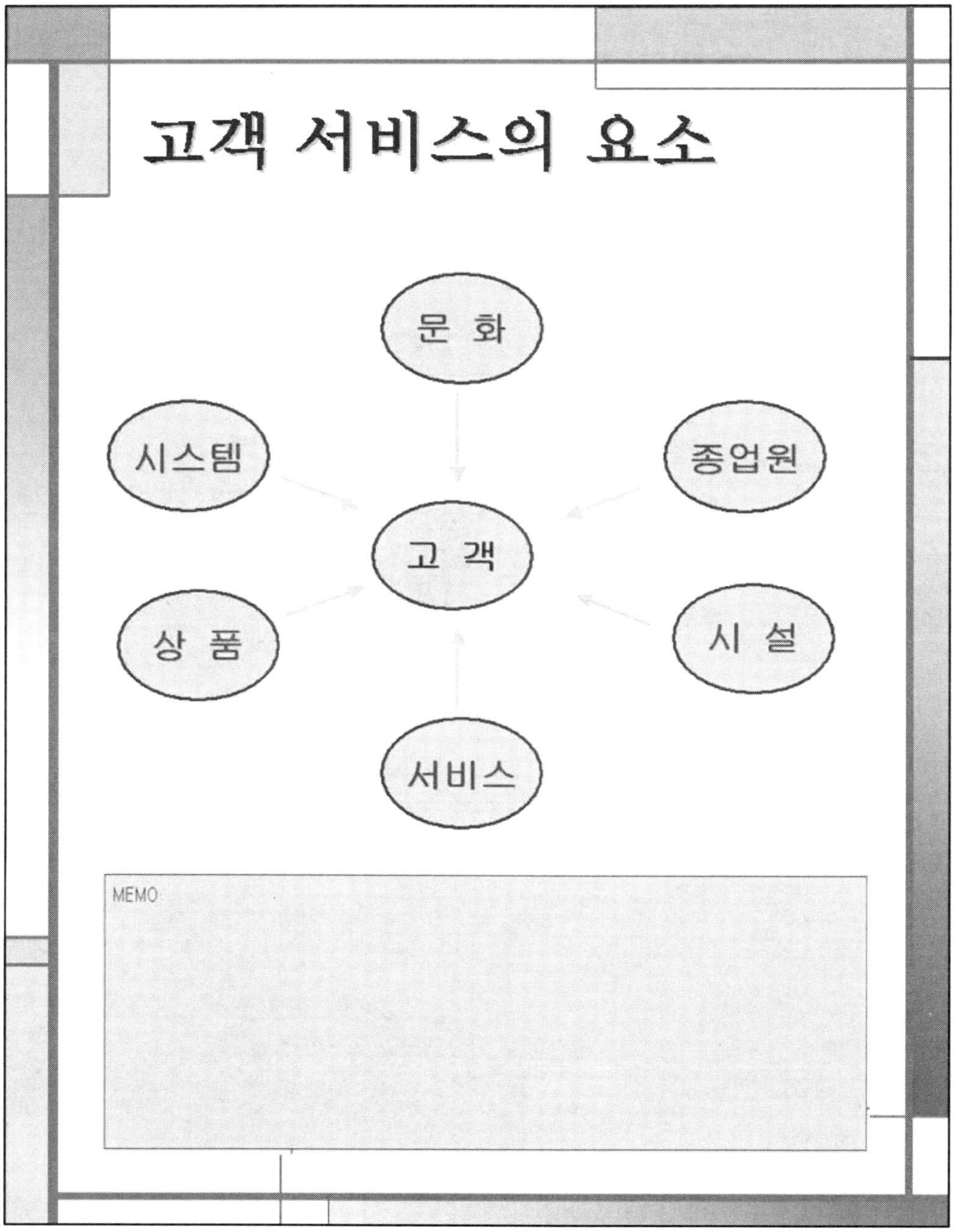
고객 서비스의 요소
문 화
시스템
종업원
고 객
상 품
시 설
서비스
MEMO

고객관리의 중요성

기업은 직업안정을 제공해 줄 수 없다.

그것은 오직 고객만이 제공해 줄 수 있다.

고객을 생각하지 않는 사람은 아무것도 생각하지 않는 것이나 마찬가지다.

GE사의 잭웰치 회장

MEMO

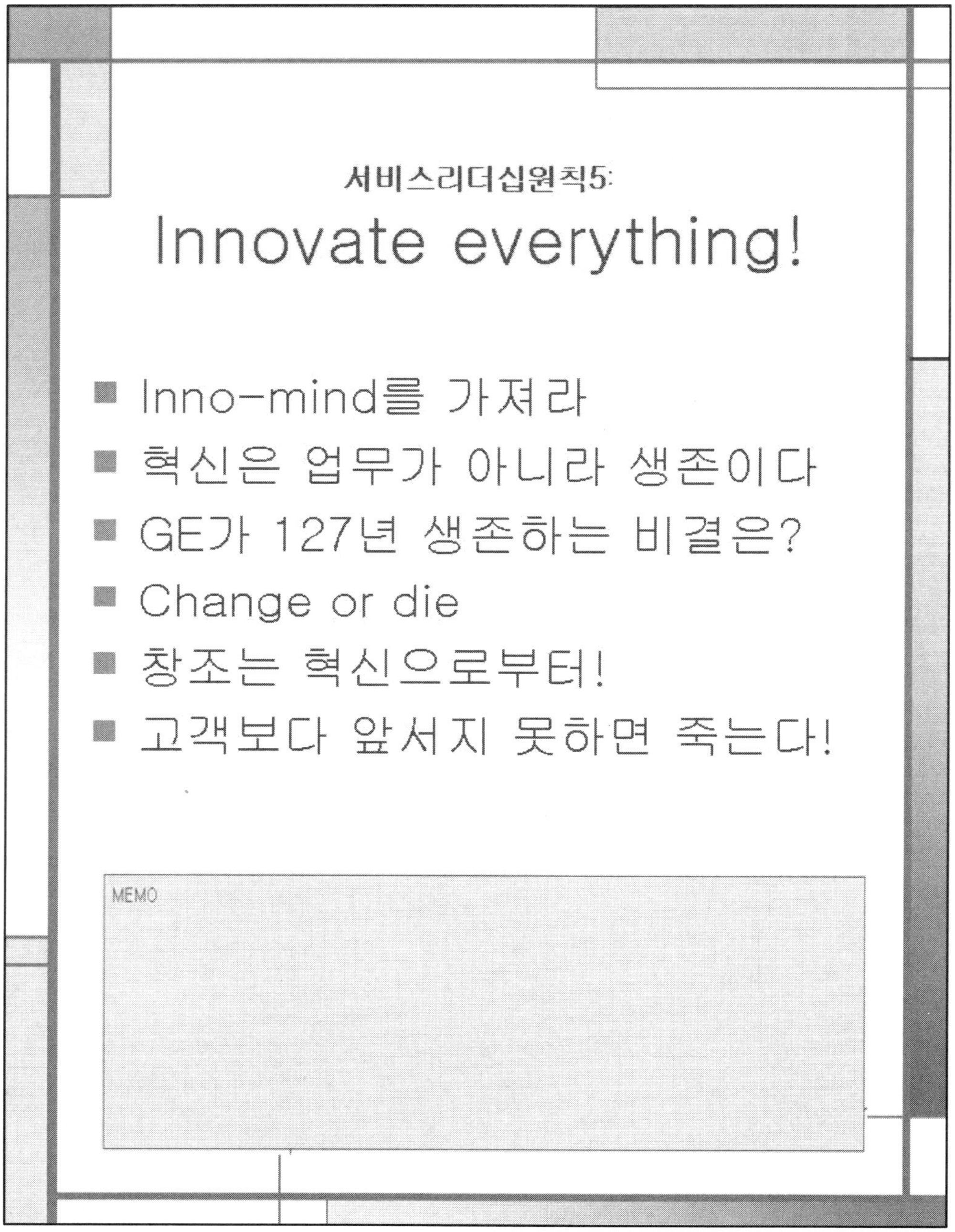
서비스리더십원칙5:
Innovate everything!
Inno-mind를 가져라
혁신은 업무가 아니라 생존이다
GE가 127년 생존하는 비결은?
Change or die
창조는 혁신으로부터!
고객보다 앞서지 못하면 죽는다!
MEMO

Innovation은 고객이 깨닫지 못했던 가치를 창조하는 것이다

피터 드러커는 고객이 생각지 못했던 새로운 가치를 만드는 활동이 바로 혁신(Innovation)이라고 강조한다.

그는 "기업의 존재 이유는 바로 고객이고 기업의 목적은 시장을 창조하는 것"이라며 "혁신이 새로운 시장을 창조하기 위한 기업의 핵심활동"이라고 설명한다.

MEMO

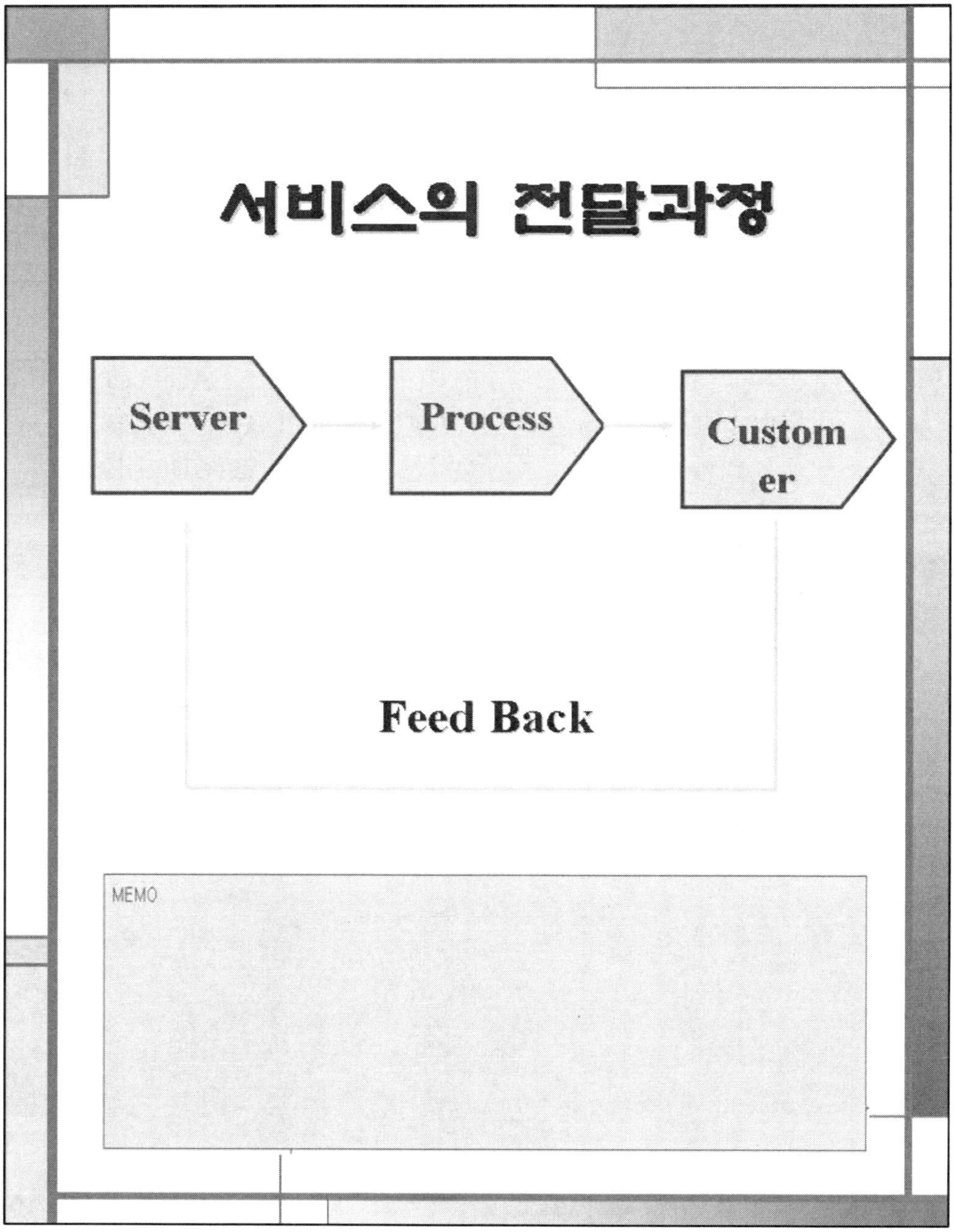
서비스의 전달과정
Server
Process
Custom
er
Feed Back
MEMO

서비스 혁신이 어렵다구요?

- 하나만 바꾸면 Change는 Chance다!
- 불가능 하다구요?
  -점 하나만 찍으면 가능하죠
  Impossible이 I'mpossible
- 지금 당신은 어디에 점을 찍어야 합니까?

MEMO

서비스리더십원칙6:

Core competency!

- 핵심역량이 생존 비결이다
- 차별성을 가져라
- 전문가라 되라
- Brand화 시켜라
- 그냥 잘하지 말고 대단히 잘하라!

MEMO

고객만족을 이끌어내는 유머서비스

- 상품이 아니라 재미를 팔기 위해 노력한다.
- 기억 할 만한 서비스를 유머 있게 전달한다.
- 유머 있는 언어를 구사한다.
- 근무복장을 재미있게 바꾸어 입는다.
- 매장 분위기를 혁신적으로 고객중심으로 재미를 느끼게 바꾸어 본다.
- 고객과 게임을 할 수 있는 기법을 개발한다.
- 익살맞은 인형이나 선물을 제공한다.
- 고객이 참여하는 유머대회를 개최한다.
- 최고의 유머고객을 선발하여 시상한다.
- 정기적으로 유머사이트를 운영하여 고객의 참여를 유도한다.
- 제품의 설명서를 재미있고 유머 있는 문장으로 바꾸어본다.
- 포장지의 디자인을 유머 있는 그림으로 꾸민다.
- 유머교육을 정기적으로 실시한다.
- 항상 10개 이상의 유머를 구사 할 수 있도록 외운다.
- 유머퀴즈를 내어 경품을 제공한다.
- 매장에 유머게시판을 운영하여 고객의 관심과 흥미를 불러일으킨다.

MEMO

Service 란?

♣ 서비스의 의미를 이니셜을 풀이하면서 분석하고 서비스의 내용에는 무엇이 포함되어야 하는지 알아본다.

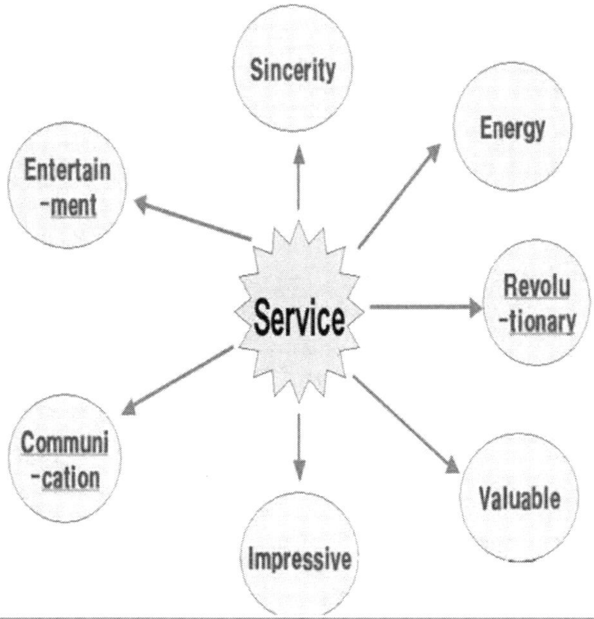

MEMO

고객이 거래를 중단하는 이유

♣ 고객이 떠나는 데는 분명한 이유가 있다. 그것을 찾아 대처해라.

❖	고객 서비스상의 문제	68%
❖	제품의 질	14%
❖	경쟁사의 회유	9%
❖	친구의 권유	5%
❖	이 사	3%
❖	사 망	1%

- ASQC(미국품질관리학회) 1995 -

MEMO

Physical evidence

♣ 물리적 환경 서비스는 고객감성에 직접적인 영향을 미치면 서비스 마케팅의 핵심요소가 된다.

1. 물리적인 인테리어 시설이 서비스 매장에 중요한 이유는 무엇인가?

---

2. 감성 서비스의 개념을 설명해 봅시다.

---

3. 고객감동 서비스에 영향을 미치는 요인에는 무엇이 있나 설명해 봅시다.

MEMO

서비스리더십원칙7:
Embody the image!

- 서비스는 이미지다
- 첫인상은 두 번 줄 수 없다
- 고객을 대하는 사람이 대표자다
- 얼굴이 간판이다
- 이제는 FUN경영이다!
- 웃음은 천 가지의 해를 없애준다!

MEMO

웃음은 돌부처도 춤추게 한다.

당신은 돌부처를 안고 있다. 그 돌부처를 춤추게 하라
돌 부처를 춤추게 할 수 있을 때 비로소 성공과 행복은 보장된다.

Q 당신의 돌부처는 무엇인가/혹은 누구인가?

Q 당신의 돌부처를 어떻게 춤추게 할 것인가?

A 당신이 먼저 웃어라. 당신의 돌부처는 당신이 웃는 만큼만 미소를 짓는다.

MEMO

웃음의 미션

- 웃음은 건강의 상징이다.
- 웃음은 자신감의 상징이다.
- 웃음의 사랑의 증거다.
- 웃으면 인정 받는다.
- 웃으면 사람이 모여든다.
- 웃으면 리더가 된다
- 웃음은 행복의 표시다.
- 웃음은 능력이다.
- 웃음은 비전이다.
- 웃음은 승자의 이미지다.
- 웃음은 최고의 유니폼이다.

웃음은 마음의 치료제일 뿐만 아니라 몸의 미용제이다. 당신은 웃을 때 가장 아름답다.
-칼 조세프 쿠쉘

MEMO

크게 웃는 방법

박장대소-10초 동안 크게 손뼉을 치며 하하하 웃는다.

책상대소-책상을 두 손으로 크게 치면서 웃는다.

뱃살대소-뱃살을 빼기 위해 두 손바닥으로 때리면서 웃는다.

포복졸도-바닥에 눕거나 구부려 앉아 커다랗게 웃는다.

보복절도-웃음으로 되갚기

요절복통-허리가 끊어지고 배가 아플 정도로 20초 이상 웃는다.

파안대소-소리로 '파'하면서 크게 웃는다.

폭소-5초 동안 폭탄이 터지듯 짧고 크게 웃는다..

MEMO

웃음의 효과

- 건강 효과
- 자기관리 효과
- 협상 효과
- 경제적 효과
- 신뢰 효과
- 경영 효과
- 시너지 효과
- 가치창출 효과
- 커뮤니케이션 효과
- 동기부여 효과

MEMO

CEO 81% 인재 채용시 잘 노는 사람 선호
-삼성경제연구소-

- 국내 기업의 최고경영자(CEO)들은 풍부한 놀이 경험을 중시하고 직원 채용에서도 '잘 노는 사람'을 선호하는 것으로 조사됐다.

  삼성경제연구소가 경영자 대상 사이트인 '세리CEO' 회원 417명을 설문한 결과, 응답자의 81.1%가 '인재를 채용할 때 잘 노는 사람을 선호한다'고 답변했다.

  실제 경영 업무에서도 '잘 노는 것'이 도움이 된다는 응답이 95.2%로 절대적으로 많았다.

  놀이의 장점으로는 47.2%가 '다양하고 색다른 경험으로 창의성이 자라기 때문'이라고 설명했고 '놀이하듯 즐길 때 아이디어가 샘솟는다'(10.3%)와 '놀이를 통해 발상의 전환이 이뤄진다'(6.5%)는 답변도 적지 않았다. 놀이가 참신한 아이디어에 도움이 된다는 것이다.

  27.8%는 스트레스를 해소하고 삶의 활력을 준다는 점을 장점으로 꼽았다.

  '본인 스스로 잘 노는 사람이라고 생각하느냐'는 질문에는 '그렇다(48.7%)'와 '그렇지 않다(43.2%)'는 답변이 엇갈렸다.

- (매일경제신문, 2008, 8,25) 김

MEMO

Humor는 시스템이다

- 1)Hive-five팀을 만들어 준다
- 2) Unique한 기업문화를 만들어 준다
- 3) Moral이 넘치는 직원을 만들어준다
- 4) Open된 기업문화를 만들어준다
- 5) Relaxation한 일터를 만들어준다hun

MEMO

성공의 키워드,유머

하버드의대 정신과 조지 베일런드 교수 연구

.지난 66년간 하버드 졸업생 268의 인생을 추적,

- 졸업생은 모두 성공적인 삶을 살 수 있을까.
- 학교 때의 성적이 인생의 성공을 좌우할까.
- 조지 베일런트는 이 질문에 고개를 젓는다.
- 그가 발견한 **성공적인 삶의 비결은 무엇일까.**
- **그는 우리에게 말한다. "삶의 난관에 부딪쳤는가? 그렇다면 유머를 이용해라.**
- 성공하고 싶은가? 그렇다면 유머를 배워라."유모

MEMO

왜 유머가 경쟁력인가?

경직된 조직문화 → **살아있는 구성원과 조직**

- 일 만 아는 조직
- 재미없는 일터
- 열정과 창의성이 부족한 구성원
- 갈등과 반복되는 스트레스
- 의욕이 없고 기계처럼 규칙만 따르기를
- 강요하는 조직문화

HUMOR!

- 열려있는 조직문화
- 서열을 뛰어 넘는 커뮤니케이션
- 사기와 열정이 넘치는 구성원
- 신명 나는 일터
- 끼와 튀는 아이디어
- 자부심, 신뢰 재미가 넘치는 조직
- 생산성향상과 충성심

❖ 신뢰하며 재미있게 일 할 수 있는 훌륭한 일터

❖ 열정과 아이디어가 샘솟는 조직문화

❖ 일터를 놀이터처럼 느끼는 직장,(사자,거북이)

MEMO

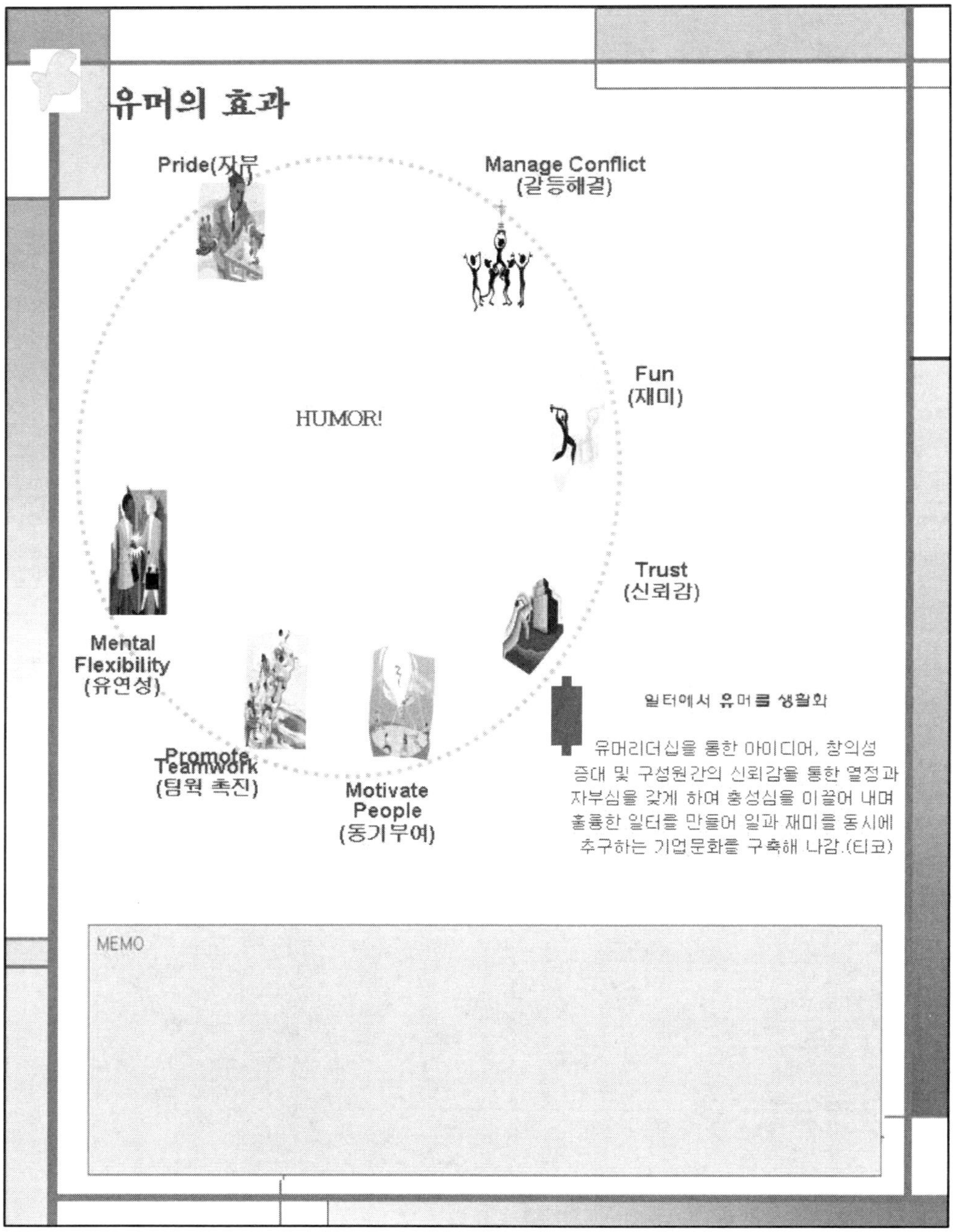
유머의 효과
Pride(자부
Manage Conflict
(갈등해결)
HUMOR!
Fun
(재미)
Trust
(신뢰감)
Mental
Flexibility
(유연성)
Promote
Teamwork
(팀웍 촉진)
Motivate
People
(동기부여)
일터에서 유머를 생활화
유머리더십을 통한 아이디어, 창의성
증대 및 구성원간의 신뢰감을 통한 열정과
자부심을 갖게 하여 충성심을 이끌어 내며
훌륭한 일터를 만들어 일과 재미를 동시에
추구하는 기업문화를 구축해 나감.(티코)
MEMO

유머 리더가 되려면

- 재미나는 일을 상상하며 즐겨라.
- 매일 거울보고 웃는 연습을 하라.
- 어린 아이의 눈으로 세상을 보라.
- 유머노트를 만들어라.
- 하루에 한 번 이상 유머사이트에 접속하라.
- 타인의 유머에 적극적인 반응을 보여라.
- 모임이나 회의에 참석 할 때는 반드시 유머를 갖고 나가라.
- 항상 열 가지 이상의 유머를 외워라.
- 마음속에 스트레스를 몰아내라.
- 억지로 라도 웃어라.
- 유머적인 사람에겐 적이 없다는 것을 기억하라.
- 독서를 게을리 하지 마라.(팬보)

MEMO

유머헌장

우리는 재미를 추구하여 성과를 창출하고
우리는 자부심을 통하여 행복한 일터를 만들며
우리는 신뢰를 바탕으로 기업, 직원, 고객이 웃음 속에
하나가 되는 초일류 유머기업을 창출하여 세계에 도전한다.

- 유머 = 권력이다
- 재미 = 성과다
- 웃음 = 커뮤니케이션이다
- 직장 = 놀이터다
- 업무 = Show Business다
- 직원 = 유머리스트다

MEMO

Chapter 부록

서비스 사례

제 1 절

일반기업 서비스 사례

1. 월 마 트[54)]

미국의 대형 할인점인 월마트 직원들은 상의 주머니에 1달러씩 꽂고 다닌다. 매장 판촉 직원에서 매니저에 이르기까지 예외가 없다. 이 1달러를 월마트 직원은 '스마일 1달러'라고 부른다. 1달러가 꽂혀 있는 포켓에는 "만약 미소 짓지 않으면 1달러를 가져가세요"라는 명찰이 달려 있다. 미소 짓지 않았는데도 1달러를 주지 않았다면 봉급에서 제외하는 것이 원칙이다.

2. 삼성화재[55)]

삼성화재는 먼저, 빨리, 제때 그리고 자주로 표현되는 스피드 경영을 기존 고객만족경영에 접목해 상승효과를 내고 있다. 틈새, 단체상품 개발과 대출상품 개발(먼저), 무창구 서비스 이용률 증대와 대물이나 차량 종경일수 단축(빨리), 정확한 고객정보의 구축(제때), VOC(고객의 소리) 처리기일 단축(자주) 등이 그것이다.

3. 용인교육청[56)]

"친절하게 민원 서비스를 제공하기 위한 가장 기본은 친절한 표정이나 말보다도 '민원을 해결해 주겠다'는 담당자의 적극적인 마인드와 자세"라며 "민원인의 입장에서 행정 서비스를 제공하는 공무원이 되어주길" 당부했다.

용인교육청 전 직원은 이번 교육을 통해 전화친절의 중요성을 인지하고 전화

54) 출처 : 조선일보. 1997. 10. 22.
55) 출처 : 매일경제. 1997. 09. 03.
56) 출처 : 한국언론 뉴스허브 뉴시스통신사

응대 교육에 적극적인 자세를 보였으며 고객에게 최상의 서비스를 제공하기 위한 노력을 다짐하는 시간을 가졌다. 한편, 용인교육청은 자체친절교육 실시와 전화친절도 모니터링을 통해 직원들의 친절 마인드 향상과 고객이 만족하는 보다나은 서비스를 제공하기 위해 노력하고 있다.

4. 현대자동차[57]

"운전 도중 예상치 못한 '공사 중 우회표시'가 나와 농로로 들어섰다가 진흙에 앞바퀴가 빠져 버렸다. 당황해서 일단 ○○화재 서비스센터에 전화를 했다. 견인차를 끌고 온 직원은 슬리퍼를 신고 내려서는 자기는 진흙에 못 들어가니 나의 남편에게 연결고리를 직접 차 앞에 걸라고 시켰다. 한참을 헤매고 나서 이 차는 연결고리가 없는 차라며 견인차가 빠질까 봐 더 들어오지 못한다고 그냥 가버렸다. 당황해서 차를 산 현대차 영업소 직원에게 전화를 했다. 그 분은 구둣발이었는데도 진흙길을 뛰어와 차 상태를 봐줬다."

최근 한 고객이 현대차 인터넷 사이트에 남긴 글이다.

5. 페더럴익스프레스

갑작스런 태풍으로 배달지로 가는 다리가 유실된 것을 알게 된 페덱스의 배달맨. '24시간 이내 배달'이라는 고객과의 약속은 천명이라고 생각한 그 배달맨은 회사 내 누구에게도 승낙을 받지 않고 헬기를 전세 내어 약속시간 내에 무사히 배달해 주었다. 그 일이 있은 후 그날의 고객은 자신의 돈으로 직접 신문에 감사광고를 낸다. "페덱스 배달원님, 진심으로 감사드립니다." 전 세계를 무대로, 세계인을 고객으로 하는 페덱스의 고객감동 사례는 헤아릴 수 없을 정도. 혹자가 페덱스의 인기에 대해서 말할 때면 페덱스의 답변은, "여러분들은 탁월한 서비스에 익숙하지 않기 때문에 페덱스를 보면 매료되고 만다"이다.

---

57) 출처 : www.edaily.co.kr

6. 노드스트롬 백화점

백화점 분위기와는 어울리지 않는 허름한 옷차림의 한 중년의 여인이 마치 바깥의 추위를 피하려는 듯이 안으로 들어왔다. 그녀는 이리저리 둘러보고 다녔고, 마침 2층에 있는 고급 숙녀복 매장으로 갔다. 그때 뜻밖에도 노드스트롬 직원은 그녀에게 다가가서 "무엇을 도와 드릴까요?"라고 상냥하게 물었다. 그리고는 그녀에게 어울리는 근사한 옷 한 벌을 찾아서 권해 주었다. 우아한 대접을 받은 그녀는 으쓱해했고, 옷을 잠시 따로 보관해 줄 수 있겠느냐고 물었다. 직원은 매우 친절하게 "그럼요 손님. 그런데 얼마 후에 오시겠습니까?"라고 물었고 그 여인은 한두 시간 후에 오겠다며 백화점을 떠났다. 이를 옆에서 보고 의아하게 여긴 다른 손님이 그 판매원에게 가서 물었다. "실례합니다만, 저는 이해할 수가 없군요. 난 아까 그 여인이 노드스트롬의 고객으로 보이지 않는데, 당신은 정말 그 여인이 옷을 사러 돌아올 것이라고 믿습니까?" 그때 그 직원은 이렇게 대답했다. "저의 임무는 누가 노드스트롬의 고객인지 판단하는 일이 아닙니다. 찾아 주신 모든 손님들을 친절하게 모시는 것이 더 중요하죠."

7. 안양우체국

"안양우체국 고객님이 이 세상에서 가장 행복한 분이었으면 좋겠습니다." 안양우체국에 들어서면 가장 먼저 눈에 띄는 글귀다. 얼마 전 직원을 대상으로 공모해 결정했다.

안양우체국이 디지털 시대에 맞춰 빠르게 변화하고 있다. 예금, 보험은 물론 우체국 쇼핑, 전자우편, 국제특송, 해외송금 서비스, 본인지정 배달 서비스, 경조우편카드, 나만의 우표 제작 등 다양한 사업을 펼치고 있다. 이웃돕기 카페 운영으로 사회공헌활동에 앞장서고 365행복메신저 선발 이벤트, 어린이 경제금융교실, 멋쟁이 집배원 선발 등 많은 활동을 진행해 왔다.

안양우체국 집배원들로 구성된 집배원 365봉사단과 넉사모는 집배업무 수행을 위해 지역 구석구석을 돌아다니며 어려운 이웃에게 보이지 않는 봉사활동도 펼치고 있다. 또 여직원들로 구성된 선녀회는 무의탁독거노인 쉼터인 행복의 집과 빛진 자들의 집에 성금을 전달하는 등 이웃사랑을 실천하고 있다.

김익환 안양우체국장은 "이메일이나 휴대폰 등 대체통신이 발달함에 따라 우편물이 감소하고 있는 추세지만 우편사업 구조조정으로 고객만족 서비스를 확대하는 것이 우체국이 지향하는 목표"라고 말했다.

8. 부산의 브랜드택시 '등대콜'

'무뚝뚝함과 불친절의 대명사'던 부산택시가 크게 변하고 있다. 부산택시는 수익성 저하와 불친절의 악순환이 이어져 10년간 승객은 25%나 감소했고 3만5000여 기사의 월평균 수입은 150만원에 불과했다.

부산시와 부산개인택시조합은 이 같은 문제점을 극복하고 고객만족과 기사 생활안정을 위해 지난 4월 브랜드 택시인 '등대콜'을 도입했다. 시와 조합은 12억 5000만원씩을 투자해 택시 2500대에 동시통역 시스템과 내비게이션, 신용카드, 현금영수증 발급기 등을 설치하고 제복도 통일했다.

법규위반 경력이 없고 5년 이상의 모범운전자 2500명을 엄선, 일본 MK택시를 벤치마킹하고 30시간 이상의 친절교육을 받았다. 월 1회 친절교육을 의무화하고 불친절 기사로 3번의 경고를 받으면 퇴출된다. 9월부터는 '안심귀가 서비스'와 택배 서비스, 업무용택시제도 등 부가 서비스를 개발했다.

부산에서 처음 도입한 안심귀가 서비스는 학생, 여성 등이 밤늦게 귀가할 때 승차부터 하차까지 정보를 보호자에게 문자로 제공해 준다. 이는 택시에 대한 막연한 불안감 해소에 기여했다.

늦은 밤 고객이 하차하면 헤드라이트로 골목길을 비춰주는 작은 배려도 잊지 않는다. 택시조합 김동현 과장은 "친절하고 안전하다는 인식이 확산돼 하루 평균 1만2000콜을 받을 정도로 인기를 끌고 시민 만족도가 93%가 넘는다"고 말했다.

9. 아 마 존[58]

"만약 첫 번째 발송한 물건이 도착했다면 아마존의 너그러운 선물이라 생각하고 그냥 받아주십시오. 혹시 그 책이 필요 없다면 주변에 유익하게 사용할

58) www.amazon.com

수 있는 사람에게 전해 주십시오." 한국에 사는 P씨는 amazon.com을 통해 몇 가지 책과 음반CD를 주문했다. 아마존이 전자우편으로 재차 확인한 도착시간이 지났건만, 물건은 감감 무소식이었다. 애가 탄 그는 황급히 주문한 물건이 아직까지 도착하지 않았다는 전자우편을 아마존 측에 다시 보냈다. 아마존은 국제우편의 경우 고객이 주문한 물건을 컴퓨터로 정확하게 추적할 수 있는 시스템이 갖추어지지 않았음을 죄송하게 생각한다며, 그 다음날로 전 세계 네트워크망을 보유한 FedEx를 통해 주문한 물건을 다시 보내주었다.

고객 P씨의 주장을 전적으로 신뢰했음은 물론 한 푼의 추가요금도 받지 않고, 다음과 같은 전자우편을 함께 보냈다.

"만약 첫 번째 발송한 물건이 도착했다면 아마존의 너그러운 선물이라 생각하고 그냥 받아주십시오. 혹시 그 책이 필요 없다면 주변에 유익하게 사용할 수 있는 사람에게 전해주십시오."

10. 신라호텔 구두닦이 아저씨

정식 직원도 아닌 황씨는 이 호텔 700여 명의 직원들 가운데 가장 먼저 출근한다. 새벽 5시 반에 업무를 시작하는 직원 3, 4명의 구두를 꺼내 닦아주기 위해 매일 이들보다 30분 앞서 출근해 온 것.

황씨는 또 무엇이 즐거운지 얼굴에 항상 미소를 달고 다닌다. 그 덕분에 룸메이드 아줌마들 사이에서 인기투표를 하면 항상 1등은 그의 차지다. 또 하나, 그의 '번개 서비스'는 서비스 분야에서 둘째가라면 서러워할 호텔 직원들도 혀를 내두를 정도이다. 항상 휴대전화를 들고 다니는 황씨는 호텔 안이라면 어디서 누가 전화를 하든 2~3분 안에 달려와 구두를 닦아주거나 수선해 준다.

그의 정직함도 널리 알려진 덕목. 10년 전 호텔 손님의 구두를 닦다 구두 밑창에 주인도 모르게 깔려 있던 1달러짜리 몇 장을 발견해 이를 돌려주자 손님이 감동해 호텔 측으로부터 선행상을 받도록 해준 적도 있었다.

이 호텔의 직원들에게 이제는 전설처럼 이야기되는 이 같은 서비스정신은 신라호텔 부설 서비스교육원의 '연구대상'이 되기도 했다. 그 결과 교육원 측은 "황씨는 더 이상 우리에게서 배울 것이 없을 정도로 완벽한 서비스정신을 스스로 체득했다"는 결론의 내렸다.

11. 일본의 다카시마야 백화점

1989년 5월. 도쿄 변두리의 허름한 방에 파리한 얼굴의 한 소녀가 누워 있었다. 그녀의 병명은 혈액암. 딸의 불행 앞에서 어머니의 가슴은 찢어지는 듯이 아팠다.

"엄마, 나 포도가 먹고 싶어." 마지막일지 모를 딸의 소원을 듣고 어머니는 무작정 포도를 찾아 나섰다. 하지만 때는 5월, 봄이었다. 포도를 구한다는 것은 쉽지 않은 일. 하지만 소녀의 어머니는 마침내 다카시마야백화점 식품부에서 포도를 발견한다.

그러나 어머니는 포도를 앞에 두고 긴 한숨을 내쉰다. 오동나무 상자 속에 고급스럽게 포장되어 있는 포도값은 수만 엔인데 가지고 있는 돈은 2천 엔뿐이었다. 이를 유심히 지켜보던 직원이 다가와 사연을 물었다. 어머니는 암에 걸려 시한부 삶을 살고 있는 딸애가 포도가 먹고 싶다고 해 찾아왔지만 포도를 사기엔 턱없이 돈이 부족하다며 혹시 포도 몇 알만 팔 수 없느냐며 부탁하였다.

그 직원은 낱알로는 팔 수 없는 백화점 규정을 어기면서까지 기꺼이 송이를 잘라 예쁘게 포장을 해서 어머니에게 건네주었다. 어머니의 소망, 아니 병든 어린 소녀의 간절한 소망을 들어준 것이다.

이 사연은 소녀의 치료를 담당했던 의사가 마이니치신문(1989년 5월 4일자)에 기고하면서 일본 전역에 알려지게 된다. 당연히 백화점은 이미지가 좋아지면서 손님이 증가했고 매출도 급성장하게 된다. 이후 이 백화점에서는 "한 알의 포도를 담았던 마음을 소중히 하자"는 근무 지침이 채택되었고 신입사원 친절교육에서도 교재로 활용하고 있다. 판매현장 직원의 고객에 대한 조그마한 배려가 회사발전의 커다란 계기가 된 것이다.

12. 쌍용자동차

고객은 지방에서 레미콘 사업을 시작하려고 계획하고 있었다. 부지 등 다른 것은 별 문제될 것이 없었으나 트럭이 문제였다. 너무 비싸면 사업을 하기가 어려운 실정이었다. 전화를 받은 영업사원은 전화 감이 멀자 다급히 고객에게 전화번호를 묻고는 전화를 끊으라고 했다. 고객은 의아해했다. 전화를 끊자마자 조금 전의 바로 그 사원으로부터 전화가 왔다. 고객은 전화를 끊으라 한 이유가 궁금했다. 사원은 자신의 회사에 용무가 있어 전화를 했을 텐데 비싼 시외전화 비용을 고객에게 물릴 수 없어 자신이 전화를 했다고 말했다. 게다가 차에 대해 상세히 설명하자면 꽤 많은 시간이 든다면서. 고객은 다른 건 묻지 않았다. 그리고 그는 즉석에서 트럭 16대를 주문했다.

13. 에 넥 스

부엌가구 전문 업체인 에넥스는 고객만족에도 품질이 있다는 점에 주목했다. 33년간 발전시켜 온 고객관리 시스템 뒤에는 경영진의 확고한 의지가 있었다.

지난해 한 주부가 부엌가구 전문 업체 에넥스의 고객센터로 전화를 걸어 항의했다. 얼마 전 구입한 부엌 가구의 문짝 하나가 다른 문짝들과 도장 색이 다르다는 것이다. 애프터서비스(AS)팀은 직원을 급파했다. 그런데 아무리 눈을 씻고 봐도 문짝 색은 모두 같아 보였다. 하지만 주부는 자신이 "미대에서 색조를 전공했다"면서 미세하지만 분명 다른 색이라고 확신했다. 하는 수 없이 다시 도장을 했지만, 주부의 눈을 만족시킬 수는 없었다.

이 사실은 결국 이광세(61) 사장에게까지 보고됐다. 이 사장은 심사숙고 끝에 "기술적으로 고객이 원하는 색을 맞춰 줄 수 없다면 두말없이 환불해 주라"는 지시를 내렸다. "싱크대를 쓸 사람은 그 고객인데 우리 눈에 안 보인다고 완벽하다고 주장할 수 없다"는 것이 그의 이유였다.

1990년 초까지만 해도 '오리표'란 브랜드로 잘 알려져 온 에넥스는 제품 품질관리 못지않게 고객관리에 신경을 많이 쓰는 기업으로 유명하다. 이 사장은 "그것이 33년간 지속 성장해 온 동력이기도 하다"고 말한다. 불만사항을 접수하고 방문한 서비스 직원은 '플러스 원' 원칙에 따라 고객이 제기한 문제점 외에 한 가지를 더 찾아내야 한다. 그러려면 종합적으로 검사를 할 수밖에 없다. 사실 이런 점검을 게을리할 수 없다. 고객센터에서 고객에게 전화해 일일이 확인하고 기록한 결과가 서비스 직원의 인사고과에 반영되기 때문이다.

고객센터 모니터링 결과 중에는 "수리 후 부엌 청소까지 말끔히 해주고 돌아갔다", "우리도 몰랐던 하자를 찾아내 고쳐주었다" 등 사후 서비스 품질을 가늠할 수 있는 내용이 많다. 서울 창동에 사는 주부 이은영 씨는 "제품도 제품이지만 시공기사가 너무 친절해 주변 여러 곳에 에넥스를 추천했다"고 말했다.

제 2 절

관광기업 서비스 사례

1. 아스토리아 호텔[59)]

비바람이 몹시 몰아치던 어느 늦은 밤, 미국 필라델피아 호텔에 중년부부 손님이 찾아왔다. "손님, 정말 죄송합니다. 오늘은 손님이 많이 오셔서 빈방이 없군요." 친절히 호텔 객실 상황을 설명하는 젊은이에게 중년부부는 늦은 밤이라 어디 가더라도 마찬가지일거라며 난감한 표정을 지었다. 비에 젖은 외투며, 손에 든 여행용 가방이 더욱 무거워 보이는 중년부부를 보자 이 젊은이는 "누추하지만 제가 쓰는 방이라도 괜찮으시다면 사용하셔도 됩니다"라고 공손히 말했다.

"자네는 참으로 친절하오. 일급호텔의 경영주가 될 수도 있겠어요" 하고 진심으로 칭찬을 아끼지 않았다. "아닙니다. 무슨 말씀을, 저는 다만 제가 할 일을 했을 뿐입니다. 다음에 또 오시면 그때는 꼭 좋은 룸으로 모시겠습니다."

2년 후, 그 청년은 생각지도 않은 한 통의 편지를 받았다.

"나는 2년 전, 어느 비바람이 몹시 불던 날 밤. 내 아내와 같이 젊은이 방에서 자고 갔던 사람이오. 당신의 친절을 잊지 못해서 여기 뉴욕에 아주 멋지고 큰 호텔을 새로 지어놓고 당신을 기다리고 있으니 부디 와서 이 호텔의 경영을 맡아주오."

2. 프라미스 호텔

미국의 유명한 쿠키 체인인 미세스 필즈의 사장 데비 필즈는 언젠가 프라미스 호텔 체인 중 하나인 햄프턴 인 호텔에 숙박한 적이 있었다. 체크아웃을 할 때 그녀는 호텔 객실에 처음 들어갔을 때 비누와 수건이 없었다고 말했다. 그 말을 들은 프런트 데스크 직원은 그 자리에서 청구서를 찢어 버리면서 숙박요

59) 출처 : 한국능률협회. "고객이 당신을 해고할 수 있다." 中에서

금이 무료라고 말했다. 이에 깊은 감명을 받은 데비 필즈는 햄프턴 인을 회사 지정 호텔로 정했다. 몇 년이 지난 후에는 결국, 햄프턴 프라미스 호텔의 사외 이사가 되었다.

프라미스 호텔은 이처럼 실패한 서비스를 기회로 바꾸어 고객을 호텔의 열렬한 지원자로 만든다. 고객이 투숙하는 도중 불만이 조금이라도 있으면 숙박료를 '한 푼도' 받지 않는, 고객만족 보증 제도를 도입한 최초의 호텔 체인이다. 프라미스 호텔 고객만족 보증 제도의 가장 독특한 점은 호텔에 근무하는 종업원이라면 누구나 '만족 보증' 방침에 따라 무료 서비스를 집행할 수 있다는 것이다. 고객은 복잡한 절차를 거칠 필요도 없다. 불만스러운 서비스를 한 바로 그 사람에게 불만을 표시하기만 하면 된다. 무료 숙박에 대한 의사결정이 바로 그 자리에서 이루어진다.

3. 리츠칼튼 호텔

한 여행자의 이야기이다. 그는 미국출장길에 샌프란시스코의 리츠칼튼 호텔에서 하루 묵은 적이 있다. 그는 서양식의 푹신한 베개가 싫어서 프런트에 전화를 걸어 좀 딱딱한 베개를 갖다 달라고 요청했다. 어디서 구해 왔는지 호텔 측은 딱딱한 베개를 구해 왔고 덕분에 잘 잘 수 있었다. 다음날 현지 업무를 마치고 다음 목적지인 뉴욕으로 가서 우연히 다시 리츠칼튼에 묵게 되었다. 아무 생각 없이 방안에 들어간 그는 깜짝 놀랐다. 침대 위에 전날 밤에 베던 것과 같은 딱딱한 베개가 놓여 있는 게 아닌가, 어떻게 뉴욕의 호텔이 그것을 알았는지 그저 놀라울 뿐이었다. 그는 호텔 측의 이 감동적인 서비스를 잊지 않고 출장에서 돌아와 주위사람들에게 침이 마르도록 칭찬했다. 어떻게 이런 일이 가능했을까? 알고 보니 리츠칼튼은 모든 체인점이 항시 공유할 수 있는 고객 데이터베이스를 구축하고 있었고, 데이터베이스에 저장된 정보를 활용해서 그 호텔을 다시 찾는 고객에게 완벽한 서비스를 제공하고 있었던 것이다.

4. 미스터피자

미스터피자에서 식사를 했던 적이 있었는데 피자에서 머리카락이 나왔다. 음식물에서 머리카락이 나와서 기분이 좋지 않았고 컴플레인(complain)을 걸었다.

그러자 매니저쯤 되어 보이는 분이 와서 자세한 사항을 말해달라고 했다. 피자에서 머리카락이 나왔다고 하자 매니저는 거듭 사과를 한 후에 물었다. "피자를 새로 만들어 드릴까요, 다음에 오실 때 사용하실 수 있는 할인 쿠폰을 드릴까요, 가격을 할인해 드릴까요?" 피자를 반쯤은 먹은 상황이었기 때문에 가격을 할인받는 방법을 택했다. 그러자 매니저는 잠시 후에 피자 값을 제외한 샐러드와 음료 값만을 계산하여 돌아왔다. 피자도 어느 정도 먹은 상황이었고 피자 값을 전부 받지 않을 것이라고는 생각하지 못했는데 뜻밖이었다. 컴플레인을 처리하는 매니저의 서비스도 좋았지만 고객이 느낀 불만을 만족감으로 바꿔 느낄 수 있게 했던 서비스가 가장 좋았다.

5. 사우스웨스트 에어라인

사우스웨스트 에어라인(Southwest Airline)의 허브 켈러허 회장은 박리다매 전략으로 항공 서비스 산업에서 최고의 CEO가 되었다. 양질의 서비스를 싼 값에 제공하면 고객은 절로 늘어나게 마련이다.

미국 항공사인 사우스웨스트 항공사가 후발주자면서 항공시장을 급속히 파고들 수 있었던 것은 비용을 낮춰 더 많은 상품을 싸게 팔겠다는 황금률을 지켜왔기 때문이다. 경쟁도 더욱 치열해졌다. 이 같은 치열한 경쟁을 뚫고 사우스웨스트 항공사는 25년 연속 흑자경영을 했다. 그는 요금만 적절하다면 차를 타기보다 비행기를 이용하길 원하는 사람들이 있을 것으로 보고 사업전략을 마련하였다. 많은 수의 승객을 태우면서 비용절감을 추구해 요금을 파격적으로 낮출 수 있었다.

회사 측은 친절하고 우수한 승무원들이 항상 고객을 감동시킨다는 점을 강조하는 마케팅 활동을 벌였다. 회장은 '직원을 가장 중요한 자산'으로 생각한다. 사우스웨스트는 '열정적인 사람'을 쓴다. 기술은 가르칠 수 있지만 열정이나 정신은 쉽게 가르칠 수 없다.

모든 직원은 1년에 한번 고객 서비스 교육을 받는다. 사우스웨스트는 수하물 처리, 고객 서비스, 정시성 등 세 가지 부문에서 5년 연속 최고성적을 올리며 3관왕이 되었다. 사우스웨스트의 성공은 "모든 사람을 친절하고 동등하게 대하게 하라"는 사우스웨스트의 모토와 "서비스업의 생명은 친절이다"라는 생각에서 비롯되었다.

기존의 고객을 유지하고 새고객을 유치하기 위해선 전 직원이 공손하게 고객을 맞아야 한다. 사우스웨스트는 가장 저렴한 가격으로 항공편을 제공하는 것으로 유명하지만 가장 친절하고 친구 같은 항공사의 이미지를 주기 위해 노력한다.

6. 씨월드훼리

지난해 최고의 고객만족 서비스를 제공한 여객선사는 목포-제주 간 카페리를 운영하는 '씨월드고속훼리(주)'로 선정됐다.

해양수산부가 한국능률협회컨설팅에 의뢰해 지난해 9월 15일~12월 19일까지 전국 연안여객선 58개사 122척에 대해 20세 이상 여객선 이용자 3000명을 대상으로 '연안여객선 고객만족 서비스 평가' 조사 결과 '씨월드고속훼리(주)'가 총 100점 만점에 총 83.7점을 받아 '고객만족 종합대상'에 선정됐다.

지난 1998년 설립한 씨월드고속훼리(주)는 목포－제주 간 9000톤급 카페리를 운항하면서 고객감동경영을 실천해 온 것으로 밝혀졌다.

특히 청소년과 독거노인 등을 초청해 제주도 무료관광에 나서는 등 이웃사랑 실천에 앞장섰다는 평가를 받았다. 해수부는 이번 고객만족 서비스를 수상한 선사에 대해 선박건조자금을 융자·지원할 계획이다. 또 서비스 평가를 제도화해 평가 결과를 중심으로 면허제도를 개편, 서비스 부진항로에 대해서는 서비스 우수선사에 신규면허를 발급함으로써 경쟁체제를 확대하는 등 여객선사 간 서비스 경쟁문화가 정착될 수 있도록 할 방침이다.

7. 메리어트 호텔

'동화에 나오는 착한 요정 같은 호텔'

몇 년 전 메리어트 호텔의 한 고객상담원이 카리브해에 있는 메리어트 호텔로 신혼여행을 가고 싶다는 신부의 전화를 받았다. 그녀는 신랑이 현재 불치의 뇌종양을 앓고 있으며 단지 몇 달밖에 살지 못한다는 진단을 받았다고 말했다. 그런데 안타깝게도 그들의 신혼여행기간이 호텔의 최고성수기와 맞물려 있었기 때문에 객실을 예약하기가 쉽지가 않았다. 전화를 받은 상담원은 고민 끝에 카리브해 호텔의 총지배인에게 전화를 걸어 그 상황을 설명했다. 그러자 총 지배인은 예약을 받아주었을 뿐만 아니라 최고로 전망이 좋은 객실을 배정해 주었다.

그 소식을 들은 신부는 신이 났다. 하지만 그것도 잠시, 이번에는 항공편이 없었다. 그 소식을 들은 고객상담원은 다시 항공사에 전화를 걸어 그 신부의 사정을 설명했고 항공사 역시 흔쾌히 좌석을 배정해 주었다. 그것도 무료로 일등석을 제공하겠다는 것이었다. 그 소식을 접한 메리어트 호텔 역시 자신들도 객실을 무료로 제공하겠다고 나섰다.

4개월 후, 고객상담원 앞으로 한 통의 감사편지가 도착했다.

결혼식을 올린 후 멋진 신혼여행을 즐겼다는 것이었다. 그리고 얼마 지나지 않아 남편은 세상을 떠났으며, 임종 직전 카리브해에서 보낸 시간이 생애에서 가장 행복한 순간이었다는 유언을 남겼다는 것. 그리고 그 편지는 이렇게 끝을 맺고 있었다.

"우리에게 어떤 일을 해주었는지 당신은 아마 절대 모를 겁니다."

8. 에버랜드

어느 겨울날 한 놀이공원의 눈썰매장 간이화장실에서 볼일을 보던 한 젊은 주부가 금반지를 변기 안으로 빠뜨리고 말았다. 시어머니가 주신 귀하고 의미 있는 금반지라며 당황하는 젊은 주부에게 이 놀이공원의 직원이 다가왔다. 간이화장실 변기에 빠져 못 건질 것을 알면서도 혹시나 하는 마음으로 사정을 이야기하자 그 놀이공원의 직원은 주부가 상상하는 것 이상의 행동을 했다. 갑자기 고무장갑을 끼고 나타나 그 추운 날 재래식 변기통 안에 뛰어들어 그 안을 다 뒤져서 금반지를 찾아 준 것이다.

9. 클럽메드[60)]

1950년 벨기에 출신의 올림픽 수구선수 제라드 블리츠(Gerard Blitz)가 주도하여 프랑스에서 설립된 클럽메드는 세계 최대의 휴양촌 회사이자 세계 굴지의 호텔체인이기도 하다.

60) 출처 : 한국경제신문, 1998. 11. 30.

창립 당시 블리츠의 꿈은 '쾌적한 자연환경 속에서 손님들이 한데 모여 서로 사귀고 스포츠를 즐길 수 있는 휴가'를 제공하는 것이었다. 클럽메드의 상품은 매우 독특하다. 손님이 항공료와 숙박비를 포함한 일정액을 미리 내면 그는 휴양촌에 있는 모든 시설을 이용할 수 있을 뿐만 아니라 회사가 주관하는 각종 스포츠교실 및 오락행사에 참여할 수 있다. 클럽메드의 회원들이 다시 이 회사를 찾는 재구매율은 무려 70%가 넘는다.

클럽메드의 휴양시설은 호텔처럼 호화롭지 않고 등급제도도 없다. 그렇지만 아주 편안하다. 클럽메드의 휴양촌에서는 모든 사람이 평등하고 자유로우며 존중된다. 또한 팁이나 복장 등 일체의 격식에 얽매이지 않는다. 이런 것이 모두 '함께 어울리며 즐기는 가운데 서로에게 배운다'는 경영철학의 일환임은 말할 것도 없다.

클럽메드의 가장 큰 성공요인은 GO(Gentle Organisateur)라고 불리는 잘 훈련되고 유능하면서도 매우 친절한 종업원들이다. 이들은 최소한 두 나라 언어에 능통하고 성격이 활달하며 붙임성이 좋다. 이들은 GM(Gentle Member)이라고 불리며 손님들이 클럽메드의 독특하면서도 화기애애한 분위기를 마음껏 즐길 수 있도록 묵묵히 최선을 다하고 있는 그야말로 클럽메드의 보배이다.

클럽메드는 과거에 휴양촌을 여러 차례 방문한 바 있는 단골고객에게 초점을 맞추고 있는데 이는 즉 손님들을 끌기 위해 무차별적으로 가격할인을 하기보다는 기존의 단골고객을 유지하는 데 더 힘을 기울이는 것이다.

10. 서비스는 신속하게, 가격은 패스트푸드

미국경제가 계속 침체된 상황에서 '패스트 캐주얼(fast-casual)'이라는 신종업태가 고속성장을 하고 있다. 캐주얼 다이닝 레스토랑(fast dining restaurant) 분위기와 동일한 메뉴를 제공하면서 평균 객단가는 현저하게 떨어뜨리는 패스트 캐주얼 운영자들은 신 메뉴와 분위기 및 점포 위치 등 기본적인 것을 바라면서도 가격대에 민감한 고객들을 유인하고 있다. 그 대표적인 주자로, Back Yard Burger의 창업주 겸 회장인 Lattimore Michael은 "경기 하향이 실제적으로 우리들에게는 반대급부로 긍정적인 효과를 주고 있다"고 강조하면서 "일반 캐주얼 다이닝(dining-casual)에서 매주 2~3회씩, 10달러에서 20달러 정도로 점심을 먹던 고객들이 우리 식당으로 몰리고 있다"고 즐거워하고 있다. 최근에는 블랙앵

거스(Black Angus, 고급육 소고기) 버거와 하와이언 치킨 샌드위치 등 챠브로일러를 이용한 캐주얼 다이닝 성향이 있는 신 메뉴를 내놓으면서 단순한 패스트푸드 이미지를 탈피하고 있는 브랜드이다.

11. 고품질, 저가격, 빠른 서비스 3박자 갖춘 패스트 캐주얼

"저가형이면서 고품질의 점심을 찾는 단골고객들의 유입이 블루컬러(blue color) 점심 고객집단을 특별히 유도하거나 아이들을 동반한 젊은 가족들이 더 자주 오도록 하는 것은 아니다. 단지 우리는 'Good Food, Served Fast'라는 기치 아래 고객들의 주요 물줄기를 새로운 니치마켓이라고 할 수 있는 신속 서비스 방향으로 유도하고 있는 것이다"라고 Back Yard Burger 회장은 강조하고 있다. 지난해에 이 회사가 개발한 앵거스 버거(Angus Burger)는 Back Yard에 강력한 신상품으로 자리매김할 뿐만 아니라 Back Yard의 점포확장 및 단위당 매출을 증대시키는 핵심역할을 하고 있다. 객단가는 점점 올라가고 식자재 원가는 내려가는 가장 이상적인 외식업 운영을 하고 있는 것이다. 새로운 런칭전략 성공으로 인해 Back Yard Burger는 업스케일(upscale) 메뉴를 판매하는 수준 있는 등급의 레스토랑 목록에 격상 등재되었지만 서비스 속도와 평균 객단가는 패스트푸드에 속한다. 이와 유사한 레스토랑을 나열해 보면, 맥도날드 계열로 편입되고 덴버에 본부를 둔 Chipotle Mexican Grille, 플로리다의 애틀랜틱 비치에 본부를 둔 Roly Poly, 콜로라도의 Boulder에 본부를 둔 Noodle & Company, 애틀랜타에 본부를 둔 Chick-fil-A 등으로 고품질, 퀵서비스 양쪽 다 제공하는 고급 브랜드로 통하고 있다.

레스토랑 경력 30년을 가진 Wingstop 창업자 겸 CEO, Antonio Swad씨는 "고객들이 4명분에 약 21달러(2만7천3백원) 가량을 지불하고 4인 가족이 먹을 수 있는 충분한 음식을 가정으로 가지고 갔을 때 음식이 먹음직스럽고 양이 많아 보이며 테이블에서 먹는 듯한 지글거리는 음식이라면 고객들은 또다시 이 식당에 찾게 될 것이고 이러한 경험들은 영업에 대단한 시너지 효과를 주게 된다"고 주장한다. 그는 접시닦이로 판다로사 스테이크하우스에 취업했다가 최고경영자가 된 사람이다.

그의 말은 패스트 캐주얼의 음식들이 가격은 싸면서 음식이 빨리 나오므로 신선감도 있다는 말이다. 현재 33개 점포를 운영 중이며 텍사스 가랜드(Garland)

에 본부를 둔 Wingstop은 최근 점포확장에 고속성장을 하고 있는 브랜드로서 올해 12개를 추가하고 2002년까지는 1백여 개를 오픈할 예정으로 박차를 가하고 있다.

또 다른 패스트 캐주얼 브랜드로 켄터키 렉싱턴에 본부를 둔 Seed Restaurant Group이 운영하는 점포 3백96개의 Fazoli's(파졸리스)가 있다. 레스토랑급 음식인데도 객단가 4.15달러(5천4백원)로서 고객들이 패스트 캐주얼 다이닝(fast-casual dining) 경험을 하고 있다고 Fazoli's의 품질과 구매담당 부사장인 Charlie Lousignont 씨는 말하고 있다. 전(前) 롱 존실버 모회사인 Jerrico Inc. 사에 의해서 1986년에 퀵서비스 이탈리안 패스트푸드를 런칭했던 파졸리스는 4년 후에 일본계 기업인 Kuni Toyoda가 인수했으며, 당시 Kuni Toyoda는 제리코의 아시아 지역 프랜차이즈 개발회사였다. 점포 5개를 인수한 도요다는 즉시 메뉴 개발 작업에 착수해서 음식의 질과 다이닝 분위기에 지속적으로 노력한 결과 지금은 30여 개국에 약 4백여 개의 점포를 운영하고 있다. 식당부지만 합작 투자하는 15개의 법인체와 컨소시엄을 이루어 1백62개의 회사직영 점포를 운영하면서, 별도로 2백19개의 가맹점을 운영하고 있고, 2002년에 25개의 점포를 추가 오픈할 계획을 가지고 있다.

12. 세트메뉴 지양, 일품요리로 변해가는 고가의 레스토랑들[61)]

고객들은 돈을 지불하면서 항상 더 얻고 싶어하고 식당 업주들은 고객들이 머무는 동안 음식을 더 사먹든지 빨리 자리에서 일어나 기다리는 사람들에게 자리를 비워 주기를 바란다.

텍사스에 본부를 두고 1백3개 점포를 운영하는 스테이크 앤 에일(Steak & Ale)의 마케팅 및 콘셉트(concept) 개발담당 부사장인 Bill Watson은 지난 수년 동안 지불가치 우선과 스테이크의 품질위주로 메뉴를 개편하고 있다고 말한다. 또한 소고기 스테이크만을 강조하는 영업정책이 아니라 다양한 음식을 준비하고 있으며 최근에는 일부 영업점에서 번들(bundle)로 판매하던 세트 메뉴를 지양하고 고객 방문주기를 높이기 위해 알 라 카테(A la Carte, 일품요리) 형식의 메뉴를 판매하기로 했다. 이와 유사한 마케팅 정책을 시도하는 업체는 캔자스

61) 출처 : Hotel & Restaurant. 2001.

위치타(Wichita, Kansas)에 본부를 둔 론스타 스테이크하우스(Lone Star Steak & Saloon, Inc)로서 2백43개의 미국 내 점포를 위주로 마진이 높은 파스타와 그릴에 구운 생선 등 소고기가 아닌 메뉴를 시판하기 시작했다. 올해 일사분기 매출을 보면 론스타는 메뉴 선택 시에 마진이 좋은 비소고기 제품을 추가하면서 고객들의 반발이 없도록 자연스러운 유도로 대체하여 충분한 식사가치를 돌려주는 전략을 높이 평가받고 있다고 자부한다.

테네시 내슈빌에 본부를 두고 1백51개 점포를 운영 중인 오 찰리스(O'Charley's)는 양을 아예 많이 주거나 값을 내리면서 번들 제품으로 묶어서만 판매하던 것을 앙뜨레만 단독으로 제공하는 방식으로 잘 먹지 않는 음식을 세트로 구입하지 않고 선호음식만 주문하도록 하고 있다. 마치 밥이나 주요리만 주문하고 집에 있는 냉장고의 김치를 꺼내 먹으면 완벽한 세트메뉴가 되는 것과 같은 이치이다. 불필요한 것은 주문하지 않으니 값이 싸다고 할 수 있으나 과거 판매방식으로 계산하면 실제로는 값이 인상된 것이다.

컨설리데이티드 레스토랑(Consolidated Restaurant Cos. Inc.)은 고객들에게 저가격 앙뜨레를 제공하는 전략을 구상 중인데 최근에 이 그룹에서 운영 중인 두 개의 캐주얼 브랜드 El Chico(점포수 1백 개)와 Spaghetti Warehouse(점포수 41개)에 중간가격대의 런치 메뉴(lunch menu)를 선보이고 있다. 요즘 고객들은 정말로 돈 씀씀이에 민감하다. 시대의 흐름상 메뉴 가격은 올려야 하고 식자재 원가는 따라잡지 못하기 때문에 '고객이 우선이다'라는 말만 내세우기보다는 값이 싸고 질은 높은 메뉴개발에 꾸준한 연구를 하거나 인상된 값을 치루더라도 기대 이상의 가치를 누릴 수 있는 혜택을 줌으로써 고객들의 관심을 유도하는 전략이 필요하다고 할 수 있다.

13. 음식 15분 안에 안 나오면 공짜62)

'점심시간에 손님이 주문한 음식이 15분 안에 나오지 않으면 무조건 공짜'

이달부터 동양제과에서 운영하는 패밀리 레스토랑 '베니건스'의 모든 테이블에는 스톱워치(시간을 잴 수 있는 시계)가 놓여 있다. 손님이 주문한 음식이 몇 분 만에 나오는지 따져 보기 위해서다. 'Time Crunch Lunch'라는 이 게임은 일

62) 출처 : 조선일보, 1999. 5. 12.

종의 '시테크 마케팅'으로 고객에게는 음식을 빨리 공급하고, 종업원들은 더 열심히 일하게 만드는 전략이다. 결국 베니건스 측으로서는 '꿩 먹고 알 먹는' 게임인 셈이다.

"비교적 손님이 적은 점심시간에 고객을 유치하기 위한 마케팅 전략이죠. 매주 주말을 제외하고 11시~오후 3시까지 테이블 당 손님 수가 6명 이하인 경우에만 실시하는데, 그 동안 손님이 내기에서 이긴 경우는 하루 평균 한 테이블 정도이며, 특히 점심시간을 단축하려는 직장인들이 많이 즐긴다"며 "게임실시 이후 점심매출은 7.8%나 늘어났다"고 설명하였다.

14. 캐세이퍼시픽 항공63)

캐세이퍼시픽 항공 이용 고객의 경우 캐세이퍼시픽 항공 보유기종 모든 좌석에서 이메일을 이용할 수 있다. 캐세이퍼시픽 항공은 미국의 인터넷 서비스 제공업체인 텐징커뮤니케이션(Tenzing Communication)의 기술지원으로 항공업계 최초로 기내에서 이메일 및 인트라넷 서비스를 고객에게 제공할 수 있도록 관련일정을 확정하였다고 밝혔다.

텐징커뮤니케이션에서는 항공여행이 빈번한 고객들에게 초점을 맞추어 이메일을 주고받는 서비스는 물론 웹상의 우수 사이트를 선별해 놓은 '베스트 오브 더 웹'을 서핑할 수 있는 인트라넷 그리고 전자상거래 관련 서비스를 제공하게 된다.

기내에서 이메일을 이용하기 위해서는 항공기 개별좌석마다 고객의 노트북 컴퓨터와 연결되는 전원 시스템 및 데이터 시스템 설치가 필수적이며, 캐세이퍼시픽 항공에서는 이미 미국 프리맥스 테크놀로지와 손잡고 데이터 시스템인 '엠포트'와 개별 전원 시스템인 '엠파워'를 캐세이퍼시픽 항공기 전 좌석에 설치할 계획이다.

또한 아시아나 항공은 국내 항공업계 최초로 음성인식 예약 서비스(SRS : Speech Recognition Service)를 선보였다. 아시아나 SRS는 음성인식 자동교환방식을 사용하여 사용자가 전화상으로 서비스 명칭을 부르면 곧바로 원하는 서비스로 연결되는 최첨단 예약정보 서비스로 가령 '자동예약'이라고 말하면 자동예

63) 출처 : 여행정론. 2000.

약으로, '출 · 도착'을 말하면 출 · 도착 안내로 연결되므로 일일이 서비스 코드를 기억해야 할 필요가 없고 또 단계별로 전화기 버튼을 눌러야 하는 일이 없어져, 기존의 자동응답전화 서비스(ARS)가 갖고 있던 불편함이 크게 줄어들게 된다.

그리고 예약직원이 통화 중일 경우 고객에게 언제쯤 직원과 통화가 가능할지에 대한 자동안내가 나가게 돼 그간 고객들이 가져왔던 통화대기에 대한 불만사항이 사라질 것으로 보인다. 이 서비스는 기존의 아시아나항공 예약센터 전화로 하면 된다. 이때 직원과 직접 연결이 안 되고 단 1초라도 손님이 기다려야 하는 상황이 되면 바로 SRS 서비스로 넘어가게 되며, 손님이 SRS 서비스를 원치 않을 경우 '예약'이라고 말하면 다시 직원과 연결된다.

아시아나는 이 SRS 서비스와 함께 '자동 문자음성 변환 시스템'을 사용하여 신규 취항지, 기내 서비스 등 수시로 변하고 새롭게 생겨나는 다양한 항공정보를 그때마다 최신 상태로 고객들에게 제공할 계획이다.

15. 싱가포르 항공

과감한 투자와 철저한 직원교육을 바탕으로 매년 항공, 여행 전문잡지가 선정하는 올해 최고의 항공사의 상위순위에서 빠지는 일이 거의 없는 싱가포르항공사는 1997년 초 일본 유수의 여행잡지사인 다이아몬드 박사에 의해 세계 수백 개의 항공사 가운데 고객만족도가 가장 높은 항공사로 선정되었다. 심사기준이 된 5개의 항목 중 시간엄수를 제외한 서비스, 기내음식, 객실쾌적도 등 4개의 항목에서 모두 최고점수를 받았다.

요즘 해외여행을 종종 한다는 사람들 사이에서는 무성의한 서비스에다가 출발 · 도착시간을 밥 먹듯이 어기는 미국항공사나 음식맛이 맞지 않고 서비스가 그만그만한 동남아의 항공사 대신에 깔끔한 서비스에 안전도가 높은 싱가포르 항공사를 선호하는 사람들이 많아지고 있다.

그 비결은 무엇인가? 생선이나 고기류의 기내식, 헤드폰, 무료 음료수 제공 등은 이제 대부분의 항공사들이 제공하고 있는 서비스이지만 실은 싱가포르 항공이 세계 항공업계 최초로 실시했던 서비스이다.

그뿐 아니라 싱가포르 걸로 불리는 여승무원들의 친절한 서비스와 미소는 전세계 여행객들에게 소문나 있다. 싱가포르 항공 승객들은 음료수를 주문할 때

고개를 들거나 목소리를 높일 필요가 없다. 싱가포르 걸이 바싹 다가와 무릎을 굽힌 채 주문을 받기 때문이다. 혹시 술에 취한 승객이 계속 위스키를 주문할 경우라도 미소를 잃지 않고 위스키 제공 속도를 점차 늦추며 말을 붙여 술에서 깨도록 유도한다. 싱가포르 걸들은 또 승객들이 말을 걸지 않더라도 항상 승객의 표정을 살핀다. 싱가포르 항공이 자랑하는 최상의 서비스는 승무원 교육에 대한 과감한 투자에서 비롯된다. 새로 입사한 싱가포르 걸들의 교육기간은 세계의 다른 항공사들보다 2배나 긴 4개월로 걷는 법, 말하는 법, 화장술, 나라별 사회관습의 이해 등 3개월간의 본사훈련을 마치면 1개월 동안은 기내연수를 받는다. 1인당 교육투자비가 싱가포르 달러로 3천 달러 정도이다.

또한 항공기 평균 사용연수가 가장 짧은 항공사로도 정평이 나 있다. 현재 보유하고 있는 항공기의 평균기령은 4월 11개월밖에 되지 않는다. 기령이 낮으면 그만큼 연료효율이 높고, 정비비용도 최소화할 수 있을 뿐 아니라 장거리 논스톱비행이 가능하며 승객들에게도 신뢰를 준다는 것을 경영진은 알고 있다.

16. 인천공항공사[64)]

인천공항항공사에서 매분기별로 실시하고 있는 '친절왕 선발대회'에서 아시아나항공 인천공항 서비스지점 출입국 파트의 박성남 과장이 친절왕으로 선정, 수상의 영예를 안았다. 이 대회는 인천공항공사가 공항 내에 근무하는 각 상주 항공사, 업체, 기관 직원들의 친절 서비스를 향상시키기 위해 지난 7월부터 실시하고 있다. 시상식은 지난 5일 인천공항공사 월례조회시간에 있었으며 박 과장에게는 강동석 사장 명의의 표창장과 30만원 상당의 상품권이 부상으로 주어졌다. 박 과장은 지난 2월 16일 OZ214편(인천－샌프란시스코)에 탑승예정이었던 이동진 어린이가 브리지를 통과하던 중 급성천식증세를 보이자 동행한 어머니를 안심시키고 공항 내 의료진에 긴급히 연락, 응급처치 후 병원으로 후송하게 했다. 이동진 군의 어머니 이미경 씨는 인터넷을 통해 당시 아들을 위해 애써준 박 과장에게 감사의 편지를 보내온 바 있다.

64) 출처 : 여행정보신문. 2001. 10. 15.

17. 인터컨티넨탈 호텔의 벨맨 김모씨[65)]

"벨맨은 호텔에 관한 것뿐만 아니라 고객들의 사사로운 사생활까지도 털어놓고 나눌 수 있는 친구 같은 존재입니다. 그 때문에 언제나 호텔에서 손님들이 어려운 부탁을 하는 상대이기도 하죠. 몇 년 뒤 저를 기억하고 다시 찾아오는 손님들을 맞이할 때면 벨맨으로서 보람과 자부심을 느낍니다."

10년을 호텔에서 근무를 해도 자리에 앉아보는 것은 처음이라며 어쩔 줄 몰라 하는 김○○씨. 1991년 호텔에 첫발을 내딛은 그는 지금껏 인터컨티넨탈의 벨 데스크를 꿋꿋이 지켜온 호텔의 얼굴이다. 벨맨 10년차인 김씨가 말하는 벨맨은 '호텔의 만능박사.' "벨맨은 호텔의 구석구석까지 꾀고 있어야 합니다. 고객들을 처음으로 맞는 사람이 바로 벨맨이기 때문이죠." 사람을 만난다는 것이 그저 즐겁다는 그는 타 부서로의 이동을 수차례 제안받았지만 모두 거절했다고 한다. "10년 전에 입사했을 땐 저의 꿈은 호텔을 경영하는 전문경영인이 되는 것이었죠. 하지만 10년이 지난 지금도 이 자리에 그대로 있지만 전혀 후회하지 않습니다. 아마도 이 일이 저에겐 천직인가 봐요."

최고의 서비스 마인드를 가진 프로만이 최고의 벨맨이 될 수 있다는 그는 손님을 어렵게 여기는 마음이 바로 서비스의 기본이라고 강조한다. 지금껏 그의 실수로 인한 고객의 컴플레인(complaint)이 단 한 건도 없었던 것도 이러한 그의 철저한 고객 중심의 마인드에서 나온 것이 아닐까. 그의 포켓 속 손때 묻은 수첩 속에는 고객들에 대한 체크로 빼곡하다.

"저는 언제나 손님을 가장 기분 좋게 할 수 있는 최선의 답을 드리기 위해 노력하죠. 단순히 짐을 들어 주는 것만이 다가 아닙니다. 정말 벨맨의 업무는 끝이 없죠. 손님에 대한 반응을 철저히 체크하고 혹 우리 호텔의 서비스에 대해 불편해하시는 고객들이 있다면 어떻게 해서든지 좋은 기억을 갖고 떠날 수 있도록 해야 합니다." 벨맨으로서 성공하기 위해서는 어떠한 사람을 만나더라도 자신의 사람으로 끌어들일 수 있는 스킬(skill)이 필요하다고 말한다. "사람을 간파할 줄 아는 눈을 길러야 합니다. 손님이 원하는 것을 파악해서 손님이 요구하기 전에 서비스를 제공하는 것이 중요하기 때문이죠. 피나는 노력으로만 얻어질 수 있는 것이지요. 어학도 중요하지만 사람 만나는 자체를 즐겨야 하죠."

---

65) 출처 : 한국관광저널. 1997.

그는 세계 각국의 다양한 사람들을 접하면서 비록 외국을 많이 다니지는 않았지만 세계의 문화에도 밝다.

"불란서 사람들은 겉으론 부드럽지만 안으로는 인색하죠. 독일 사람들은 정반대구요. 미국인들은 모든 것을 다 줄 것처럼 행동하지만 철처한 실속파들이죠. 백화점이나 거리를 지날 때 외국인을 만나면 그 사람의 국적까지 거의 100% 알아맞히는 것을 보고 사람들이 놀라워합니다."

"회사에서 실시하는 어학시험이나 서비스교육이 저에겐 적당한 자극이 됩니다. 어떤 일을 하든지 자기개발을 게을리하면 도태되기 마련이죠." 지금껏 다른 길을 생각해 본적이 없다는 그는 걸어온 길보다 아직도 가야 할 길이 멀다. "외국의 호텔을 다녀보면 나이가 지긋한 벨맨을 쉽게 만날 수 있습니다. 정말 좋아 보이더라구요. 나이가 들어 비록 짐은 들어줄 수는 없더라도 호텔을 안내해 주고 손님의 이름을 기억해 친구처럼 이름을 불러 주는 벨맨으로 남고 싶습니다."

18. 리츠칼튼 호텔 프런트 데스크의 문모씨[66)]

"낮 12시가 프런트 데스크에서는 가장 바쁩니다. 호텔 체크아웃 시간이거든요. 고객이 체크인과 체크아웃을 하고 호텔에 대한 모든 정보를 제공하고 고객이 원하는 객실 및 서비스를 콘택트 및 조정하는 일이 바로 호텔 프런트의 역할입니다. 따라서 자유로운 체크인보다 고객들이 몰리는 체크아웃 시간은 가장 바쁜 시간대인 셈이죠."

지난 1995년 대학을 졸업하던 해 첫 발을 뗀 곳이 바로 지금의 리츠칼튼 호텔이라는 문○○씨. 마침 리츠칼튼 호텔이 오픈을 앞두고 있던 시점에서 학교 선배의 호텔 소개 내용이 전혀 다른 길로 갈 수도 있던 그를 지금의 모습으로 이끌었다. 그것은 바로 "우리는 신사숙녀를 모시는 신사숙녀입니다"라는 리츠칼튼 호텔의 모토였다. 전공과는 다른 길을 가려 했던 그는 당시 단순히 숙식을 제공하는 개념으로 인식되던 국내 호텔업계에서 획기적인 이 제안에 마음이 흔들렸고 바로 이곳에서 일을 해야 한다고 마음을 정했다고 한다.

그가 처음 지원했던 분야는 벨 데스크. 1지망, 2지망 모두 벨 데스크를 지원

---

66) 출처 : www.nmetro.com

했지만 정작 일을 시작한 것은 휘트니스 클럽. 그곳에서 1년여를 근무한 후 그가 소망하던 벨 데스크로 옮겨 3년 반 정도를 근무한 후 프런트로 옮겨온 지는 이제 1개월이 되었다. 프런트 데스크로는 아직 신참인 셈. 그러나 벨 데스크에 근무하면서 다양한 사람들을 만날 수 있었고 호텔의 전반적인 내용들에 대해 많이 지켜봤기 때문에 프런트 업무에도 어려움이 없다.

"프런트는 곧 호텔의 얼굴과도 같은 곳입니다. 고객들이 무엇인가 문의를 하거나 의뢰를 할 때 제일 먼저 찾게 되는 곳이 바로 프런트잖아요. 때문에 프런트 데스크에서는 호텔에 관한 모든 내용을 잘 알고 있어야 합니다. 객실에 대한 지식, 어느 곳에서 어떤 일이 일어나는지 등의 전반적인 상황까지도 잘 알고 있어야 고객들에게 제공할 정보와 서비스가 풍부해지기 때문이죠." 그의 설명처럼 호텔 프런트 데스크는 고객이 호텔에 처음 들어서서 호텔을 나서기까지 가장 고객과 밀접한 곳이다.

"서비스 직종이 다 그렇지만 프런트는 특히 고객이 호텔에 무엇을 요구하는가를 먼저 파악하고 적합한 서비스를 제공해야 하므로 무엇보다도 배려하는 마음이 중요한 것 같습니다. 호텔 종사원 자격증은 물론 갖춰야 하겠지만 서비스라는 것이 실제로는 자격증이나 이론대로만 실행되는 것이 아니잖아요. 따라서 자격보다는 고객을 진정으로 생각하고 배려할 줄 아는 서비스 정신이 가장 중요하다고 생각합니다."

"단 한 사람뿐이어도 좋습니다. 제가 하고 있는 일이 다른 이들에게 조그만 희망이라도 될 수 있다면 호텔일도 그리고 사이트도 성심껏 해나갈 것입니다. 제 꿈을 향해 벽돌을 한 장 한 장 쌓아 올리는 마음으로요." 자신의 꿈을 향해 한 걸음 한 걸음 힘차게 내딛고 있는 문○○씨. 사이버상의 네오 호텔이 현실에서도 문을 열고 친절한 서비스로 고객을 맞을 그날이 기다려진다.

19. 최고의 호텔경영자 스타틀러[67)]

스타틀러(Ellsworth Milton Statler)는 "모든 호텔경영자 중 제일의 호텔경영자"라고 많은 사람들이 생각하고 있다. 그는 호화로운 호텔, 안락하고 편리한 고급호텔 시설과 서비스를 중산층 여행자들에게 적정한 가격으로 판매했다. 포드

67) www.studyclick.co.kr

(Henry Ford)와 마찬가지로 그는 일반대중을 인식해서 적정한 가격에 우수하고 뛰어난 상품을 제공하기 시작했다. 그는 어느 누구보다도 호텔산업에 많은 변화를 가져왔기 때문에 리트의 이름이 호화호텔을 연상하게 하는 것과 마찬가지로 그의 이름은 1급 호텔을 연상하게 한다.

그는 고객이 지불할 수 있는 한도의 가격을 유지하면서 안락한 잠자리와 식사를 제공하는 것에 관심과 정열을 쏟은 불세출의 호텔 경영자였다. 그의 일생은 역경을 극복한 한 인간의 이야기이기도 하다. 역경 속에서도 그가 보여준 인내와 의지는 놀랄 만한 것이었다. 자수성가한 많은 사람들과 마찬가지로 그의 목표는 호텔 사업에 성공하는 것이었다. 그래서 그는 어떤 경쟁도 두려워하지 않았으며, 열심히 노력한다면 언젠가는 반드시 성공할 것이라는 강한 신념을 가지고 있었다.

스타틀러는 모든 일에 매우 꼼꼼하였으며, 그는 고객이 불편해하고 싫어하는 것이 무엇인가를 알기 위하여 완전히 옷을 입은 채 욕조 속에 들어가 방 주위를 둘러보기도 했다. 세면기 아래쪽에 더러운 얼룩이 묻어 있자 그것을 즉시 제거하였고, 화장실 물이 빠지고 욕조에 물을 다시 채우는 데 시간이 얼마나 걸리는가를 알기 위하여 호텔 맨 위층에서 초시계로 재기도 하였다.

"삶은 서비스다. 그러므로 발전하는 사람이란 모든 사람들에게 좀 더 많은 그리고 보다 나은 서비스를 제공해 주는 것이다"라는 스타틀러의 말은 사회나 개인에게 적용되는 철학으로 호텔산업에 완전히 합치되는 것이라고 볼 수 있다. 스타틀러의 서비스는 세계적으로 유명하게 되었으며, 스타틀러는 그의 종사원들이 고객과 호텔에 대하여 계속적으로 책임의식을 느끼도록 했다. 스타틀러는 "고객은 항상 옳다"라는 말로 유명하다. 이전에 리츠(Ritz)가 이와 비슷한 말을 한 적이 있었는데, 스타틀러는 이 말이 모든 고객의 불평이 정당하고 이치에 합당하다는 것을 의미하는 것이 아니라 마치 고객이 옳은 것처럼 행동해 주는 것이 좋은 일이라고 보았던 것이다. 스타틀러(Ellsworth Statler)는 미국 중산층 사람들에게 일류호텔(well-run hotel)의 편안함과 안락함을 제공해 주고자 전력을 다했던 최초의 호텔경영자였다. 그는 그의 호텔을 더욱 더 훌륭하게 발전시키는 과정에서 호텔경영상의 많은 개선을 가져오도록 기여를 하였다. 그리고 스타틀러 재단을 통해서 미국 호텔발전에 끼친 그의 공헌은 잊을 수 없을 것이며, 그 일은 지금도 효과적으로 계속되고 있다.

20. 포시즌 호텔[68)]

고객에 대한 적극적인 관리방안을 마련하기 위해서는 기업에서는 비용이 들어가는데 그것은 장기적인 면에서 투자가 될 수 있다. 미국 호텔 체인들이 얼마나 서비스가 좋은지 조사를 했는데, 그 때 포시즌 호텔(Four Seasons Hotel)이 리츠칼튼(Ritz Carlton)을 제치고 1위에 오를 수 있었던 에피소드가 있다.

미국의 한 변호사가 워싱턴에 갔다가 포시즌 호텔에 묵고 뉴욕으로 돌아갔다. 워싱턴 포시즌 호텔의 청소하는 직원이 청소를 하다가 변호사가 놓고 간 가방을 발견하고, 그 가방 속에 들어 있는 연락처를 갖고 연락을 했다. 마침 그 변호사와 통화를 하게 되어, 고객이 놓고 간 것에 대해 호텔 부담으로 부쳐 주겠다고 했더니, 그 변호사는 내일 아침 9시에 변론할 중요한 서류가 그 가방에 들어 있기 때문에 오늘밤 중에 받아야 한다고 했다. 그래서 청소담당직원은 마지막 비행기를 간신히 타고 뉴욕에 가서 가방을 변호사에게 전해주고, 마지막 비행기를 타고 돌아왔다. 호텔에 돌아오니 호텔 매니저가 당신이야말로 우리 포시즌의 모범이라고 말하면서, 고객을 위해서 헌신하는 것이 포시즌이 추구하는 바로 그것이라고 말했다.

그 후 워싱턴 포스트, CNN 등 언론사들에서 몰려들기 시작했다. 너무나도 고마움을 느낀 변호사가 고마움을 표시하기 위해 언론사 측에 연락을 했기 때문이었다. 그래서 그 청소담당직원은 승진과 포상까지 받았다. 결국 그 일은 워싱턴 포스트, 뉴욕 타임즈, ABC, NBC, CNN 등 모든 언론기관에 보도되어, 그 홍보 효과만 해도 엄청난 것이었다. 고객을 점유·유지하는 것에 종사원들의 마음으로부터 우러나오는, 고객을 위해 봉사한다는 정신이 없으면 안 된다. 적극적으로 고객을 관리하기 위해서는 최고경영층이 정기적으로 고객을 접촉해야 한다.

21. 신라호텔[69)]

신라호텔이 생각하는 것은 고객만족을 뛰어넘은 '고객감동의 서비스'이다. 호

68) 출처 : 신건철. 한국마케팅연구원.
69) 출처 : 품질경영. 1999. 3.

텔을 방문하는 고객들은 어느 정도 서비스를 기대하고 방문하기 때문에 웬만한 서비스가 아니면 고객을 만족시키기가 쉽지 않다. 그래서 평소의 서비스로는 비싼 돈을 내는 고객의 마음을 사로잡기가 힘들다. 신라호텔은 고객의 이러한 마음을 잘 알아 고객들이 미처 기대하지 못한 범위에서 서비스를 제공하는 이색 서비스 시스템의 개발에 몰두하고 있다. '초(超)서비스'라 불리는 이러한 서비스의 개념은 시간과 장소를 초월한 서비스를 가리킨다. 즉, 직원이 없는 시간대나 공간에서 고객은 서비스를 경험해야 한다는 것이 이 서비스의 골자이며 역발상의 서비스이다.

그 예로 신라호텔 객실에서 TV를 시청한 고객들은 한번쯤 깜짝 놀랄만한 일을 경험한다. 수화기가 울려 전화기를 들면 TV볼륨이 자동적으로 줄어들기 때문이다. 볼륨을 줄이려고 리모콘을 찾던 고객들은 잠시 놀라게 되지만 그러나 잠시 후 이것이 TV와 전화기가 센서가 연결되어 있다는 것을 알게 된 다음 호텔 측의 서비스에 감탄한다.

또 직원용 엘리베이터 안을 보면 온장고가 설치되어 있는데 이는 커피잔을 보관하는 용도이다. 커피를 가장 맛있게 마실 수 있는 온도인 70℃ 정도에서 커피를 운반하여 고객에게 가장 맛있는 커피를 제공한다는 취지에서 나온 것이다.

호텔은 이와 함께 고객용 엘리베이터 안에 TV를 설치해 잠시 동안이지만 고객의 궁금증을 풀어주고자 월드컵 예선경기나 주요 야구중계 등을 방영한다.

신라호텔은 또한 행사를 위해 예약하러 오는 고객의 편의를 돌봐 줄 수 있는 노트북 사이버 연회예약 시스템을 개발해 고객의 시간을 절약시켜 주고 있다. 고객이 원하는 장소로 판촉 세일즈맨이 나가 노트북으로 고객이 원하는 행사를 가상으로 연출해 줌으로써 고객은 자신이 먹을 음식, 행사장의 분위기 등을 미리 경험할 수 있고, 행사가 진행되면서 생길 수 있는 불평을 최소화한다.

신라호텔은 이러한 서비스로 1998년 미국 「리더스」지가 선정한 세계 10대 호텔의 하나로 선정되었으며, 홍콩의 「아시아머니」지와 영국의 「유러머니」지가 선정한 한국 최고의 호텔로 선정되며 한국을 대표하는 세계의 호텔로 자리매김하고 있다.

참고문헌

1. 국내문헌

김기영외, 식음료 서비스 실무론, 대왕사, 1999.

김성혁, 서비스산업론, 형설출판사, 1997.

______, 여행사경영관리론, 형설출판사, 1999.

김준호, 한국 서비스 마케팅 시스템의 발전모형에 관한 연구, 인하대학교 대학원, 박사학위논문, 1987.

김천중, 크루즈 사업론, 학문사, 1999.

대한항공, 서비스 매뉴얼, 1992.

롯데백화점 서비스 매뉴얼, 서비스 알고 합시다, 1999.

박종원, 직장예절, 학현사, 1998.

박한표 · 손일락 · 조호열, 현대인과 국제매너, 한올출판사, 1999.

서비스경영 연구회, 서비스경영, 도서출판 석정, 1999.

송용섭, 현대마아케팅론, 1981.

신정화 외, 호텔식음료실습, 남두도서, 2000.

염규윤, 직장예절, 미래문화사, 1992.

원석희, 서비스 품질경영, 형설출판사, 1998.

원융희, 국제매너, 백산출판사, 1999.

______, 매너는 아름답다, 일선출판사, 1997.

______, 와인 이야기, 학문사, 1999.

이선희 · 김근종, 글로벌시대의 국제매너와 에티켓, 한올출판사, 1999.

이형철, 테이블매너 & 회화법, 김영사, 1999.

이희천, 매너와 에티켓, 남두도서, 2001.

______, 호텔기업의 내부마케팅이 종업원태도와 서비스품질 및 고객반응에 미치는 영향에 관한 실증연구-박사학위논문, 1997.

______, 호텔상품의 판촉과 마케팅, 두남, 1999.

임붕영, 서비스 쿠데타, 형설출판사, 1999.

정익준, 여행사경영론, 형설출판사, 1998.

조관일, 서비스에 승부를 걸어라, 도서출판 다움, 1998.

채용식외, 매너학, 학문사, 2001.

최동열, 관광서비스론, 기문사, 1998.

최풍운, 호텔실무, 백산출판사, 1997.
______, 환대산업서비스론, 학문사, 2001.
호텔신라 서비스교육센터, Business & Protocols, 김영사, 1989.

2. 외국문헌

A. Parasuraman, V. A. Zeithml, and L. L. Berry, "A Conceptual Model of Service Quality and Its Implications for Future Research," Journal of Marketing, vol. 49, Fall 1985.

AMA, Marketing Definitions, A Glossary of Marketing Terms, Committee on Definition of AMA, 1960.

Brown S. W., Cowles D. L. and Tuten T. L., "Service Recovery : Its Value and Limitations as a Retail Strategy," International Journal of Service Industry Management, 7(5), 1996.

Christian Grönroos, Service-Oriented Approach to Marketing of Service, European Journal of Marketing, Vol. 12, No. 8, 1978.

C. Grönroos, Service Management and Marketing : Managing the Moments of Truth in Service Competition, Lexington Books, 1990.

Curtis P. McLaughin and James A. Fitzsimons, "Strategies for Globalizing Service Operations," International Journal Service Industry Management, vol. 7, no. 4, 1996.

D. F. Dixon and M. F. Smith, Theoretical Foundation for Services Marketing Strategy, In Emerging Perspectives on Service Marketing, L. L. Berry, et al., eds., AMA, 1983.

Henry Assael, Marketing Management, Strategy and Action, Kent, 1985.

J. M. Rathmell, What is Meant by Services?, Journal of Marketing, Oct., 1966.

J. L. Heskett, T. O. Jones, G. W. Loveman, W. E. Sasser, Jr., and L. A. Schesinger, "Putting the Service-profit Chain to work," Harvard Business Review, March-April 1994.

K. J. Blois, The Marketing of Service : An Approach, European Journal of Marketing, Vol. 8, N0. 2, 1974.

Leonard L. Berry, "Service Marketing is Different," Harvard Business Magazine, May～June, 1980.

Leonard A. Schlesingera and James L. Heskett, "Breaking the Cycle of Failure in Services," Sloan Management Review, Spring, 1991.

P. Kotler, Principles of marketing, 2nd ed., Prentice-Hall, Inc, 1983.

R. G. Philip & S. Webster, Group Travel Operating Procedures, 1983.

G. Lynn Shostack, "Breaking Free from Product Marketing," Journal of Marketing, Vol. 41, No. 2, 1977.

S. L. Shostack, Breaking Free from Product Marketing, Journal of Marketing, April, 1977.

W. J. Stanton, Fundamentals of Marketing, 7th ed., McGraw-Hill, 1984.

찾아보기

[영문]

‖‖ 저자약력 ‖‖

■ **김 영 호**

-경기대학교 대학원 관광학 박사(관광경영 전공)
-두산건설(주) 서울 호프관광호텔 총지배인
-(주) 글로리 관광호텔 총지배인
-(주) 기도여행사 해외영업팀 이사
-(주) 여행생각 영업부 이사
-(사) 한국관광산업 포럼 이사
-(사) 미래사회교육개발원 연구원
-동북아 문화관광연구원 원장
-호원 HTC 컨설팅 이사
-현) 대한관광경영학회 이사
-현) 한국호텔리조트카지노산학학회 이사
-현) 문화관광연구학회 이사
-현) 국제관광산업학회 이사
-현) 한국유머경영학회 사무국장
-현) 한국음식업중앙회 전문 서비스 강사
-현) 외식산업경영학회 이사
-당진군청 축제평가위원
-현) 호원대학교 관광대학 서울교육원 학부장
-주요저서

- 국제예절과 고품격 매너
- 관광산업과 서비스 실무
- 호텔객실 서비스
- 최신 관광정보론
- 인터넷 관광정보 정보론
- 국제화 시대의 호텔마케팅
- 최신관광법규
- 관광객 행동론

고품격 관광서비스 실무론

1판 2쇄 발행 2011년 2월 25일

저 자 김 영 호
발행인 남 승 우

발행처 **남두도서**

서울시 동작구 사당로9가길 6(사당동 220-43)
TEL : (02)595-1692~4
FAX : (02)595-1394
E-mail : namdoo6@unitel.co.kr
신고 : 5-76호 (1998. 11. 4)

정가 23,000 원

ISBN 978-89-5780-105-5 93980